Caro lettore,

il libro che hai tra le mani non è come tutti gli altri. È stato infatti prodotto attraverso un sistema di *print on demand*. Ciò significa che la tua copia è stata confezionata appositamente per te, in seguito al tuo ordine. Non è una copia stampata tra mille altre e lasciata lì in attesa che qualcuno l'acquistasse; è *tua*. Ti chiediamo dunque scusa se per averla hai dovuto sopportare qualche piccolo disagio, se hai dovuto affrontare spese di spedizione o tempi di attesa più lunghi del previsto; in compenso, questo sistema di stampa e distribuzione ti ha permesso di poter acquistare un libro – il tuo libro – che altri editori, legati ai sistemi tradizionali, avrebbero considerato inutile ristampare. Noi, al contrario, così facendo ti offriamo la possibilità di leggerlo.
Nel salutarti ti ringraziamo di avere scelto le Edizioni Trabant e ci auguriamo di rivederti sulle pagine di un altro volume.
Buona lettura.

le Edizioni Trabant

Pillole per la memoria - 24

Isbn 978-88-96576-63-2

Edizioni Trabant 2015 - Brindisi
www.edizionitrabant.it
redazione@edizionitrabant.it

La presente opera è di pubblico dominio.
La veste grafica, le immagini, gli apparati di prefazione e note del curatore, ove non diversamente specificato, sono © 2015 Edizioni Trabant - tutti i diritti riservati.

William Ewart Gladstone
Lettere sul Regno di Napoli

Edizioni
Trabant

IL CASO GLADSTONE
LE LETTERE CHE AGITARONO L'EUROPA

Il 13 novembre 1850 il *Giornale Ufficiale delle Due Sicilie* informava dell'arrivo a Napoli, tre giorni prima, di un personaggio illustre: l'«onorevolissimo Guglielmo Edoardo Gladstone, consigliere di Stato, membro del Parlamento britannico, con moglie, figlia, cameriera e domestico.»[1] Fa quasi tenerezza come, nel lento mondo precedente al villaggio globale, facessero notizia anche le vacanze di un politico straniero non ancora del tutto affermato. Figlio di un mercante di Edimburgo con probabili ascendenze nella nobiltà scozzese, Gladstone era entrato in Parlamento sin dal 1832 tra le fila del partito conservatore Tory e in quel momento aveva alle spalle soltanto un incarico di ministro nel gabinetto di Robert Peel. All'epoca dei fatti, però, al governo sedeva Russel dei Whig e il nostro era all'opposizione. Lo scopo della visita, tuttavia, era ufficialmente di carattere personale e non politico: la figlia Mary aveva contratto una malattia agli occhi e si riteneva potesse esserle di giovamento il clima mite del sud Italia. Il politico inglese portava con sé delle lettere di presentazione rilasciategli dal principe di Castelcicala, rappresentante del governo napoletano a Londra e, appena giunto, oltre a consegnarle ai destinatari, si mise in contatto con l'ambasciatore inglese sir Temple offren-

---

[1] Sulle date esatte del viaggio di Lord Gladstone cfr. GAJO 1973, nota 1.

do la sua disponibilità per un eventuale incontro con Re Ferdinando II.[2] Tale incontro non ebbe però mai luogo. Gladstone si trattenne a Napoli fino al febbraio 1851, quando si imbarcò per Marsiglia, prima tappa del viaggio di ritorno in Inghilterra.

Passarono pochi mesi, e l'11 luglio dello stesso anno era pubblicato a Londra un libbricino contenente una lettera (datata 7 aprile) di Lord Gladstone a George Hamilton Gordon, conte di Aberdeen, suo compagno del partito Tory, già in passato Segretario agli Affari Esteri e futuro Primo Ministro. A breve giro sarebbe stata resa pubblica anche una seconda lettera e le due, raccolte in volume, formeranno un pamphlet destinato a suscitare scandalo e polemiche, influenzare l'opinione pubblica internazionale ed essere oggetto di dibattito non soltanto presso i contemporanei, ma anche nel secolo e mezzo successivo: *Due lettere al Conte di Aberdeen sulle persecuzioni di stato del Governo Napoletano, scritte dall'onorevole W.E.Gladstone deputato in rappresentanza dell'Università di Oxford*. Erano nate le famose Lettere di Lord Gladstone.

Cosa aveva spinto il deputato inglese a trasformare il suo soggiorno privato in un'inchiesta sulla politica interna del Regno delle Due Sicilie? È una domanda sulla quale si sarebbero costruite diverse illazioni.

UN INGLESE A NAPOLI

C'è da dire che, se anche cercava riposo, la situazione che trovò a Napoli non era delle più tranquille. Il regno meridionale si portava dietro gli strascichi dei tragici avvenimenti del biennio 1847-49, con la rivolta della Sicilia e il fallito esperimento costituzionale. La

---

[2] Cfr. COTUGNO s.d., pagg. 24-25, pagine in cui si può leggere il testo integrale di tali lettere.

somma degli eventi aveva causato una frattura insanabile tra gli intellettuali liberali e la Casa Reale, che già non partivano da buone basi ma avevano tentato di arrivare a un compromesso. Ferdinando II aveva concesso una Costituzione, ma non si era potuti nemmeno arrivare a mettere in moto la nuova macchina statale: il 15 maggio 1848 il tentativo dei deputati più intransigenti di effettuare un colpo di stato era stato represso nel sangue. Dopo altri due tentativi elettorali, dal 1849 in poi la Costituzione, formalmente non abolita, era stata *sospesa* e il Re aveva ripreso il pieno potere, guadagnandosi da parte dei liberali l'appellativo di *Re spergiuro*. Nel frattempo, diversi deputati compromessi con i fatti del 15 maggio furono arrestati o dovettero riparare all'estero, molti nel Regno di Sardegna, uno degli stati più accoglienti nei confronti di questi esuli. Fra chi riparò a Torino c'era Giuseppe Massari: ricordate questo nome. Altri personaggi più o meno legati all'esperimento costituzionale, anche se nell'immediato ne erano venuti fuori senza conseguenze personali, nel giro di pochi anni attirarono le attenzioni della polizia diretta dal nuovo ministro realista Peccheneda, e tra il 1849 e il 1850 una serie di arresti eccellenti portò a istituire il cosiddetto "processo della Società dell'Unità Italiana". Sul banco degli imputati sedevano alcuni soggetti illustri: Luigi Settembrini, che nel 1848 era stato ministro del governo costituzionale, era accusato di essere l'autore di alcuni proclami anonimi antiborbonici (nei quali, va detto, tra le altre cose si incitava al regicidio); suo cognato Salvatore Faucitano era stato invece colto in flagrante in un maldestro tentativo di attentato bombarolo durante una visita di Papa Pio IX – o così almeno sosteneva l'accusa, dal momento che gli era esplosa addosso una bottiglia che teneva nel cappotto; Carlo Poerio era anch'egli un ex-ministro e fu coinvolto in seguito alla denuncia di un certo Jervolino; Michele Pironti era addirittura un magistrato della Gran Corte Criminale, deposto dal servizio perché compromesso con i moti del 1848. In tutto gli imputati erano quarantadue e, al di là dei casi specifici di arresto, l'accusa era di aver costituito una società segreta sul modello della carboniera, chiamata "dell'Unità Italiana", con lo scopo di suscitare una rivoluzione liberale.

Fu questo il clima che Gladstone trovò a Napoli. Al suo arrivo, il processo era in corso da alcuni mesi e gli imputati, comparsi finalmente davanti ai giudici dopo un lungo periodo di quella che oggi chiameremmo *carcerazione preventiva*, si difendevano strenuamente negando ogni accusa, dichiarando inesistente la setta dell'Unità e anzi insinuando che le prove addotte contro di loro fossero contraffatte e false le testimonianze. Tra i liberali si diceva che quella fosse la vendetta del Re Bomba: dopo aver cancellato le concessioni del 1848 si sarebbe dedicato a perseguitare le persone che le avevano caldeggiate.

Gladstone trovò l'ambasciatore Temple piuttosto preoccupato dell'andamento del processo, anche perché vedeva coinvolte alcune figure di vedute liberali che negli anni avevano sviluppato una certa familiarità con il corpo diplomatico inglese. L'ambasciatore seguiva personalmente quasi tutte le sedute, avendo anche ottenuto dal presidente della corte Navarra di poter sedere vicino al Procuratore Generale, e la sua presenza era a tal punto divenuta una consuetudine da permettergli di interrompere il dibattimento ogni volta che non aveva ben compreso un'espressione italiana.[3] Oltre a lui, altre persone che Gladstone frequentò durante il suo soggiorno furono George Fagan, primo addetto all'Ambasciata Britannica e amico personale di Carlo Poerio, anch'egli assiduo spettatore delle sedute processuali, e Giacomo Lacaita, all'epoca consigliere legale dell'Ambasciata, ma anche personaggio tenuto d'occhio dalla polizia come potenziale

---

[3] Così in H. ACTON, *Gli ultimi Borboni di Napoli*, pag.339.

Il caso Gladstone

cospiratore.⁴ Il quadro che questi liberali napoletani e inglesi loro simpatizzanti dipinsero a Gladstone della situazione interna di Napoli gli causarono stupore e indignazione; a ciò si aggiunse la descrizione delle condizioni di vita nelle carceri napoletane, a tal punto fosca che Gladstone chiese di visitarne una. Da quel punto in poi divenne anch'egli spettatore costante del processo, e non è forse un caso che la sua partenza da Napoli sia avvenuta poco tempo dopo l'emissione della sentenza. Sentenza che comminò pene durissime: su quarantadue imputati otto furono assolti, due (tra cui Settembrini) condannati a morte, altri due all'ergastolo e i restanti (tra cui Poerio) a numerosi anni di *carcere duro*, cioè con l'aggravante della catena.

Al suo ritorno in patria, Gladstone manifestò ad alcuni colleghi il suo sdegno e l'intenzione di far qualcosa in favore della causa dei liberali italiani. Presto ciò giunse anche alle orecchie di alcuni esponenti del governo di Napoli.⁵ Il conte di Aberdeen, infatti, a cui Gladstone aveva confidato la sua idea di sottoporre il caso all'opinione pubblica, cercò di fare opera di mediazione e, per evitare incidenti diplomatici, ne rese partecipe l'ambasciatore Castelcicala, il quale a sua volta informò il Primo Ministro Giustino Fortunato.⁶ Così, quando il 7 aprile la prima lettera fu inviata ad Aberdeen in forma privata, questi ne spedì subito una copia a Castelcicala. L'ambasciatore fu subito preoccupato dal contenuto della missiva e la condivise con Fortunato, il quale, però – se diamo credito a una vulgata corrente – ritenne di non

---

⁴ Infatti la prova della sua frequentazione con Gladstone può essere individuata in alcuni rapporti della polizia borbonica rinvenuti in archivio, come riportato da COTUGNO s.d., pag. 43.

⁵ Questi retroscena sono tratti dalla ricostruzione, basata su documenti di archivio, presente in COTUGNO s.d., pagg. 30 sgg.

⁶ Si tratta di Giustino Fortunato *senior*, prozio del più famoso e omonimo intellettuale meridionalista.

informare, se non per grandi linee, il re Ferdinando II.[7] Gladstone era d'altra parte a conoscenza che la lettera fosse stata sottoposta al governo di Napoli e sperava di ottenere dal governo napoletano delle risposte in merito alle sue rimostranze (quantomeno un miglioramento delle condizioni dei carcerati), altrimenti, in modo vagamente ricattatorio, il suo scritto sarebbe stato reso di pubblico dominio. Castelcicala, timoroso delle conseguenze che avrebbe avuto la diffusione della lettera, suggerì al Fortunato di preparare una serie di risposte alle accuse rivolte al governo, in modo da sottoporle inizialmente in forma privata ad Aberdeen e in un secondo momento, se la lettera fosse stata pubblicata, in forma ufficiale. Ma questo progetto andò avanti con lentezza, finché tre mesi dopo Gladstone annunciò al Castelcicala di essersi già organizzato per la pubblicazione. Nonostante gli estremi sforzi di Aberdeen per evitare lo scandalo, l'opera fu messa in vendita l'11 luglio.

Il pamphlet fece grande scalpore e fu anche un successo editoriale: nella sola Inghilterra se ne sarebbero prodotte otto ristampe. Come aveva temuto il Castelcicala, l'effetto fu di porre di colpo la dinastia dei Borboni di Napoli sul banco degli imputati dell'opinione pubblica europea. Ma cosa conteneva il libello di così scandaloso? Innanzitutto era scritto con una certa abilità retorica, in una prosa vibrante, non esattamente improntata alla misuratezza dei toni. Già nelle prime pagine, e prima ancora di argomentare le sue affermazioni, Gladstone parlava a proposito del governo borbonico di «una incessante, sistematica, deliberata violazione della legge da parte di quel Potere che dovrebbe essere incaricato di supervisionarla e preser-

---

[7] La tesi secondo cui Ferdinando II fosse stato tenuto all'oscuro da Castelcicala è sempre stata sostenuta da molti scrittori di parte borbonica, ad esempio GIACINTO DE SIVO, *Storia delle Due Sicilie 1847-1861*, Edizioni Trabant 2010, pag. 428.

Il caso Gladstone 13

varla»; «una tale violazione delle leggi naturali e umane, portata avanti allo scopo di violare ogni altra legge, non scritta ed eterna, umana e divina»; un governo che agisce con lo scopo di «distruggere la pace, la libertà e a volte, tramite la pena di morte, financo la vita dei più virtuosi, onesti, intelligenti, distinti e raffinati uomini dell'intera comunità»; con il risultato di arrivare al «totale ribaltamento di ogni morale e idea di comunità». Coronava il tutto il famoso giudizio, passato alla storia come un'affermazione dello stesso Gladstone, ma da lui riportato come raccolto da ignoti napoletani, secondo il quale il regno dei Borboni era «la negazione di Dio eretta a sistema di governo».[8] Nelle pagine successive muoveva specifici capi di accusa nei confronti dei reggenti di Napoli: primo, avere incarcerato circa 20.000 sudditi per reato di opinione; secondo, avere intentato nei loro confronti dei processi irregolari, tramite la violazione delle normali procedure di polizia, la creazione di falsi capi di accusa e la messa in scena di processi-burla con sentenze già scritte; terzo, le condizioni disumane delle carceri, nelle quali erano sottoposti a un regime di vita intollerabile e in alcuni casi anche alla tortura fisica. Ne emergeva un quadro da romanzo gotico, nel quale un governo dispotico non faceva che arrestare gli elementi migliori della società, per rinchiuderli, incatenati, in oscure carceri sotterranee. A simbolo di tutto questa era preso Carlo Poerio, in quanto era il personaggio sul quale Gladstone aveva potuto raccogliere maggiori informazioni: nella sua lettera ne faceva il prototipo del martire, un cittadino integerrimo ingiustamente tormentato dalla tirannide.

Non passò molto prima che il testo fosse tradotto a beneficio dei lettori italiani. Già il 25 luglio il quotidiano *Il Risorgimento* diretto da Camillo Benso di Cavour iniziò la pubblicazione a puntate delle let-

---

[8] Pagg. 49-51 del presente volume.

tere. Chi aveva dimestichezza con la lingua inglese si era però già procurato una copia; e qui entra in scena il su citato Giuseppe Massari. Originario di Taranto, Massari aveva alle spalle una lunga storia di opposizione ai Borboni, che lo aveva portato a passare dieci anni di esilio tra il 1838 e il 1848. Rientrato in patria in occasione della Costituzione, era stato eletto deputato, ma, dopo i convulsi avvenimenti successivi, era nuovamente fuggito all'estero, questa volta in Piemonte. Quando lesse le lettere, come altri esuli napoletani ne gioì: sentiva che fosse stata fatta giustizia della loro situazione davanti all'Europa intera. Subito indirizzò una lettera a Gladstone per ringraziarlo, definendo la sua "una buona e nobile e santa azione".[9] Lesse poi la traduzione de *Il Risorgimento* e, giudicandola insoddisfacente, decise di produrne una di suo pugno: da quel momento in poi Massari sarà la personalità italiana che più di tutte si prodigherà per diffondere, propagandare e difendere dalle controaccuse l'opera di Gladstone.[10]

Tuttavia, il libello non avrebbe avuto la stessa risonanza se non fosse stato presto oggetto di un dibattimento alla Camera dei Comuni inglese. Il 7 agosto 1851, infatti, il deputato George De Lacy Evans indirizzò a Henry John Temple, visconte di Palmerston, fratello del su menzionato ambasciatore e all'epoca Segretario agli Affari Esteri, un'interrogazione sulla politica interna degli stati italiani.[11] Se la prima parte dell'interrogazione riguardava il Regno di

---

[9] In *Lettere di Gugliemo Gladstone e Giuseppe Massari sui processi di stato di Napoli*, s.l., 1851, pag. 3. La lettera è del 6 luglio; Gladstone rispose a Massari il 23 agosto, come citato da MAJO 1973, pag. 33 nota 1.

[10] La summa di questo sforzo sarà il volume *Il Signor Gladstone ed il Governo Napoletano*, stampato a Torino nel 1851. Il libro contiene la traduzione del Massari delle lettere e di una selezione di articoli dei principali giornali europei, oltre a testi di vario genere, tutti corredati dalle sue osservazioni, ed è stato ampiamente utilizzato per la compilazione della presente antologia.

[11] La trascrizione del dibattito è consultabile nel presente volume a pag. 165.

Sardegna, la seconda faceva riferimento alle lettere di Lord Gladstone e chiedeva quali azioni avesse intrapreso il Governo Inglese nei confronti di quello napoletano in seguito alle tremende rivelazioni contenute nel libro. Palmerston dette una risposta ambigua: da un lato sosteneva che l'Inghilterra non avesse diritto di interferire nella politica interna di uno stato sovrano, dall'altro però lodava l'interesse dimostrato da Gladstone per l'argomento. Di conseguenza, il governo non avrebbe esposto alcuna rimostranza ufficiale a quello di Napoli; tuttavia Palmerston informava la Camera di avere già di sua iniziativa inviato una copia del pamphlet a tutti gli ambasciatori inglesi, affinché lo sottoponessero ai vari governi del mondo. Di fatto, ciò rappresentava una sorta di avallo ufficiale da parte dell'Inghilterra al contenuto delle lettere.

Il caso era ormai oggetto di dibattito internazionale: articoli a riguardo comparivano sull'*Allgemeine Zeitung*, sul *Morning Chronicle*, sul *Times*.[12] Gran parte dell'Europa aveva iniziato a deplorare gli orrori perpetuati dal dispotismo di Napoli.

Ma, per l'appunto, come reagì il governo di Napoli? È importante ricostruirlo, dal momento che spesso gli scrittori di parte borbonica l'hanno accusato di scarso impegno e tempestività nel rispondere alla accuse dell'opinione pubblica.[13]

Come già accennato, Castelcicala e Fortunato erano venuti al corrente della faccenda già prima che la lettera fosse stampata, e si erano già dati da fare per stilare una serie di risposte alla accuse formulate dal politico inglese. Probabilmente, a quel punto non era ancora chiaro sotto quale forma diffonderle, intanto però avevano iniziato a rac-

---

[12] Alcuni di questi sono consultabili nella parte II del presente volume.

[13] Così per es. in GIUSEPPE BUTTÀ, *I Borboni di Napoli al cospetto di due secoli* vol. III, Edizioni Trabant 2012, pagg. 57-58.

cogliere informazioni e appunti in vista di una risposta, ufficiale o no che fosse. A questo proposito è utile un documento di archivio, senza autore né data (probabilmente però dell'agosto 1851), nel quale si appuntano una serie di verifiche da effettuare a proposito delle reali condizioni delle carceri di stato e riguardo a un libro di catechismo che Gladstone citava come esempio dell'ideologia ufficiale di stato, ma del quale, come risulta dal documento, a corte non si conosceva neanche l'esistenza.[14] È altamente probabile, come vedremo a breve, che Fortunato si fosse fatto fornire anche i dati ufficiali sul numero di detenuti per reati politici nel Regno: questo per rispondere a una delle accuse più gravi di Gladstone, cioè la stima di circa 20.000 prigionieri. Restava da decidere la mossa successiva.

Certamente, la pubblicazione delle lettere, ma soprattutto il dibattito al Parlamento Inglese precipitarono gli avvenimenti. Si sente dire di solito che la stampa delle Due Sicilie (che, per quanto riguardava la politica, era esclusivamente stampa di stato) ignorò Gladstone. Ciò non è del tutto esatto. Alla fine di agosto, infatti, compariva un articolo sul *Giornale Ufficiale*, nel quale si deplorava l'avallo dato dal governo inglese alle «assurde, false ed inique calunnie» contenute nel libro e si esprimeva preoccupazione sulle ripercussioni che ciò avrebbe potuto avere sulle relazioni diplomatiche tra i due regni.[15]

Ciò non era però sufficiente, e Castelcicala dovette pensare che la mossa migliore fosse farsi difendere da una personalità inglese simpatizzante per la casa reale borbonica. Si rivolse pertanto a Charles Mac Farlane. Era costui uno scrittore scozzese che aveva vissuto stabilmente in Italia nella prima metà del XIX secolo e vi aveva fatto ritorno negli anni successivi, diventando un appassionato di storia locale (è autore di una monografia sul brigantaggio pre-unitario ancora oggi

---

[14] Questo documento è consultabile nel presente volume a pag. 228.

[15] L'articolo è consultabile nel presente volume a pag. 175.

abbastanza diffusa, per quanto fortemente interpolata). Utilizzando quasi certamente del materiale passatogli dall'ambasciatore napoletano (il che spiega quanto fosse informato sul numero dei prigionieri politici), Mac Farlane pubblicò una lettera aperta al conte di Aberdeen, come contraltare a quella di Gladstone.[16] La difesa del Mac Farlane verteva su alcuni punti essenziali: in primo luogo, a suo parere, gli eventi del 1848 erano stati eccezionali e dunque giustificavano reazioni eccezionali, era dunque un errore giudicare i fatti senza contestualizzarli nel clima di rivoluzione e post-rivoluzione vigente a quel tempo a Napoli; in ogni caso, la reazione non poteva definirsi eccessiva: il numero dei detenuti per reati politici era infatti stimabile intorno ai 2000 (un decimo di quanto denunciava Gladstone) e le carceri di gran lunga più confortevoli della sua cupa descrizione. Sosteneva inoltre, citando varie fonti, l'effettiva colpevolezza degli imputati, in modo da rimandare al mittente l'accusa fatta al sistema giudiziario napoletano di confezionare prove ad arte per perseguitare degli innocenti. La lettera era ben scritta e portava della argomentazioni a favore delle sue tesi, ma aveva il vizio di partire con il piede sbagliato: nelle prime pagine, infatti, Mac Farlane si lasciava andare a delle insinuazioni poco difendibili sul Gladstone, secondo le quali il deputato di Oxford fosse sul punto di mutare casacca e, da Tory, diventare un Whig radicale o addirittura un… repubblicano socialista. Lo scrittore scozzese inaugurava, insomma, un leitmotiv che avrebbe accompagnato da lì in poi, fino ai giorni nostri, la stampa di simpatie filoborboniche: l'idea cioè che non solo il libro di Gladstone fosse un deliberato tentativo di destabilizzare il Regno delle Due Sicilie, ma che il suo stesso viaggio fosse sin dall'inizio organizzato a quello scopo, di concerto con il Palmerston.

---

[16] Presente integralmente a pag. 189 di questo volume.

Per questo e altri motivi, la lettera di Mac Farlane, presto definita da Massari uno *schifoso libello*,[17] non sortì gli effetti sperati. A ciò contribuì anche la difficoltà a darle la stessa diffusione delle lettere del Gladstone: Castelcicala ne inviò alcune copie al Palmerston, pregandolo di spedirle agli ambasciatori inglesi allo stesso modo precedentemente fatto con il libello accusatorio; ma il ministro britannico rispose di no, giustificandosi con vaghe scuse.[18] Lo stesso Mac Farlane, in una lettera a Giustino Fortunato, si lamentò del fatto che i giornali inglesi si rifiutavano di pubblicare il suo scritto.[19] A Napoli dovettero sentirsi come accerchiati, senza molte possibilità di far sentire la propria voce.

Ci fu, è vero, anche chi difese il governo napoletano di sua iniziativa. Oltre alla *Civiltà Cattolica*, l'organo ufficiale dei Gesuiti, naturalmente propenso ad appoggiare le operazioni di polizia contro le società segrete, e questo nonostante il rapporto non sempre felice con la corte di Napoli, un'altra illustre penna fu quella del francese Jules Gondon, direttore dell'*Univers*. Costui pubblicò a puntate sul suo giornale una lettera aperta a Gladstone, nella quale sposava molte delle tesi difensive del Mac Farlane, ma nell'ambito di un discorso molto più ampio e documentato; vi univa però il punto di vista religioso, ragion per cui, alle insinuazioni che Gladstone fosse d'improvviso divenuto un rivoluzionario, aggiungeva alcune allusioni alla sua fede anglicana come motore primo della sua avversione verso un regno cattolico.[20]

---

[17] Il commento di Massari è consultabile in questo volume a pag. 222.
[18] Lo scambio di lettere è consultabile in questo volume a pag. 225.
[19] Cfr. COTUGNO s.d., pag. 53.
[20] La lettera è a pag. 230 del presente volume.

Il caso Gladstone

Mancava però ancora una risposta ufficiale da parte del governo di Napoli. Questa arrivò finalmente sotto forma del libretto *Rassegna degli errori e delle fallacie pubblicate dal sig. Glasdstone in due sue lettere indiritte al Conte Aberdeen sui processi politici nel Reame delle Due Sicilie*, datata 25 agosto 1851.[21] Il testo è anonimo, ma se ne è individuato l'autore in Salvatore Mandarini, giudice della Gran Corte Criminale.[22]

Aveva, come è facile immaginare, carattere istituzionale, il che spiega perché poco spazio fosse concesso alla retorica e all'attacco personale: prima di entrare nel merito della questione, l'anonimo riconosceva al Gladstone le buone intenzioni, rimproverandolo al massimo di essere stato sviato da un sentimento di umana pietà unito a informazioni errate. Questa è una delle ragioni per cui, ai contemporanei come ai posteri, la Rassegna sembrò non solo tardiva, ma debole.

Per il resto, le argomentazioni a favore del governo seguivano a grandi linee quelle già espresse dal Mac Farlane e dal Gondon, con in più una fiera difesa della modernità e del garantismo delle leggi napoletane, sottolineati a più riprese dalla citazione in nota di specifici articoli del codice. Al libello erano allegate delle tabelle con i dati ufficiali sul numero dei detenuti del Regno.

L'opuscolo fu inviato ai principali giornali, italiani e non, considerati amici. Si cercò anche di farlo leggere in Inghilterra, ma, come già accaduto col Mac Farlane, l'operazione ebbe scarso successo: mille copie di una traduzione in inglese furono inviate a varie personalità

---

[21] Riportato integralmente a pag. 342 del presente volume.

[22] Così in COTUGNO s.d., pag. 79. Lo stesso autore ne attribuisce la pubblicazione al 7 febbraio 1852. È però improbabile che questa fosse la data effettiva della prima edizione, in quanto, come vedremo, già nel gennaio il Gladstone si incaricò di rispondere alle difese in essa contenute. Il testo riporta la data citata del 25 agosto 1851; anche ammettendo che fosse stato diffuso in seguito, la datazione più probabile è da collocarsi tra la lettera di Gondon e la "terza lettera" di Gladstone, quindi nei mesi tra l'agosto e il dicembre 1851.

della politica e della cultura, ma andarono incontro a fredda accoglienza; altrettanto infruttuoso fu il tentativo di farlo pubblicare sulla stampa britannica, la quale si mostrò ostile all'iniziativa.[23] L'opinione pubblica inglese pareva avere già sposato senza appello il punto di vista delle Lettere.

Non fu invece indifferente il Gladstone stesso, che nel gennaio 1852 licenziò un nuovo scritto, da molti considerato una specie di "terza lettera", dal titolo *An examination of the official reply of the Napolitan Government*, presto tradotta dal Massari e pubblicata a Torino.[24] È un testo interessante, sia perché rappresenta l'ultimo significativo intervento nell'ambito di questa polemica, sia perché Gladstone, pur senza rinnegare la sostanza della sua battaglia, fece una parziale ritrattazione di alcuni punti. Ammise esser priva di fondamento e soltanto una voce senza riscontro il fatto che Luigi Settembrini fosse stato sottoposto a tortura; corresse un errore fattogli notare a proposito della pena de' ferri, avere cioè sostenuto che fossero incatenati in carcere dei rei che non erano invece stati condannati al carcere duro e avere addirittura insinuato che tale pena fosse stata istituita appositamente per i condannati di quel processo; ritrattò l'affermazione che molti imputati assolti fossero ancora detenuti nonostante il proscioglimento. Riguardo, invece, al numero dei prigionieri politici, si schermì sottolineando come la stima di 20.000 fosse soltanto una credenza comune da lui ritenuta plausibile, e aggiungeva che, anche di fronte alle cifre fornite dal governo, continuava a essere credibile in virtù di un gran numero di arresti illegali. Egli era dunque disposto ad ammettere alcune imprecisioni nei dettagli; non tali però da inficiare il quadro di insieme.

---

[23] Cfr. COTUGNO s.d., pag. 90.

[24] Consultabile a pag. 390 del presente volume.

Una polemica non spenta

Qui termina la storia delle lettere di Lord Gladstone, per lo meno quella relativa alla polemica coeva. La domanda che ci si deve porre, a questo punto, è quanta influenza questo episodio abbia avuto sugli avvenimenti storici successivi. È innegabile, infatti, che il pamphlet e il conseguente scandalo esercitarono un ruolo capitale nella sensibilizzazione dell'opinione pubblica europea a favore della causa degli unitari italiani, convincendola che il Regno delle Due Sicilie fosse effettivamente una detestabile tirannia. A parlare, infatti, non era più come in passato un esule napoletano, ma un eminente politico inglese, e il suo avallo fu fondamentale: se negli anni successivi la politica inglese simpatizzò sempre di più con il Regno di Sardegna, se così tanti volontari prestarono il proprio braccio o perlomeno il proprio finanziamento alle imprese degli unitari, ciò fu dovuto anche alla martellante propaganda anti-borbonica che prese avvio alla pubblicazione delle lettere. Ciò che è notevole osservare, in molti casi attecchirono nella coscienza comune anche molti degli aspetti meno verificabili ma più d'impatto del racconto di Gladstone, persino quelli su cui l'autore stesso aveva ritrattato.

Pensiamo al tema della tortura. Nella prima lettera Gladstone riferiva una voce secondo cui Luigi Settembrini in carcere fosse stato sottoposto a tortura tramite aghi conficcati sotto le unghie; tra l'altro l'episodio non era raccontato come un tentativo di strappare la confessione all'imputato, ma come un non ben giustificato modo per tormentarlo nel periodo in cui, già condannato, scontava la pena. Questo fu uno dei passi della lettera che più indignò i sostenitori dei Borboni, i quali non solo fecero notare la totale assenza di prove per un'asserzione così grave, ma rivendicarono anche essere stato il regno meridionale uno dei primi in Europa ad abolire l'istituzione della tortura. Si trattava con tutta probabilità di una diceria, e prova ne è che lo stesso Settembrini, quando anni dopo scrisse le sue memorie, incentrate in gran parte sulla propria odissea giudiziaria, non fece menzione alcuna di maltrattamenti di questo tipo. Lo stesso Gladstone, come si è visto, fece marcia indietro sull'argomento nel suo terzo scritto, ammettendone l'indimostrabilità. Eppure l'idea che nelle carceri borboniche fossero in uso strumenti di tortura di tipo medievale si diffuse rapidamente, soprattutto all'estero. Si racconta che negli anni '50 a Londra un esule italiano, un certo Nani, avesse aperto una sorta di piccolo museo in cui erano esposti sedicenti strumenti di tortura in uso nelle carceri borboniche.[25] E senza le lettere di Gladstone avrebbero avuto meno credito anche successive accuse lanciate sulla stampa internazionale alla polizia borbonica, come gli articoli del *Morning Post* del 1856 con cui non solo si descrivevano a parole, ma anche tramite disegni, dei presunti strumenti di tortura utilizzati contro i patrioti siciliani, tra i quali la famigerata *cuffia del silenzio*.[26]

Più in generale, le lettere ebbero un ruolo primario nel far sedimentare nell'opinione pubblica, anche delle generazioni successive, il ritratto a tinte fosche dei Borboni di Napoli che perdura ancora oggi. Un esempio, tra i tanti, può essere tratto da una biografia di Gladstone stampata negli Stati Uniti qualche decennio dopo i fatti di cui ci occupiamo. In questo breve estratto si può vedere la semplificazione con cui gli avvenimenti d'Italia erano narrati all'estero:

---

[25] L'episodio è raccontato da Giuseppe Buttà in *I Borboni di Napoli* vol. III, pag. 39.

[26] L'autore degli articoli, si seppe in seguito, era l'esule siciliano Giovanni Raffaele. Lo rivendicò egli stesso alcuni anni dopo, una volta eletto deputato del Regno d'Italia, nel corso della seduta del 16 luglio 1864 (cfr. *Atti del Parlamento Italiano - Discussioni della Camera dei Deputati, VIII Legislatura - Sessione 1863 - 1864*, pagg. 6338-6339). Contrariamente a una vulgata in voga tra gli scrittori borbonici, però, in quell'occasione Raffaele non sostenne di aver inventato lo strumento di tortura, ma soltanto di essere colui il quale ne aveva svelato l'esistenza.

Il caso Gladstone 23

> Nel tempo in cui Mr. Gladstone visitò Napoli, l'Italia era percorsa da un crescente desiderio di indipendenza e unione. Le misure tristemente famose adottate dal Re di Napoli per reprimere nei suoi domini ogni aspirazione alla libertà ebbero il solo effetto di rendere il popolo ancora più determinato e la libertà cui aspirava più certa. Il suo cattivo governo durò ancora per pochi anni e fu il motore primo dei movimenti rivoluzionari che agitavano in continuazione la penisola italiana. [...] Il brillante successo di Garibaldi nel 1860 riempì Francesco II di terrore. Costui, come tutti gli uomini malvagi, era disposto a fare le più sfarzose promesse di riforme liberali, pur di sfuggire alle conseguenze dei suoi crimini. Ma il suo pentimento fu tardivo. Garibaldi, vittorioso, emanò un decreto secondo cui le Due Sicilie, redente tramite il sangue italiano, e che avevano liberamente eletto il loro dittatore, formavano parte integrante di un'Italia unita e indivisibile, sotto il re costituzionale Vittorio Emanuele II e i suoi discendenti. Francesco II fu detronizzato ed espulso dal suo regno, come conseguenza inevitabile della politica di odio sua e dei suoi predecessori.[27]

Se dunque, come è avvenuto recentemente, un personaggio del calibro di Roberto Benigni ha potuto affermare in televisione, in un discorso tenuto nell'ambito delle celebrazioni del 150esimo anniversario dell'Unità d'Italia, che i Borboni erano "peggio dei nazisti", una parte di responsabilità va anche a lord Gladstone.

Per questa ragione, il suo nome, negli ambienti culturali simpatizzanti per la ex casa reale di Napoli, ha assunto col tempo una fama più che sinistra. Già all'epoca si volle presto gettare nei confronti dell'operato del politico inglese il sospetto della premeditazione. Il viaggio in Italia di Gladstone, si diceva, lungi dall'essere di natura priva-

---

[27] RICHARD B. COOK, *The Grand Old Man, or the life and public services of the Right Honorable William Ewart Gladstone, four times prime minister of England*, Philadelphia 1898, cap. VIII.

ta, era sin dal principio organizzato allo scopo di raccogliere materiale diffamatorio nei confronti del Regno delle Due Sicilie; questo complotto era stato organizzato da Palmerston in persona, e ciò in virtù di una politica estera inglese vòlta ad avere delle mire sulla Sicilia se non sull'intero meridione d'Italia. Di questo avviso sono i più famosi scrittori ottocenteschi di parte borbonica, Giacinto De Sivo[28] e Giuseppe Buttà,[29] che probabilmente utilizzò il precedente come fonte di molte sue affermazioni. Oltre ai sospetti sulle reali intenzioni di Gladstone, la pubblicistica a lui ostile gli rimproverava una certa superficialità di metodo: aver egli raccolto notizie di seconda mano, da fonti tendenziose e senza l'opportuna verifica (prova ne sarebbero le numerose espressioni presenti nel testo come *si dice, mi è stato riferito, a quanto pare* etc. e le tante imprecisioni, alcune delle quali, come si è visto, successivamente ammesse dall'autore stesso); infine, essersi a volte spacciato per testimone oculare di situazioni a cui, nella realtà, non avrebbe assistito.

In tempi più recenti, l'argomento è stato ripreso in un saggio degli anni '70 presto diventato un classico della letteratura revisionista del Risorgimento, *La conquista del Sud* di Carlo Alianello.[30] Il libro appartiene più al genere polemico che alla ricerca storica, ed è un'appassionata requisitoria che intende descrivere il processo dell'unità italiana come un'aggressione coloniale del Regno di Sardegna ai danni del meridione. È significativo che l'opera inizi proprio raccontando le vicende del Gladstone, raccogliendo e ampliando le argomentazioni già utilizzate dalla pubblicistica filo-borbonica ottocentesca: per Alianello, l'episodio delle lettere è la dimostrazione di un

---

[28] GIACINTO DE SIVO, *Storia delle Due Sicile 1947-1861*, Brindisi 2010, pagg. 428-429.
[29] GIUSEPPE BUTTÀ, *I Borboni di Napoli etc. vol. III*, Brindisi 2012, pagg. 32 ssg.
[30] CARLO ALIANELLO, *La conquista del Sud*, Milano 1972.

Il caso Gladstone

complotto internazionale allo scopo di preparare il terreno per l'unificazione italiana sotto la bandiera sabauda. Il saggio ha riscosso nel tempo un certo successo e ancora oggi, anche laddove non viene citato, è la fonte principale di un paio di aneddoti che intendono dimostrare la malafede del Gladstone. Conviene dunque spendere un paio di parole su questi.

Il primo è il seguente:

> Gladstone, tornato a Napoli nell'anno 1888-1889, fu ossequiato e festeggiato dai maggiorenti del così detto Partito Liberale, i quali non mancarono di glorificarlo per le sue famose lettere con la *negazione di Dio*, che tanto aiutarono la nostra rivoluzione; ma a questo punto il Gladstone versò una vera secchia d'acqua gelata sui suoi glorificatori. Confessò che aveva scritto per incarico di lord Palmerston, con la buona occasione che egli tornava da Napoli, che egli non era stato in nessun carcere, in nessun ergastolo, che aveva dato per veduto da lui quello che gli avevano detto i nostri rivoluzionari.[31]

Il brano appartiene a un volume di Domenico Razzano intitolato *La biografia che Luigi Settembrini scrisse di Ferdinando II*, ma nelle note è spiegato come Alianello lo abbia tratto dalla monografia di Cotugno che abbiamo spesso consultato anche noi. Si tratta dunque di una notizia di seconda mano. In sé e per sé dà l'idea di essere poco più di un pettegolezzo, un aneddoto poco verificabile e privo di riscontri in altre fonti. E bisogna d'altra parte sottolineare come, anche ammettendone la veridicità, Gladstone avrebbe semplicemente sostenuto di avere avuto un secondo fine e non avere controllato a sufficienza le informazioni ricevute, non di avere inventato tutto. Invece oggi da più parti questo episodio, tratto dall'Alianello che lo

---

[31] Citato in CARLO ALIANELLO, op. cit. pag. 14.

aveva letto dal Cotugno che lo aveva estratto dal Razzano, viene citato come prova ultima del fatto che Gladstone avesse scritto il falso.

Più interessante a nostro avviso, e più utile a centrare il nocciolo della questione, è un'altra citazione fatta dall'Alianello e oggi piuttosto diffusa. Si tratta di un articolo di Ferdinando Petruccelli della Gattina comparso su *L'unione di Milano* il 22 gennaio 1861 e consultato di prima mano da Alianello, che ne possedeva una copia d'epoca. Petruccelli della Gattina era, come Carlo Poerio, un liberale; come Massari era stato costretto all'esilio dopo il 1848 e, come entrambi, era stato in seguito eletto deputato del Regno d'Italia. A differenza di loro, però, si distinse in più occasioni per un approccio meno agiografico agli avvenimenti del Risorgimento a cui pure aveva partecipato, segnalandosi anzi per il sarcasmo di molti suoi scritti. Basta pensare alla sua opera più famosa, *I moribondi del Palazzo Carignano*, impietosa satira del neonato parlamento italiano, nella quale in più occasioni deride lo status assunto da Poerio di *martire nazionale*:

> Poerio è una reliquia. Lo si imbandisce nelle tavole ministeriali, come un oggetto di curiosità egiziana e di appetito ben conservato – perchè la poca forza che resta a questo gran *martire* si è concentrata nelle mascelle, mascelle potenti, le quali, quando non masticano, lavorano un concettino all'Achillini, onde presentarlo ad una signora. Quanto al cervello, Poerio l'ama meglio *à la sauce blanche* che nella sua testa. Colpa senza dubbio di quello scellerato di re Borbone, il quale assiderò quest'uomo di Plutarco nelle prigioni di Montesarchio – ovvero di quel burlone di Gladstone, il quale creò questo grand'uomo all'uso di John Bull, come Caracalla creò console il suo cavallo.[32]

---

32 F. Petruccelli della Gattina, *I moribondi del palazzo Carignano*, Milano 1862, pagg. 183-184.

Il caso Gladstone

Lasciamo da parte il lapsus tra Caligola e Caracalla. Poerio sarebbe stato dunque una figura leggendaria, quasi creata ad arte da un *burlone* a uso e consumo del pubblico inglese (per John Bull s'intendeva all'epoca l'inglese medio o l'Inghilterra nel suo complesso). Ma veniamo al passo citato da Alianello. Qui Petruccelli della Gattina è ancora più esplicito:

> Poerio è un'invenzione convenzionale (e chi fu con lui) della stampa anglo-francese. Quando noi agitavamo l'Europa e la incitavamo contro i Borboni di Napoli, avevamo bisogno di personificare la negazione di questa orrida dinastia, avevamo bisogno di presentare ogni mattina ai credenti leggitori d'una Europa libera una vittima vivente, palpitante, visibile, che quell'orco di Ferdinando divorava a ogni pasto. Inventammo allora il *Poerio*. Poerio era un uomo d'ingegno, un galantuomo, un barone; portava un nome illustre, era stato ministro di Ferdinando e complice suo in talune gherminelle nel 1848. Poerio era stato deputato e fratello d'Alessandro... Ci sembrò dunque l'uomo opportuno per farne l'antitesi di Ferdinando, e il miracolo fu fatto.
>
> La stampa inglese e francese stuzzicò l'appetito di quel filantropo e uomo di stato, Gladstone, il quale, recandosi a Napoli, volle vedere da presso questa specie di nuova maschera di ferro; lo vide. Si mosse a pietà. E Gladstone fece come noi; magnificò la vittima onde renderne più odioso l'oppressore; esagerò il supplizio, onde commuovere a maggior ira la pubblica opinione.
>
> E Poerio? Poerio, che oggi si mescola in ogni minestra, fu creato da cima a fondo.
>
> Il Poerio reale ha preso sul serio il Poerio fabbricato da noi, in dodici anni, in articoli a 15 centesimi la linea.
>
> Lo hanno preso sul serio coloro che lessero di lui, senza conoscerlo da presso. L'ha preso sul serio quella parte della stampa che si era fatta complice nostra, credendoci sulla parola. Ma capperi! Che l'abbia preso sul

serio anche Cavour![33]

È un passo importante, perché getta sul piatto della nostra discussione una domanda cruciale: quanto può essere considerata affidabile una fonte che scrive per ragioni di propaganda politica? Questo vale, naturalmente, per tutti.

Ciò che, infatti, maggiormente colpisce nello studiare le vicende delle lettere di Gladstone, è la difficoltà di trovare, ieri come oggi, chi si accosti all'argomento senza l'intento di dimostrare una tesi a priori, pro o contro che sia. Semplificando: ancora oggi, a distanza di un secolo e più, ci si ritrova stretti tra chi tratta l'argomento decidendo di dare credito a qualsiasi affermazione di Gladstone e liquidando le argomentazioni di chi all'epoca difendeva il governo di Napoli come deboli e prive di fondamento (spesso senza sentire nemmeno l'esigenza di informare il lettore su quali fossero queste argomentazioni), e dall'altra parte chi, per screditare il Gladstone, è disposto a prendere per buona qualunque fonte, anche il pettegolezzo di corridoio.

Un approccio storiografico maturo, invece, dovrebbe, a nostro avviso, lasciare da parte l'adesione a questo o quel partito e concentrarsi, almeno all'inizio, su un'unica, fondamentale domanda: Gladstone scrisse il vero o no? Tutto il resto ne consegue.

È un'indagine che inevitabilmente necessiterà non solo di un vaglio critico delle fonti letterarie, ma soprattutto di una lunga ricerca di archivio, la sola utile a dipanare la matassa dei punti più spinosi della questione. Per esempio, l'entità numerica degli imputati per reati politici, dal momento che, su una popolazione complessiva stimata tra gli 8 e i 9 milioni di abitanti, c'è una bella differenza tra i 20.000 detenuti denunciati dal Gladstone e i 2000 dichiarati dal governo.

---

[33] Citato in CARLO ALIANELLO, op. cit. pag. 25.

Il caso Gladstone

Il nostro augurio è che, presto o tardi, qualcuno si assuma il compito di questa ricerca e cerchi, nei limiti del possibile, di farlo, come si dice, *sine ira ac studio*. Nel frattempo, ci sia però concessa qualche riflessione.

Al giorno d'oggi pochi oserebbero negare la reale esistenza di una setta chiamata *Società dell'Unità d'Italia* e il fatto che Carlo Poerio, Luigi Settembrini, Salvatore Faucitano, Michele Pironti e altri ne facessero parte. È ormai assodato che la maggior parte dei capi di accusa del processo del 1850 fossero, nella sostanza, esatti. Se gli imputati negavano, non era soltanto per trovare una via d'uscita giudiziaria, ma anche per interpretare al meglio quel ruolo di martire che tanto poteva giovare alla causa anti-borbonica. Gli stessi condannati, in molte occasioni, lo avrebbero ammesso negli anni successivi, talora vantandosene come prova del ruolo svolto a favore della rivoluzione. A tal proposito, possiamo scegliere, tra i tanti, un documento estratto da una seduta della Camera dei Deputati del 29 aprile 1867, durante la quale venne commemorata la figura di Carlo Poerio, scomparso il giorno precedente. Giuseppe Massari, nel suo intervento, fu abbastanza prudente, senza dilungarsi molto sulle ragioni delle traversie giudiziarie del defunto:

> Nel 1851 lo condannarono a 24 anni di ferri. [...] La sua condanna fu precipua occasione delle famose lettere di Gladstone; ei divenne così la personificazione del martirio dei popoli delle Due Sicilie.[34]

Quando però prese la parola Francesco Crispi, col suo fare sanguigno fu molto più esplicito, ammettendo, senza nemmeno troppi giri

---

[34] Tratto da *Parole dette in morte del deputato Poerio alla Camera dei Deputati il 29 aprile 1867 ed alla Stazione della Ferrovia per Napoli dal deputato G.Massari nel giorno successivo*, Firenze 1867, pagg.4-5.

di parole, che le accuse a carico di Poerio fossero veritiere. Non solo, ma aggiunse anche delle informazioni a cui la polizia borbonica non era arrivata, come il coinvolgimento di Poerio nell'insurrezione siciliana:

> Io, facendo eco alle cose dette dai due illustri oratori, sento l'obbligo di confermare con fatti che sino all'altro giorno potevano essere un segreto, ma che oggi appartengono alla storia, gli atti di Carlo Poerio.
> Il Poerio, che io conobbi 27 anni addietro, fu invero il tipo del cospiratore italiano, quando, ben inteso, altra via non c'era per liberare la patria, che quella di cospirare contro la tirannide. Egli succhiò colla vita il culto della patria e l'odio contro i Borboni. [...] Carlo Poerio fu il capo, e, come diceva benissimo l'onorevole Pisanelli, fu il cuore, fu la mente della gioventù delle provincie meridionali. Io soggiungerò che egli fu il centro pei Napoletani e pei Siciliani, i quali si erano raccolti nell'intendimento di rovesciare il trono dei Borboni. [...] Quando, il 20 dicembre 1847, io partii per la Sicilia, onde metterci d'accordo negli atti necessari alla insurrezione che poi scoppiò il 12 gennaio 1848, nella prigione di Carlo Poerio, a Santa Maria Apparente, si stabilì questa concordia tra Napoletani e Siciliani, che poscia non fallì nella comune opera contro i Borboni. Carlo Poerio era ancora in prigione quando la Sicilia insorgeva; e l'11 gennaio, prima che io partissi per la seconda volta, andai a stringergli la mano, ci accordammo su ciò che conveniva fare nel continente, e lo lascia pieno di fede nel successo della causa nazionale.[35]

Viene dunque a cadere subito, e senza grossi sforzi di indagine, uno dei maggiori pilastri del discorso di Gladstone, l'idea cioè che la poli-

---

[35] Ibidem, pagg. 9-10.

zia napoletana arrestasse degli innocenti, fabbricando false prove a loro carico, al solo scopo di soddisfare la sete di vendetta del re.

Della tortura si è detto. Si tratta di una voce comparsa a più riprese sulla stampa ottocentesca, senza trovare mai alcun riscontro. Naturalmente non siamo così ingenui da pensare che non avvenissero casi di abuso, come tristemente capita a tutte le polizie del mondo quando si trovano a fronteggiare indagini inerenti la sicurezza dello stato; ma che la polizia borbonica disponesse di celle sotterranee dotate di strumenti di tortura degni dell'Inquisizione Spagnola, questo va realmente liquidato come una favola.

Le stesse prigioni non erano certo un modello di civiltà, ma condividevano il livello di degrado degli altri paesi europei. La catena era in uso anche altrove, e nella stessa Inghilterra si emanavano condanne anche più crudeli, come i lavori forzati. Il tentativo di impressionare il lettore descrivendo il sistema carcerario napoletano poteva, dunque, avere successo soltanto su chi non avesse mai visitato un carcere dell'epoca, e ed essere così indotto a credere che quella descritta fosse una peculiarità del governo borbonico.

Tirando le somme: anche a un'analisi superficiale, al giorno d'oggi le lettere di Gladstone dimostrano di non reggere il tempo e contengono molte più imprecisioni e notizie errate di quanto l'autore non fosse disposto ad ammettere, in una misura tale che, ragionando secondo il diritto odierno, vi si potrebbe ravvisare a tratti il reato di diffamazione.

Come detto, però, sarà utile in futuro un vaglio critico e documentale delle sue affermazioni. Con il presente volume, per il momento, abbiamo cercato quantomeno di fare ordine presentando le principali fonti letterarie in materia. Un compito laborioso ma, a nostro avviso, necessario, dal momento che fino a oggi chi si volesse accostare all'argomento si è trovato nella condizione di dover consultare le testimonianze favorevoli e quelle contrarie a Gladstone nettamente separate tra loro, quasi a compartimenti stagni, senza un inquadramento storico né un corretto ordine cronologico.

Conclusione

Giunti al termine della nostra presentazione, non resta che chiedersi come si conclusero le vicende dei personaggi che abbiamo citato.

Coerentemente con l'ideologia paternalistica del governo borbonico, le pesanti condanne espresse ai danni degli imputati non furono mai eseguite interamente, ma per gradi commutate in pene più lievi. Chi era stato condannato a morte, come Settembrini, vide la pena tramutata in ergastolo; anche chi, però, era stato destinato a una lunga detenzione con regime duro non scontò la pena nella sua interezza. Nel 1859 il governo napoletano, allo scopo di liberarsi di personaggi così scomodi per la pubblica opinione, prese una decisione apparentemente motivata da ragioni di clemenza, che però si sarebbe rivelata fatale: commutare la pena di un gran numero di prigionieri politici nell'esilio. Poerio, Settembrini, Faucitano e altri illustri detenuti (come Silvio Spaventa) furono forzatamente imbarcati in direzione Stati Uniti; la nave fu però dirottata verso l'Irlanda, i circa sessanta si sparpagliarono tra l'Inghilterra e il Piemonte in qualità di rifugiati politici. A scaglioni avrebbero fatto tutti ritorno in patria, chi al seguito di Garibaldi, chi dopo la proclamazione del Regno d'Italia.

Carlo Poerio fu deputato del nuovo parlamento italiano, riverito come un martire redivivo; prese però infine le distanze dalla vita politica e morì in povertà. Settembrini tornò a dedicarsi all'insegnamento e agli studi letterari, e fu autore di un libro di memorie sulle sue traversie giudiziarie che ebbe una certa diffusione a fine ottocento. Chi non venne meno all'impegno politico fu Giuseppe Massari: eletto più volte deputato, divenne popolare, tra l'altro, come segretario della Commissione Parlamentare sul Brigantaggio e in quella veste, nel 1863, lesse alla Camera la relazione finale che spianò la strada alle famigerate leggi repressive di Giuseppe Pica.

Quanto a Gladstone, andò incontro a una luminosa carriera: per quattro volte Primo Ministro, è tuttora considerato uno dei politici più influenti della storia inglese contemporanea. Non si spezzò mai il suo legame con l'Italia, paese che amava particolarmente e dove anche a distanza di anni era ricordato con simpatia dai liberali locali per l'apporto dato alla loro causa. Chi, invece, parteggiava per altre fazioni, non gli perdonò mai la pubblicazione delle lettere.

Solitamente il finale che si dà a questa vicenda, almeno da parte borbonica, è infatti l'aneddoto, già citato, del Gladstone che ammette in pubblico di avere inventato le proprie accuse verso il governo di Napoli. Tale scenetta, come spiegato, è molto dubbia.

Pochi conoscono, invece, un'altra possibile conclusione, questa sì autentica, della nostra storia. L'8 maggio 1863, all'incirca nel periodo in cui Giuseppe Massari si occupava del brigantaggio, lo stesso argomento venne dibattuto alla Camera britannica. A distanza di anni i deputati inglesi tornavano a parlare dei diritti umani nel meridione d'Italia: questa volta, però, Lord Gladstone non sedeva tra gli accusatori, ma si ritrovò sul banco degli imputati. Il deputato conservatore Cavendish-Bentinck, infatti, partendo da alcune analogie tra il Sud Italia pre-unitario e post-unitario, rispolverò dai ricordi le denunce fatte da Gladstone dieci anni prima, per accusarlo senza mezzi termini di doppiopesismo:

> Nel 1851 il Cancelliere dello Scacchiere scrisse quel famoso libello, con cui denunciava, con energia ed eloquenza, gli orrori delle prigioni napoletane; e il nobile Conte, a quel tempo Ministro degli Esteri, in risposta a una domanda posta dal nobile rappresentante di Westminster,

rispose che avrebbe inviato una copia del libro a tutti i diplomatici britannici, nella speranza di trarne beneficio per tutti. [...] Quali erano le accuse mosse al Governo di Napoli dall'onorevole nel suo libro?

Primo, che 20.000 e più persone fossero confinate nelle prigioni di stato. Cosa abbiamo adesso? Il Console Generale Bonham ha ammesso che i prigionieri politici sono più di 20.000. Molti Deputati hanno portato testimonianze dello stesso tipo. La Camera può apprendere dal signor Crispi che a Palermo ci sono 1300 prigionieri politici. Dal deputato Lazzaro (il 9 aprile passato) che la prigione di Salerno, costruita per contenere 600 detenuti, ne ha attualmente 1400. Potenza 1100 invece di 600. Lanciano 700 invece di 200. Eppure davanti a questi fatti l'onorevole tace.

Secondo, l'onorevole era indignato del fatto che la polizia napoletana facesse delle perquisizioni domiciliari. [...] E invece, adesso che è in vigore lo Statuto Albertino, così tanto più liberale della Costituzione Napoletana del 1848, e le perquisizioni e arresti arbitrari sono all'ordine del giorno, [...] adesso che sono sottoposti ad arresto i familiari di presunti briganti fino al terzo grado di parentela e centinaia di persone, per il mero sospetto di complicità, sono imprigionate e spesso fucilate senza processo, e molte persone, già assolte dai tribunali, continuano a essere trattenute in prigione, ebbene, l'onorevole tace.

Terzo, l'onorevole ha protestato contro il lungo periodo di carcerazione preventiva degli indagati prima del processo. Adesso che centinaia di infelici, di tutte le età e di entrambi i sessi, marciscono in galera senza speranza, e invocano l'aiuto degli stranieri di passaggio, adesso che un simile flagello è stato ammesso interamente persino dal Console Generale Bonham, l'onorevole tace.

Quarto, l'onorevole ha descritto lo stato delle prigioni in modo divenuto proverbiale. Qual è il loro stato attuale? Facciamogli leggere i resoconti di Crispi, Ricciardo, e del Console Bonham! Le catene dei prigionieri politici – le catene dei Garibaldini, la cui colpa è di avere amato troppo l'unità d'Italia, non riescono a suscitare la compassione dell'onorevole, ed egli e il Conte tacciono.

Infine, l'accusa principale dell'onorevole nei confronti del Governo Napoletano era di essere del tutto illegittimo. [...] E lo Statuto Albertino è forse rispettato? Lo stato d'assedio a Napoli e in Sicilia è durato più di qualunque stato d'assedio sotto il governo borbonico; ed è un fatto ormai che la stampa libera sia imbavagliata. Non intendo in alcun modo difendere o giustificare minimamente l'operato degli ultimi governi borbonici. Ma il nuovo ordine ha forse migliorato la situazione? Sotto i Borboni, come ammette lo stesso onorevole, la pena di morte era rara; invece oggi centinaia, se non migliaia di persone vengono fucilate senza processo, e comandanti come il famigerato Fumel, le cui atrocità invano il Governo di Sua Maestà ha tentato l'anno passato di nascondere, sono stati mandati a bruciare e distruggere paesi interi e massacrarne gli abitanti. [...] Onorevole, io non mi appello a lei in nome della coerenza, perché davanti a questa parola farebbe orecchie da mercante, ma in nome della pietà, affinché levi ancora la sua voce per la causa di Napoli, e si prodighi per mitigare i mali che affliggono quella infelice popolazione.[36]

E con questa maligna citazione, che – ricordiamo – non viene dalla voce di un fazioso borbonico, ma di un parlamentare inglese, ci piace terminare e lasciare al lettore di immergersi nella gran mole di documenti da noi raccolti. E che il dibattito, sempre che se ne senta il bisogno, abbia di nuovo inizio.

---

[36] Cfr. HC Deb 08 May 1863 vol 170 cc1397-499.

BIBLIOGRAFIA

ACTON HAROLD, *Gli ultimi Borboni di Napoli*, Milano 1962.

ALIANELLO CARLO, *La conquista del sud*, Milano 1972.

AAVV, *Confutazioni alle lettere del signor Gladstone*, Losanna 1851.

ANONIMO. *Rassegna degli errori e delle fallacie pubblicate dal sig. Glasdstone in due sue lettere indiritte al Conte Aberdeen sui processi politici nel Reame delle Due Sicilie*, Napoli 1851.

BUTTÀ GIUSEPPE, *I Borboni di Napoli al cospetto di due secoli*, Napoli 1877.

COOK, B. RICHARD, *The Grand Old Man - or the life and public services of the right honorable William Evart Gladstone*, Philadelphia 1898.

COTUGNO RAFFAELE, *Tra reazioni e rivoluzioni - contributo alla storia dei Borboni di Napoli dal 1849 al 1860*, Lucera s.d.

DE SIVO GIACINTO, *Storia delle Due Sicilie 1847-1861*, Trieste 1867, rist. Brindisi 2010.

GAJO MARIA GAIA, *Le lettere di lord Gladstone ad Aberdeen*, in *Rassegna Storica del Risorgimento*, 1973, pp. 31-47.

GLADSTONE W.E., *Two letters to the Earl of Aberdeen on the state prosecutions of the Neapolitan Government*, Londra 1851.

GLADSTONE W.E., *An examination of the official reply of the Neapolitan Government*, Londra 1852.

GONDON JULES, *Le terreur dans le le Royaume de Naples - lettre au Right Onorable W.E. Gladstone, membre du parlament britannique, en résponse à ses deux lettres à Lord Aberdeen*, Parigi 1851.

MAC FARLANE CHARLES, *The Neapolitan Government and Mr. Gladstone - a letter to the Earl of Aberdeen*, 1851.

MASSARI GIUSEPPE, *Il signor Gladstone ed il governo napolitano*, Torino 1851.

MASSARI GIUSEPPE, *In morte del deputato Carlo Poerio*, Firenze 1867.

RIDAMAS C. INN., *Saggio storico-critico sulla nuova pubblicazione dell'onorevole G. E. Gladstone relativa al governo delle Due Sicilie*, Lugano 1852.

SETTEMBRINI LUIGI, *Ricordanze della mia vita*, Milano 1935.

LETTERE SUL REGNO DI NAPOLI

PARTE PRIMA

LE LETTERE

LETTER I

6, Carlton Gardens,
April 7, 1851

MY DEAR LORD ABERDEEN,

I MUST begin a letter, which I fear you will find painful, nay revolting, to the last degree, with offering you my cordial thanks for the permission to address it to you.

After a residence of between three and four months at Naples, I have come home with a deep sense of the duty incumbent upon me to make some attempt towards mitigating the horrors, I can use no weaker word, amidst which the Government of that country is now carried on.

As I shall have to detail startling facts, and as I cannot avoid in describing them the use of the strongest language, I must state at the outset, that it was not for the purposes of political criticism or censorship that I went to Naples. Circumstances purely domestic took me and kept me there. I did not carry with me the idea, that it was any part of my duty to look for grievances in the administration of the Government, or to propagate ideas belonging to another meridian. I admit, in the most unqualified manner, the respect that is due from Englishmen, as from others, to Governments in general, whether they be absolute, constitutional, or republican, as the representatives of a public, nay, of a Divine authority, and as the guardians

PRIMA LETTERA

*6, Carlton Gardens,
7 Aprile 1851*

MIO CARO LORD ABERDEEN,

nell'introdurre una lettera che, temo, voi troverete dolorosa, per non dire estremamente ripugnante, mi sento in obbligo innanzitutto di ringraziarvi per avermi permesso di indirizzarvela.

Dopo aver soggiornato tra i tre e i quattro mesi a Napoli, sono tornato in patria sentendo incombere su di me il dovere di provare a prodigarmi per mitigare gli orrori, non uso altre parole, in mezzo a cui si dibatte il governo di questo paese.

Dal momento che dovrò descrivere fatti difficili da accettare, e nel farlo non potrò evitare di utilizzare il linguaggio più crudo, devo prima di tutto chiarire che il mio soggiorno a Napoli non aveva lo scopo di fare inchieste o denunce di natura politica. Motivi puramente familiari mi hanno portato a trasferirmi laggiù. Non avevo in progetto di indagare sul malcontento nei confronti dell'amministrazione pubblica, o di propagare idee che appartengono a un'altra latitudine. Riconosco nel modo più assoluto che un gentiluomo inglese, così come di altra nazione, deve portare rispetto ai governi in generale, siano essi assoluti, costituzionali o repubblicani, in quanto rappresentanti dell'autorità pubblica, per non dire divina, e guardiani dell'ordine. Non so se c'è un altro paese in Europa, ma sono sicu-

of order. I do not know that there is any other country in Europe, I am sure there is none unless it is in the South of Italy, from which I should have returned with anything like the ideas and intentions which now press upon my mind. On this, among other grounds, I am grateful for your consent to be the recipient of my statement, because it will give weight to my asseveration, that this grievous subject has forced itself upon me, that I am sincere in disclaiming what is called political propagandism, that I have not gathered wholesale and without examination the statements I am about to make, that an important part of them are within my own personal knowledge, and that, as to the rest of those which are stated without qualification, after no want of care in examining their sources and their grounds, I firmly and deliberately believe them.

Without entering at length into the reasons which have led me thus to trouble you, I shall state these three only; first, that the present practices of the Government of Naples, in reference to real or supposed political offenders, are an outrage upon religion, upon civilization, upon humanity, and upon decency. Secondly, that these practices are certainly, and even rapidly, doing the work of republicanism in that country: a political creed, which has little natural or habitual root in the character of the people. Thirdly, that as a member of the Conservative party in one of the great family of European nations, I am compelled to remember, that that party stands in virtual and real, though perhaps unconscious, alliance with all the established Governments of Europe as such; and that, according to the measure of its influence, they suffer more or less of moral detriment from its reverses, and derive strength and encouragement from its successes. This principle, which applies with very limited force to the powerful States, whose Governments are strong, not only in military organization, but in the habits and affections of the people, is a principle of great practical importance in reference to the Government of Naples,

ro non ce ne sia a eccezione del Sud Italia, dal quale sarei potuto tornare con le stesse idee e intenzioni che al momento animano la mia mente. Per questo, tra gli altri motivi, vi sono riconoscente per avere accettato questa mia relazione: ciò darà maggiore credito al fatto che un tema così delicato mi si sia quasi imposto, e che sono sincero nel prendere le distanze dalla cosiddetta propaganda politica; che non ho raccolto in modo indiscriminato e senza verifiche i fatti che andrò a narrare, che buona di parte di questi li ho toccati di prima mano e i restanti li credo veri dopo averne verificato senza risparmio la fonte e il contesto.

Senza entrare nel merito delle ragioni che mi hanno portato a importunarvi, farò subito tre assunti. Primo, le attuali politiche del Governo di Napoli nei confronti nei presunti o reali dissidenti sono un'offesa alla religione, alla civiltà, all'umanità e alla decenza. Secondo, queste pratiche, senza dubbio, faranno presto il gioco dei repubblicani, una fazione politica ben poco radicata nella popolazione. Terzo, come membro del Partito Conservatore di una delle più grandi nazioni d'Europa, mi sento obbligato a ricordare che tale partito, in modo forse inconscio, ma effettivo, è alleato di tutti i governi stabili d'Europa; e dunque, nella misura in cui esso riesce a esercitare una forma di influenza, quelli subiscono quale più quale meno detrimento dai suoi fallimenti, e forza e incoraggiamento dai suoi successi. Tale principio, applicabile in modo piuttosto limitato agli Stati più potenti, in possesso di un governo forte non solo dal punto di vista militare ma anche del sostegno della popolazione, è invece di fondamentale importanza se si guarda al Governo di Napoli. Non è solo Napoli, infatti, a essere fisicamente sull'orlo di un vulcano, ma anche, metaforicamente, la sua società, qualunque ne siano le cause; e il suo governo, giorno dopo giorno, sta facendo tutto ciò che è in suo potere per concretizzare i pericoli che corre e alimentare, con ragioni sempre nuove, le sue paure.

which, from whatever cause, appears to view its own social, like its physical, position, as one under the shadow of a volcano, and which is doing everything in its power from day to day to give reality to its own dangers, and fresh intensity, together with fresh cause, to its fears.

In approaching the statement of the case, I must premise that I pass over an important prefatory consideration, with respect to the whole groundwork of governing authority in the kingdom of the Two Sicilies at this moment; and that I shall not inquire whether, according to reason and social right, the actual Government of that country be one with or without a title, one of law or one of force. I shall assume that the Constitution of January 1848, spontaneously given, sworn to as irrevocable with every circumstance of solemnity, and never to this day either legally or even ostensibly revoked, (although contravened in almost every act of the Government,) never existed, and is a pure fiction. I will not appeal to it, because such an appeal might give colour to the idea that my desire was to meddle with the form of Government, and might thus interfere with those purposes of humanity which, and which alone in the first instance, I propose to myself and to you: whereas, in truth, I am firmly of opinion that this very important matter may much more safely and wisely, and indeed can only with propriety, be regarded as an internal question, which it is for the Sovereign of the country to settle with his subjects, apart from any intervention of ours; unless indeed questions should incidentally arise affecting it under the treaty of 1844 between the Two Sicilies and England, upon some parts of which, as a colleague of your Lordship, I had the honour to be employed. With such a topic at present I can have nothing to do; nor should I have alluded to the Neapolitan Constitution in this place at all, but because a recollection of the main facts connected with it is necessary in order in any manner to explain the recent conduct of the Government of

Prima Lettera

Nell'approcciarmi al tema, eviterò di affrontare un aspetto fondamentale della questione, che riguarda la stessa legittimità dell'autorità governativa nel Regno delle Due Sicilie: e non discuterò se, in base al diritto naturale e sociale, l'attuale Governo di quel paese abbia titolo di esistere o meno, se la sua autorità derivi cioè dalla legge o dalla forza. Parlo della Costituzione del gennaio 1848, concessa spontaneamente, sulla cui irrevocabilità sono stati fatti solenni giuramenti in ogni circostanza, e a tutt'oggi mai revocata in modo né ufficiale né ufficioso (sebbene violata praticamente in qualsiasi atto governativo); ebbene, farò finta che non sia mai esistita e sia un parto della fantasia. Non mi appellerò a questa argomentazione, per non dare l'idea che la mia intenzione sia quella di discutere della forma di governo, e così discostarmi da quegli intenti umanitari, e puramente umanitari, che mi sono proposto; sono oltretutto dell'avviso che sia più saggio e sicuro trattare un problema così delicato come una questione puramente interna, e che spetti soltanto alla Monarchia di quel paese affrontare il problema, senza alcun intervento da parte nostra, a meno che non intervengano incidentalmente questioni che possano interferire con il trattato del 1844 tra le Due Sicilie e l'Inghilterra, al quale, in qualità di vostro collega, ho avuto l'onore di contribuire. Allo stato attuale non ho bisogno di occuparmi di ciò; né avrei mai fatto allusione alla Costituzione Napoletana in questa sede, se non allo scopo di riassumere i principali avvenimenti utili a comprendere l'attuale condotta del Governo di Napoli, e dare piena credibilità alle rivelazioni scioccanti che mi accingo a fare.

Non possono nascondere la mia estrema convinzione, che nel leggere questa lettera vi verrà spontaneo chiedere: come si può perseguire una condotta così inumana e mostruosa senza una ragione, e quale può esserne il motivo? Per rispondere a pieno a questa domanda, dovrei affrontare la storia della Costituzione Napoletana. Ma per il momento, e fino a che avrò speranza che la situazione migliori senza

Naples, and to give full credibility to statements so astonishing as those which I shall have to make.

I must not suppress the expression of my full persuasion, that in reading this letter you will feel disposed to ask, how can conduct so inhuman and monstrous be pursued without a motive, and what can be the motive here? To answer that question fully, I must enter upon the history of the Neapolitan Constitution. But for the present, and so long as I have the hope of any prompt amendment without a formal controversy, I am content at whatever disadvantage to leave that question unanswered, though a reply to it is certainly essential to the entire development of my case.

One other prefatory word yet remains. In these pages you will find no reference to the struggle waged, and waged successfully, by the King of Naples against his Sicilian subjects, or to the conduct of any of the parties either immediately or indirectly concerned in it. My subject-matter is wholly different: it is the conduct of the Government of that Sovereign towards the Neapolitan or continental subjects, through whose fidelity and courage the subjugation of Sicily was effected.

There is a general impression that the organization of the Governments of Southern Italy is defective – that the administration of justice is tainted with corruption – that instances of abuse or cruelty among subordinate public functionaries are not uncommon, and that political offences are punished with severity, and with no great regard to the forms of justice.

I advert to this vague supposition of a given state of things, for the purpose of stating that, had it been accurate, I should have spared myself this labour. The difference between the faintest outline that a moment's handling of the pencil sketches, and the deepest colouring of the most elaborately finished portrait, but feebly illustrates the relation of these vague suppositions to the actual truth of the

arrivare a una controversia ufficiale, mi accontenterò di lasciare la domanda senza risposta, sebbene essenziale per lo sviluppo di questo caso.

Resta un'ultima premessa da fare. Nelle seguenti pagine non troverete alcun accenno alla lotta sostenuta, e con successo, dal Re di Napoli contro i suoi sudditi siciliani, o alla condotta di una delle fazioni direttamente o indirettamente legate alla questione. L'argomento che affronto è del tutto differente: è la condotta del Governo di quel Regno nei confronti dei sudditi napoletani o del continente, quelli, cioè, grazie alla cui fedeltà e al cui coraggio è stato possibile sottomettere la Sicilia.

È diffusa la sensazione che l'organizzazione del Governo del Sud Italia sia carente – che l'amministrazione della giustizia sia macchiata dalla corruzione – che i casi di abuso d'ufficio o crudeltà non siano infrequenti tra i pubblici funzionari, e i reati politici siano puniti con estrema severità, senza molto riguardo per le formalità legali.

Parlo di una mera sensazione di un certo stato di cose, allo scopo di chiarire che, se tutto ciò fosse invece stato evidente, non mi sarei assunto il compito di descriverlo. Pensate alla differenza che passa tra uno schizzo tracciato lì per lì a penna e la profondità di colori di un ritratto complesso e terminato: basta questo per farsi un'idea del rapporto esistente tra queste vaghe supposizioni e la reale situazione a Napoli. Qui non parliamo di semplici imperfezioni, né di corruzione ai bassi livelli, né di severità occasionale: è invece una incessante, sistematica, deliberata violazione della legge da parte di quel Potere che dovrebbe essere incaricato di supervisionarla e preservarla. È una tale violazione delle leggi naturali e umane, portata avanti allo scopo di violare ogni altra legge, non scritta ed eterna, umana e divina; è l'assoluta persecuzione della virtù ove unita all'intelligenza, applicata su scala così larga che interi settori della società, si potrebbe dire, ne sono l'obiettivo; è un Governo impegnato in una ostilità così aspra, crude-

Neapolitan case. It is not mere imperfection, not corruption in low quarters, not occasional severity, that I am about to describe: it is incessant, systematic, deliberate violation of the law by the Power appointed to watch over and maintain it. It is such violation of human and written law as this, carried on for the purpose of violating every other law, unwritten and eternal, human and divine; it is the wholesale persecution of virtue when united with intelligence, operating upon such a scale that entire classes may with truth be said to be its object, so that the Government is in bitter and cruel, as well as utterly illegal, hostility to whatever in the nation really lives and moves, and forms the mainspring of practical progress and improvement; it is the awful profanation of public religion, by its notorious alliance, in the governing powers, with the violation of every moral law under the stimulants of fear and vengeance; it is the perfect prostitution of the judicial office, which has made it, under veils only too threadbare and transparent, the degraded recipient of the vilest and clumsiest forgeries, got up wilfully and deliberately, by the immediate advisers of the Crown, for the purpose of destroying the peace, the freedom, ay, and even if not by capital sentences the life, of men, among the most virtuous, upright, intelligent, distinguished, and refined of the whole community; it is the savage and cowardly system of moral, as well as in a lower degree of physical, torture, through which the sentences extracted from the debased courts of justice are carried into effect.

The effect of all this is, total inversion of all the moral and social ideas. Law, instead of being respected, is odious. Force, and not affection, is the foundation of Government. There is no association, but a violent antagonism, between the idea of freedom and that of order. The governing power, which teaches of itself that it is the image of God upon earth, is clothed, in the view of the overwhelming majority of the thinking public, with all the vices for its attributes. I have

le e totalmente illegale nei confronti di tutto quanto si muova e viva nel paese, e formi la molla del progresso; è la terribile profanazione della religione pubblica, attraverso la ben nota alleanza, nei poteri governativi, con la violazione di ogni legge morale sotto lo stimolo della paura e della vendetta; è la totale prostituzione del potere giudiziario, divenuto, sotto un velo troppo logoro e trasparente, il vaso corrotto che raccoglie le più vili e rozze falsificazioni create ad arte dai consiglieri più fidati della Corona, allo scopo di distruggere la pace, la libertà e a volte, tramite la pena di morte, financo la vita dei più virtuosi, onesti, intelligenti, distinti e raffinati uomini dell'intera comunità; è un sistema selvaggio e vigliacco di tortura morale, così come nel più infimo livello fisica, attraverso cui sono eseguite le sentenze emesse dalle corti di giustizia.

Il risultato di tutto ciò è il totale ribaltamento di ogni morale e idea di comunità. La legge, invece di essere rispettata, è odiata. La coercizione, e non l'affetto, è la fondamenta del Governo. Non c'è solidarietà, ma un violento antagonismo, tra le idee di libertà e di ordine. Il potere governativo, che ama rappresentarsi come l'immagine di Dio sulla terra, è vestito invece, nell'opinione della grande maggioranza della popolazione, di ogni tipo di vizio. Ho appreso un modo di dire piuttosto forte ma quantomai vero: "Questa è la negazione di Dio eretta a sistema di governo." [1]

Confesso il mio stupore nel constatare il carattere docile dimostrato dai Napoletani in tempi di rivoluzione. Sembra proprio che lo spirito di vendetta non trovi alcun posto nel loro cuore. So che in ogni caso alcune vittime illustri sono supportate dallo spirito della rassegnazione cristiana e il suo concetto di serena accettazione della volontà di Dio. Ma le persecuzioni odierne sono molto peggiori di quelle

---

[1] This is the negation of God erected into a system of Government (come il lettore potrà rendersi conto dal testo a fronte, nell'edizione originaria la frase era in inglese e Gladstone forniva, nella presente nota, la traduzione italiana, divenuta poi proverbiale, NdC).

seen and heard the strong and too true expression used, " This is the negation of God erected into a system of Government." [1]

I confess my amazement at the gentleness of character which has been shown by the Neapolitan people in times of revolution. It really seems as if the hell-born spirit of revenge had no place whatever in their breasts. I know that at any rate some illustrious victims are supported by the spirit of Christian resignation, by their cheerful acceptance of the will of God. But the present persecution is awfully aggravated, as compared with former ones; it differs too in this, that it seems to be specially directed against those men of moderate opinions, whom a Government well stocked even with worldly prudence, whom Macchiavelli, had he been minister, would have made it his study to conciliate and attach. These men, therefore, are being cleared away; and the present efforts to drive poor human nature to extremes cannot wholly fail in stirring up the ferocious passions, which never, to my belief, since the times of the heathen tyrants, have had so much to arouse, or so much to palliate when aroused, their fury.

I must first speak of the extent and scale of the present proceedings.

The general belief is, that the prisoners for political offences in the kingdom of the Two Sicilies are between fifteen, or twenty, and thirty thousand. The Government withholds all means of accurate information, and accordingly there can be no certainty on the point. I have, however, found that this belief is shared by persons the most intelligent, considerate, and well-informed. It is also supported by what is known of the astonishing crowds confined in particular prisons; and especially by what is accurately known in particular provincial localities, as to the numbers of individuals missing from among the community. I have heard these numbers for example at Reggio,

---

[1] È la negazione di Dio eretta a sistema di governo.

Prima Lettera 53

del passato; la differenza principale consiste nel fatto che sembrano essere indirizzate espressamente verso quegli uomini dalle idee moderate che un governo provvisto almeno di senno, un Machiavelli, se fosse stato al potere, avrebbero cercato di attirare tra le sue fila. Questi uomini, al contrario, sono spazzati via; e il tentativo attuale di portare la natura umana ai suoi estremi non può finire per eccitare quelle passioni feroci che mai, per quanto ne so, sin dai tempi dei tiranni pagani, hanno avuto bisogno di molto per montare la propria furia, o per mitigarla una volta suscitata.

Devo parlare innanzitutto dell'estensione numerica dei processi in corso.

È opinione diffusa che il numero delle persone imprigionate nel Regno delle Due Sicilie per reati di natura politica sia tra i 15, 20 e 30 mila. Il Governo si rifiuta di fornire qualsivoglia informazione accurata a riguardo, e di conseguenza non ci può essere certezza su questo dato. Tuttavia, so che è ritenuto affidabile dalle persone più intelligenti, rinomate e bene informate. Una prova, inoltre, è data da quanto si sa riguardo lo sconcertante numero di persone confinate nelle prigioni speciali; e, in modo particolare, dai dati precisi provenienti dalla località di provincia a proposito degli individui scomparsi dalla comunità. Per esempio, ho inteso tali cifre a Reggio e a Salerno; e ritengo che, se rapportate al totale della popolazione del regno, il numero di ventimila prigionieri politici non sia irragionevole. Nella sola Napoli, allo stato attuale alcune centinaia di persone sono indagate per reati che comportano la pena capitale; e quando sono partito si era in attesa di un imminente dibattimento (il cosiddetto "processo del 15 maggio"), che vede coinvolte circa 400/500 persone, incluse (benché ciò sia meno rilevante) almeno una o più di alto lignaggio, le cui opinioni, nel nostro paese, sarebbero considerate più conservatrici delle vostre.

Il Governo Napoletano sembra possedere quell'arte che Mr. Burke

and at Salerno; and from an effort to estimate them in reference to population, I do believe that twenty thousand is no unreasonable estimate. In Naples alone, some hundreds are at this moment under indictment *capitally*; and when I quitted it, a trial was expected to come on immediately, (called that of the fifteenth of May,) in which the number charged was between four and five hundred; including (though this is a digression) at least one or more persons of high station, whose opinions would in this country be considered more Conservative than your own.

The Neapolitan Government, indeed, appears to have something of the art which Mr. Burke declared to be beyond him; he "did not know how to frame an indictment against a people." After considering what I have said, pray consider next, that the number of refugees and persons variously concealed, probably larger, perhaps much larger, than that of the prisoners, is also to be reckoned. We must then remember, that a very large proportion of these prisoners belong to the middle class, (though there are also considerable numbers of the working class,) and further, that the numbers of the middle class, in the kingdom of Naples, (of which region I shall speak all through, meaning the Regno, or continental dominions, of his Sicilian Majesty,) must be a much smaller part of the entire population, than they are among ourselves. We must next consider that of these persons very few have independent means of support for their families; not to mention that, as I *hear*, confiscation or sequestration upon arrest is frequent. So that generally each case of a prisoner or refugee becomes the centre of a separate circle of human misery; and now there may be some inkling of the grounds for saying that the system, the character of which I am about to examine further, has whole classes for its object, and those classes the very classes upon which the health, solidity, and progress of the nation mainly depend.

But why should it seem strange that the Government of Naples

dichiarava al di sopra delle sue capacità: egli non sapeva "in che modo mettere sotto accusa un'intera popolazione". E c'è da considerare anche il numero dei rifugiati e dei latitanti: non è stato ancora calcolato, ma è probabilmente maggiore di quello degli imprigionati. Dobbiamo ricordare che gran parte di loro proviene dalla classe media (anche se c'è un buon numero di operai) e nel Regno di Napoli (mi riferisco, dunque, alla parte continentale del Regno delle Due Sicilie) questa costituisce una porzione della popolazione totale minore rispetto al nostro paese. Va inoltre sottolineato che pochi tra questi hanno dei mezzi di sostentamento per le loro famiglie; per non parlare, come ho udito, delle confische o sequestri così frequenti nei confronti degli arrestati. In questo modo, ogni caso di imprigionato o esule diventa il centro di un circolo di umana miseria; il che induce il sospetto che il vero obiettivo del Sistema, che sono in procinto di descrivere, siano intere classi sociali, e in particolar modo quelle classi da cui maggiormente dipendono la salute, solidità e progresso della nazione.

Ma perché dovrebbe sembrare strano, se il Governo di Napoli dichiara guerra a queste classi? Nelle scuole del paese, ho sentito dire, è obbligatorio adottare il Catechismo Politico attribuito al canonico Apuzzi, del quale ho una copia. In questo manuale, la civiltà e la barbarie sono presentati come due estremi di eguale perniciosità; ed è insegnato apertamente, insegnato dunque dal Governo di Napoli, che la felicità e la virtù stanno nell'esatta metà strada tra le due.

Ancora. Poco tempo dopo il mio arrivo a Napoli, ho sentito un uomo di alto rango accusato, con toni molto accesi, per avere affermato che la quasi totalità dei rappresentati dell'Opposizione nella vecchia Camera dei Deputati al tempo della Costituzione si trovi in prigione o in esilio. La mia impressione a caldo è stata che un'affermazione apparentemente così grave e difficile a credersi meritasse la disapprovazione che le veniva riservata in quel momento. Era, mi

should be at open war with those classes? In the schools of the country it is, I have heard, compulsory to employ the political Catechism ascribed to the Canonico Apuzzi, of which I have a copy. In this catechism, civilization and barbarism are represented as two opposite extremes, both of them vicious; and it is distinctly taught, taught therefore by the Government of Naples, that happiness and virtue lie in a just *mean* between them.

But again. Shortly after I reached Naples I heard a man of eminent station accused, with much vituperation, of having stated that nearly all those who had formed the "Opposition" in the Chamber of Deputies under the Constitution were in prison or in exile. I frankly own my impression was, that a statement apparently so monstrous and incredible deserved the reprobation it was then receiving. It was (I think) in November last. The Chamber had been elected by the people under a Constitution freely and spontaneously given by the King: elected twice over, and with little change, but that little in favour of the Opposition. No *one* of the body, I think, had then been brought to trial (although I may state, in passing, one of them had been assassinated by a priest named Peluso, well known in the streets of Naples when I was there, never questioned for the act, and said to receive a pension from the Government). So that I put down the statement as a fiction, and the circulation of it as, at the very least, a gross indiscretion or more. What was my astonishment when I saw a list in detail which too fully proved its truth; nay, which in the most essential point proved more.

It appears, my dear Lord, that the full complement of the Chamber of Deputies was 164; elected by a constituency which brought to poll about 117,000 votes. Of these about 140 was the greatest number that came to Naples to exercise the functions of the Chamber. An absolute majority of this number, or seventy-six, besides some others who had been deprived of offices, had either been arrested or had

sembra, lo scorso novembre. La Camera era stata eletta dalla popolazione secondo una Costituzione spontaneamente elargita dal Re; eletta una seconda volta, e con qualche piccola differenza, ma a favore dell'Opposizione. Ma *nessuno* in quel congresso, a quanto ne sapevo, era stato messo a processo (per quanto potrei, così di striscio, ricordare che uno di loro era stato assassinato da un prete di nome Peluso, molto noto per le strade di Napoli quando vi risiedevo, e mai messo sotto accusa per questo, ma addirittura beneficiato, secondo una diceria, di una pensione da parte del Governo). Quindi, all'epoca, ho preso quell'affermazione come una falsità, e la sua diffusione come, al massimo, un pettegolezzo. Non potete credere quale è stata la mia costernazione quando ho visionato una lista dettagliata che ne provava, invece, la veridicità; anzi, provava una situazione ancora più grave.

Milord, pare che il numero totale dei deputati della Camera fosse 164; eletti in base a una costituzione che assegnava il diritto di voto a circa 117.000 sudditi. Tra questi, circa 140 – la maggior parte – si erano trasferiti a Napoli per esercitare la propria funzione. Ebbene, la maggior parte di loro, cioè 76, a parte altri semplicemente allontanati dalla funzione, sono stati arrestati o costretti all'esilio. Quindi, dopo la regolare istituzione di una Camera di rappresentanza popolare e la sua soppressione illegale, il Governo di Napoli ha avuto persino l'audacia di mettere in prigione o spingere alla clandestinità, per evitare la prigione, la maggioranza dei rappresentanti popolari.

Credo di avere detto abbastanza sull'estensione numerica di questo fenomeno; devo adesso passare a descrivere le sue caratteristiche, soprattutto dal punto di vista legale, dal momento che ho accusato il Governo di sistematica violazione della legge.

Le leggi di Napoli, per quello che mi è stato riferito, stabiliscono essere inviolabile la libertà personale, a meno che non sia stato emesso un mandato da parte di una Corte di Giustizia autorizzata. Non parlo della Costituzione, ma del codice già prima esistente ed emesso

gone into exile. So that after the regular formation of a popular representative Chamber, and its suppression in the teeth of the law, the Government of Naples has consummated its audacity by putting into prison, or driving into banishment for the sake of escaping prison, an actual majority of the representatives of the people.

I have now said enough upon the scale of these proceedings; and I pass to the examination of their character: and first their character in point of law, because I have charged the Government with systematic violation of it.

The law of Naples, as I have been informed, requires that personal liberty shall be inviolable, except under a warrant from a Court of Justice authorised for the purpose. I do not mean the Constitution, but the law anterior to and independent of the Constitution. This warrant, I understand, must proceed upon actual depositions, and must state the nature of the charge, or it must be communicated immediately afterwards, I am not sure which.

In utter defiance of this law, the Government, of which the Prefect of Police is an important member, through the agents of that department, watches and dogs the people, pays domiciliary visits, very commonly at night, ransacks houses, seizing papers and effects and tearing up floors at pleasure under pretence of searching for arms, and imprisons men by the score, by the hundred, by the thousand, without any warrant whatever, sometimes without even any written authority at all, or anything beyond the word of a policeman; constantly without any statement whatever of the nature of the offence.

Nor is this last fact wonderful. Men are arrested, not because they have committed, or are believed to have committed, any offence; but because they are persons whom it is thought convenient to confine and to get rid of, and against whom therefore some charge must be found or fabricated.

The first process, therefore, commonly is to seize them and

indipendentemente dalla carta costituzionale. Questo mandato, per quel che mi è dato capire, deve essere ufficialmente depositato, contenere la natura dell'accusa, oppure dev'essere comunicato immediatamente dopo, non sono sicuro quale delle due.

Nel totale dispregio di questa legge, il Prefetto di Polizia (e dunque il Governo) attraverso i suoi agenti tiene sotto controllo la popolazione, effettua perquisizioni domiciliari, per lo più di notte, svaligia le case, sequestra documenti ed effetti personali, a piacimento sventra i pavimenti con la pretesa di cercare armi, e arresta cittadini a centinaia, a migliaia, senza la minima garanzia, a volte senza averne nemmeno l'autorizzazione scritta, senza niente se non la parola di un poliziotto; e costantemente senza esplicitare la natura del reato contestato.

E non è questo il fatto che desta maggiore meraviglia. Gli uomini sono arrestati, non perché abbiano commesso, o si ritenga abbiano commesso, alcun reato; ma perché sono persone che si ritiene utile allontanare o eliminare, contro le quali, quindi, le accuse devono essere ancora trovate o proprio confezionate.

La prima fase, dunque, è l'arresto e la perquisizione, allo scopo di trovare e portar via libri, carte o qualunque elemento possa piacere a questi squallidi mercenari. È esaminata la corrispondenza privata del prigioniero, appena lo si ritenga necessario, e a lui si chiede di renderne conto; tutto ciò in segreto, senza alcuna comunicazione sulle accuse, che di fatto ancora non esistono; né sui testimoni, anche loro inesistenti. Nel corso di questa indagine, non gli si permette alcun tipo di assistenza legale, né di parlare con alcun avvocato! Non solo: gli ufficiali di polizia, col pretesto dell'indagine, non si limitano a esaminarlo, ma anche, *per quel che ne so*, a insultarlo a piacimento e nella maniera più grossolana. E non pensate che queste siano casi isolati. È invece essenziale al Sistema, che ha necessità di *creare* un capo d'accusa. Risulta infatti comodo se, offeso dagli insulti e cono-

imprison them; and to seize and carry off books, papers, or whatever else these degraded hirelings may choose. The correspondence of the prisoner is then examined, as soon as may be found convenient, and he is himself examined upon it: in secret, without any intimation of the charges, which as yet in fact do not exist; or of the witnesses, who do not exist either. In this examination he is allowed no assistance whatever, nor has he at this stage any power of communication with a legal adviser! He is not examined only, but, as I *know*, insulted at will and in the grossest manner, under pretence of examination, by the officers of the police. And do not suppose that this is the fault of individuals. It is essential to the system, of which the essential aim is, to *create* a charge. What more likely than that, smarting under insult, and knowing with what encouragement and for whose benefit it is offered, the prisoner should for a moment lose his temper, and utter some expression disparaging to the sacred majesty of the Government? If he does, it goes down in the minutes against him: if he does not, but keeps his self-command, no harm is done to the great end in view.

His correspondence is examined as well as himself. Suppose him a man of cultivated intelligence: he has probably watched public affairs and followed their vicissitudes. His copies of letters, or the letters to him which he may have kept, will contain allusions to them. The value of this evidence as evidence would of course depend upon giving full effect to all these allusions taken in connection one with the other. But not so: any expression which implies disapproval (since nothing is easier than to construe disapproval into disaffection, disaffection into an intention of revolution or of regicide) is entered on the minutes. Suppose there happens to be some other, which entirely destroys the force of the former, and demonstrates the loyalty of the victim: it is put by as of no consequence; and if lie remonstrate, it is in vain. In countries where justice is regarded acts are punished,

scendo il motivo per cui è insultato, il prigioniero dovesse perdere per un attimo la padronanza di sé e abbandonarsi a qualche espressione ingiuriosa nei confronti della Sacra Maestà del Governo. Se fa così, tutto gli si rivolta contro nel giro di un minuto; se, invece, mantiene l'autocontrollo, non ne risulta comunque gran danno al piano prestabilito.

Come la sua persona, viene anche esaminata la sua corrispondenza. Immaginate un uomo di elevata cultura: probabilmente ha seguito gli avvenimenti pubblici e il loro evolversi. Le lettere ricevute, o la copia di quelle inviate, conterranno allusioni a ciò. Il valore di questa allusioni come prova è in relazione al contesto generale in cui sono state espresse e in relazione alle altre. E invece no: è registrata ogni singola frase di disapprovazione (dal momento che niente è più facile di far passare la disapprovazione per ostilità, e l'ostilità per intenti di rivoluzione e regicidio). Supponete che qualche altra frase contraddica la precedente e dimostri la lealtà della vittima; sarà accantonata senza problemi; e a nulla vale protestare. Nei paesi in cui esiste giustizia sono punite le azioni ed è considerato ingiusto punire le opinioni; ma in questo caso le opinioni sono falsificate in modo da poterle punire. Parlo di fatti realmente accaduti, senza inventare o esagerare *niente*.

Per mesi, o per un anno, o anche due anni o tre, a seconda dei casi, questi prigionieri sono trattenuti in attesa di giudizio; ma generalmente anche per i periodi più lunghi. Non mi risulta che qualcuno a Napoli, negli ultimi tempi, sia stato processato per reati politici senza prima avere scontato tra i sedici e i diciotto mesi di carcerazione preventiva. Ho *visto* uomini ancora in attesa di giudizio dopo ventisei mesi; e, come spiegato, questo stato di fermo è iniziato non con un procedimento legale, ma con una violazione della legge. Ci saranno pure casi, indubbiamente, in cui l'arresto è compiuto secondo le garanzie e a seguito di deposizione di atti ufficiali; ma si tratta, credo, di casi eccezionali che non vale la pena di considerare.

and it is deemed unjust to punish thoughts; but in this case thoughts are forged in order that they may be punished. I here speak of what I know to have happened, and have imagined or heightened *nothing*.

For months, or for a year, or for two years, or three, as the case may be, these prisoners are detained before their trials; but very generally for the longer terms. I do not happen to have heard of any one tried at Naples on a political charge, in these last times, with less than sixteen or eighteen months of previous imprisonment. I have *seen* men still waiting, who have been confined for six and twenty months; and this confinement, as I have said, began by an act not of law, but of force in defiance of law. There may be cases, doubtless there are, of arrests under warrant, after depositions: but it is needless to enter upon what is, I believe, purely exceptional.

I do not scruple to assert, in continuation, that when every effort has been used to concoct a charge, if possible, out of the perversion and partial production of real evidence, this often fails: and then the resort is to perjury and to forgery. The miserable creatures to be found in most communities, but especially in those where the Government is the great agent of corruption upon the people, the wretches who are ready to sell the liberty and life of fellow-subjects for gold, and to throw their own souls into the bargain, are deliberately employed by the Executive Power, to depose according to their inventions against the man whom it is thought desirable to ruin. Although, however, practice should by this time have made perfect, these depositions are generally made in the coarsest and clumsiest manner; and they bear upon them the evidences of falsehood in absurdities and self-contradictions, accumulated even to nausea. But what then? Mark the calculation. If there is plenty of it, some of it, according to the vulgar phrase, will stick. Do not think I am speaking loosely. I declare my belief that the whole proceeding is linked together from first to last; a depraved logic runs through it. Inventors

Spesso però falliscono questi tentativi di confezionare un'accusa sulla base dello stravolgimento o parziale occultamento delle prove; in questi casi, allora, non ho paura ad affermare che si ricorre allo spergiuro e alla falsificazione. Il Potere Esecutivo ingaggia deliberatamente quel genere di tristi individui che si possono trovare in qualsiasi comunità, ma specialmente in quelle in cui il Governo è un agente di corruzione, quei miserabili disposti a vendere per denaro la libertà e la vita dei loro concittadini e darsi al mercimonio della propria anima, affinché rilascino deposizioni false contro gli uomini che si desidera portare alla rovina. E, sebbene tali pratiche dovrebbero essersi ormai perfezionate, queste deposizioni sono di solito grossolane e piene a tal punto di assurdità e contraddizioni, da dare la nausea. Cosa avviene poi? Seguite il calcolo. Se le calunnie sono molte, qualcuna di queste, come si dice comunemente, resterà. Non pensiate che parlo alla leggera. Sono intimamente convinto che l'intero procedimento sia premeditato e attraversato da una logica depravata. I delatori devono sparare nel mucchio, per avere molte frecce nel loro arco. Sarebbe anzi strano, e contrario alla scienza delle probabilità, se l'impianto accusatorio così fabbricato fosse distrutto da contraddizioni interne. Adesso consideriamo cosa effettivamente accade. Supponete che i nove decimi delle accuse siano troppo assurde per essere portate davanti a una corte napoletana; di queste, alcune sono lasciate da parte dalla polizia e non portate affatto in dibattimento, dopo che il prigioniero o il suo legale ne hanno dimostrato l'assurdità; altre non vengono prese in considerazione dai giudici. In qualsiasi altro paese del mondo tutto ciò porterebbe a una inchiesta e un processo per falsa testimonianza. Non qui; il tutto è considerato piuttosto un sano e benintenzionato impegno patriottico fallito per circostanze sfavorevoli. Resta, però, un decimo di elementi probatori non smentiti. Bene, direte, sicuramente il prigioniero avrà la possibilità, se sono falsi, di respingerli fornendo delle controprove. Ahimè! Potrà avere

must shoot at random, therefore they take many strings to their bow. It would be strange indeed, and contrary to the doctrine of chances, if the whole forged fabric were dissolved and overthrown by self-contradiction. Now let us consider practically what takes place. Suppose nine-tenths too absurd to stand even before the Neapolitan Courts; of this portion some is withdrawn by the police and not carried into the trial at all, after they have been made aware, through the prisoner's or his counsel's assistance, of its absurdity; the rest is overlooked by the judges. In any other country it would of course lead to inquiry, and to a prosecution for perjury. Not so there; it is rather regarded as so much of well-meant and patriotic effort, which, through untoward circumstances, has failed. It is simply neutralized and stands at *zero*. But there remains the owe-tenth not self-contradicted. Well, but surely, you will say, the prisoner will be able to rebut that, if false, by counter-evidence. Alas! he may have counter-evidence mountains high, but *he is not allowed to bring it*. I know this is hardly credible, but it is true. The very men tried while I was at Naples named and appealed to the counter-evidence of scores and hundreds of men of all classes and professions – military, clergy, Government functionaries, and the rest; but in every instance, with, I believe, one single exception, the Court, the Grand Criminal Court of Justice, refused to hear it: and in that one case the person, when called, fully bore out the statement of the prisoner. Of course the assertion of the accused, however supported by the evidence of station and character, goes for nothing against the small remaining fragment not self-destroyed of the fictions of the vilest wretch, however such a fragment be buried beneath presumptions of falsehood; and this fragment, being thus secured from confutation, forms the pillow on which the consciences of the judges, after the work of condemnation, calmly and quietly repose.

I ought, however, to point out, for the sake of accuracy, that, when

anche *montagne* di controprove, ma *non gli è permesso fornirle*. So che è difficile a credersi, ma è così. Quando ero a Napoli, la maggior parte degli uomini sotto accusa nominarono e chiamarono a contro-testimoniare centinaia e migliaia di uomini di tutte le classi e professioni – militari, ecclesiastici, funzionari governativi e così via; ma a quanto ne so in tutti i casi, con una sola eccezione, la Corte, la Suprema Corte Criminale, ha rifiutato di ascoltarli; e in quell'unico caso la persona, una volta chiamata, ha del tutto confermato la deposizione del prigioniero. Ovviamente, le dichiarazioni dell'imputato, benché supportate dalla sua condizione e dal suo carattere, non hanno alcun valore di fronte a quel piccolo frammento non ancora distrutto delle accuse mossegli da quei miserabili, nonostante sia sommerso da una valanga di supposizioni e falsità; e questo frammento, messo in questo modo al sicuro dalle smentite, costituisce il cuscino su cui la coscienza dei giudici, dopo la condanna, riposa in tutta tranquillità.

Devo comunque precisare, per dovere di cronaca, che, una volta assicuratosi un falso testimone, il Governo ha il potere di presentarlo alla Corte, ottenere il mandato e legalizzare così l'arresto.

Ora, come sono trattati questi detenuti durante il lungo terribile periodi di apprensione e sgomento che passa dall'arresto illegale al processo illegale? Le prigioni di Napoli, com'è noto, sono il secondo nome dell'oscenità e dell'orrore. Ho visto con i miei occhi alcune di queste, e nemmeno le peggiori. E questo ho visto, caro Conte: non sono i medici del carcere a visitare i prigionieri malati, ma i prigionieri malati, uomini con la morte dipinta in viso, a trascinarsi per le scale su dai medici in quell'ossario che è la Vicaria, perché gli ambienti sotterranei del palazzo sono troppo putridi e disgustosi perché un professionista si guadagni il pane entrandovi. Per quanto riguarda il vitto, devo spendere una parola sul pane che ho visto. Per quanto nero e quanto di più grossolano, era sano. La zuppa, che costituisce l'unico elemento di sussistenza, è così nauseante, come mi hanno assicurato,

the forged testimony has been procured, the Government are in a condition to present it to the Court, obtain a warrant, and so far legalize the imprisonment.

Now, how are these *detenuti* treated during the long and awful period of apprehension and dismay between their illegal seizure and their illegal trial? The prisons of Naples, as is well known, are another name for the extreme of filth and horror. I have really seen something of them, but not the worst. This I have seen, my Lord: the official doctors not going to the sick prisoners, but the sick prisoners, men almost with death on their faces, toiling upstairs to them at that charnelhouse of the Vicaria, because the lower regions of such a palace of darkness are too foul and loathsome to allow it to be expected that professional men should consent to earn bread by entering them. As to diet, I must speak a word for the bread that I have seen. Though black and coarse to the last degree, it was sound. The soup, which forms the only other element of subsistence, is so nauseous, as I was assured, that nothing but the extreme of hunger could overcome the repugnance of nature to it. I had not the means of tasting it. The filth of the prisons is beastly. The officers, except at night, hardly ever enter them. I was ridiculed for reading with some care pretended regulations posted up on the wall of an outer room. One of them was for the visits of the doctors to the sick. I saw the doctors with that regulation over them, and men with one foot in the grave visiting them, not visited by them. I have walked among a crowd of between three and four hundred Neapolitan prisoners: murderers, thieves, all kinds of ordinary criminals, some condemned and some uncondemned, and the politically accused indiscriminately: not a chain upon a man of them, not an officer nearer than at the end of many apartments, with many locked doors and gratings between us; but not only was there nothing to dread, there was even a good deal of politeness to me as a stranger. They are a self-governed community,

Prima Lettera

che solo la fame più estrema può farti superare l'istintiva repulsione che provoca. Non ce l'ho fatta ad assaggiarla. La sporcizia delle celle è degna delle bestie. I secondini, eccetto la notte, raramente entrano. Sono stato deriso per avere letto alcuni presunti regolamenti affissi al muro di un ambiente esterno. Uno di questi era sulle visite dal medico. Ho visto con i miei occhi medici, con quel regolamento sopra le teste, rifiutare la visita a uomini letteralmente con un piede nella fossa. Ho camminato in mezzo a circa tre o quattrocento prigionieri napoletani; assassini, ladri, ogni sorta di criminali comuni, alcuni condannati e altri ancora in attesa, e assieme prigionieri politici, indiscriminatamente; non una catena a dividerli, non un ufficiale nelle vicinanze se non alla fine di molti appartamenti, con molte porte chiuse e grate tra di noi; ma non solo non c'era nulla di cui avere paura, ma persino una sorta di cortesia nei confronti miei, in quanto straniero. È una comunità autosufficiente, la cui massima autorità è costituita dai *gamorristi*, vale a dire gli uomini conosciuti per le più audaci imprese criminose. Non hanno nulla da fare. Questo sciame umano dorme tutto assieme in una stanza dal tetto basso, senza alcuna luce se non quella proveniente da una sola, minuscola grata a un estremo. I prigionieri politici, pagando, avevano il privilegio di ottenere una stanza separata, ma non divisa.

E questo non è nemmeno il peggio. Vi darò adesso, Milord, un altro esempio del trattamento che a Napoli si riserva agli uomini illegalmente arrestati e ancora in attesa di giudizio. Dal 7 dicembre al 3 febbraio Pironte, un ex giudice e ancora un nobiluomo, trovato colpevole uno degli ultimi dei detti giorni, ha passato l'intero giorno e la notte, tranne che durante il processo, rinchiuso con altri due uomini in una cella della Vicaria di circa 8 piedi quadrati, sotto il livello del mare, senza alcuna luce tranne quella proveniente da una grata sulla sommità del muro, dalla quale non potevano vedere nulla. Nello spazio di questi otto piedi, a parte il periodo che ho menzionato, Pironte

the main authority being that of the *gamorristi*, the men of most celebrity among them for audacious crime. Employment they have none. This swarm of human beings all slept in a long low vaulted room, having no light except from a single and very moderate sized grating at one end. The political prisoners, by payment, had the privilege of a separate chamber off the former, but there was no division between them.

This is not well, but it is far from being the worst. I will now give your Lordship another specimen of the treatment administered at Naples to men illegally arrested, and as yet uncondemned. From the 7th of December last to the 3rd of February, Pironte, who was formerly a judge, and is still a gentleman, and who was found guilty on or about the last-named day, spent his whole days and nights, except when on his trial, with two other men, in a cell at the *Vicaria*, about eight feet square, below the level of the ground, with no light except a grating at the top of the wall, out of which they could not see. Within the space of these eight feet, with the single exception I have named, Pironte and his companions were confined during these two months; neither for Mass were they allowed to quit it, nor for any other purpose whatsoever! This was in Naples, where by universal consent matters are far better than in the provinces. The presence of strangers has some small influence on the Government: the eye of humanity, or of curiosity, pierces into some dark crannies here, that are wholly unpenetrated in the remoteness of the Provinces, or in those lonely islands scattered along the coast, whose picturesque and romantic forms delight the eye of the passing voyager, ignorant what huge and festering masses of human suffering they conceal. This, I say, was in Naples; it was the case of a gentleman, a lawyer, a judge, accused but uncondemned. Do not suppose it is selected and exceptional. I had no power to select, except from what happened to become known to me, from among a sample quite insignificant in

e i suoi compagni sono stati rinchiusi per due mesi; non era permesso loro di uscire nemmeno per ascoltare messa, o per qualsiasi altro motivo! E questo avveniva a Napoli, dove, per quello che si dice, le condizioni carcerarie sono migliori che in provincia. La presenza di stranieri ha una piccola influenza sul Governo: almeno l'occhio della pietà o della curiosità riesce a penetrare quelle oscure fessure; ma sono del tutto invisibili nelle Provincie o in quelle isole remote sparpagliate lungo la costa, le cui forme pittoresche e romantiche deliziano l'occhio del visitatore, ignaro della stagnante quantità di dolore che racchiudono. E questo, ripeto, accadeva a Napoli; ed era il caso di un nobile, un avvocato, un giudice, accusato ma ancora non condannato. Non pensiate che si tratti di un caso selezionato appositamente e fuori dal comune. Non avevo la possibilità di effettuare una scelta, se non tra i casi di cui sono venuto a conoscenza, una quantità insignificante rispetto a quelli che non ho potuto conoscere. E adesso, dopo questa evidenza, non pensate che quella strana e apparentemente esagerata accusa che ho rivolto al governo di Napoli incominci, alla luce dei dettagli forniti, ad assumere una sua fisionomia precisa?

Ho appreso di un altro caso che posso riportare con precisione, anche se la conoscenza che ne ho è inferiore al precedente. Quando sono partito da Napoli, in febbraio, il barone Porcari era relegato al Maschio di Ischia. Era accusato di avere collaborato all'insurrezione in Calabria ed era in attesa di giudizio. Il Maschio è una segreta senza luce, posta 24 piedi sotto il livello del mare (o 24 palmi, non sono sicuro). Al barone non è permesso di uscire giorno e notte, e nessuno può fargli visita, eccetto sua moglie una volta ogni due settimane.

Credo di avere detto abbastanza su quanto avviene prima del processo; devo soltanto riempire una piccola lacuna. Se l'arresto è contrario alla legge, perché, si potrebbe chiedere, non porta a un procedimento per arresto illegale? Ho fatto delle ricerche in proposito. Quello che ho compreso è che, in questo caso come in altri, non è la

comparison with what must have remained unknown to me. And now, after this one fact, does not the strange and seemingly mad charge I have made against the Neapolitan Government begin, as the light of detail flows in upon it, to assume method and determinate figure?

There was another case that I learned, which I believe I can report with accuracy, though my knowledge of it is not quite the same as of the last. When I left Naples, in February, the Baron Porcari was confined in the Maschio of Ischia. He was accused of a share in the Calabrian insurrection, and was awaiting his trial. This Maschio is a dungeon without light, and 24 feet or palms (I am not sure which) below the level of the sea. He is never allowed to quit it day or night, and no one is permitted to visit him there, except his wife – once a fortnight.

I have now probably said enough of the proceedings previous to trial; but there is one small gap to fill up. If the arrest is contrary to law, why not, it may be asked, bring an action for false imprisonment? I have made some inquiry upon that head. I understand that as in other points, so neither in this, is the *law* defective; that such an action might probably be brought, and might in argument be made good, but the want is that of a Court which would dare to entertain it. This will be better understood when I come to speak of the political sentences: for the present I pass on.

And now, perhaps, I cannot do better than to furnish a thread to my statement by dealing particularly with the case of Carlo Poerio. It has every recommendation for the purpose. His father was a distinguished lawyer. He is himself a refined and accomplished gentleman, a copious and eloquent speaker, a respected and blameless character. I have had the means of ascertaining in some degree his political position. He is strictly a Constitutionalist; and while I refrain from examining into the shameful chapter of Neapolitan history which that

legge a essere carente; e un tale procedimento potrebbe essere intrapreso e anche ben condotto, ma richiederebbe una Corte abbastanza coraggiosa da farlo. Ciò si comprenderà meglio quando parlerò delle sentenze politiche: per il momento passo oltre.

Adesso, probabilmente, il meglio che posso fare è dare riprova alle mie asserzioni affrontando nello specifico il caso di Carlo Poerio. Più di una ragione raccomanda di parlarne. Suo padre era un noto avvocato. Egli stesso è un distinto e conosciuto gentiluomo, un oratore fecondo e capace, un personaggio insomma rispettato e senza macchia. Ho avuto modo di accertarmi in qualche modo delle sue posizioni politiche. Egli è essenzialmente un costituzionalista; e se da un lato evito di entrare nel merito del vergognoso capitolo della storia di Napoli che questa parola potrebbe aprire, devo pregarvi di tenere a mente che essa ha lo stesso significato che da noi: una persona contraria nel profondo a ogni forma di violenza, da qualunque parte provenga, e favorevole al mantenimento della monarchia nelle sue forme legali, con mezzi legali, e con tutte le migliorie delle leggi e delle istituzioni necessarie all'incivilimento, il progresso e la felicità della popolazione. Il suo modello di riferimento, più che l'America o la Francia, è l'Inghilterra. Non ho mai sentito che sia stato accusato di essere in errore su questioni politiche più di quanto non possa capitare al più illuminato e fedele, al più intelligente e costituzionale dei nostri uomini politici. Devo dire, dopo avere esaminato accuratamente il suo caso, che condannare per altro tradimento un uomo simile è un'offesa nei confronti delle leggi della verità, della giustizia, della decenza, della correttezza e del senso comune altrettanto grande e grave quanto se da noi fosse condannato uno degli uomini più in vista, come lord John Russel, lord Lansdowne, Sir James Graham, o anche voi, Lord Aberdeen. Non direi che è esattamente lo stesso dal punto di vista del rango e delle responsabilità, ma quanto a notorietà e popolarità tra i conterranei

word might open, I must beg you to remember that its strict meaning there is just the same as here, that it signifies a person opposed in heart to all violent measures, from whatever quarter, and having for his political creed the maintenance of the monarchy on its legal basis, by legal means, and with all the civilizing improvements of laws and establishments which may tend to the welfare and happiness of the community. His pattern is England, rather than America or France. I have never heard him charged with error in politics, other than such as can generally be alleged with truth against the most highminded and loyal, the most intelligent and constitutional, of our own statesmen. I must say, after a pretty full examination of his case, that the condemnation of such a man for treason is a proceeding just as much conformable to the laws of truth, justice, decency, and fair play, and to the common sense of the community, in fact just as great and gross an outrage on them all, as would be a like condemnation in this country of any of our best known public men, Lord John Russell, or Lord Lansdowne, or Sir James Graham, or yourself. I will not say it is precisely the same as respects his rank and position, but they have scarcely any public man who stands higher, nor is there any one of the names I have mentioned dearer to the English nation – perhaps none so dear – as is that of Poerio to his Neapolitan fellow-countrymen.

I pass by other mournful and remarkable cases, such as that of Settembrini, who, in a sphere by some degrees narrower, but with a character quite as pure and fair, was tried with Poerio and forty more, and was capitally convicted, in February, though through an humane provision of the law the sentence was not executed; but he has, I fear, been reserved for a fate much harder: double irons for life, upon a remote and sea-girt rock: nay, there may even be reason to fear that he is directly subjected to physical torture. The mode of it, which was specified to me upon respectable though not certain authority, was

Poerio sta ai Napoletani come i gentiluomini inglesi che ho menzionato stanno alla nazione inglese. Tralascio gli altri tristi e notevoli casi, come quello di Settembrini: in un grado un po' meno elevato, ma con un carattere ugualmente puro e nobile, assieme ad altri quaranta è stato condannato a morte a febbraio, anche se attraverso un'interpretazione umana della legge la sentenza non è stata eseguita; ma, temo, gli è stato riservato un destino più duro: doppi ferri a vita, su uno scoglio circondato dal mare; anzi, ci sono anche buone ragioni per temere che sia sottoposto direttamente a tortura fisica. Per quello che mi è stato spiegato da parte di gente rispettabile anche se ovviamente non appartenente alle autorità, ciò avverrebbe tramite oggetti affilati infilati sotto le unghie.

Allo stesso modo, dirò poco sul caso di Faucitano, che, similmente a Settembrini, è stato condannato l'inverno passato nello stesso procedimento contro quarantadue prigionieri, tra cui Poerio. Il suo caso è particolare, perché l'accusa è stata realmente fabbricata da zero, quella cioè di volere attentare, tramite alcune sostanze esplosive, alla vita di molti ministri e altre persone. Secondo la ricostruzione, egli aveva nel taschino, durante un evento pubblico, una sola bottiglia, che, esplodendo, non gli ha torto un solo capello! Come dire, aveva progettato qualcosa di assurdo e folle, e tuttavia è stato condannato a morte. Fino a poche ore dalla data prestabilita, si era convinti che la sentenza sarebbe stata eseguita. I Bianchi erano già in strada a raccogliere elemosine per celebrare delle messe in sua memoria. Faucitano era già nella cappella riservata ai condannati in compagnia dei preti, quando, durante la notte, essendo stato discusso il suo caso durante una riunione il giorno precedente, è arrivato un messo da Caserta con l'ordine di sospendere la pena. Mi è stato detto il modo in cui è stata ottenuta la grazia, ma questo dettaglio non è necessario al presente racconto.

Carlo Poerio è stato uno dei Ministri della Corona nel periodo della

the thrusting of sharp instruments under the finger-nails.

I shall likewise say very little upon the case of Faucitano, who, like Settembrini, was tried with Poerio in the same batch of forty-two prisoners during the winter. His case is peculiar, since there really was a foundation for the charge. The charge was an intention to destroy, by means of some terrible explosive agents, several of the Ministers and other persons. The foundation was, that he had in his breast-pocket, on a great public occasion, a single bottle, which exploded there without injuring him in life or limb! It is likely that he had intended some freak or folly, but he was condemned to death. Till within a few hours of the time appointed, it was believed he would be executed. The Bianchi were in the streets, collecting alms to purchase masses for his soul. He was in the chapel of the condemned, with the priests about him, when, during the night, his case having been discussed at a council in the daytime, there came down from Caserta a messenger with orders for his reprieve. I have learned the agency through which that reprieve was procured, but the notice of it is unnecessary for my present purpose.

Carlo Poerio was one of the Ministers of the Crown under the Constitution, and had also one of the most prominent positions in the Neapolitan Parliament. He was, as regarded the Sicilian question, friendly to the maintenance of the unity of the kingdom. He was also friendly to the War of Independence, as it was termed; but I have never heard that he manifested greater zeal in that matter than the King of Naples; it is a question, of course, wholly irrespective of what we have now to consider. Poerio appeared to enjoy the King's full confidence; his resignation, when offered, was at first declined, and his advice asked even after its acceptance.

The history of his arrest, as detailed by himself, in his address of February 8,1850, to his judges, deserves attention. The evening before it (July 18, 1849), a letter was left at his house by a person

Costituzione, e anche una delle figure più eminenti nel Parlamento Napoletano. Riguardo alla questione siciliana, era favorevole a mantenere l'unità del Regno. Era anche favorevole a partecipare alla cosiddetta Guerra di Indipendenza; ma non mi risulta che, in proposito, il suo zelo fosse superiore a quello del Re di Napoli; ma naturalmente, ciò è del tutto irrilevante per quanto andiamo affrontando. Poerio risultava godere della fiducia del Re; quando ha presentato le dimissioni, sono state in un primo momento respinte, e anche dopo la loro approvazione veniva spesso richiesto il suo parere.

La storia del suo arresto, come è stata descritta da lui stesso nella dichiarazione resa ai giudici l'8 febbraio 1850, merita attenzione. La notte precedente (il 18 luglio 1849), uno sconosciuto portò a casa sua una lettera, con le seguenti parole: "Vola via; e fallo velocemente. Sei stato tradito! Il Governo è già entrato in possesso della tua corrispondenza con il marchese Dragonetti. Firmato: un amico". Se fosse fuggito, sarebbe stata un'ammissione di colpevolezza sufficiente per la gente di cui parliamo. Ne era consapevole, e così non è fuggito. Ma, quel che più conta, quella corrispondenza non è mai esistita. Il giorno 19, di primo pomeriggio, due persone sono riuscite a introdursi a casa sua dopo essersi presentate sotto falso nome e lo hanno dichiarato sotto arresto per ordine scritto del Prefetto di Polizia Peccheneda. Invano ha protestato: la casa è stata perquisita e lui portato in cella di isolamento. Ha chiesto di essere interrogato e di conoscere il motivo dell'arresto entro ventiquattro ore, come prescrive la legge, ma invano. Tuttavia, abbastanza presto, cioè dopo sei giorni, è stato portato davanti al Commissario Maddaloni; e si è visto mettere in mano una lettera con il sigillo intatto. Era indirizzata a lui e, a quanto gli è stato detto, era arrivata nascosta dentro un'altra lettera per il marchese Dragonetti, ma era stata aperta per errore da un ufficiale di polizia, che casualmente aveva lo stesso nome, anche se un diverso cognome, e che, intuendone il contenu-

unknown, conceived in these terms: – " Fly; and fly with speed. You are betrayed! the Government is already in possession of your correspondence with the Marquis Dragonetti. – From one who loves you much. " Had he fled, it would have been proof of guilt, ample for those of whom we are now speaking. But he was aware of this, and did not fly. Moreover, no such correspondence existed. On the 19th, about four in the afternoon, two persons, presenting themselves at his door under a false title, obtained entry, and announced to him that he was arrested in virtue of a verbal order of Peccheneda, the Prefect of Police. He protested in vain: the house was ransacked: he was carried into solitary confinement. He demanded to be examined, and to know the cause of his arrest within twenty-four hours, according to law, but in vain. So early, however, as on the sixth day, he was brought before the Commissary Maddaloni; and a letter, with the seal unbroken, was put into his hands. It was addressed to him, and he was told that it had come under cover to a friend of the Marquis Dragonetti, but that the cover had been opened in mistake by an officer of the police, who happened to have the same name, though a different surname, and who, on perceiving what was within, handed both to the authorities. Poerio was desired to open it, and did open it, in the presence of the Commissary. Thus far, nothing could be more elaborate and careful than the arrangement of the proceeding. But mark the sequel. The matter of the letter of course was highly treasonable; it announced an invasion by Garibaldi, fixed a conference with Mazzini, and referred to a correspondence with Lord Palmerston, whose name was miserably mangled, who promised to aid a proximate revolution. " I perceived at once, " says Poerio, " that the handwriting of Dragonetti was vilely imitated, and I said so, remarking that the internal evidence of sheer forgery was higher than any amount of material proof whatever. " Dragonetti was one of the most accomplished of Italians; whereas this letter was full of blun-

to, l'aveva portata alle autorità. Poerio è stato invitato ad aprirla e l'ha fatto davanti al Commissario. Fino a quel momento, il piano era quanto mai elaborato e preparato con cura. Ma ascoltate il seguito. Il contenuto della lettera era ovviamente sovversivo: si annunciava un'invasione da parte di Garibaldi, era fissato un incontro con Mazzini, e si faceva allusione a una corrispondenza con Lord Palmerston, il cui nome era miseramente storpiato, nella quale prometteva di dare sostegno a una prossima rivoluzione. "Mi sono subito accorto" afferma Poerio "che la scrittura di Dragonetti era stata imitata in malo modo, e l'ho detto, facendo notare che l'intrinseca evidenza di questa bassa falsificazione era una prova più forte di qualsiasi altra". Dragonetti era uno degli italiani più illustri; invece quella lettera era piena di strafalcioni, tanto di ortografia quanto di grammatica. Non valeva nemmeno la pena di sottolineare le altre assurdità; per esempio, la firma completa di nome, cognome e l'intero titolo nobiliare, e il fatto che la lettera viaggiasse attraverso la posta ordinaria di Napoli. Poerio conservava tra le sue carte alcune lettere autentiche di Dragonetti; sono state fornite come controprova e comparate a quella, svelando così la falsificazione. Una volta scoperta la mostruosa ingiustizia, che provvedimenti ha preso il Governo per riscattare non tanto Poerio, ma la giustizia pubblica? Nessuno: i documenti sono stati semplicemente messi da parte.

Ho appreso questo dettaglio da Poerio in persona, nella sua Difesa; ma tutta Napoli conosce la storia, e con disgusto.

Le carte di Poerio non hanno fornito alcun capo di accusa.

C'è stata dunque necessità di creare dei nuovi falsi; o forse, meglio, di ricorrere a false prove già preparate, ma considerate in un primo momento meno efficaci della lettera di Dragonetti.

Un tale di nome Jervolino, uno di quegli insoddisfatti che elemosinano impieghi di basso livello, era stato scelto per fare da spia e dela-

ders, both of grammar and of spelling. It is scarcely worth while to notice other absurdities; such as the signature of name, surname, and title in full, and the transmission of such a letter by the ordinary post of Naples. Poerio had among his papers certain genuine letters of Dragonetti's; they were produced and compared with this; and the forgery stood confessed. Upon the detection of this monstrous iniquity, what steps were taken by the Government to avenge not Poerio, but public justice? None whatever: the papers were simply laid aside.

I have taken this detail from Poerio himself, in his Defence; but all Naples knows the story, and knows it with disgust.

Poerio's papers furnished no matter of accusation.

It was thus necessary to forge again; or rather perhaps to act upon forgeries which had been prepared, but which were at first deemed inferior to the Dragonetti letter.

A person named Jervolino, a disappointed applicant for some low office, had been selected for the work both of espionage and of perjury; and Poerio was now accused, under information from him, of being among the chiefs of a republican sect, denominated the *Unità Italiana*, and of an intention to murder the King. He demanded to be confronted with his accuser. He had long before known, and named Jervolini to his friends, as having falsely denounced him to the Government; but the authorities refused to confront them; the name was not even told him; he went from one prison to another; he was confined, as he alleges, in places fit for filthy brutes rather than men; he was cut off from the sight of friends; even his mother, his sole remaining near relation in the country, was not permitted to see him for two months together. Thus he passed some seven or eight months in total ignorance of any evidence against him, or of those who gave it. During that interval Signor Antonio de' Duchi di Santo Vito came to him, and told him the Government knew all; but that if he would confess, his life would be spared. He demanded of his

tore; e Poerio è stato nuovamente accusato, su sua testimonianza, di essere tra i capi di una setta repubblicana chiamata l'*Unità Italiana*, e tra i promotori di un piano per assassinare il Re. Poerio ha chiesto un confronto con il suo accusatore. Già da tempo aveva saputo, e comunicato agli amici, che Jervolino aveva deposto una falsa testimonianza contro di lui; ma le autorità hanno rifiutato il confronto, né gli hanno fatto il nome dell'accusatore; è stato spostato da una prigione all'altra; confinato, come racconta, in posti fatti più per le bestie che per gli uomini; allontanato dai suoi amici; nemmeno alla madre, l'unico parente rimastogli nel paese, è stato permesso di fargli visita per due mesi. Ha quindi passato sette-otto mesi senza conoscere nulla delle prove contro di lui o dell'identità dei suoi accusatori. In questo periodo il signor Antonio de' Duchi di Santo Vito è andato a trovarlo, e gli ha detto che il Governo sapeva tutto; ma che, se avesse confessato, gli sarebbe stata risparmiata la vita. Ha chiesto ai suoi giudici di interrogare Santo Vito a proposito di questa richiesta, ma ovviamente nulla è stato fatto. Ma ancora di più. Lo stesso Peccheneda, il Direttore di Polizia, nonché ministro del Governo del Re, si è recato ripetutamente in prigione, ha convocato diversi prigionieri e, con una evidente trasgressione della legge, li ha interrogati di persona, senza testimoni, e senza mettere per iscritto nulla. Uno di questi era Carafa. E Carafa, un uomo di nobile famiglia, ha deposto che Peccheneda gli ha assicurato che il suo caso sarebbe stato facilmente archiviato, se avesse testimoniato la complicità di Poerio in un certi volantini rivoluzionari. Carafa ha rifiutato; e il ministro è andato via dicendogli: "Molto bene, signore; voi volete rovinarvi con le vostre mani; vi lascio al vostro destino".

Questa è stata la condotta di Peccheneda, secondo quanto Poerio non ha avuto paura di dichiarare ai suoi giudici. E devo aggiungere di avere ascoltato da fonti sicure altri racconti sul comportamento del ministro del Re, che confermano la credibilità di questa accusa.

judges on his trial that Santo Vito should be examined as to this statement: of course it was not done. But more than this. Signor Peccheneda himself, the director of the police, and holding the station of a cabinet minister of the King, went repeatedly to the prison, summoned divers prisoners, and with flagrant illegality examined them himself, without witnesses, and without record. One of these was Carafa. By one deposition of this Carafa, who was a man of noble family, it was declared, that Peccheneda himself assured him his matter should be very easily arranged, if he would only testify to Poerio's acquaintance with certain revolutionary handbills. It could not be; and the cabinet minister took leave of Carafa with the words – " Very well, sir; you wish to destroy yourself; I leave you to your fate. "

Such was the conduct of Peccheneda, as Poerio did not fear to state it before his judges. I must add, that I have heard, upon indubitable authority, of other proceedings of that minister of the King of Naples, which fully support the credibility of the charge.

Besides the *denunzia*, or accusation, of Jervolino, on which the trial ultimately turned, there was against Poerio the evidence given by Romeo, a printer, and co-accused, to the effect that he had heard another person mention Poerio as one of the heads of the sect. The value of this evidence may be estimated from the fact that it included along with Poerio two of the persons *then* ministers, the Cav. Bozzelli and the Principe di Torella. It was in fact abandoned as worthless, for it spoke of Poerio as a chief in the sect; but this was in contradiction with Jervolino, and the charge of membership only was prosecuted against him. But again, you will remark, the prisoner in no way took benefit from the explosion or failure of any charge; all proceedings went on the principle that the duty of Government was to prove guilt, by means true or false, and that public justice has no interest in the acquittal of the innocent.

Oltre alla deposizione di Jervolino, attorno a cui in seguito è stato svolto il processo, contro Poerio c'erano anche le prove fornite da Romeno, un tipografo, e co-accusatore, che sosteneva di avere saputo da un'altra persona che Poerio fosse il capo della setta. Il valore di questa prova può essere giudicato dal fatto che includeva, assieme a Poerio, due persone ancora in carica di ministro, il cav. Bozzelli e il Principe di Torella. E infatti fu scartata come priva di valore, perché parlava di Poerio come capo della setta; ma questo era in contraddizione con Jervolino, e si continuò a esaminare soltanto l'accusa di essere un semplice membro della setta. Ma ancora, non mancherete di notare, il prigioniero non ha beneficiato in alcun modo del fatto che le accuse fossero decadute; tutto il procedimento è stato condotto in base all'idea che compito del Governo fosse provare la colpevolezza, vera o falsa che fosse, e che la pubblica giustizia non avesse alcun interesse nell'assoluzione di un innocente.

C'è stata anche la testimonianza di un altro accusatore di nome Margherita. Costui ha dichiarato, con un ripensamento, che Poerio avesse partecipato a una riunione del direttivo della setta. Ha dichiarato anche che, come membro di questa setta repubblicana e rivoluzionaria, Poerio era uno dei tre che sosteneva la necessità di mantenere una costituzione monarchica; e che per questa era stato espulso! Da questo punto di vista, per non parlare del resto, le prove di Margherita erano nulla.

È troppo facile comprendere perché questi sforzi da parte dei delatori per incolpare Poerio e altri uomini illustri. Ma costoro non riuscivano a farlo senza svelare i loro mandanti, forse perché il loro lavoro è stato fatto in tale malo modo, e la loro slealtà non così genuina. Margherita è stato confinato a Nisida, a febbraio, nella stessa stanza assieme a quelli che aveva denunciato. Di più: è stato incatenato a uno di loro. Descriverò in seguito cosa significa "incatenare".

In definitiva, il processo e la condanna di Poerio si sono basati sulla

There was also the testimony of Margherita, another of the co-accused. He declared, upon an after-thought, that Poerio attended a meeting of the high council of the sect. He declared also that, as a member of this republican and revolutionary sect, Poerio was one of three who contended for maintaining the monarchical constitution; and that he was accordingly expelled! On this ground, not to mention others, the evidence of Margherita was unavailable.

It is too easy to understand why these efforts were made by the co-accused at inculpating Poerio and other men of consideration. But they did not issue in relief to the parties who made them, perhaps because their work was so ill executed, or even their treachery not thought genuine. Margherita was confined at Nisida, in February, in the same room with those whom he had denounced. Nay, he had actually been chained to one of them. I shall hereafter describe what this joint chaining is.

The accusation then of Jervolino[2] formed the sole real basis of the trial and condemnation of Poerio.

Upon this evidence of a man without character or station, and who was a disappointed suitor for office that he thought he should have had by Poerio's means, a gentleman of the highest character, recently a confidential and favoured servant of the King, was put upon trial for his life.

The matter of the accusation was this. Jervolino stated that, having failed to obtain an office through Poerio, he asked him to enrol him in the sect of the *Unità Italiana,* That Poerio put him in charge of a person named Attanasio, who was to take him to another of the prisoners, named Nisco, that he might be admitted. That Nisco sent him to a third person named Ambrosio, who initiated him. He could not

---

[2] Poerio was named in the evidence of Carafa; but in a manner tending positively to prove his innocence.

Prima Lettera 83

base della sola testimonianza di Jervolino.[2]

Pertanto un gentiluomo di ottima reputazione, fino a poco tempo prima confidente e favorito servitore del Re, è stato processato per un reato per cui è prevista la pena di morte, sulla base delle accuse di un uomo senza reputazione né mestiere, scontento perché non aveva ottenuto il posto di lavoro che pensava avrebbe potuto avere con l'aiuto di Poerio.

La sostanza dell'accusa era la seguente. Jervolino ha sostenuto che, non essendo riuscito a ottenere un impiego tramite Poerio, gli ha chiesto di essere ammesso nella setta dell'*Unità Italiana*. Poerio l'avrebbe messo in contatto con un tale di nome Attanasio, con il compito di portarlo da un altro degli arrestati, di nome Nisco, per ammetterlo. Nisco, a sua volta, lo avrebbe indirizzato a una terza persona di nome Ambrosio, che lo avrebbe iniziato. Ma non ha saputo fornire alcuna indicazione sul rituale e nemmeno sulle formule di giuramento della setta! Né sapeva nulla di nulla dei certificati o diplomi, né delle riunioni che le regole della setta (come ha dichiarato il Governo, dicendo di averle trovate) stabilivano come indispensabili per ogni membro!

Come faceva a sapere, ha chiesto Poerio, che io facessi parte della setta quando mi ha chiesto di essere ammesso? Nessuna risposta. Perché Nisco, che l'accusa dipinge come il capo, non poteva ammetterlo di persona? Nessuna risposta. E se io, che allora ero Ministro della Corona, fossi stato anche un membro della setta, che necessità avrei avuto di mandarlo da un'altra persona, e poi un'altra, e poi una terza, per l'ammissione? Nessuna risposta. Perché Ambrosio, che è colui il quale lo ha effettivamente ammesso, non ha avuto alcun fastidio da parte del Governo? Nessuna risposta. Come facevo io a essere

---

[2] Poerio veniva nominato anche nella deposizione di Carafa, ma in modo tale da costituire una prova della sua innocenza.

recollect any of the forms, nor the oath of the sect! Of the certificate or diploma, or of the meetings, which the rules of the sect when published (as the Government professed to have found them) proved to be indispensable for all its members, he knew nothing whatever!

How did he know, said Poerio, that I was of the sect when he asked me to admit him? No answer. Why could not Nisco, who is represented in the accusation as a leader, admit him? No answer. If I, being a Minister of the Crown at the time, was also a member of the sect, could it be necessary for me to have him thus referred to one person, and another, and a third, for admission? No answer. Why has not Ambrosio, who admitted him, been molested by the Government? No answer. Could I be a sectarian when, as a Minister, I was decried and reviled by the exalted party in all their journals for holding fast by the Constitutional Monarchy? No answer. Nay, such was the impudent stupidity of the informer, that, in detailing the confidences which Poerio, as he said, had made to him, he fixed the last of them on May 29, 1849; upon which Poerio showed that on May 22, or seven days before, he was in possession of a written report and accusation, made by Jervolino, as the appointed spy upon him, to the police: and yet, with this in his hand, he still continued to make him a political confidant!

Such was a specimen of the tissue of Jervolino's evidence; such its contradictions and absurdities. Jervolino had, shortly before, been a beggar; he now appeared well dressed and in good condition. I have stated that the multitudes of witnesses called by the accused in exculpation were in no case but one allowed to be called. That one, as I have learned it, was this: – Poerio alleged, that a certain arch priest declared Jervolino had told him he received a pension of twelve ducats a month from the Government for the accusations he was making against Poerio: and the archpriest, on the prisoner's demand, was examined. The archpriest confirmed the statement, and men-

un cospiratore settario quando, da Ministro, sono stato attaccato e ingiuriato da tutta la stampa estremista come sostenitore della Monarchia Costituzionale? Nessuna risposta. Anzi, era tale la sfrontata stupidità dei delatori che, nel fornire dettagli sulle confidenze che Poerio avrebbe fatto loro, fissavano l'ultima di queste il 29 maggio 1849; quando invece Poerio ha dimostrato che il 22 maggio, cioè una settimana prima, era già venuto in possesso di un rapporto scritto alla polizia da Jervolino, in veste di suo delatore ufficiale: e ancora, con quel foglio in mano, continuava a tenerlo come confidente politico!

Questo è un esempio di come sono state ordite le accuse di Jervolino; tanto per aggiungere contraddizioni e assurdità, Jervolino era stato fino a poco tempo prima un poveraccio; adesso appariva invece ben vestito e curato. Ho già detto che, di tutti i testimoni invocati dall'accusato per discolparsi, a parte uno non ne è stato ascoltato nessuno. Quell'unico, da quel che ho appreso, era il seguente: Poerio ha riportato la dichiarazione di un tale arciprete, secondo cui Jervolino gli avrebbe confessato di aver ricevuto dal Governo una pensione di venti ducati al mese per muovere accusa contro Poerio; su richiesta del prigioniero, questo arciprete è stato interrogato. Egli ha confermato la sua affermazione, e ha fornito i nomi di altri due suoi parenti che avrebbero potuto testimoniare lo stesso. Ho sentito dire che, in un altro caso, sei persone chiamate da un imputato a testimoniare in suo favore sono state a loro volta arrestate. È estremamente probabile.

Ho assistito di persona alla discussione, durata molte ore, compiuta in tribunale sulle prove di Jervolino; e la mia impressione era che solo un decimo di quanto ascoltavo avrebbe dovuto portare non solo a chiudere il processo, ma anche a infliggere una appropriata punizione al falso testimone.

Devo, in ogni caso, tornare al punto e dire che, se anche la sua testimonianza fosse stata credibile e lontana dal sospetto di essere una

tioned two more of his relatives who could do the same. In another case I have heard that six persons to whom a prisoner appealed as witnesses in exculpation, were thereupon themselves arrested. Nothing more likely.

I myself heard Jervolino's evidence discussed, for many hours, in court; and it appeared to me that the tenth part of what I heard should not only have ended the case, but have secured his condign punishment for perjury.

I must, however, return to the point, and say, even had his evidence been self-consistent and free from the grosser presumptions of untruth, the very fact of his character, as compared with Poerio's, was enough to have secured the acquittal of the accused with any man who had Justice for his object. Nor do I believe there is one man in Naples, of average intelligence, who believes one word of the accusation of Jervolino.

Two exceptions were taken in the course of these proceedings. It was argued by the counsel for Poerio, that the Grand Court Extraordinary, before which the trial took place, was incompetent to deal with the case, because the charge referred to his conduct while a minister and a member of the Chamber of Deputies: and by the 48th Article of the Constitutional Statute all such charges were to be tried by the Chamber of Peers. The exception was rejected: and the rejection confirmed upon appeal.

The second exception was this. It was distinctly charged against the prisoners that their supposed sect had conspired against the life of some of the Ministers, and of the judge Domenic-antonio Navarro, the President of the Court; first, by means of the bottle that exploded in the pocket of Faucitano; secondly, by means of a body of *pugnalatori* or assassins, who were to do the work if the bottle failed. This intention purported to be founded on the cruelty of the judgments he had pronounced upon innocent persons. The prisoners protested

Prima Lettera 87

grossolana falsificazione, già solo la comparazione tra la statura di Jervolino e quella di Poerio sarebbe stata sufficiente, per ogni uomo che abbia come obiettivo la giustizia, per assolvere l'imputato. E non credo che sia in Napoli un solo uomo di media intelligenza che creda a una sola parola delle accuse di Jervolino.

Durante il processo sono state sollevate due obiezioni. Il legale di Poerio ha obiettato che la Gran Corte Eccezionale, davanti cui ha avuto luogo il processo, fosse non competente sul caso, perché riferito alla condotta di un uomo nel periodi in cui ricopriva il ruolo di ministro e membro della Camera dei Deputati; e il 48esimo articolo della Costituzione stabilisce che le cause di questo tipo debbano essere esaminate dalla Camera dei Pari. L'obiezione è stata respinta, sia in primo grado che in appello.

La seconda obiezione era la seguente. L'imputato è stato esplicitamente accusato di avere cospirato, assieme alla presunta setta, contro la vita di alcuni Ministri, e contro quella del giudice Domenico Antonio Navarro, Presidente della Corte; in primo luogo, a causa della bottiglia esplosa nella tasca di Faucitano; inoltre, per la presenza di alcuni sicari con il compito di ucciderlo se la bottiglia avesse fallito. Questa decisione si diceva essere stata presa in risposta alla crudeltà delle sentenze che avrebbe emesso contro persone innocenti. Gli imputati hanno protestato non essere giusto essere giudicati da lui, e lo stesso giudice ha presentato una nota alla Corte in cui sosteneva di avere scrupolo a portare avanti lui il processo e chiedeva di essere guidato dagli altri membri della Corte. La Corte, all'unanimità, ha invece deciso che egli avrebbe dovuto restare al suo posto e giudicare questi uomini dell'accusa, tra le altri, di averlo voluto assassinare; e ha imposto agli imputati una multa di 100 ducati per avere sollevato l'obiezione! Questa decisione, per giunta, è stata confermata in appello; ed entrambe le Corti, saggiamente, hanno osservato che lo scrupolo provato da Navarro era di per sé prova della natura imparziale,

against being tried by him, and he himself presented a note to the Court stating he felt scruples about proceeding with the case, and desired to be guided by the rest of the Court. The Court unanimously decided that he ought to sit and judge these men upon a charge including the allegation of their intent to murder him; and fined the prisoners and their counsel 100 ducats for taking the objection! This decision, too, was confirmed upon appeal; and the Courts both sagely observed, that the scruple felt by Navarro was itself such a proof of the impartial, delicate, and generous nature of his mind, as ought to show that he could not possibly be under any bias; while they admitted, that under the law of Naples, if he had even within five years been engaged in any criminal suit as a party against them, he could not have sat. So this delicate, impartial, and generous-minded man, accordingly, sat and tried the prisoners. In the case where I have heard the detail of the voting of the judges, Navarro voted for condemnation, and for the severest form of punishment. I have been told, and I believe he makes no secret of his opinion, that all persons charged by the King's Government ought to be found guilty. I have been told, and I fully believe, that Poerio, whose case was certainly a pretty strong one, even for the Neapolitan judges, would have been acquitted by a division of four to four (such is the humane provision of the law in case of equality), had not Navarro, by the distinct use of intimidation, that is of threats of dismissal, to a judge whose name has been told me, procured the number necessary for a sentence.[3] But I need not go into these foul recesses. I stand upon the fact that Navarro, whose life, according to the evidence for the charge, was aimed at by the prisoners, sat as President of the Court that tried them for their lives; and I ask whether language can exaggerate the

---

[3] He appears to have been finally found guilty (of belonging to the sect) by six of his Judges. – NOTE, July 11, 1851.

delicata e generosa del suo animo, ed era di per sé una prova sufficiente che avrebbe operato senza pregiudizi; e però nel mentre ammettevano che, secondo la legge di Napoli, non avrebbe potuto esercitare quel ruolo duplice di giudice e parte lesa nemmeno se il reato fosse risalito a cinque anni prima. Quindi quest'uomo dalla mente così delicata, imparziale e generosa è rimasto al suo posto e ha giudicato gli imputati. A quanto mi risulta, Navarro ha votato per la condanna alla massima pena. Mi è stato detto, e credo che egli non ne abbia mai fatto mistero, che secondo il suo parere tutte le persone processate dal Governo del Re devono essere riconosciute colpevoli. Mi è stato detto, e ci credo assolutamente, che Poerio, il cui caso è stato senza dubbio fuori dal comune, persino per i giudici napoletani, sarebbe stato assolto con quattro voti contrari e quattro favorevoli (perché la legge, umanamente, prescrive l'assoluzione in caso di parità), se Navarro non avesse procurato il numero necessario alla condanna, attraverso opera di intimidazione e minaccia di licenziamento nei confronti di un giudice, di cui mi è stato fatto il nome.[3] Ma non ho necessità di addentrarmi in questi assurdi retroscena. Mi attengo semplicemente al fatto che Navarro, la cui vita, secondo le prove fornite dall'accusa, è stata attentata dagli imputati, era seduto come Presidente della Corte che doveva decidere delle loro vite; e vi chiedo quale linguaggio può rendere l'idea di un paese in cui tali enormità vengono commesse con il beneplacito del Governo?

Tanto basti per le obiezioni. Devo osservare un altro fatto curioso, riferito alla Corte di Giustizia. Non era una corte ordinaria, ma speciale. Quando una corte è speciale, lo è per ragioni di fretta. In queste occasioni il processo è abbreviato tramite l'omissione di tanti procedimenti, alcuni dei quali, mi è stato assicurato, utili per la difesa

---

[3] Sembra che alla fine sei dei giudici abbiano votato a favore dell'accusa di appartenere alla setta. – Nota dell'11 luglio 1851.

state of things in a country where such enormities are perpetrated under the direct sanction of the Government?

So much for the exceptions. I must observe on another curious point, with reference to the court of justice. It did not sit as an ordinary, but as a special, Court. When a Court sits specially, it is with a view to dispatch. On these occasions the process is shortened by the omission of many forms, most valuable, as I am assured, for the defence of the prisoner. Above forty persons, on that single occasion, were thus robbed of important aids, with a view to expedition; and yet these men had been sixteen or eighteen months and upwards in prison before they were brought to trial!

I shall now give an indication, not of the impartiality of the Court, but of the degree of decency with which its partiality is veiled. In two cases it happened to be within the knowledge of the counsel for the prisoners that the perjured witnesses against them did not even know them by sight. In one of these the counsel desired to be allowed to ask the witness to point out the accused persons among the whole number of those charged, who were all sitting together. The Court refused permission. In the other case, the counsel challenged the witness to point out the man of whose proceedings he was speaking. If I am rightly informed, Navarro, whom I have so lately mentioned, affecting not to hear the question, called out to the prisoner, "Stand up, Signor Nisco; the Court has a question to ask you." This was done, and Counsel then informed that he might pursue his examination. A laugh of bitter mockery ran through the Court.

I must now place before you an example of the humanity with which invalid prisoners are treated by the Grand Criminal Court at Naples. The statement is not mine; but it proceeds from a gentleman and an eye-witness, and one who thoroughly understands the language.

" The original number of the persons under trial for forming part

dell'imputato. Quindi, in quella sola occasione, circa quaranta persone sono state private, per ragioni di brevità, di un importante sostegno; e questi uomini avevano passato tra i sedici e i diciotto mesi in prigione prima di essere portati in giudizio!

Voglio adesso dare un saggio, non dell'imparzialità della Corte, ma del livello di decenza con cui la sua parzialità viene mascherata. In due casi l'avvocato difensore si è accorto che i falsi testimoni nemmeno conoscevano di vista gli accusati. In un caso l'avvocato voleva il permesso di chiedere a un testimone di indicare chi, fra gli accusati che sedevano tutti assieme, fosse quello che accusava. La Corte ha negato il permesso. In un'altra occasione, l'avvocato ha chiesto al testimone di indicare l'uomo di cui stava parlando. Se sono stato ben informato, Navarro, di cui ho parlato poc'anzi, facendo finta di non capire il senso della domanda, ha chiamato l'imputato: "Alzatevi, Signo Nisco; la Corte deve porvi una domanda". Alzatosi quello, all'avvocato è stato concesso di proseguire con il contro-esame. Una risata di scherno echeggiava tra i membri della Corte.

Devo adesso sottoporvi un esempio dell'umanità con cui sono trattati i prigionieri invalidi dalla Gran Corte Criminale di Napoli. L'affermazione non è mia: proviene, invece, da un gentiluomo che vi ha assistito e che comprende perfettamente la lingua.

"Il numero originale di persone poste sotto accusa per aver fatto parte della setta immaginaria chiamata dalla polizia Unità Italiana, era di quarantadue. La lista iniziava con Antonio Leipchener, adesso scomparso. Per alcuni giorni, la sua malattia non ha permesso alla Corte di tenere la seduta. Alla fine Navarro ha informato i medici del carcere che dovevano trovare il modo di certificare la possibilità di Leipchener di presentarsi in aula il mattino successivo.

Il giorno dopo mi stavo recando in tribunale in compagnia di un amico, quando ho incontrato uno dei medici, che il mio amico conosceva. Ha iniziato a parlarci di Leipchener, e dettoci che l'uomo era

of the imaginary society christened by the police the Unità Italiana, was forty-two. The list was headed by the name of Antonio Leipnecher, now no more. His illness prevented the Court sitting for some days. At last Navarro informed the medical men attached to the prisons, that their consciences must find means to certify the possibility of Leipnecher's attendance on the following morning.

On the following morning I was on my way to the tribunal with a friend, when we met one of the doctors with whom my friend was acquainted. He began to talk about Leipnecher, and said the man was dangerously ill, but that his position was such that he could not safely certify to the impossibility of his attendance, and that he had consequently informed the President that Leipnecher might be brought into Court in a sedan chair, provided restoratives were allowed him and *no question were asked him.*

I entered the Court, and after the other prisoners had taken their places a sedan chair was brought in, from which Antonio Leipnecher was led, or rather carried, in a state of mental and bodily prostration.

Navarro opened the proceedings by calling upon the *Cancilliere* to read the *interrogatorio* of Antonio Leipnecher, and, when finished, called upon him for his observations. His lawyer said that he had already endeavoured to speak to him, but that he was unable to answer or understand. Navarro then addressed him in a menacing tone, cautioning him that by shamming illness he was ruining his own cause. Leipnecher made some inaudible observations, which were repeated by another prisoner, to the effect that the doctors had not taken any pains to cure him. ' Oh! ' said Navarro, ' write down that he says the doctors would not cure him. ' The *Procuratore Generale*, Angelillo, then desired that the doctors might be again called in to give their opinion as to his present state, which they did in an hour, and reported him suffering from an acute fever and unable to remain. ' But,' said Angelillo, ' as he is here, why can he not

gravemente malato, ma che non era in condizione di certificare la sua impossibilità a presentarsi in aula, e dunque aveva informato il Presidente che Leipchener sarebbe potuto essere portato in barella, a patto che gli fossero approntati dei medicinali, e *non gli fosse posta alcuna domanda.*

Sono entrato in aula, e dopo che gli altri imputati avevano preso posto è stata portata una barella, su cui era condotto, o meglio portato, Antonio Leipchener, in uno stato di prostrazione mentale e fisica.

Navarro ha inaugurato la seduta invitando il Cancelliere a leggere l'interrogatorio di Antonio Leipchener e, una volta finito, ha chiesto le sue osservazioni in proposito. Il suo avvocato ha risposto di avere già provato a parlargli, ma costui era incapace di rispondere o comprendere. Allora Navarro si è rivolto a lui in toni minacciosi, avvertendolo che con la sua vergognosa malattia stava rovinando la sua causa. Leipchener ha riposto, ma la sua voce era così difficile da udire che le sue parole sono state riportate da un altro prigioniero; si lamentava che i dottori non avessero fatto molto per curarlo. 'Oh!' ha risposto Navarro 'sia messo per iscritto che si lamenta che i dottori non vogliano curarlo!' Il Procuratore Generale Angelillo ha dunque chiesto ai dottori di fornire una seconda volta il loro parere sul suo presente stato di salute; lo hanno fatto nel giro di un'ora, e il responso era febbre acuta e impossibilità a restare in aula. 'Ma' ha detto Angelillo 'se è qui, perché non può restare?' 'Non può' hanno risposto i medici 'senza un immediato pericolo per la sua vita'. La Corte ha allora sospeso la seduta, e quando ha ripreso i lavori, due o tre giorni dopo, Leipchener era nella tomba."

Mi rendo conto, dopo ciò che ho detto sulla Gran Corte Criminale di Napoli, di aver provocato l'incredulità di quanti sono abituati a considerare i giudici di uno stato la personificazione dei principi di onore e imparzialità spassionata. Io non voglio sostenere che tutti i giudici di Napoli siano dei mostri; ma sono degli schiavi. Sono tanti,

remain? ' ' He cannot, ' said the doctors, ' without immediate danger to his life. ' The Court then broke up, and when it again met in the course of two or three days Leipnecher was in his grave."

But I know that, after what I have said of the Grand Criminal Court of Naples, I must have stirred up incredulity in the breast of any one accustomed to perceive in the judges of a country the very highest impersonation of the principles of honour and dispassionate equity. I do not then intend to urge that the judges of Naples are all monsters, but they are slaves. They are very numerous, very ill-paid, and they hold their offices during pleasure. They are in general of far less eminence and weight, and of a lower moral standard, than the higher members of the Bar who plead before them. The highest salary of any person on the bench of judges is, I believe, 4000 ducats a year. Perhaps the eight judges who are now trying political prisoners by the hundred in Naples, may have among them about half the salary of one English Puisne Judge. But the main element in the case is, the tyrannical severity with which they are treated in case of their defeating the accusations brought by Government. Not, indeed, that acquittal in all cases signifies much. As the Government arrest and imprison without any warrant, or any charge; so, on the same broad and cherished principle of illegality, they think nothing of keeping men in prison after they have been first punished by some two or three years of imprisonment and terror, and then solemnly declared guiltless. For example, out of the forty-one[4] prisoners (reduced from forty-two by the death of Leipnecher) whose cases were finally disposed of by the sentences of last February, six, I think, were acquitted; and the last I heard of those six persons, some time after their acquittal, was, that they were all still in prison! Under these circum-

---

[4] This number, I think, should be forty: the number acquitted, eight: the number condemned, thirty-two. – NOTE, July 11, 1851.

mal pagati, e rischiano di perdere il posto per qualsiasi capriccio. Sono in genere dotati di meno autorevolezza e peso, e minore tasso di moralità, dei più alti membri del Foro perorano le cause davanti a loro. Tra i giudici, chi percepisce il più alto stipendio guadagna, mi sembra, 4000 ducati l'anno. Probabilmente gli otto giudici che in questo periodo conducono cause contro centinaia di prigionieri napoletano prendono la metà del salario di un giudice ordinario inglese. Ma l'elemento più grave, in questo caso, è il modo tirannico in cui sono trattati nel caso in cui sconfessino le accuse portate dal Governo. Non che l'assoluzione, in ogni caso, significhi molto. Come il Governo arresta e imprigiona senza alcuna garanzia o accusa, allo stesso modo, sulla base del medesimo tanto amato principio di illegalità, non ci pensano due volte a trattenere in prigione degli uomini dopo che hanno già scontato due o tre anni di carcerazione e terrore, e infine dichiarati innocenti. Per esempio, dei quarantuno imputati[4] (ridotti dai quarantadue originali per la morte di Leipchener) il cui caso si è concluso con la sentenza dello scorso febbraio, sei, mi pare, sono stati assolti; e le ultime notizie che ho di questi sei, dopo l'assoluzione, è che sono ancora in carcere! Stando così le cose, non farà meraviglia che i giudici siano rimasti impuniti, tenuto conto che hanno condannato trentacinque persone a pene in larga parte severe. Ma gli stessi giudici rischiano di ritrovarsi oggetto di persecuzione. Nella stessa Napoli, se ho ben capito, un gentiluomo di ottant'anni, che aveva esercitato per cinquanta la professione di giudice, non molto tempo fa è stato mandato in esilio per avere assolto delle persone accusate di avere scritto e pubblicato un articolo riprovevole su un quotidiano. Un caso più conosciuto è recentemente accaduto a Reggio. Un gruppo di prigionieri è stato portato a giudizio per alcu-

---

[4] Il numero esatto, a quanto ne so, dovrebbe essere di 40, di cui 8 assolti e 32 condannati. – Nota dell'11 luglio 1851.

stances, it will perhaps excite no surprise that the judges escaped with impunity, in consideration of their having condemned thirty-five to punishments for the most part awfully severe. But woe be to the judges themselves if they balk the main object of a prosecution. In Naples itself, I understand that a gentleman of eighty years of age, who had exercised the office of judge for half a century, was turned out upon the world a short time ago, for having acquitted the parties charged with having composed or published an obnoxious article in a newspaper. A more notorious case has recently happened at Reggio. A batch of prisoners were there brought to trial for some matter connected with the period of the ill-fated Constitution. They were acquitted; and the arm of vengeance descended upon the judges. After such an outrage on their part, the entire Court, as if an Augean stable, was swept clear. Two, I believe – probably the docile minority – had only a nominal deprivation, being classed as *disponibili*, and held qualified for new appointments, which, for all I know, they may now have received. But six judges, the offending majority, were mercilessly and absolutely dismissed. How can we be surprised that, with this perfection of discipline, the word of command should even by judges be readily obeyed?

Three of the forty-one prisoners in what I may call the Poerio case were condemned to death – Settembrini, Agresti, and Faucitano. Poerio himself was condemned to twenty-four years of irons. I believe the vote on him was as follows:– Three judges for acquittal; two for irons; three (including the delicate, scrupulous, and impartial mind of Navarro) for DEATH – on that testimony of Jervolino, which I have sufficiently described. The two latter sections then joined in voting for the lighter punishment, and thus the majority was obtained, one vote having been at first drawn off from the side of acquittal by the bullying process to which I have before referred, and which was fitly intrusted to the delicate, scrupulous, impartial, and

ne vicende legate al periodo della famigerata Costituzione. Sono stati assolti; e il braccio della vendetta si è abbattuto sui giudici. Per avere osato un tale affronto, l'intera Corte è stata spazzata via come le stalle di Augìa. A quanto ne so, soltanto due giudici – probabilmente i meno riottosi – hanno subìto un lieve provvedimento disciplinare, venendo classificati come *disponibili*, e messi dunque in lista di attesa per nuovi incarichi che, a quanto mi risulta, non sono stati loro affidati. Ma sei giudici, la gran parte, sono stati licenziati senza pietà. Come possiamo allora stupirci, stante una tale severa disciplina, se persino i giudici obbediscono prontamente agli ordini?

Dei quarantuno imputati assieme a Poerio, tre sono stati condannati a morte – Settembrini, Agresti e Faucitano. Poerio è stato condannato a ventiquattro anni di ferri. Mi risulta che la votazione su di lui sia stata la seguente: – tre giudici hanno votato assoluzione; due la condanna ai ferri; tre (compreso il delicato, scrupoloso e imparziale Navarro) la MORTE – sulla base della testimonianza di Jervolino, di cui ho parlato a sufficienza. Successivamente queste ultime due fazioni si sono unite nel votare la condanna più lieve e in questo modo si è ottenuta la maggioranza, dopo che un voto a favore dell'assoluzione è stato scartato attraverso il metodo prevaricatore che ho descritto prima, su iniziativa del delicato, scrupoloso, imparziale e generoso Navarro.

Sembra, però, che sia occorso uno strano incidente. Pare che la legge di Napoli disponga in maniera umanitaria che, qualora tre persone siano trovate colpevoli di delitti capitali, la sentenza possa essere pronunciata soltanto per una; ma ciò, in questo caso, è stato dimenticato dai giudici, e soltanto il Procuratore Generale, o chi per lui, lo ha rammentato, dopo che i giudici erano convinti di aver finito. Ho persino sentito dire che Settembrini e Agresti avrebbero ricevuto, come fosse un gesto di pietà, la sospensione della pena a cui avevano diritto. Come per Faucitano, non entrerò in dettaglio su ciò che

generous Navarro.

A strange error is stated to have occurred. It seems that the Neapolitan law humanely provides, that when three persons are found guilty capitally, the sentence can be pronounced only on one; but that this was forgotten by the judges, and only found out by the Procurator-General, or some other party, after they thought they had finished. I have even heard it stated that Settembrini and Agresti received, as of mercy, a reprieve, to which they were entitled as of right. As to Faucitano, I will not enter into details of what occurred at Caserta in the palace, but I have heard them, and minutely too; and there appears to me too good reason to believe that the threat of the withdrawal of certain useful support from the Government of Naples, and not humanity, dictated, at the last moment, the commutation of his punishment.

Now there is no doubt that the infliction of capital punishment, under judicial sentences, is extremely rare in the kingdom of Naples; but whatever capital punishment may be in other points of view, I do not hesitate to say it would be a refined humanity, in respect to the amount of suffering which it inflicts, in whatever form, through the agency of man, as compared with that which is actually undergone in sentences of imprisonment. Yet even on the severity of these sentences I would not endeavour to fix attention so much as to draw it off from the great fact of illegality, which seems to me to be the foundation of the Neapolitan system: illegality, the fountain-head of cruelty and baseness, and every other vice; illegality which gives a bad conscience, that bad conscience creates fears, those fears lead to tyranny, that tyranny begets resentment, that resentment creates true causes of fear where they were not before; and thus fear is quickened and enhanced, the original vice multiplies itself with fearful speed, and old crime engenders a necessity for new.

I have spoken of Settembrini and his reputed and too credible tor-

è accaduto nella Reggia di Caserta, ma ne ho sentito parlare, e anche in modo minuzioso; e mi sembra degna di fede la voce secondo cui la commutazione della pena sia stata dettata all'ultimo momento non da umanità, ma dal rischio di perdere l'appoggio, di una certa utilità, del Governo di Napoli.

Ora, non c'è dubbio che è abbastanza raro che nel regno di Napoli una sentenza di morte, pur decretata da una sentenza del tribunale, sia realmente eseguita; ma, a prescindere da cosa possa significare una condanna a morte sotto diversi punti di vista, non esito a dire che sarebbe un gesto di squisita umanità, per quanto riguarda la sofferenza che infligge, se paragonato a quella che porta di fatto una condanna all'imprigionamento. E io non insisterei neppure più di tanto sulla severità delle sentenze, perché ci allontana dall'elemento più importante, cioè l'illegalità su cui mi sembra fondarsi l'intero sistema di Napoli: illegalità che è sorgente di crudeltà, bassezza e ogni altro vizio; illegalità che porta a cattiva coscienza, la cattiva coscienza crea paure, queste paure conducono alla tirannia, e la tirannia genera risentimento, questo risentimento crea vere ragioni di paura che prima non c'erano; e così la paura viaggia più veloce e più potente e il vizio originario si riproduce in mille forme con spaventosa velocità, e l'antico crimine crea il presupposto per il nuovo.

Ho parlato di Settembrini e di come sia ritenuto estremamente probabile e credibile che sia stato sottoposto a tortura; passo adesso a parlare di quanto ho visto di persona, o sentito dire da persone senza orma di dubbio degne di fede.

Nel febbraio scorso, Poerio e sedici degli altri imputati (con pochi dei quali, in ogni caso, aveva avuto precedenti rapporti di conoscenza) sono stati confinati nel Bagno Penale di Nisida, vicino al Lazzaretto. È stato loro permesso di ricevere visite dall'esterno soltanto per mezz'ora a settimana, eventualmente prolungata di poco dall'indulgenza del Sovrintendente. Questa è stata l'unica occasione con-

ture; I come now to what I have either seen, or heard on the most direct and unquestionable authority.

In February last, Poerio and sixteen of the co-accused (with few of whom, however, he had had any previous acquaintance) were confined in the *Bagno* of Nisida near the Lazaretto. For one half-hour in the week, a little prolonged by the leniency of the superintendent, they were allowed to see their friends outside the prison. This was their sole view of the natural beauties with which they were surrounded. At other times they were exclusively within the walls. The whole number of them, except I think one, then in the infirmary, were confined, night and day, in a single room of about sixteen palms in length by ten or twelve in breadth, and about ten in height; I think with some small yard for exercise. Something like a fifth must be taken off these numbers to convert palms into feet. When the beds were let down at night, there was no space whatever between them; they could only get out at the foot, and, being chained two and two, only in pairs. In this room they had to cook or prepare what was sent them by the kindness of their friends. On one side, the level of the ground is over the top of the room; it therefore reeked with damp, and from this, tried with long confinement, they declared they suffered greatly. There was one window – of course unglazed – and let not an Englishman suppose that this constant access of the air in the Neapolitan climate is agreeable or innocuous; on the contrary, it is even more important to health there than here to have the means of excluding the open air, for example, before and at sunset. Vicissitude of climate, again, is quite as much felt there as here, and the early morning is sometimes bitterly cold.

Their chains were as follows. Each man wears a strong leather girth round him above the hips. To this are secured the upper ends of two chains. One chain of four long and heavy links descends to a kind of double ring fixed round the ankle. The second chain consists of eight

Prima Lettera

cessa loro di godere delle bellezze naturali da cui sono circondati. Per tutto il resto del tempo sono rimasti confinati tra quattro mura. Tutti quanti, con l'eccezione, mi sembra, di uno ospitato in infermeria, sono stati rinchiusi notte e giorno in una sola stanza lunga sedici palmi, larga tra i dieci e i venti, e alta circa dieci; credo con un piccolo spazio per camminare. Bisogna togliere qualcosa come un quinto per convertire i palmi in piedi. Quando, di notte, i letti erano abbassati, non c'era alcuno spazio tra loro; potevano soltanto scendere ai piedi del letto e, dal momento che erano incatenati due a due, in coppia. In questa stanza doveva cucinare o preparare ciò che era stato portato loro dalle premure degli amici. Su un lato, la stanza è sotto il livello del mare; c'era dunque odore di umido e ciò, unito alla lunga permanenza, a quanto hanno dichiarato causava loro grandi sofferenze. C'era una sola finestra – ovviamente priva di vetri – e che nessun inglese pensi che questo continuo inspirare l'aria del clima di Napoli sia gradevole o innocuo; al contrario, lì, molto più che da noi, è più importante non trovarsi esposti all'aria aperta, per esempio, intorno al tramonto. L'escursione termica, inoltre, è più o meno la stessa che qui, e il primo mattino è piuttosto freddo.

Le catene erano così composte. Ogni uomo indossa una robusta cinghia di cuoio attorno al fianco. A questa è assicurata la parte finale di due catene. Una catena, composta di quattro lunghi e pesanti anelli, scende fino a una specie di doppio anello stretto attorno alla caviglia. La seconda catena consiste di otto anelli, ognuno della stessa dimensione dei quattro, e questa lega i prigionieri due a due, in modo che possano stare lontani sei piedi l'uno dall'altro. Nessuna di queste catene viene mai slegata giorno e notte. La veste comune dei carcerati che, allo stesso modo del cappello, era indossata in quel posto dall'ultimo capo del gabinetto del Re Ferdinando di Napoli, è composta da un grezzo corsetto di stoffa rossa, con pantaloni dello stesso materiale – probabilmente fatto di quello che in questo paese è

links, each of the same weight and length with the four, and this unites the two prisoners together, so that they can stand about six feet apart. Neither of these chains is ever undone day or night. The dress of common felons, which, as well as the felon's cap, was there worn by the late cabinet-minister of King Ferdinand of Naples, is composed of a rough and coarse red jacket, with trowsers of the same material – very like the cloth made in this country from what is called devil's dust; the trowsers are nearly black in colour. On his head he had a small cap, which makes up the suit; it is of the same material. The trowsers button all the way up, that they may be removed at night without disturbing the chains.

The weight of these chains, I understand, is about eight rotoli, or between sixteen and seventeen English pounds for the shorter one, which must be doubled when we give each prisoner his half of the longer one. The prisoners had a heavy limping movement, much as if one leg had been shorter than the other. But the refinement of suffering in this case arises from the circumstance that here we have men of education and high feeling chained incessantly together. For no purpose are these chains undone; and the meaning of these last words must be well considered: they are to be taken strictly.

Well, it may be thought, the practice is barbarous, and ought not to prevail; still, as it does prevail, it might be difficult to exempt these persons, although gentlemen, from it. But this, my Lord, is not the true explanation. On the contrary, it was for the sake of these very gentlemen that the practice of chaining two and two was introduced into the *Bagno* of Nisida. I was assured that two or three weeks before, among eight hundred prisoners in that *bagno* (which to the passer-by looks hardly bigger than a martello tower) these double irons were totally unknown; and there were many political offenders then there, but they were men of the lower class, to whom this kind of punishment would have been but a slight addition. But just about

Prima Lettera

chiamato la *polvere del diavolo*; i pantaloni sono di colore prossimo al nero. Sulla testa si porta un piccolo cappello, che completa l'abito; è fatto della stessa stoffa. I pantaloni sono abbottonati in maniera tale da poter essere rimossi di notte senza toccare le catene.

Il peso di queste catene, se ho ben capito, è di circa cinque rotoli, tra i sedici e i diciassette pound inglesi per quella più corta, valore che va raddoppiato tenendo conto che ogni prigioniero porta anche metà di quella più lunga. I prigionieri ne ottengono un'andatura fortemente zoppicante, come se una gamba fosse più corta dell'altra. Ma la sottigliezza del supplizio, in questo caso, aumenta in ragione del fatto che abbiamo uomini di rango e spirito elevati costretti a essere costantemente incatenati a due a due. Le catene non sono sciolte per nessuna ragione; e bisogna tenere bene a mente che questo va inteso in senso letterale.

Bene, si potrebbe pensare: questa pratica è barbara, e dovrebbe essere eliminata; ma, dal momento che persiste, non dovrebbero fare eccezione queste persone, solo in quanto gentiluomini. Ma questa, mio Signore, non è la verità. Al contrario, è proprio per questi gentiluomini che la pratica dell'incatenamento a due a due è stata introdotta nel Bagno Penale di Nisida. Mi è stato assicurato che due o tre settimane prima, circa ottocento prigionieri del Bagno (che ai passanti appare a stento più grande di una *martello tower*) queste doppie catene erano del tutto sconosciute; e sì che c'erano molti prigionieri politici lì, ma erano uomini di classe inferiore, per i quali questo genere di punizione sarebbe stata soltanto un lieve aggravio della pena. Ma proprio al tempo in cui Poerio e i suoi compagni sono stati mandati a Nisida, è giunto ordine dal Principe Luigi, fratello del Re e, in quanto Ammiraglio, governatore dell'isola, di incatenare a due a due i detenuti arrivati a partire da una data recente – credo il 22 luglio 1850. Quindi il tutto era stato escogitato per infliggerlo a Poerio e i suoi amici e allo stesso tempo avere la scusa pronta per

the time when Poerio and his companions were sent to Nisida, an order came from Prince Luigi, the brother of the King, who, as Admiral, has charge of the island, ordering that double irons should be used for those who had been brought into the prison since a certain rather recent date – I think July 22, 1850. Thus it was contrived to have them put on Poerio and his friends, and yet to have a plea, such as it is, for saying that the measure was not adopted with a view to their case, and to the extreme moral (as well as the not slight physical) suffering which it would secure for them. Among these, as I have already said, had been chained together the informer Margherita and one of his victims. Among these, I myself saw a political prisoner, Romeo, chained in the manner I have described, to an ordinary offender, a young man with one of the most ferocious and sullen countenances I have seen among many hundreds of the Neapolitan criminals.

The inspector of this prison, General Palomba, had, I was informed, never, or not for a very long time, visited it. But he had come just before I was there; and it is impossible to avoid the inference that he came in order to make certain that the orders for increased severity were not evaded or relaxed.

I had heard that the political offenders were obliged to have their heads shaved; but this had not been done, though they had been obliged to shave away any beard they might have had.

I must say I was astonished at the mildness with which they spoke of those at whose hands they were enduring these abominable persecutions, and at their Christian resignation as well as their forgiving temper, for they seemed ready to undergo with cheerfulness whatever might yet be in store for them. Their health was evidently suffering. I saw the aunt of one of these prisoners, a man of about eight and twenty, weep when she spoke of his altered looks, and of the youthful colour but a few weeks before in his cheeks. I should have

affermare che la misura non fosse stata adottata ad personam. Come già detto, sono stati incatenati insieme anche l'informatore Margherita e una delle sue vittime. E personalmente ho visto un detenuto, Romeo, incatenato nel modo che ho descritto, a un criminale comune, un giovane con uno dei visi più feroci e tetri che io abbia mai visto tra i criminali di Napoli.

A quanto ne so, il Generale Palomba, ispettore della prigione, non aveva mai effettuato un'ispezione o quantomeno non lo faceva per lungo tempo. Vi si è però recato poco tempo prima di me; ed è impossibile scacciare il pensiero che egli fosse lì per accertarsi che venissero eseguiti gli ordini dati riguardo all'aumento della severità.

Ho sentito dire che i prigionieri politici siano obbligati ad avere la testa rasata; ma questo non è stato fatto, nonostante siano stati obbligati a radere ogni pelo di barba che potessero avere.

Devo dire di essere stato profondamente colpito dai toni miti con cui parlano delle persone alla cui mercé si sono trovati durante queste abominevoli persecuzioni, e allo stesso modo dalla loro rassegnazione cristiana e dall'attitudine al perdono, per cui parevano pronti a sopportare con il sorriso qualunque altra prova si preparasse per loro. La loro salute sembrava palesemente precaria. Ho visto piangere la zia di uno dei detenuti, un uomo di circa ventotto anni, quando parlava di come fosse mutato l'aspetto del nipote e come nel giro di poche settimane fossero scomparsi dal suo viso i colori della giovinezza. Io gli avrei dato quarant'anni. Avevo incontrato Poerio a dicembre, durante il processo; ma a Nisida non sarei riuscito a riconoscerlo. Non si aspettava che la sua salute reggesse, nonostante Dio, a quanto diceva, gli avesse dato la forza di andare avanti. Una persona in vista gli aveva consigliato di chiedere la grazia al Re tramite la madre, per la quale era l'unico sostegno, oppure di persona. Ha rifiutato fermamente. Quando ero a Napoli, la madre stava perdendo la ragione, oppressa da così tanto dolore. Sembrava che lo stesso Dio, più com-

taken him for forty. I had seen Poerio in December, during his trial; but I should not have known him at Nisida. He did not expect his own health to stand, although God, he said, had given him strength to endure. It was suggested to him from an authoritative quarter, that his mother, of whom he was the only prop, might be sent to the King to implore his pardon, or he might himself apply for it. He steadily refused. That mother, when I was at Naples, was losing her mental powers under the pressure of her afflictions. It seemed as if God, more compassionate than her fellow-creatures, were taking them away in mercy, for she had, amidst her sorrow, trances and visions of repose; she told a young physician, known to me, that she had been seeing her son, and with him another person. The two were in different gaols, and she had seen neither.

Since I have left Naples, Poerio has sunk to a lower depth of calamity. He has been taken, I understand, from Nisida to Ischia, farther from public interest, and perhaps to some abode like the Maschio of Porcari. What I saw was quite enough. Never before have I conversed, and never probably shall I converse again, with a cultivated and accomplished gentleman, of whose innocence, obedience to law, and love of his country I was as firmly and as rationally assured as of your Lordship's or that of any other man of the very highest character, whilst he stood before me amidst surrounding felons, and clad in the vile uniform of guilt and shame. But he is now gone where he will scarcely have the opportunity even of such conversation. I cannot honestly suppress my conviction, that the object in the case of Poerio, as a man of mental power sufficient to be feared, is to obtain the scaffold's aim by means more cruel than the scaffold, and without the outcry which the scaffold would create.

It is time for me to draw to a close. I might, indeed, detail circumstances to show that language is used by the highest authority in Naples, demonstrating that attachment to the Constitution, that is

passionevole degli esseri umani, la stesse portando via per pietà, perché in mezzo al suo dolore aveva stati di incoscienza e visioni di pace; ha detto a un giovane fisico, che conosco, di aver visto suo figlio, e con lui un'altra persona. Erano entrambi in due prigioni diverse, e lei non ha incontrato nessuno dei due.

Da quando ho lasciato Napoli, Poerio è sprofondato in calamità ancora peggiori. A quanto ne so, è stato portato da Nisida a Ischia, lontano dallo sguardo del pubblico, e forse in qualche alloggio al Maschio o al Porcari. Ma quel che ho visto è abbastanza. Non ho mai conversato, e probabilmente mai più converserò, con un gentiluomo così colto e a modo, la cui innocenza, osservanza della legge e amor di patria, secondo quanto mi è stato assicurato con fermezza e buon diritto, sono pari a quelle vostre, Milord, o quelle di qualunque altro uomo di alta moralità, e ciò nonostante egli fosse davanti a me in mezzo a criminali vocianti, e vestisse l'ignominiosa divisa della colpa e della vergogna. Ma ormai è stato portato in un posto in cui difficilmente avrà l'opportunità di sostenere tali conversazioni. Non posso onestamente togliermi dalla testa la convinzione che lo scopo del processo a Poerio, in quanto uomo pericoloso per la sua intelligenza, fosse quello di ottenere gli stessi effetti della pena di morte attraverso mezzi ancora più crudeli del patibolo stesso, e senza l'indignazione che il patibolo solleverebbe.

È tempo di arrivare a una conclusione. Potrei raccontare altri aneddoti per mostrare il linguaggio utilizzato dalle più alte autorità di Napoli, il quale dimostra come l'attaccamento alla Costituzione, che è la legge fondamentale dello Stato, è lì considerato e punito come un crimine; e ancora mostrare che uomini, anzi, ecclesiastici così come laici, sono deliberatamente tenuti in prigione, non perché abbiano commesso un reato, non perché siano sospettati di averlo fatto, ma perché si pensa che in questo modo si possa ottenere, in futuro, qualche vaga prova per incolpare qualcun altro. Ma mi asterrò da questo

the fundamental law of the State, is there regarded and punished as a crime; and again, to show that men, ay, ecclesiastics as well as laymen, are confessedly detained in prison there, not because they have committed crime, not because they are even suspected of it, but because it is thought that through their means may possibly be obtained, at some future time, some imaginable information tending to inculpate somebody else. But I will wind up this repulsive narration, with noticing a circumstance that too clearly shows what value is placed by those in power at Naples upon human life as such.

I have spoken of the Neapolitan prisons. It appears that, not long ago, exasperated by the treatment they received, the inmates of the State prison of Procida revolted, and endeavoured to gain possession of the prison. The mode of quelling this revolt was as follows. The soldiers in charge of them threw hand-grenades among them, and killed them to the number of one hundred and seventy-five. In this number were included seventeen invalids in the infirmary, who had no part in the revolt. I have been told that, for perpetrating this massacre, the serjeant who commanded the troops was decorated with, and may now be seen wearing, a military order. I refer to this incident without forgetting that a revolt or riot in a prison is a formidable thing, and requires strong measures; but with the overwhelming force everywhere at the command of the Executive power, and with the mild character of Neapolitans, even as criminals, taken into view, no one will believe that there was the slightest call for this wholesale slaughter.

Enough, it seems to me, has now been said to show that there are the strongest reasons for believing that, under the veil of secrecy, which covers the proceedings of the Government of Naples, there lie hid the gigantic horrors, to which I have alluded as afflicting that country, desolating the entire classes upon which the life and growth of the nation depend, undermining the foundation of all civil rule,

racconto disgustoso, limitandomi a sottolineare un dettaglio che mostra troppo chiaramente in che conto sia tenuta la vita umana da quelli che comandano a Napoli.

Ho parlato delle prigioni napoletane. Pare che, non molto tempo fa, esasperati dal trattamento ricevuto, i detenuti della Prigione di Stato di Procida si siano ribellati, e siano riusciti ad assumere il comando della prigione. La rivolta è stata repressa nel seguente modo. I soldati hanno lanciato sui detenuti delle granate a mano e ne hanno uccisi centosettantacinque. Tra questi c'erano diciassette malati dell'infermeria, che non hanno avuto alcuna parte nella rivolta. Mi è stato detto che il sergente capo delle truppe è stato decorato per questo massacro e oggi lo si può vedere insignito di un ordine militare. Riferisco ciò con la piena consapevolezza che una rivolta in prigione è un evento straordinario e richiede misure estreme; ma, considerando le forze preponderanti a disposizione ovunque del Potere Esecutivo, e il carattere morbido dei Napoletani, anche quando sono criminali, nessuno crederà che questa giustificasse un completo massacro.

Mi sembra, a questo punto, di avere detto abbastanza per dimostrare come, sotto il velo del segreto che copre le manovre del Governo di Napoli, ci sono ottimi motivi per credere che si nascondano i giganteschi orrori a cui ho fatto allusione; i quali orrori affliggono il paese, immiserano tutte le classi da cui dipende la vita e la crescita di una nazione, minano alla base tutte le regole del vivere civile, e preparano la strada per una rivoluzione violenta; e lo fanno tramutando il Potere, che esiste nell'umana società per mantenere la legge e l'ordine, difendere l'innocente e punire il crimine, nel più grande trasgressore della legge e maggiore criminale del paese; il primo tra gli oppressori, il nemico mortale della libertà e dell'intelligenza, e l'istigatore della peggiore corruzione tra la popolazione.

Nel parlare liberamente e con così tanta veemenza dell'operato del

and preparing the way for violent revolution by converting the Power, which is set up in human societies to maintain law and order, and to defend innocence and punish crime, into the grand lawbreaker and malefactor of the country; the first in rank among oppressors, the deadly enemy of freedom and intelligence, and the active fomenter and instigator of the vilest corruption among the people.

While I speak thus freely and strongly of the acts of the Neapolitan Government, I have deliberately refrained (with the exception of certain clear cases) from any attempt to point out the agents, or to distribute or fix the responsibility. Beyond the limits I have named I know not, and have not the desire to know, to whom it belongs. I am aware that, although the Sovereign be the effective governor of the country, an impenetrable veil may pass between his eyes and the actual system of means by which this main department of his Government is worked; I know it to be the belief of some persons that this is actually the case; I must add that I am acquainted with an instance of a direct and unceremonious appeal to the King's humanity, which met with a response on his part evidently sincere; although, according to the latest accounts I have received, his intentions have as yet been thwarted by other influences, and have not taken practical effect.

And now, my dear Lord, I conclude, as I began, with expressing my gratitude to you for allowing me to place this letter in your hands. But for this permission, I might have found myself wholly without the means of putting any such engine into operation as would offer me the least hope of quietly producing a salutary effect upon the proceedings of the Neapolitan Government. I took leave, indeed, of Naples with a fixed resolution to strain every nerve for effecting that purpose, and for effecting it with promptitude. But I am very sensible of the hazards attending any appeal to the public opinion of this

Governo di Napoli, ho intenzionalmente evitato (con poche eccezioni) di fare i nomi o di distribuire le colpe. A parte quelli che ho nominato, non conosco e non ho desiderio di conoscere a chi appartenga al responsabilità. Sono consapevole che, per quanto la Monarchia sia l'effettivo governo del paese, c'è un velo impenetrabile tra i suoi occhi e l'effettivo sistema con cui è gestita la macchina statale; so che molte persone ne sono convinte; e devo aggiungere che ho avuto modo di avere a che fare con il caso di un appello diretto e informale all'umanità del Re, a cui egli ha risposto in modo evidentemente sincero; anche se, stando alle ultime notizie ricevute, le sue intenzioni sono state ostacolate dal parere contrario di altri e non hanno avuto applicazione.

Voglio concludere, Milord, allo stesso modo in cui ho iniziato, esprimendo cioè la mia gratitudine per avermi concesso di inviarvi questa lettera. Senza questa concessione, mi sarei trovato nella condizione di non avere alcuno strumento per sperare di ottenere dei risultati nel mio tentativo di influire positivamente sull'operato del Governo Napoletano. Sono partito da Napoli con la ferma risoluzione di fare quanto in mio potere per raggiungere questo scopo, e il prima possibile. Ma sono anche consapevole dei rischi in cui incorre ogni appello all'opinione pubblica di questo e di altri paesi, e come un tale appello, per essere abbastanza forte da suscitare una reazione, debba anche essere forte abbastanza da correre il rischio di accelerare gli elementi di disordine sociale e politico. Confesso però di essere toccato in modo così profondo e sincero dai mali che opprimono al giorno d'oggi il popolo napoletano e dalle calamità di natura opposta che essi vanno rapidamente suscitando, e ancora dagli obblighi morali che ne derivano, da sentire il dovere di ricorrere, al solo scopo di ottenere un immediato e chiaro segnale di miglioramento, a tutti i canali che la vostra autorità mi aprirà (e sono certo che lo farà), e allo stesso tempo rassegnarmi a correre i rischi che una tale pubblicità

and other countries, and how such an appeal, if strong enough to be effective, must also be so strong as to run some risk of quickening the action of the elements of social and political disorder. I freely own that my sense of the actual evils pressing upon the Neapolitan people, of the other and opposite evils which these are rapidly engendering, and of the obligations arising out of the whole, is so deep and so intense, that I must, but for the expectation of some prompt and marked signs of improvement, to be brought about through the channels which your just personal weight will, as I trust, open for me, have at once encountered the hazards of publicity, whatever they might be, as I might still, in contingencies I am unwilling to contemplate, be compelled to encounter them.

But this I must add. Into some one or more particulars of the statements I have made, error of form, and even error of fact, may have crept. I am prepared for the possibility, that if those statements should in any manner reach the persons whose conduct they principally concern, they may be met with general denial, and that denial may even be supported and accredited with some instance or instances of apparent, nay, possibly of real confutation. I now state that I cannot and shall not entail upon your Lordship the charge of handing to and from replications and rejoinders. I will not discuss the correctness of my statements with those who alone are likely to impugn them, because I cannot do it upon equal terms. First, inasmuch as in Naples secrecy is the almost universal rule of the proceedings of Government, and the perfect servitude of the press cuts off the means of sifting controverted matter, and thus the ordinary avenues to truth. Secondly, because my entering upon such details would infallibly cause unjust suspicion to light upon individuals, and would thus at once give rise to further persecutions. Thirdly, and even most of all, because I am so entirely certain of the accuracy of my statements in the general picture they present, and the general

comporta, di qualunque natura essi possano essere, nella misura in cui potrei essere costretto, in circostanze che non voglio nemmeno immaginare, ad affrontare.

Ma devo fare un'aggiunta. In alcuni o più particolari delle mie asserzioni, possono essersi insinuati alcuni errori di forma, o addirittura errori di fatto. Sono preparato alla possibilità che, nel caso in cui queste asserzioni dovessero arrivare all'orecchio delle persone direttamente coinvolte, potrebbero essere del tutto negate, e questa negazione potrebbe anche essere supportata da prove apparentemente, anzi forse anche realmente, valide. Dichiaro allora che non posso e non intendo incaricarmi davanti a Vossignoria di rispondere alle smentite e alle repliche. Non ho intenzione di discutere la sincerità delle mie affermazioni con quei pochi che presumibilmente le affronteranno, perché non posso farlo da una posizione di parità. In primo luogo, a Napoli la segretezza è la regola pressoché generale degli atti governativi, e il totale asservimento della stampa toglie alcuna possibilità di passare al vaglio un argomento così controverso, e quindi percorrere le consuete vie per giungere alla verità. In secondo luogo, se entrassi nel merito di questi dettagli, inevitabilmente getterei sospetto su alcune persone e dare adito a nuove persecuzioni. Terzo, e più importante, perché sono assolutamente certo dell'accuratezza delle mie affermazioni nel loro senso generale, e delle conclusioni generali a cui conducono, e sono dunque del parere che sono al di là di una discussione in buona fede e che intraprendere una tale discussione avrebbe l'unico risultato di ritardare, forse a tempo indeterminato, il raggiungimento di quegli obiettivi pratici che speravo di raggiungere. Io non ho il minimo timore di affidare la mia reputazione a queste affermazioni, perché sono convinto che, in linea generale, siano la verità. Ovviamente, sono conscio che il peso di questa narrazione non sta in una singola parola o sillaba: ho omesso parecchio di ciò che persino la mia breve residenza a Napoli mi ha permesso di conoscere; mi sono

results to which they lead, as to feel that they are beyond *bonâ fide* dispute, and that to engage in any such dispute would be to postpone, perhaps indefinitely, the attainment of the practical ends which I propose to myself the hope of gaining. I have the less scruple in attaching my own credit to them, because I am convinced that as a whole, they are within the truth. Not in one word or syllable, of course, have I consciously heightened the colouring of the case beyond the facts: I have omitted much, which even my short residence in Naples forced upon my knowledge; I have endeavoured to avoid multiplicity of detail, and have referred particularly to the case of Poerio, not because I have the slightest reason to believe it more cruel or wicked than others, but because I was able to follow it somewhat better through its particulars, and because it is one which will more readily than most others attract interest out of his own country. *Crimine ab uno disce omnes.* It is time that either the veil should be lifted from scenes fitter for hell than earth, or some considerable mitigation should be voluntarily adopted. I have undertaken this wearisome and painful task, in the hope of doing something to diminish a mass of human suffering as huge, I believe, and as acute, to say the least, as any that the eye of Heaven beholds. This may, as I fondly trust, be effected, through our Lordship's aid, on the one hand without elusion or delay, on the other without the mischiefs and inconveniences which I am fully sensible might, hay in some degree must, attend the process, were I thrown back on my own unaided resources.

I remain, my dear Lord Aberdeen,
Most sincerely yours,

W. E. GLADSTONE.

sforzato di non omettere tanti dettagli, e ho descritto particolarmente il caso di Poerio, non perché avessi ragione di ritenerlo più estremo degli altri, ma perché in qualche maniera sono riuscito a seguirlo meglio e inoltre è tale da destare, più degli altri, l'interesse del nostro paese. *Crimine ab uno disce omnes.* È giunto il tempo di togliere il velo da scene degne più dell'inferno che della terra, se non si farà volontariamente abbastanza da mitigarle. Mi sono assunto il pesante e doloroso fardello, nella speranza di contribuire in qualche modo a diminuire una massa di dolore umano tra le più grandi, credo, e acute tra quante sono sotto lo sguardo del Cielo. Sono convinto che questo possa accadere, con l'aiuto di Vossignoria, da un lato senza ulteriori ritardi, dall'altro senza i danni e gli inconvenienti che, ne sono consapevole, potrebbe incontrare questo processo, se io fossi abbandonato alle mie sole forze.

mio caro Lord Aberdeen,
sempre sinceramente vostro,

W. E. GLADSTONE

LETTER II

My dear Lord Aberdeen,

The letter, of which this contains the sequel, was of a personal and private nature; and was addressed to you with the ardent and even sanguine hope, that it need never have to bear any other character. I had such a conviction of the general truth and strength of the statements it contained, and of the extreme urgency of the case, and I knew so well, as indeed all men know, the just weight attaching to your Lordship's name, even while you act in a personal and private capacity alone, that when at my request you consented to make my representations known in those quarters to which it appeared most desirable to resort, my mind was disburdened of a heavy weight, and I cheerfully anticipated some such practical consequences as, even if small in themselves, might, notwithstanding, by their character, have encouraged and justified a patient waiting for more considerable results from farther and more mature deliberation.

It was in itself a thing so reasonable, that private representation and remonstrance should in the first instance be attempted, that I cannot regret the course that was taken, though it entailed the serious delays required for your own mature consideration of the case, and for making it known in those other spheres to which I have referred. But the

SECONDA LETTERA

Mio caro Lord Aberdeen,

la lettera di cui questa costituisce la continuazione era di natura personale e privata; ed era indirizzata a voi con l'ardente e persino ottimistica speranza che non ci fosse bisogno di diffonderla ulteriormente. Ero talmente convinto della generale veridicità e forza delle affermazioni in essa contenute e dell'estrema urgenza della questione, e sapevo bene, come sanno tutti, il peso che ha il vostro nome anche quando comparite in forma personale e privata, che, quando avete acconsentito alla mia richiesta di rendere le mie rimostranze note alle istituzioni cui sembrava necessario, mi sono sentito come sollevato da un grave peso, e di buon animo ho previsto alcune conseguenze pratiche che, per quanto in sé piccole, avrebbero potuto per loro natura giustificare la speranza in risultati ben più soddisfacenti, dovuti a un prossimo più approfondito dibattimento sul caso.

Era peraltro estremamente ragionevole ricorrere prima di tutto a rimostranze private, e non rimpiango di essere ricorso a questo mezzo, nonostante implicasse un certo ritardo per permettervi di valutare in modo maturo la questione e farla conoscere alle autorità cui mi riferivo prima. Ma il modo in cui le mie osservazioni sono state accolte dalle persone direttamente coinvolte mi ha convinto che

manner in which it had been received in the quarter directly affected by my allegations, had entirely convinced me that it would not be warrantable to trust any longer in this case to the force of mere expostulation, before, driven from the definite hopes which I had founded upon your assistance, I committed my first letter to the press. I wish, however, to make it clearly understood, that I am alone responsible for that proceeding.

I have felt it, then, my bounden duty to remit my statements by publication to the bar of general opinion – of that opinion which circulates throughout Europe with a facility and force increasing from year to year, and which, however in some things it may fall short or in others exceed, is, so far at least, impregnated with the spirit of the Gospel, that its accents are ever favourable to the diminution of human suffering.

To have looked for any modification whatever of the reactionary policy of a government, in connection with a moving cause so trivial as any sentiments or experience of mine, may be thought presumptuous or chimerical. What claim, it may be asked, had I, one among thousands of mere travellers, upon the Neapolitan Government? The deliberations which fix the policy of States, especially of absolute States, must be presumed to have been laborious and solid in some proportion to their immense, their terrific power over the practical destinies of mankind; and they ought not to be unsettled at a moment's notice in deference to the wishes or the impressions of insignificant, or adversely prepossessed, or at best irresponsible individuals.

My answer is short. On the Government of Naples I had no claim whatever; but as a man I felt and knew it to be my duty to testify to what I had credibly heard, or personally seen, of the needless and acute sufferings of men. Yet, aware that such testimony, when once launched, is liable to be used for purposes neither intended nor

non era opportuno lasciare un caso del genere alla mera rimostranza privata: prima di abbadonare ogni speranza sul vostro aiuto, era preferibile far pervenire la mia prima lettera alla stampa. Spero comunque essere chiaro che sono l'unico responsabile di questo modo di procedere.

Ho ritenuto perciò mio dovere presentare la mia denuncia all'attenzione dell'opinione pubblica – quell'opinione pubblica che circola attraverso l'Europa con sempre maggiore facilità di anno in anno e che, per quanto possa talora sbagliare o eccedere, è in fin dei conti talmente impregnata di Spirito Santo da essere sempre favorevole alla diminuzione delle sofferenze umane.

Potrò essere sembrato un presuntuoso o un ingenuo utopista per aver cercato di modificare in qualche modo la politica reazionaria di un governo attraverso uno strumento così irrilevante come i miei sentimenti o la mie esperienza. Che diritto avevo, mi si potrebbe chiedere, io solo tra centinaia di visitatori di Napoli, di criticarne il Governo? Le decisioni che attengono la politica degli Stati, specialmente quelli a regime assolutista, si presume siano state sofferte e solide, in rapporto all'immeso, terribile potere che hanno sui destini dell'umanità; e non dovrebbero essere disturbate da una circostanza momentanea solo per il desiderio o l'impressione di individui insignificanti, ostili in modo preconcetto o proprio irresponsabili.

La mia risposta è breve. Io non ho alcuna lamentela nei confronti del Governo di Napoli; ma, come uomo, ho avvertito il dovere di verificare quanto c'era di vero nelle inutili e acute sofferenze umane che ho sentito raccontare o visto di persona. Ero, però, anche consapevole che una simile testimonianza, una volta resa di pubblico dominio, avrebbe potuto essere strumentalizzata per fini non voluti né desiderati da me, e che in tempi di irritabilità e sospetto, quali sono quelli attuali nel Continente Europeo, piccoli fenomeni possono talvolta produrre, o tendere a produrre, effetti di maggiore portata; per-

desired by those who bear it, and that in times of irritability and misgiving, such as these are on the Continent of Europe, slight causes may occasionally produce, or may tend and aid to produce, effects less inconsiderable, I willingly postponed any public appeal until the case should have been seen in private by those whose conduct it principally touched. It has been so seen. They have made their option; and while I reluctantly accept the consequences, their failing to meet it by any practical improvement will never be urged by me as constituting an aggravation of their previous responsibilities.

It may, again, disappoint some persons that I should now simply appear in my personal capacity through the press, instead of inviting to this grave and painful question the attention of that House of Parliament to which I have the honour to belong. To such I would say, that I have advisedly abstained from mixing up my statements with any British agencies or influences which are official, diplomatic, or political. I might indeed, by thus associating them with the interests of parties or individuals, have obtained for them an increased amount of favourable attention; but I might on the other hand have arrayed against my representations, and against what I believe to be the sacred purposes of humanity, the jealousies of those connected with other European States; and, in the kingdom of the Two Sicilies itself, those laudable sentiments of national independence, which lie at the root of patriotism. I should in effect have caused, if not made, a fundamental misrepresentation of the whole case. The claims, the interests, which I have in view are not those of England. Either they are wholly null and valueless, or they are broad as the extension of the human race, and long-lived as its duration. It might, indeed, be better to obtain some partial redress of these grievances through the political influence and power of this country, than to remain wholly without it: but I am so deeply sensible of the evils attendant, under the circumstances of the case, upon that mode of

tanto, di proposito non mi sono rivolto all'opinione pubblica, prima di sottoporre il caso a coloro che ne erano direttamente coinvolti. E così è stato. Costoro hanno reagito come meglio credevano; e, benché io ne accetti a malincuore le conseguenze, il loro rifiuto di prevenirle con un miglioramento pratico della situazione non sarà mai considerato da me un'aggravante della loro originaria responsabilità.

Potrebbe, inoltre, avere infastidito qualcuno il fatto che io mi rivolga alla stampa in qualità di semplice cittadino, invece che richiamare, su questione così difficile e dolorosa, l'attenzione del Parlamento di cui ho l'onore di fare parte. A questo rispondo, che ho intenzionalmente evitato di coinvolgere nelle mie asserzioni alcuna istituzione britannica ufficiale, sia essa diplomatica o politica. Avrei certo ottenuto maggiore attenzione, associandole agli interessi di fazioni e individui; ma, d'altro canto, avrei anche attirato, contro la mia testimonianza, e contro quello che ritengo essere un mero e sacro scopo umanitario, la gelosia degli altri Stati d'Europa e nel Regno delle Due Sicilie quei lodevoli sentimenti di indipendenza nazionale che stanno alla base del patriottismo. In definitiva, avrei causato un totale fraintendimento della questione. Le mie preoccupazioni, gli interessi di cui parlo non sono quelli dell'Inghilterra. Due sono le possibilità: o esse non hanno alcun valore, o, se lo hanno, questo riguarda tutto il genere umano ed è dunque eterno quanto quello. Potrebbe forse essere meglio ottenere dei parziali miglioramenti a tanti mali attraverso l'influenza politica del nostro paese, piuttosto che non ottenerne affatto: ma sono personalmente conscio delle conseguenza negative che, viste le circostanze, avrebbe un tale modo di procedere: si finirebbe per aumentare il numero di fattori di ostacolo o addirittura di impedimento a un miglioramento, e pertanto ho deliberatamente evitato di appellarmi al Parlamento Britannico, nonostante la certezza di riscontrare l'appoggio della maggior parte dei suoi membri; se, d'altra parte, il caso verrà comunque dibattuto in quella sede, ciò non

proceeding, and upon its tendency to multiply the number and enhance the force of obstructive and even counteracting causes, that I deliberately abstain from appealing to the generous sympathies, with which I am certain the British Parliament would meet the statement of such a case; and if the case shall penetrate within those precincts it will be by no agency, encouragement, or assent of mine.

Upon reviewing and reconsidering the terms of the letter addressed by me to your Lordship, on the 7th of April, I find in them a warmth which may be open to criticism, but which then appeared, and still appears, to me to be generally justified by the circumstances of the case. I find a great variety of allegations which will excite horror and indignation in some, incredulity in others, surprise in most: but which few will pass by with indifference. I find these strong statements made with the avowal on my part, that there are many of them which it has been impossible for me to verify with precision in their detail; because the ordinary sources of information are closed; because statements when received cannot, at Naples, be subjected to the test of free discussion; and because the supposition once entertained against a Neapolitan that he conveyed to any one, especially to an Englishman (perhaps I might add especially, even as among Englishman, to myself), ideas or intelligence unfavourable to the Government, would have marked him out as the object of the spy and the victim of the informer. I stand now, as I stood then, upon the conviction that my general representation is not too highly charged; upon the consciousness that I have done all that could be done to attain to accuracy in detail; upon the fact that perhaps the most disgraceful circumstances are those which rest upon public notoriety, or upon my own personal knowledge; and upon the assurance I have too good reason to entertain, that any attempt on my part to confer habitually with Neapolitan subjects, or to conduct any regular search for information through their means, or any indication, direct or

sarà avvenuto né su mio incoraggiamento, né col mio consenso.

Nel rileggere e riconsiderare la lettera che ho indirizzato a Voi il 7 aprile, trovo in questa un tono acceso che potrebbe dare adito a critiche, ma che all'epoca mi è sembrato, e mi sembra ancora, ampiamente giustificato dalle circostanze. Vi trovo una grande varietà di affermazioni che susciteranno orrore e indignazione in alcuni, incredulità in altri, sorpresa nei più: poche, però, riscontreranno indifferenza. Trovo anche che tali affermazioni gravi sono accompagnate, da parte mia, con l'ammissione che mi è stato impossibile verificare con precisione nei dettagli molte di esse; ciò perché i consueti canali di informazione sono chiusi; perché a Napoli, quando si viene informati di qualcosa, non la si può sottoporre alla prova di una libera discussione; e infine perché anche il semplice sospetto che un suddito napoletano abbia espresso a qualcuno, specialmente a un Inglese (e, potrei aggiungere, a me in particolare) idee o pensieri sfavorevoli al Governo lo porterebbero subito a essere oggetto di indagine e vittima degli informatori. Resto, tuttavia, convinto, come lo ero allora, che in linea generale la descrizione da me fornita non sia esagerata; ho coscienza di aver fatto tutto il possibile per essere accurato nei dettagli; e anzi probabilmente i fatti più gravi sono quelli che già tutti conoscevano o che ho constatato di persona; per non parlare delle buone ragioni che ho di ritenere che ogni mio tentativo di discuterne con dei Napoletani, o di condurre tramite loro una normale ricerca di informazioni, o qualunque cenno, diretto o indiretto, da parte delle persone da cui ho tratto le informazioni potrebbero essere fatali per la loro libertà o incolumità.

E non si tratta soltanto di questo. La mia convinzione di essere nel giusto è stata aumentata, e diminuito allo stesso tempo il timore di essere incorso in errori e imprecisioni nei dettagli, da una prova negativa ma potente: l'accoglienza ricevuta dalla lettera sin dal suo primo apparire. Scrivendo a luglio, non posso che confermare le asserzioni compiute ad aprile. Sono consapevole che la mia stima del numero di

indirect, of any individuals among them as the source from which I have derived my knowledge and impressions, would be fatal to their personal liberty and happiness.

But I do not stand upon these grounds alone. My assurance of the general truth of my representations has been heightened, my fears of any material error in detail have been diminished, since the date of my first letter, by the negative but powerful evidence of the manner in which they have been met. Writing in July, I have as yet no qualification worth naming to append to the allegations which I first put into shape in April. I am indeed aware, that my opinion with respect to the number of political prisoners in the kingdom of the Two Sicilies has been met by an assertion, purporting to be founded on returns, that instead of twenty thousand they are about two thousand. Even this number has not always been admitted; for I recollect that in November last they were stated to me, by an Englishman of high honour and in close communication with the Court, to be less than one thousand. I have carefully pointed out, that my statement is one founded on opinion: on reasonable opinion as I think, but upon opinion still. Let the Neapolitan Government have the full benefit of the contradiction I have mentioned. To me it would be a great relief, if I could honestly say it at once commanded my credence. The readers of my letters will not be surprised at my hesitation to admit it. But this I would add: the mere number of political prisoners is in my view, like the state of the prisons, *in itself*, a secondary feature of the case. If they are fairly and legally arrested, fairly and legally treated before trial, fairly and legally tried, that is the main matter. Where fairness and legality preside over the proceedings, we need have no great fear about an undue number of prisoners. But my main charges go to show that there is gross illegality and gross unfairness in the proceedings; and it is only in connection with the proof of this, that the number of prisoners and the state of the

prigionieri politici nel Regno delle Due Sicilie è stata contraddetta da valutazioni, a quanto si dice basate su dati certi, secondo cui sarebbero non ventimila ma duemila. Ma anche questa cifra non è sempre stata ammessa: ricordo che nel novembre scorso un Inglese di grande fama e in buoni rapporti con la Corte mi ha riferito essere questi meno di mille. Io sempre sottolineato con correttezza il fatto che la mia stima si basasse su un'ipotesi: un'ipotesi ragionevole, per quello che penso, ma pur sempre un'ipotesi. Ma lasciamo pure al Governo Napoletano il compito di contraddire quanto ho affermato. Per me sarebbe un gran sollievo poter ammettere che ha ragione. I lettori delle mie missive, tuttavia, non si sorprenderanno se esito ad ammetterlo. Ma lasciatemi aggiungere: dal mio punto di vista, il numero dei prigionieri politici è *in sé* un aspetto secondario del problema. Il vero punto della questione è se sono legalmente arrestati, legalmente trattati prima del processo e legalmente processati. Laddove i procedimenti sono compiuti nella legalità, non abbiamo ragione di preoccuparci per un ingente numero di detenuti. La mia accusa, però, verte in gran parte sulla grossolana illegalità dei procedimenti; e soltanto in rapporto a ciò assumono importanza il numero dei prigionieri e la condizione delle prigioni.

È stato forse osservato che nella mia precedente lettera ho parlato di quanto personalmente visto nelle prigioni napoletane, e in alcuni casi anche di quanto ho udito raccontare dai detenuti. Ritengo necessario sottolineare il motivo che mi ha spinto a cercare di visitarle. Non era mera curiosità, ma il dovere di essere, per quanto possibile, un testimone oculare dei fatti, prima di decidere la mossa successiva. È anche mio dovere sacro sottolineare che quegli infelici non sono stati affatto responsabili della mia visita al loro triste soggiorno, né hanno avuto alcun ruolo, principale o secondario, in ciò che detto o fatto successivamente. Se, come mi è stato riferito, sono andati incontro a un incremento delle sofferenze e delle durezze, ciò non può essere

prisons come to be matters of such importance.

It will have been remarked in my former letter that I have spoken of what I myself saw in the Neapolitan prisons, and even in a few cases of what I heard from prisoners. I think it necessary to state the motive which led me to seek entrance there. It was not an idle curiosity, but an impression of the duty incumbent upon me to be an eye-witness, so far as was in my power, to the facts, before deciding upon any ulterior step. It is likewise a sacred obligation that I should state that those unfortunate persons are in no sense or degree responsible for my having visited their melancholy abodes, nor were they in any manner privy or auxiliary to it, or to anything I have said or done, before or subsequently. If they have since been subjected, as has been reported to me, to an increase of suffering and hardship, that increase can derive no justification from any such act or knowledge of theirs. It is right too for me to add that, when I refer to their views or statements concerning the trials, I simply quote from printed records which I obtained without their aid or knowledge. If a measure taken by me simply and solely to get at the truth, by the only means which were open to me, should have resulted in the aggravation of the condition of innocent men, it does but afford another proof of the miserable tendency of tyranny, like every other evil, to multiply and reproduce itself. We call necessity the tyrant's plea, and such it is; but it is not a plea only, it is a reason: it is a hard and cruel task-mistress; and the wilful abuse of our high faculty of choice for the purposes of evil, soon brings about a state of things in which common volition is well nigh superseded, and a resolution almost heroic is required to arrest the fatal course.

I do not intend to add to the statements of fact contained in my last letter, though they are but a portion, and not always the most striking portion, of those which I might have produced. One reason of this is, that they are, as I think, sufficient for their purpose; and

loro imputato. Ed è anche giusto aggiungere che, quando riferisco il loro punto di vista o le loro rimostranze riguardo il processo, riporto semplicemente ciò che ho desunto da documenti scritti che ho ottenuto senza il loro aiuto né complicità. Se, dunque, una iniziativa presa da me con il solo scopo di pervenire alla verità, e attraverso i soli mezzi di cui disponevo, ha portato ad aggravare le condizioni di vita di uomini innocenti, ciò non fa che fornire un'ulteriore prova della tendenza della tirannia, come di tutti i mali, a moltiplicarsi e riprodursi. Noi chiamiamo necessità la difesa del tiranno, ed è ciò che è; ma non è soltanto una difesa; è una ragione; è maestra di dure e crudeli azioni; e l'arbitrario abuso delle nostre alte facoltà di scelta, allo scopo di compiere il male, porta rapidamente a uno stato di cose in cui la volontà comune è facilmente sconfitta, e c'è bisogno di una volontà quasi eroica per fermare il fatale corso degli avvenimenti.

Non ho intenzione di fare aggiunte ai fatti descritti nella mia precedente lettera, per quanto essi non siano che una parte, non necessariamente la più significativa, delle prove che avrei potuto addurre. Mi sembrano sufficienti per il loro scopo e, d'altro canto, se aggiungessi nuove accuse potrei mettere a rischio l'incolumità non certo delle persone che mi hanno fornito informazioni, ma di quelle che gli agenti di polizia potrebbero sospettare o trovare conveniente accusare di avermele fornite.

Il mio scopo principale, adesso, è invece quello di fornire maggiore credibilità alle mia affermazioni, appellandomi a fatti incontrastabili avvenuti sia Napoli che in altre parti d'Italia; fatti che descrivono una situazione molto difficile a credersi per noi, ma purtroppo consueta e vera.

Che il mio racconto sia stato accolto in prima istanza con incredulità, non può essere per me motivo di insoddisfazione. Anzi: ritengo faccia onore alla natura umana reagire in tal modo davanti ad affermazioni del genere. È normale che gli uomini facciano fatica a crede-

another, that by a different course I should probably put in jeopardy, not indeed the persons who made them to me, but those whom the agents of the police might suppose, or might find it convenient to pretend that they supposed, to have so made them.

My chief purpose at present is, to sustain the general probability of my statements, by a reference to unquestionable facts, which have occurred both in other parts of Italy and in Naples itself; facts such as exhibit a state of things to us most difficult to believe or even to apprehend, but there, alas! too familiar and too true.

That my statements should be received in the first instance with incredulity, can cause me no dissatisfaction. Nay, more: I think that, for the honour of human nature, statements of such a kind ought to be so received. Men ought to be slow to believe that such things can happen, and happen in a Christian country, the seat of almost the oldest European civilization. They ought to be disposed rather to set down my assertions to fanaticism or folly on my part, than to believe them as an over true tale of the actual proceedings of a settled government. But though they ought to be thus disposed at the outset, they will not, I trust, bar their minds to the entrance of the light, however painful be the objects it may disclose. I have myself felt that incredulity, and wish I could have felt it still; but it has yielded to conviction step by step, and with fresh pain at every fresh access of evidence. I proceed accordingly to bring the reader's mind, so far as I am able, under the process through which my own has passed, and to state some characteristic facts, which may convey more faithfully than abstract description an idea of the political atmosphere of Italy.

For example, I have within the last few lines spoken of the Neapolitan police in such a manner as I should be sorry to apply in most countries to those classes which a police, according to our notions, is appointed specially to coerce. Among ourselves the police constable is, as such, the object of general respect; tradition suggests,

re che tali cose possano accadere, e per giunta in un paese cristiano, culla di quasi tutta la civiltà europea. È normale che per loro sia più facile attribuire le mie asserzioni a fanatismo o follia, piuttosto che ritenerle la descrizione veritiera della condotta di un governo. Ma, per quanto questa possa essere la loro disposizione d'animo, ritengo che non chiuderanno gli occhi davanti alla luce della verità, nonostante possa svelare loro soggetti duri da accettare. Io stesso ho avvertito in prima persona l'incredulità, e vorrei poterla avvertire ancora; ma, poco a poco, e con sempre maggiore dolore davanti a ogni prova che mi veniva fornita, questa ha ceduto alla convinzione. Cercherò, allora, di condurre il lettore, per quanto possibile, attraverso lo stesso processo mentale che ho affrontato io e di metterlo davanti ad alcuni fatti assodati che rendano meglio di una descizione astratta l'idea dell'atmosfera politica che si respira in Italia.

Per esempio, nelle ultime righe ho parlato della polizia napoletana in termini tali che non utilizzerei nemmeno per qualificare proprio quei soggetti che negli altri paesi la polizia, per sua natura, ha il compito di sorvegliare. Da noi il poliziotto gode di un generale rispetto, non solo perché così è tradizione, ma anche perché se lo guadagna con il suo comportamento; e non esiste nella nostra lingua un vocabolo dispregiativo per indicarlo. In italiano, invece, esistono le parole *sbirro* o *sgherro*, che portano unite in sé il concetto del basso livello morale della persona a cui sono rivolte e del disprezzo di quella che le utilizza: parole che, peraltro, è impossibile tradurre in modo eloquente in inglese. Ora, dopo aver illustrato il modo in cui i poliziotti italiani sono considerati dagli altri, vediamo un po' cosa pensano costoro di sé stessi. Traggo l'esempio dalla Lombardia, anche se ciò non significa che la polizia di quel paese sia allo stesso basso livello di quella napoletana.

C'era negli ultimi tempi a Milano un ufficiale di polizia piuttosto noto, di nome Bolza. Al tempo della Rivoluzione del 1848 sono state

and the conduct of the body confirms, this feeling; nor have we at present a word in use to describe the character, which conveys any unfavourable idea. But in the Italian tongue he is a *sbirro* or a *sgherro*, words which carry the united idea of degradation in the person described, and loathing in those who utter them: words, too, which it is impossible to render perfectly into English. And now, having spoken of the way in which others think of them, let us give a specimen of the manner in which the Italian police officer estimates himself. I take my example from Lombardy; yet I am very far from implying that the police of that country has sunk to the level of the corresponding class in Naples.

There was lately a well-known officer of police in Milan, named Bolza. In the time of the Revolution of 1848 the private notes of the Government on the character of its agents were discovered. Bolza is there described as a person harsh, insincere, anything but respectable, venal, a fanatical Napoleonist until 1815, then an Austrian partizan of equal heat, " and tomorrow a Turk, were Soliman to enter upon these States; " capable of anything for money's sake against either friend or foe. Still, as the memorandum continues, " he understands his business, and is right good at it. Nothing is known of his morals, or of his religion. " But a work published at Lugano contains his last will, and this curious document testifies to the acute sense which even such a man retained of his own degradation. " I absolutely forbid my heirs, " he says, " to allow any mark, of whatever kind, to be placed over the spot where I shall be interred: much more any inscription or epitaph. I recommend my dearly beloved wife to impress upon my children the maxim that, when they shall be in a condition to solicit an employment from the generosity of the Government, they are to ask for it elsewhere than in the department of the executive police; and not, unless under extraordinary circumstances, to give her

Seconda Lettera 131

scoperte le informative segrete del Governo sui propri agenti. In quei documenti Bolza è descritto come una persona rigida, bugiarda, tutto fuorché rispettabile, avida, un fanatico sostenitore di Napoleone fino al 1815, successivamente e con uguale ardore un partigiano degli Austriaci, "e domani Turco, se entrasse Solimano in questi Stati"; capace di tutto contro amici e nemici per denaro. Eppure, continua l'informativa, "sa il suo mestiere e sa farlo bene. Non si conosce nè la sua morale nè la sua religione". Un documento pubblicato a Lugano, però, contiene le sue ultime volontà, e questa curiosa testimonianza è prova che persino un uomo di tal fatto aveva coscienza della sua propria degradazione. "Proibisco assolutamente ai miei eredi" si legge "che al luogo ove sarò sepolto sia apposto un segnale qualunque; meno poi un'iscrizione o leggenda. Raccomando all'amatissima mia moglie d'inculcare ai figli miei la massima, che quando saranno in situazione d'invocare dalla generosità del governo un impiego, abbiano a implorarlo fuori del ramo della Polizia esecutiva; e di non prestare il di lei assenso ad alcuna delle figlie mie, se non per istraordinarie circostanze, al di lei matrimonio con impiegato di questa classe". [1]

Accennerò adesso a due fatti che sono stati raccontati da Farini, di recente autore di una apprezzata *Storia degli Stati della Chiesa dal 1815*: – "Esiste una circolare riservata del Cardinale Bernetti, la quale prescrive che i giudici, nel caso di processi per crimini comuni nei confronti di esponenti liberali, infliggano in ogni caso il massimo della pena". [2]

---

[1] GUALTERIO, *Gli ultimi Rivolgimenti Italiani*, vol. I. p. 431, note. (Si tratta di Luigi Bolza, nato nel 1786 e morto nel 1874, personaggio celeberrimo all'epoca. Nel tradurre il testo abbiamo riportato la citazione originaria, come si può leggere dell'edizione pubblicata a Firenze nel 1852, Volume II, nota di pagg.169-170, NdC).

[2] FARINI, *Lo Stato Romano*, vol. I. p. 77, book I. chap, V., note (la citazione, dal testo originario, è tratta dall'edizione Firenze 1853, Vol. I, pag. 69, NdC).

consent to the marriage of any of my daughters with a member of that service. " [1]

I shall next name two facts which are related by Farini, the recent and esteemed writer of a History of the States of the Church since 1815: – " There exists a confidential circular of Cardinal Bernetti, in which he orders the Judges, in the case of Liberals charged with ordinary offences or crimes, invariably to inflict the highest degree of punishment. " [2]

Bernetti was not an Austrian partizan; it is alleged that he was supplanted (early in the reign of Gregory XVI.) through Austrian influence. His favourite idea was the entire independence of the Pontifical State; and therefore the circular to which I have referred is purely Italian.

This was under Gregory XVI. Under Leo XII., Cardinal Rivarola went as legate *à latere* into Romagna. On the 31st of August 1825, he pronounced sentence on five hundred and eight persons. Seven of these were to suffer death. Forty-nine were to undergo hard labour for terms varying between ten years and life. Fifty-two were to be imprisoned for similar terms. These sentences were pronounced privately, at the simple will of the Cardinal, upon mere presumptions that the parties belonged to the liberal sects; and what is to the ear of an Englishman the most astounding fact of all, after a process simply analogous to that of a Grand Jury (I compare the process, not the persons), and without any opportunity given to the accused for defence! [3]

I may add a reference to an edict published by the Duke of Modena on the 18th of April 1832. This edict ordains that political prisoners

---

[1] GUALTERIO, *Gli ultimi Rivolgimenti Italiani*, vol. I. p. 431, NOTE.

[2] FARINI, *Lo Stato Romano*, vol. i. p. 77, book I. chap, V., NOTE.

[3] Ibid. chap. II.

Seconda Lettera 133

Bernetti non era un partigiano degli Austriaci; si dice che proprio su pressione degli Austriaci sia stato sostituito (nei primi anni di pontificato di Gregorio XVI). Il suo ideale era l'assoluta indipendenza dello Stato Pontificio; e dunque la circolare che ho menzionato è da considerarsi interamente italiana.

Questo accadeva sotto Gregorio XVI. Sotto Leone XII, il Cardinale Rivarola è stato inviato come legato *a latere* nelle Romagne. Il 31 agosto 1825 ha pronunciato una sentenza contro 508 persone. Sette di queste sono state messe a morte, 49 condannate ai lavori forzati per periodi variabili dai dieci anni alla vita intera, 52 condannate alla prigione per periodi di uguale lunghezza. Queste sentenze sono state pronunciate in forma privata, per la semplice volontà del Cardinale, sulla base del semplice sospetto che queste persone appartenessero alla setta liberale; e, ciò che suona più sconcertante alle orecchie di un Inglese, dopo un processo analogo a quello di una Corte Suprema (il paragone è sul tipo di processo, non sulla qualità delle persone) e senza che venisse data agli imputati alcune possibilità di difendersi! [3]

Potrei aggiungere l'allusione a un editto pubblicato dal Duca di Modena il 18 aprile 1832. L'editto dispone che i prigionieri politici possano essere condannati a qualunque grado di pena inferiore a quello che la legge prescrive in caso di flagranza di reato, senza alcun processo o alcuna forma di indagine, nel caso in non si voglia svelare il nome dei testimoni o rendere noto il contenuto della loro accusa. A queste pene ridotte era d'abitudine aggiunto l'esilio: e a discrezione si potevano comminare anche multe o altre forme di punizione! Potrete trovare il testo dell'editto nel n. 110 del noto quotidiano *La Voce della Verità*.

Ho riportato qualche aneddoto utile a capire con quali mezzi e su quali principi sono talvolta governati gli Stati italiani; adesso posso

---

[3] Ibid. chap. II. (pagg. 19-20 dell'edizione Firenze 1853, NdC).

may be sentenced to any punishment materially less than that provided by law upon proof of the offence, without any trial or form of proceeding whatever, in cases where it has been agreed not to disclose the names of the witnesses, or not to make known the purport of their evidence. With these reduced punishments exile was to be ordinarily combined: and fines, as well as other appendages, might be added at discretion! The edict may be seen in the notorious newspaper called *La Voce della Verità*, No. 110.

Having now recited a few circumstances illustrative of the machinery by which, and of the principles on which, an Italian Government has sometimes been conducted, I proceed to set forth some material points connected with the political position of the present Government of Naples. In my first letter, while expressing an anxiety to avoid the discussion of the subject, I likewise intimated that some reference to it was necessary, in order to make the present policy comprehensible. *Nemo repente fuit turpissimus*; and no such extremities of fear, cruelty, and baseness, as it has been my irksome duty to describe, could be reached by any Government but one already unmanned by a bad conscience, and driven on by necessity to cover old misdeeds by heaping new ones on them.

In the month of January 1848, a Constitution was granted to the kingdom of Naples. It was proclaimed and sworn to by the monarch amidst every circumstance of solemnity, and the universal joy of the people. Liberatore, one of the Jesuits of Naples, in a sermon delivered on the 15th of April 1848, says, – " The sovereign has shown himself neither obstinately tenacious, nor precipitately pliable. He procrastinated, nay repelled, until it was demonstrated that the demand proceeded from the universal desire of a people, and not from the isolated assumptions of a party; he deigned to accede with joy, when it was still in his power to resist: thus it plainly appeared, that he took the step not through violence or from apprehension, but of his own

Seconda Lettera

procedere a illustrare alcuni fatti specifici sulla presente forma di governo del Regno di Napoli. Nella mia prima lettera, sebbene esprimessi un certo timore ad affrontare l'argomento, comunque avvertivo il lettore che, ai fini della comprensione, sarebbe stato necessario fare qualche allusione a ciò. *Nemo repente fuit turpissimus*; e infatti nessun Governo avrebbe mai potuto raggiungere un tale livello di spaventosità, crudeltà e bassezza, quale quella che purtroppo mi è toccato il dovere di descrivere, se non si fosse trattato di un Governo macchiato da una cattiva coscienza e mosso pertanto dalla necessità di compiere nuovi delitti per coprire quelli vecchi.

Nel gennaio 1848, il Re di Napoli ha concesso una Costituzione. Egli l'ha proclamata e vi ha giurato fedeltà in ogni circostanza ufficiale, tra il giubilo generale della popolazione. Liberatore, uno dei Gesuiti di Napoli, ha detto in un sermone pronunciato il 15 aprile 1848: "Il Re ha dimostrato di non essere né fortemente ostinato, né avventatamente arrendevole. Ha preso tempo, ha fatto anzi resistenza, fino a che non è stato dimostrato che la richiesta proveniva da un desiderio universale del popolo, e non dalle isolate pretese di una fazione; egli ha acconsentito con gioia, quando era ancora in suo potere di rifiutare: è dunque chiaro che ha preso questa risoluzione non perché costretto dalla violenza o dal timore, ma per sua propria e decisa volontà".[4]

Il 15 maggio sono avvenuti quei disordini, la cui origine è descritta in modo diverso da persone di diversa opinione. Sono terminati, in ogni caso, con la incontrastabile e completa vittoria del Re e del suo esercito: e riporterò adesso le parole con cui il monarca, trionfante, ha nuovamente garantito che avrebbe mantenuto la Costituzione:

"Napoletani!

Profondamente addolorati dall'orribile caso del 15 maggio, il

---

[4] *Napoli e la Costituzione*, Stamperia del Fibreno, Strada Trinità Maggiore, No. 26, 1848.

free and sagacious will. " [4]

On the 15th of May came the struggle, of which the origin is described in the most opposite colours by persons of opposite sentiments. It ended, however, in the unquestionable and complete victory of the King and the troops: and I will now quote the words in which the triumphant monarch reiterates his assurances in regard to the Constitution: –

" NEAPOLITANS!

PROFOUNDLY afflicted by the horrible calamity of the 15th of May, Our most lively desire is to mitigate, as far as possible, its consequences. It is Our most fixed and irrevocable will to maintain the Constitution of the 10th of February, pure and free from the stain of all excess. As it is the only one compatible with the true and immediate wants of this portion of Italy, so it will be the sacrosanct altar, upon which must rest the destinies of Our most beloved people and of Our crown. Resume, then, all your customary occupations: confide with the utmost fulness of your hearts in Our good faith, in Our sense of religion, and in our sacred and spontaneous oath. " [5]

I now proceed to give extracts from this Constitution. It opens thus: and I request particular attention to its very solemn preamble:

" With reference to Our Sovereign Act of the 29th of January 1848, by which, concurring with the unanimous desire of Our most beloved subjects, We have promised, of Our own full, free, and spontaneous will, to establish in this kingdom a Constitution, conformable to the civilization of the times, whereof we then indicated, by a few rapid strokes, the fundamental bases, and reserved our ratification of it till it should be set out and arranged in its principles, according to the draft which Our present Ministry of State was to

---

[4] *Napoli e la Costituzione, Stamperia del Fibreno*, Strada Trinità Maggiore, No. 26, 1848.

[5] FARINI, book III. chap, VIII.

Seconda Lettera 137

nostro più vivo desiderio è di raddolcirne quanto è possibile le conseguenze. La nostra fermissima ed immutabile volontà è di mantenere la Costituzione del 10 febbraio pura ed immacolata da ogni eccesso, la quale, essendo la sola compatibile coi veri e presenti bisogni di questa parte d'Italia, sarà l'ara sacrosanta, sulla quale devono appoggiarsi le sorti dei nostri amatissimi popoli e della nostra corona. Ripigliate adunque tutte le consuete vostre occupazioni: fidatevi con effusione d'animo della nostra lealtà, della nostra religione, e del nostro sacro e spontaneo giuramento". [5]

Vi fornisco, adesso, alcuni estratti di quella Costituzione. Essa inizia con un passaggio solenne su cui richiedo in modo particolare la vostra attenzione:

"In conformità del nostro sovrano decreto del 29 gennaio 1948, col quale, accedendo all'unanime desiderio dei nostri amatissimi sudditi, abbiam promesso di nostra piena, libera e spontanea volontà, di stabilire nel Regno una Costituzione conforme alla civiltà dei tempi, ne accenniamo ora le basi fondamentali, riservandoci di ratificare tutto quanto sarà disposto nei principi a norma del progetto che i nostri ministri di Stato debbono sottoporci nello spazio di 10 giorni; deliberati di dare immediato effetto a questa ferma risoluzione del nostro animo; nel nome temuto di Dio Santissimo Onnipossente uno e trino, a cui solo appartiene di leggere nel fondo dei cuori, e che altamente invochiamo a giudice della rettitudine delle nostre intenzioni e della illimitata sincerità con cui siam determinati ad entrare nelle vie dei nuovi ordini politici; udito con matura deliberazione il nostro

---

[5] FARINI, book III. chap, VIII (La citazione in italiano è ripresa dalla traduzione del Massari, che riporta il testo originale del discorso, per quanto ne dia una versione più estesa di quella citata da Gladstone, aggiungendo il seguente paragrafo, da inserire dopo "...e della nostra corona": "Le Camere legislative saranno fra momenti riconvocate, e la fermezza, la sapienza e la prudenza che attendiamo da loro saranno per aiutarci vigorosamente in tutte quelle parti della cosa pubblica, le quali hano bisogno di saggi ed utili riordinamenti", NdC).

submit to Us within ten days' time;

Determined to give immediate effect to this fixed resolution of our mind;

In the awful Name of the Most Holy and Almighty God, the Trinity in Unity, to whom alone it appertains to read the depths of the heart, and whom We loudly invoke as the judge of the simplicity of Our intentions, and of the unreserved sincerity with which We have determined to enter upon the paths of the new political order;

Having heard with mature deliberation Our Council of State;

We have decided upon proclaiming, and We do proclaim, as irrevocably ratified by Us, the following Constitution. "

Then follow the particular provisions, of which I need only cite four for the present purpose: –

" Art. I. The kingdom of the Two Sicilies shall be from henceforward subject to a limited, hereditary, constitutional monarchy, under representative forms.

Art. IV. The legislative power resides jointly in the King, and in a National Parliament, consisting of two Chambers, the one of Peers, the other of Deputies.

Art. XIV. No description of impost can be decreed, except in virtue of a law: communal imposts included.

Art. XXIV. Personal liberty is guaranteed. No one can be arrested, except in virtue of an instrument proceeding in due form of law from the proper authority; the case of flagrancy, or quasi-flagrancy, excepted. In the case of arrest by way of prevention, the accused must be handed over to the proper authority within the term at farthest of twenty-four hours, within which also the grounds of his arrest must be declared to him." [6]

---

[6] *La Costituzione politica del Regno di Napoli,* presso Gaetano Nobile, Strada Toledo, No. 166, 1849.

Seconda Lettera

consiglio di Stato, abbiamo decretato di proclamare e proclamiamo come irrevocabilmente sanzionata da noi la seguente Costituzione."

Seguono gli articoli specifici, dei quali ho necessità di citare soltanto i seguenti quattro:

"Art. I. Il regno delle Due Sicilie sarà d'ora in poi governato da una monarchia temperata ereditaria e costituzionale, con le forme rappresentative.

Art. IV. Il potere legislativo risiede congiuntamente nel re e in un Parlamento nazionale formato da due Carmere, una di pari, l'altra di deputati.

Art. XIV. Nessuna imposta può essere decretata se non in virtù di legge, comprese le imposte comunali.

Art. XXIV. La libertà individuale è guarentita. Nessuno può essere arrestato se non in virtù di un mandato emanato nelle debite forme legali dall'autorità competente, tranne i casi di flagranza o di quasi flagranza. In caso di arresto preventivo, l'accusato dev'essere consegnato all'autorità competente entro il termine non maggiore di 24 ore, ed in questo stesso termine gli debbono essere notificate le ragioni del suo arresto". [6]

Chi fosse interessato ai dettagli può leggere la storia di questi eventi:[7] a me preme soltanto di sottolineare il reale stato delle cose.

Riguardo all'Articolo I: la monarchia di Napoli è perfettamente assoluta e non moderata.

Riguardo all'Articolo IV: non esiste alcuna Camera, né dei Pari né dei Deputati.

Riguardo all'Articolo XIV: tutte le tasse sono imposte e abolite su decisione della sola autorità reale.

---

[6] *La Costituzione politica del Regno di Napoli*, presso Gaetano Nobile, Strada Toledo, No. 166, 1849.

[7] Per esempio G. MASSARI, *I casi di Napoli*, Torino, 1849. Massari è un ex-deputato.

Those who wish for detail may consult the histories of these events: [7] I shall only sketch the actual state of things.

In regard to Article I.; the monarchy of Naples is perfectly absolute and unlimited.

In regard to Article IV.; there exists no Chamber of Peers or Chamber of Deputies.

In regard to Article XIV.; all the taxes are imposed and levied under royal authority alone.

In regard to Article XXIV.; persons were arrested by the hundred, while I was in Naples, a little before last Christmas, without any legal warrant whatever, and without the slightest pretext of flagrancy or quasi-flagrancy: they were not handed over to the competent authority within twenty-four hours, or even at all, and were detained in the most rigorous confinement by the police, without any reference whatever to the Courts, and without any communication to them whatever of the grounds of their arrest.

Such is the state of facts in respect to the origin of the Neapolitan Constitution, to its terms, and to the present actual conduct of the Government of the country, in contradiction and in defiance, at every point, of its indisputable fundamental law.

It will be too clearly seen how such a relation between the law of a country and the acts – not the occasional, but the constant and most essential acts of its Government – throw light upon the distressing, and at first sight scarcely credible, allegations of my first letter.

But I have yet another source of evidence which I am bound to open: one which illustrates, in a form the most painful and revolting, the completeness, the continuity, the perfect organization of the system which I have thought it my duty to endeavour, according to my limited ability, to expose and to denounce.

---

[7] Such as MASSARI's *Casi di Napoli*, Torino, 1849. Massari is an ex-deputy.

Seconda Lettera

Riguardo all'Articolo XXIV: mentre ero a Napoli, sono state arrestate centinaia di persone, poco prima di Natale, senza alcuna garanzia legale, senza il pur minimo pretesto di flagranza o semi-flagranza di reato: non sono state consegnate all'autorità competente entro 24 ore né mai, e sono state tenute in stato della più dura carcerazione da parte della polizia, senza alcuna comunicazione al Tribunale o informazione sulle ragioni del loro arresto.

Questi sono i fatti riguardo l'origine della Costituzione Napoletana, il suo contenuto e l'attuale condotta del Governo, che contraddice in ogni punto la propria legge fondamentale.

È fin troppo chiaro come la relazione tra la legge di un paese e i comportamenti, non occasionali, ma costanti ed essenziali, del suo Governo diano una spiegazione più esauriente ai fenomeni scioccanti e di primo acchito difficili a credersi che ho descritto nella prima lettera.

Ma dispongo di un'altra prova da esibire, che illustra nel più toccante e rivoltante dei modi la perfezione, la costanza e la perfetta organizzazione di un sistema che ho ritenuto essere mio dovere, per quanto me lo concedano i miei mezzi limitati, tentare di illustrare e denunciare.

Non ho bisogno di sottolineare che nel Regno di Napoli tanto la stampa, quanto l'educazione sono sotto il controllo del Governo; e che, pur evitando di chiederci quanto è una eccezione di questi conflitti di interesse con la Chiesa, niente è insegnato o stampato laggiù senza l'approvazione di essa e senza che sia allineato al suo pensiero.

Citerò degli estratti da uno dei più singolari e odiosi documenti che abbia mai visto. Si intitola *Catechismo Filosofico, per uso delle Scuole Inferiori:* e l'iscrizione iniziale è: *Videte ne quis vos decipiat per philosophiam.* Ne possiedo due edizioni; una riporta l'indicazione: *Napoli, presso Raffaele Miranda, Largo delle Pigne, No. 60. 1850.* La seconda è parte di una collana intitolata *Collezione di buoni Libri a favore della*

I need hardly observe, that in the kingdom of Naples both the press, and the education of the people, are under the control of the Government: and that, setting aside the question how far points of conflicting interest with the Church may be an exception, nothing is taught or printed there, unless with its sanction, and according to its mind.

I am going to refer to, and quote from a work, one of the most singular and detestable that I have ever seen. It is called the *Catechismo Filosofico, per uso delle Scuole Inferiori*: and the motto is, "*Videte ne quis vos decipiat per philosophiam.*" I have two editions of it; one bearing as follows: *Napoli, presso Raffaele Miranda, Largo delle Pigne, No. 60. 1850*. The other is part of a series called *Collezione di buoni Libri a favore della Verità e della Virtù. Napoli, Stabilimento Tipografico di A. Festa, Strada Carbonara, No. 104. 1850*. I am thus particular, because I feel that if I were not so, I might now once more raise the smile of a not irrational incredulity.

The doctrine of the first chapter is, that a true philosophy must nowadays be taught to the young, in order to counteract the false philosophy of the liberals, which is taught by certain vicious and bad men, desirous to make others vicious and bad like themselves. The notes of these liberal philosophers are then enumerated: and one of them is " disapproval of the vigorous acts of the legitimate authorities. " They produce, it is taught, all manner of evils, especially the eternal damnation of souls. The pupil then asks with great simplicity of his teacher, not whether all liberals are wicked, but " whether they are all wicked in one and the same fashion? " And the answer is

" Not all, my child, because some are thorough-paced and wilful deceivers, while others are piteously deceived: but notwithstanding, they are all travelling the same road; and if they do not alter their course, they will all arrive at the same goal. "

The plain meaning, as I read it, is, that those who hold what in

Verita e della Virtù. Napoli, Stabilimento Tipografico di A. Festa, Strada Carbonara, No. 104. 1850. Riferisco questi dettagli, perché ho timore che altrimenti susciterei più di un sorriso di incredulità.

L'idea esposta nel primo capitolo è che oggigiorno si deve insegnare ai giovani la vera filosofia, da contrapporre a quella falsa dei liberali, che viene loro insegnata da certi uomini viziosi e malvagi, desiderosi di rendere gli altri viziosi e malvagi come loro. Si passa quindi a elencare la caratteristiche di questi filosofi liberali: una di queste è la "disapprovazione degli atti vigorosi dell'autorità legittima". Costoro, si insegna, sono causa di una lunga serie di mali, sopra tutti la dannazione dell'anima. L'allievo, allora, con grande ingenuità chiede al suo maestro non se tutti i liberali sono cattivi, ma "se sono tutti cattivi alla stessa maniera". La risposta è:

"No, figliuolo, perché alcuni freddi e cinici ingannatori, mentre altri sono miseramente ingannati; nonostante ciò, essi battono tutti la stessa strada; e se non cambiano condotta, faranno la stessa fine".

Detto in parole più semplici, ciò che vuol dire, per quanto mi è dato capire, è che quanti a Napoli hanno idee cosiddette liberali (e ciò include molti le cui idee non sarebbero ritenute tali da noi), anche quando considerati innocenti vittime dell'inganno, a meno che non abbandonino tali idee andranno incontro alla dannazione eterna.

La successiva domanda dello scolaro è se tutti quelli che portano baffi o barba sono filosofi liberali!

Nel capitolo seguente lo scolaro è ammaestrato sulla vera natura del potere sovrano. L'autore nega decisamente che in democrazia si sia obbligati a rispettare le leggi, perché, dice, sarebbe assurdo se il potere governativo risiedesse nei governati, e perciò Dio non darebbe mai loro tale potere. Dovremmo dedurne che negli Stati Uniti non vi è potere sovrano. Questa è una dottrina estremamente rivoluzionaria e anarchica propagata sotto il pretesto della legalità e della religione.

Il potere sovrano, apprendiamo, non solo è Divino (affermazione

Naples are called liberal opinions (and many who are included in the name there, would not be so designated here), even in the more innocent form of the mere victims of deceit, will, unless they abandon them, be lost eternally on account of those opinions.

The next question of the scholar is, whether all who wear moustaches or a beard are liberal philosophers!

In subsequent chapters the scholar is instructed in the true nature of Sovereign power. The author plainly denies all obligation to obey the laws in a democracy: for he says it would be essentially absurd, that the governing power should reside in the governed; and therefore God would never give it them. In the United States, accordingly, there would be no Sovereign power. Thus is the most revolutionary and anarchical doctrine propagated under the pretexts of loyalty and religion.

The Sovereign power, we are here taught, is not only Divine (which I shall never quarrel with an author for asserting), but unlimited: and not only unlimited in fact, but unlimited from its own nature and by reason of its Divine origin. And now we come near the gist of the whole book, for the sake of which it is that Philosophy has been brought down by the Neapolitan sages from high heaven to the level of " inferior schools. " This power, of course, cannot be limited by the people, for their duty is simply to obey it: –

" *Scholar.* – Can the people of itself establish fundamental laws in a State?

Master. – No: because a Constitution, or fundamental laws, are of necessity a limitation of the Sovereignty: and this can never receive any measure or boundary except by its own act: otherwise it would no longer constitute that highest and paramount power, ordained of God for the well-being of society." [8]

---

[8] Chap. VII.

che non contesterei mai all'autore), ma illimitato; e non solo illimitato di fatto, ma per la sua propria natura e come conseguenza della sua origina divina. Ci avviciniamo così al concetto cardine dell'intero libro, per arrivare al quale i saggi napoletani hanno fatto scendere tale Filosofia dalle altezze del cielo al basso livello delle "scuole inferiori". Il potere, naturalmente, non può essere limitato dal popolo, perché il suo compito è semplicemente di obbedire:

Alunno: Può il popolo stabilire da sé le leggi fondamentali dello Stato?

Maestro: No, perché una Costituzione, o legge fondamentale, è per sua natura una limitazione della Sovranità; e a questa non può essere imposto alcun limite se non la propria volontà; altrimenti non costituirebbe il più elevato e importante potere istituito da Dio per il benessere della società. [8]

Continuerò a tradurre; vale la pena di leggere attentamente, perché così si noterà come le concrete caratteristiche del caso napoletano sono dettagliatamente descritte negli abominevoli insegnamenti inculcati in questo documento:

A. – Se il popolo, nell'eleggere un Sovrano, gli avesse imposto determinate condizioni e certe riserve, queste non formerebbero una Costituzione e la legge fondamentale dello Stato?

M. – Lo farebbero, a patto che il Sovrano le abbia emanate e ratificate spontaneamente; altrimenti no, perché il popolo, che è fatto per obbedire e non per comandare, non può imporre una legge alla Sovranità, il cui potere deriva non da loro, ma da Dio.

A. – Immaginiamo che un Principe, nell'assumere la Sovranità su uno Stato, abbia accettato e ratificato una Costituzione, o legge fondamentale; e che abbia promesso O GIURATO di osservarla; è tenuto a mantenere la promessa, e dunque preservare quella Costituzione e

---

[8] Cap. VII.

And now I shall continue to translate: the whole matter will repay perusal, and it will be seen that the express and not mistakeable features of the Neapolitan case are carefully described and fully met in the abominable doctrines here inculcated:

" *S.* – If the people, in the very act of electing a Sovereign, shall have imposed upon him certain conditions and certain reservations, will not these reservations and these conditions form the Constitution and the fundamental law of the State?

M. – They will, provided the Sovereign shall have granted and ratified them freely. Otherwise they will not; because the people, which is made for submission and not for command, cannot impose a law upon the Sovereignty, which derives its power not from them, but from God.

S. – Suppose that a Prince, in assuming the Sovereignty of a State, has accepted and ratified the Constitution, or fundamental law, of that State; and that he has promised OR SWORN to observe it; is he bound to keep that promise, and to maintain that Constitution and that law?

M. – He is bound to keep it, provided it does not overthrow the foundations of Sovereignty: and *provided it is not opposed to the general interests of the State.*

S. – Why do you consider that a Prince is not bound to observe the Constitution, whenever this impugns the rights of Sovereignty?

M. – We have already found, that the Sovereignty is the highest and Supreme power, ordained and constituted by God in society, for the good of society; and this power, conceded and made needful by God, must be preserved inviolate and entire; and cannot be restrained or abated by man, without coming into conflict with the ordinances of nature, and with the Divine Will. Whenever, therefore, the people may have proposed a condition which impairs the Sovereignty, and whenever the Prince may have promised to observe

quella legge?

M. – È tenuto a farlo, a patto che questa non mini le fondamenta della Sovranità; *e a patto che non sia contaria agli interessi generali dello Stato.*

A. – Perché ritenete che un Principe non sia tenuto a osservare la Costituzione, nel caso in cui impugni i diritti della Sovranità?

M. – Abbiamo già stabilito che la Sovranità è il Potere Supremo, costituito da Dio nella società per il benessere della società stessa; e questo potere, concesso e reso necessario da Dio, deve essere conservato inviolato e integro; e non può essere circoscritto o diminuito dall'uomo, senza entrare in conflitto con le leggi di natura e con la Volontà Divina. Nel caso, dunque, in cui il popolo abbia proposto un ordinamento che limita la Sovranità, e il Principe abbia promesso di seguirlo, la proposta è di per sé assurda e la promessa nulla; e il Principe non è obbligato a mantenere una Costituzione che sia in contrasto con il Volere Divino, ha invece il dovere di preservare intatto il supremo potere stabilito da Dio e da Dio conferitogli.

A. – E perché ritenete che il Principe non sia obbligato a mantenere la Costituzione, quando la considera contraria agli interessi dello Stato?

M. – Dio ha creato il potere supremo per il bene della società. Perciò il primo dovere della persona che ne è stata investita è quello di promuovere il bene della società. Se si scopre che la legge fondamentale dello Stato contrasta con il bene dello Stato, e se la promessa fatta dal Sovrano di osservare la legge fondamentale lo obbliga a promuovere ciò che danneggia lo Stato, la legge diventa nulla e la promessa vuota: perché scopo di ogni legge è il bene comune, e promuovere ciò che è bene è il primo dovere della Sovranità. Immagina che un medico abbia promesso, E GIURATO, di praticare un salasso; se dovesse poi rendersi conto che tale salasso sarebbe fatale, ha il dovere morale di non praticarlo, perché più potente di tutte le promesse e i

it, that proposal is an absurdity, that promise is null; and the Prince is not bound to maintain a Constitution which is in opposition to the Divine command, but is bound to maintain entire and intact the supreme power established by God, and by God conferred on him.

S. – And why do you consider that the Prince is not bound to maintain the Constitution, when he finds it to be contrary to the interests of the State?

M. – God has appointed the supreme power for the good of society. The first duty then, of the person who may have been invested with it, is the duty of promoting the good of society. If the fundamental law of the State be found adverse to the good of the State, and if the promise given by the Sovereign to observe that fundamental law would oblige him to promote what is detrimental to the State, that law becomes null, that promise void: because the general good is the object of all laws, and to promote that good is the main obligation of Sovereignty. Suppose a physician to have promised, AND SWORN, to his patient, that he would bleed him; should he become aware that such letting blood would be fatal, he is bound to abstain from doing it: because, paramount to all promises and oaths, there is the obligation of the physician to labour for the cure of his patient. In like manner, should the Sovereign find that the fundamental law is seriously hurtful to his people, he is bound to cancel it: because, in spite of all promises and all constitutions, the duty of the Sovereign is his people's weal. In a word, an OATH never can become an obligation to commit evil; and therefore cannot bind a Sovereign to do what is injurious to his subjects. Besides, the head of the Church has authority from God to release consciences from oaths, when he judges that there is suitable cause for it. "

And now comes the keystone of the arch which makes the whole fabric consistent and complete, with all the consistency and the completeness that can belong to fraud, falsehood, injustice, and impiety: –

giuramenti è il dovere del medico di prodigarsi per la cura del paziente. Allo stesso modo, se il Sovrano dovesse riscontrare che la legge fondamentale è gravemente dannosa per il popolo, ha il dovere di abrogarla, perché, al di là di tutte le promesse e le costituzioni, il compito del Sovrano è il bene del suo popolo. In una parola, un GIURAMENTO non può mai diventare un impegno a compiere il male; e dunque non può costringere un Sovrano a compiere qualcosa di dannoso per i suoi sudditi. D'altra parte, il capo della Chiesa ha ricevuto da Dio l'autorità di sciogliere le persone da un giuramento, quando ritengono esservi una buona causa.

E arriviamo adesso alla pietra di volta che tiene unita e completa l'intera costruzione con la consistenza e le completezza che possono appartenere solo alla frode, alla falsità, ingiustizia e malvagità:

A. – A chi spetta il compito di stabilire che una Costituzione distrugge i diritti della Sovranità ed è contraria al benessere del popolo?

M. – È compito del Sovrano, perché in lui risiede l'alto e supremo potere, stabilito da Dio nello Stato, con lo scopo del buon ordine e della felicità.

A. – Non c'è però il pericolo che il Sovrano possa violare la Costituzione senza una ragione, per errore o sotto l'impulso della passione?

M. – Gli errori e le passioni sono i malanni della razza umana, ma non si deve rinunciare alla benedizione della salute per paura della malattia."

E così via. Non mi addentrerò nelle false, abiette e demoralizzanti dottrine, talvolta ridicole, ma più spesso orribili, che trovo astutamente velate sotto il manto della religione in questo libro abominevole, perché mio desiderio non è di produrre soltanto una generale indignazione nelle coscienze, ma assieme all'indignazione una chiara, distinta e, per quanto possibile, spassionata consapevolezza del prin-

" *S.* – Whose business is it to decide when the Constitution impairs the rights of Sovereignty, and is adverse to the welfare of the people?

M. – It is the business of the Sovereign; because in him resides the high and paramount power, established by God in the State, with a view to its good order and felicity.

S. – May there not be some danger, that the Sovereign may violate the Constitution without just cause, under the illusion of error, or the impulse of passion?

M. – Errors and passions are the maladies of the human race; but the blessings of health ought not to be refused through the fear of sickness. "

And so forth. I will not go through all the false, base, and demoralizing doctrines, sometimes ludicrous, but oftener horrible, that I find studiously veiled under the phrases of religion in this abominable book: because I do not desire to produce merely a general stir and indignation in the mind, but with the indignation a clear and distinct, and, so far as may be, a dispassionate view, of that object which is its moving cause. I say, then, that here we have a complete systematized philosophy of perjury for monarchs, exactly adapted to the actual facts of Neapolitan history during the last three and a half years, published under the sanction, and inculcated by the authority, of a Government, which has indeed the best possible title to proclaim the precept, since it has shown itself a master in the practice.

This Catechism bears no name: but it is described to me as the work of an ecclesiastic whom I forbear to designate, since pointing him out is not necessary for my purpose: suffice it to say, he is, or was, at the head of the Commission of Public Instruction. He dedicates his production " to the Sovereigns, the Bishops, the Magistracy, the teachers of youth, and all the well disposed. " In this dedicatory Address, he announces that the Sovereign authority will enjoin, that the elements of civil and political philosophy be taught in all the

Seconda Lettera 151

cipio che porta a ciò. Affermo, dunque, che siamo di fronte a una sistematica giustificazione filosofica dello spergiuro a uso dei monarchi, adattata appositamente alle vicende degli ultimi tre anni e mezzo della storia di Napoli, pubblicata con il beneplacito e il sostegno autoritario di un Governo, che ha in realtà il massimo titolo per sostenere tale precetto, essendosi dimostrato un maestro nella pratica.

Questo Catechismo non porta il nome dell'autore; ma mi è stato detto trattarsi di un prete che ami astengo dal nominare, dal momento che non è mia intenzione puntare il dito contro di lui nello specifico; basti dire che, o è stato, a capo della Commissione della Pubblica Istruzione."* Egli dedica la sua opera "ai Sovrani, ai Vescovi, alla Magistrature, agli insegnati di scuola e a tutte le persone ben intenzionate". In questa dedica annuncia che l'autorità regia disporrà che gli elementi di filosofia civile e politica siano insegnati in tutte le scuole, utilizzando questo libro come unico manuale, per evitare che sia corrotta la purezza della dottrina; gli insegnanti saranno tenuti sotto osservazione, affinché non vengano meno al loro dovere; e a nessuno di loro verrà rinnovata la cattedra annuale, se non proveranno di aver osservato tali regole; in modo che "questo libro si moltiplichi in mille forme e possa circolare di mano in mano, e il Catechismo dei Filosofi diventi il compagno personale di tutti i giovani e proceda di pari passo con il Catechismo dei Cristiani".

Naturalmente, ci si augura che a nessuno sia permesso di accedere

---

* Giuseppe Massari, nella sua edizione, identifica il personaggio nell'abate Capuzzo: "Il personaggio a cui il signor Gladstone fa allusione è il signor canonico D'Apuzzo, professore di teologia nella regia università degli studi di Napoli, e precedettore di S.A.R. Il duca di Calabria, principe ereditario. Il D'Apuzzo si è fatto notare in questi ultimi tempi per lo zelo addimostrato nel perseguitare i professori sospetti di liberalismo e segnatamente l'illustre fisiologo Salvatore Tommasi il quale, soltanto perchè fu deputato al Parlamento, è stato destituito dalla carica di professore di patologia speciale in quella università, alla qual carica egli era stato assunto mediante concorso sotto il governo di Del Carretto. È anche celebre per tutta Napoli un motto del D'Apuzzo, con cui rimprovera all'insigne fisico Macedoneo Melloni, che tutta Europa stima ed ammira, la colpa di essere una CELEBRITÀ ITALIANA (sic)", da Massari, nota a pag. 129, NdC.

schools: and be taught, too, from this one single book, lest the purity of the doctrine should otherwise be corrupted: that the teachers are to be closely watched, lest they should neglect this duty, and that none of them are to have the annual renewal of their office, except upon proof of having observed it, that so " this book may be multiplied in a thousand shapes, and may circulate in the hands of all, and the Catechism of the philosopher may become the personal accomplishment of all the young, and may invariably follow close upon the Catechism of the Christian. "

Of course, peculiar care is to be taken that no one shall make his way into holy orders without having imbibed this necessary knowledge.

" The Bishops will find means to circulate it in their seminaries, to prescribe it to their clerks, to recommend it to the parish priests, to cause it to become the food of the people, and to fix that in all examinations men shall be questioned upon the doctrines of political philosophy, just as they are questioned upon those of Christian belief and conduct, inasmuch as no one without being a good citizen and a good subject can be a good Christian! "

There is daring, if not grandeur, in this conception. A broken oath; an argument spun from laborious brains to show that the oath ought to be broken; a resolution to preoccupy all minds, in the time of their tender and waxen youth, and before the capacity of thought, with this argument: no more cunning plot ever was devised, at least by man, against the freedom, the happiness, the virtue, of mankind.

Here the author modestly ends with the declaration, " I have planted, Apollos watered, but God hath given the increase. " And it is time for us to end also. We have thus seen Perjury, the daughter of Fraud, the mother of Cruelty and Violence, stalk abroad in a Christian kingdom under the sanction of its Government; and have heard her modestly make for herself a claim (which, as I am informed, has been fully

agli ordini sacri senza prima essere stato imbevuto di tali necessarie nozioni.

"Il Vescovo farà in modo di far circolare il libro nei seminari, prescriverlo ai chierici, raccomandarlo ai parroci e farlo così diventare il cibo spirituale del popolo, e farne oggetto di esame in tutte le interrogazioni su questioni di filosofia politica, allo stesso modo in cui sono interrogati su questioni di fede e condotta cristiana, perché nessuno può essere un buon cristiano senza essere anche un buon cittadino e un buon soggetto!"

C'è coraggio, se non grandezza, in questa operazione. Un giuramento infranto; una giustificazione spremuta da menti laboriose per dimostrare che fosse giusto infrangerlo; il progetto di impregnare con questa idea tutte le menti nella loro più tenera età e prima che sviluppino senso critico: mai nella storia è stato concepito, almeno da uomini, un piano così astuto contro la libertà, la felicità e la virtù del genere umano.

L'autore conclude con una dichiarazione di modestia: "Io ho piantato i semi, Apollo li ha innaffiati, ma è stato Iddio a farli crescere. Ed è giunto anche per noi il momento di concludere. Abbiamo dunque Spergiuro, il figlio dell'Inganno, padre della Crudeltà e della Violenza, sorgere in un regno cristiano con il beneplacito del Governo, e reclamare con modestia (a quanto ne so, incontrando pieno consenso) la diffusione delle sue leggi in ogni scuola del paese, in forma uguale per estensione e seconda solo, se seconda, per dignità al Catechismo della Fede Cristiana. Se dovessimo citare le Scritture, suggerirei: Per l'oppressione dei miseri, per il grido d'angoscia de' bisognosi, ora mi leverò, dice l'Eterno; darò loro la salvezza alla quale anelano. (Salmi 12 5,6)"*

---

* Si tratta in realtà del solo versetto 5, pertanto la citazione più esatta dovrebbe essere Salmi 12, 5, NdC.

allowed) that her laws shall be expounded in every school throughout the country, coincident in extension, and second only, if second, in dignity, to the Catechism of the Christian Faith. If we are to quote Scripture, here is my text – " Now for the comfortless troubles' sake of the needy, and because of the deep sighing of the poor; I will up, saith the Lord, and will help every one from him that swelleth against him, and will set him at rest. " (Ps. XII. 5, 6.)

I have now done my best to supply the reader with the illustration and collateral evidence which seemed necessary in order to his forming a correct judgment upon the charges, so harsh and strange in sound, which I have been compelled to make against the present policy of the Government of Naples in regard to State prosecutions.

For contradictions, again I say, I have to look: but to such contradictions as are not subject to be verified, cross-examined, or exposed, I must decline to attend. Confutation, I am now convinced, except in small details, is impossible, with respect to my statements of fact. Would to God that that unhappy Government – and any other, if indeed there be any other, like it – may be wise in time, before outraged humanity shall turn on the oppressor, and the cup of Divine retribution overflow.

And would to God, on the other hand, that, if there shall be shown a disposition to purge out abomination and temper excess, arid steadily and honestly, though, gradually, to bring about a better state of things, then, such a disposition may be met with forbearance and goodwill, with the chastening of too eager expectations, with full recollection of difficulties and allowance for them, and with an earnest readiness to forgive and to forget.

There are two possible inferences from what I have written, against which I must endeavour to guard. The first is this: some will say, all these abuses and disgraces are owing to the degradation of the people. I do not deny that there is some share of what we think degrada-

Seconda Lettera

Ho fatto del mio meglio per fornire al lettore dei chiarimenti e prove accessorie che sembravano necessarie perché si potesse fare un'idea corretta riguardo alle accuse severe e strane a udirsi che ho rivolto all'attuale politica del Governo di Napoli in relazione alle persecuzioni di Stato.

Ripeto: mi aspetto di ricevere delle smentite; ma non sono disposto a occuparmi di smentite tali da non poter essere verificate, contro-esaminate e rese pubbliche. Sono convinto che sia impossibile smentire tutto, tranne che in pochi dettagli, di fronte all'evidenza dei fatti. Voglia Dio che quel triste Governo – e altri, se ce ne sono, come quello – rinsavisca nel tempo, prima che le sue offese all'umanità si ritorcano contro l'oppressore e trabocchi la punizione divina.

E d'altra parte voglia Iddio che, in caso ci sia buona volontà di fermare questi orrori e temperare gli eccessi, e avviarsi gradualmente, ma con fermezza e onestà, verso un miglioramento della situazione, possa questa disposizione d'animo incontrare sentimenti di pazienza e di bontà, frenando le aspettative esagerate, con piena consapevolezza delle difficoltà che si presentano, e animo saggio disposto a perdonare e dimenticare.

Ci sono due possibili deduzioni ricavabili da quanto ho scritto, contro cui ho il dovere di mettere in guardia. La prima è: qualcuno potrebbe dire che questi abusi e miserie siano dovuti alla degradazione del popolo. Non nego che lì ci possa essere qualcosa che può sembrarci una forma di degradazione morale; né desta meraviglia, se pensiamo alla fonte da cui sgorgano le acque limacciose della frode e dell'inganno; devo però anche affermare che i Napoletani sono giudicati troppo severamente in Inghilterra. Anche la popolazione della capitale è giudicata in modo troppo duro: i vizi risaltano in superficie e balzano all'occhio di chiunque, ma raramente rendiamo merito alla mitezza della popolazione, alla sua semplicità, sincerità, il calore umano, la buona volontà di obbedire, il loro rifiuto delle forme più

tion there; nor can it be wondered at, when we consider from what source the polluted waters of fraud and falsehood flow: but this I say, that the Neapolitans are over harshly judged in England. Even the populace of the capital is too severely estimated; the prevailing vices lie on the surface, and meet the eye of every one; but we scarcely give them the credit they deserve for their mildness, their simplicity, their trustfulness, their warm affection, their ready anxiety to oblige, their freedom from the grosser forms of crime. What will be said in England, when I mention, upon authority which ought to be decisive, that during four months of the Constitution, when the action of the police too was much paralysed, there was not a single case of any of the more serious crimes in Naples among four hundred thousand people?

We do a fresh injustice when we extend to the various classes of the community, and to the inhabitants of all the provinces, the estimate too hastily formed even of the populace of Naples. Perhaps the point in which they are most defective is that of practical energy and steady perseverance in giving effect to the ideas, with which their high natural intelligence abundantly supplies them. But, while they seem to me most amiable for their gentleness of tone, and for their freedom from sullenness and pride, they are, I must say, admirable in their powers of patient endurance, and for the elasticity and buoyancy, with which in them the spirit lives under a weight that would crush minds of more masculine and tougher texture, but gifted with less power of reactive play.

One other word. I write at a moment when public feeling in this country is highly excited on the subject of the Roman Catholic Church, and I must not wilfully leave room for extreme inferences to the prejudice of her clergy in the kingdom of Naples, which I know or think to be unwarranted by the facts. That clergy, no doubt, regular and secular, is a body of mixed character, which I am not about

gravi di delitto. Che si direbbe in Inghilterra se facessi notare, ponendomi come autorità decisiva, che durante i quattro mesi di Costituzione, quando il campo d'azione della polizia era fortemente limitato, non c'è stato un solo caso di crimine grave a Napoli, una città di 400.000 abitanti?

Siamo piuttosto ingiusti quando estendiamo alle varie componenti della società, e agli abitanti di tutte le provincie, il giudizio già troppo affrettato formulato sulla cittadinanza di Napoli. Probabilmente ciò che fa loro maggiore difetto è la pratica energica e la perseveranza nel concretizzare le idee che la loro naturale ed elevata intelligenza fornisce loro in abbondanza. Se da un lato ci appare un popolo amabilissimo per la cortesia dei modi e la mancanza di superbia e orgoglio, dall'altro, devo riconoscere, sono ammirevoli la sua capacità di soffrire con pazienza e lo spirito adattabile e bonario con cui vive sotto un peso che schiaccerebbe menti più rudi e virili, ma con meno capacità di reagire.

Lasciatemi dire un'altra cosa. Nel momento in cui scrivo, l'opinione pubblica del nostro paese è fortemente eccitata riguardo la Chiesa Cattolica Romana, e ho dunque il dovere di non dare adito a ulteriori pregiudizi sul clero del Regno di Napoli, che so o penso essere non giustificati dai fatti. Senza dubbio, quel clero, regolare quanto secolare, è un corpo dalle molte sfaccettature, che non mi addentrerò a descrivere; ma sarebbe ingiusto, a mio avviso, considerarlo interamente complice della condotta del Governo. Una parte lo è, questo non si discute. Sono convinto, sulla base di ciò che so, che una parte dei sacerdoti riferisca al Governo informazioni ricevute nel confessionale; e conosco casi di arresti seguìti immediatamente a un sacramento della confessione, in modo che è impossibile non sospettare un collegamento. Dall'altro lato, però, molti preti e monaci sono anche vittime delle persecuzioni che ho descritto. Gli elementi più distinti del celebre convento benedettino di Monte Cassino sono stati tempo

to attempt describing; but it would in my opinion, be unjust to hold them, as a body, to be implicated in the proceedings of the Government. A portion of them, beyond all question, are so. I am convinced, from what has reached me, that a portion of the priests make disclosures from the confessional for the purposes of the Government; and I have known of cases of arrest immediately following interviews for confession, in such a manner that it is impossible not to connect them together. But, on the other hand, there are many of the clergy, and even of the monks, who are among the objects of the persecution I have endeavoured to describe. The most distinguished members of the celebrated Benedictine convent of Monte Cassino have for some time past been driven from the retreat, to which they had anew given the character of combined peace, piety, and learning. Several of them were in prison when I was at Naples; others not in actual confinement, but trembling, as a hare trembles, at every whisper of the wind. One was in prison for liberal opinions; another for being the brother of a man of liberal opinions. There was no charge against these men, but the two brothers were confined because it was thought that through the first of them might possibly be learned something against some other suspected person or persons. Among the arrests in December last, there were, I believe, between twenty and thirty of the clerical order. It may indeed be, and perhaps is, true that the greater part of the whole body stand by and look on, without any sympathy, or at least any effective sympathy, for those on whom the edge of this sharp affliction falls; but this is perhaps not less true of the nobles, whose general tone I believe to be that of disapproval towards the proceedings of the Government, while they have a kind of armistice with it, and it is the class beneath them that bears the brunt of the struggle. The Church at Naples is presided over by a Cardinal Archbishop of high birth, simple manners, and entire devotion to the duties of his calling, who, I am cer-

addietro cacciati dal ritiro a cui avevano procurato fama di luogo di pace, carità e dottrina. Molti fra loro erano in prigione nel periodo in cui mi trovavo a Napoli; altri non ancora imprigionati, ma tremavano come farebbe una lepre a ogni alito di vento. Uno era incarcerato per avere idee liberali; un altro per essere il fratello di un uomo di idee liberali. Non veniva rivolta loro alcuna accusa, ma i due fratelli sono stati imprigionati perché si pensava di poter ricavare dal primo di loro delle informazioni a riguardo di una o più persone sospette. Tra gli individui arrestati lo scorso dicembre 20 o 30 appartenevano, mi sembra, al clero. È d'altra parte possibile, e forse vero, che la maggior parte della Chiesa non nutra alcun sentimento di solidarietà, per lo meno in modo efficace, nei confronti di chi incorre in tali patimenti; ma non è forse meno vero per quanto riguarda i nobili, i quali, a quanto mi sembra, generalmente disapprovano la condotta del Governo, ma allo stesso tempo se lo tengono in qualche modo buono, mentre è la classe inferiore quella che affronta l'urto della battaglia. La Chiesa di Napoli è guidata da un cardinale arcivescovo di alto lignaggio, maniere semplici e completa devozione ai doveri del suo compito; ed è, ne sono certo, del tutto incapace di tollerare o rendersi complice di atti contrari ai suoi princìpi. I Gesuiti sono l'ordine probabilmente più in sintonia con il Governo; ma all'epoca della Costituzione sono stati espulsi dai loro collegi in un modo palesemente illegale e alquanto duro; e le loro dottrine non sembrano soddisfare chi detiene il potere, dal momento che un periodico da loro stampato, dal nome *La Civiltà Cattolica*, e che prima stampavano sul posto, adesso è stato spostato a Roma. Non dubito che una buona fetta del clero stia dalla parte del Governo; e così si può dire per i *lazzaroni*; ma non c'è alcuna prova della complicità dell'intero clero, mentre c'è una prova evidente dell'opposizione di una parte di esso, sebbene la sua natura e le sue dottrina dovrebbero, almeno fino a un certo punto, predisporli istintivamente in modo favorevole verso le

tain, is entirely incapable of either participating in or conniving at any proceedings unworthy in their character. The Jesuits are the body who perhaps stand nearest to the Government; but they were ejected from their college during the time of the Constitution with flagrant illegality and some considerable harshness: and even their doctrines do not seem to satisfy those in power, for a periodical which they conduct, under the name of *La Civiltà Cattolica*, and which they used to print on their premises, has now been removed to Rome. That the clergy have a strong faction with the Government I do not doubt: so have the *lazzaroni*: but there is no proof of the complicity of the body, and clear proof of the opposition of a part of it, however their professional tone and learning may, to a certain extent, innocently predispose them in favour of the authorities, especially under a monarch reputed to be most regular and strict in the offices of religion.

I remain, my dear Lord Aberdeen,
With much regard, sincerely yours,

W. E. GLADSTONE.

6, Carlton Gardens, July 14, 1851.

autorità, soprattutto verso un monarca ritenuto tra i più regolari e severi osservanti delle pratiche religiose.

mio caro Lord Aberdeen,
con grande stima, resto sinceramente vostro
W. E. GLADSTONE.

6, Carlton Gardens, 14 luglio 1851.

PARTE SECONDA
LA POLEMICA

IL DIBATTITO AL PARLAMENTO INGLESE

Il 7 agosto 1851, nel corso di una seduta della Camera dei Comuni, il deputato Lacy Evans presentò un'interpellanza al Segretario agli Affari Esteri, nella quale, fra l'altro, chiedeva una presa di posizione nei confronti delle lettere di Lord Gladstone. Palmerston fornì una risposta ambigua, nella quale sosteneva la necessità di non interferire nella politica interna del Regno delle Due Sicilie e allo stesso tempo comunicava di aver già inviato copia dell'opuscolo a tutti gli ambasciatori inglesi in Europa, in modo che fosse sottoposto all'attenzione dei vari governi locali. Riportiamo la parte del dibattimento relativa alle questioni italiane, in una traduzione inedita basata sul testo così come estratto dagli atti ufficiali del Parlamento Inglese (HC Deb 07 August 1851 vol 118 cc1947-50).

SIR DE LACY EVANS si alza per porre due domande al nobiluomo a capo del Gabinetto degli Esteri, nella speranza, per il bene dell'umanità, che egli sia in grado di dare una risposta soddisfacente. È risaputo, da fonti di grande autorità, che, a causa dell'ospitalità accordata dal Piemonte a migliaia di rifugiati politici provenienti dalle altre parti d'Italia, il governo austriaco si è sentito autorizzato a interferire, sì che è stata messa a rischio la Costituzione in Piemonte. Egli dunque chiede se ci si può aspettare che i governi di Francia e Inghilterra agiscano in modo congiunto per dare tutto il supporto possibile al governo del Piemonte, in modo da garantire la sua indipendenza nazionale e la conservazione dell'attuale ordine costituito del regno. La seconda domanda riguarda il regno di Napoli – un argomento decisamente più spinoso. I presenti sono stati informati, grazie all'onorevole Mr. Gladstone, membro del Parlamento in rappresentanza dell'Università di Oxford, che l'attuale condotta del governo di Napoli nei confronti delle persone colpevoli o presunte tali di reati politici è tale da risultare del tutto contraria alla religione, alla civiltà e al progresso. Hanno saputo inoltre, dalla stessa fonte, che la Costituzione, elargita spontaneamente al popolo di Napoli nel 1848, è stata violata in ogni suo articolo; ancora, che il Re di Napoli ha imprigionato la maggior parte del rappresentanti popolari, e che...

MR. B. COCHRANE interviene per chiedere se il regolamento della Camera permette di lanciare attacchi ai paesi stranieri, dal momento che in questa sede non hanno possibilità di controbattere.

IL PRESIDENTE risponde che l'onorevole membro della Camera ha avuto il permesso di porre una domanda, non di fare alcunché possa rassomigliare a condurre un dibattito.

SIR DE LACY EVANS promette che non farà alcuna ulteriore osservazione, ma si limiterà a porre la domanda che aveva scritto nelle sue note. E la domanda è la seguente: da una pubblicazione di grande autorevolezza si evince che al momento circa 20.000 persone sono imprigionate a Napoli per reati di natura politica; questi detenuti, con rarissime eccezioni, sono stati arrestati in violazione delle leggi vigenti nel paese, senza il minimo processo o pubblico dibattimento del loro caso; tra loro ci sono uno degli ultimi Primi Ministri e la maggior parte del passato Parlamento Napoletano, assieme a una larga rappresentanza delle classi più rispettabili e colte della società; questi prigionieri sono incatenati a due a due, giorno e notte, senza essere mai slegati per alcun motivo e stanno subendo un trattamento barbaro e crudele sconosciuto a tutti gli altri paesi civilizzati. Chiede, dunque, se l'Ambasciatore Inglese presso la Corte di Napoli ha ricevuto istruzioni per perorare, tramite i suoi mezzi, la causa dell'umanità e diminuire queste deprecabili enormità, e se sì, con quali risultati.

Il Conte di Palmerston risponde: in riferimento alla prima domanda posta dal mio onorevole amico, devo dire che il governo di Sua Maestà attribuisce molta importanza all'indipendenza del Regno di Sardegna, e ha seguito con grande interesse e speranza il buon funzionamento della costituzione che vi è stata stabilita; il governo non ha altresì avuto alcun sentore che la sua indipendenza sia messa in pericolo da ingerenza o attacco di altre potenze straniere; il modo in cui tale costituzione è stata sinora messa in pratica da entrambe le parti, il popolo sardo e il suo Sovrano, ci autorizza alla più fervida speranza che continui a essere – come è allo stato attuale – un modello degno di imitazione per tutte le nazioni d'Europa, un esempio di buon governo che non soltanto fa onore al popolo e alla Monarchia di quel paese, ma – si spera – ispirerà il progresso anche in altri paesi in cui non sono state ancora create simili istituzioni. Riguardo alla seconda domanda, posso dire che il governo di Sua Maestà, e con esso tutta la classe dirigente di questo paese – che, presumo, ha letto il libretto a cui faceva riferimento il mio onorevole amico – ha ricevuto con dolore conferma di quanto già si sospettava, sulla base di vari indirizzi ricevuti da altre fonti, a proposito delle gravi condizioni del regno di Napoli. Non si è però ritenuto rientrare tra i compiti del governo britannico quello di indirizzare al governo di Napoli delle rimostranze ufficiali su una questione che riguarda interamente la politica interna di quel paese. Allo stesso tempo, sono del parere che Mr. Gladstone – lo nomino apertamente, anche se non in veste di Membro del Parlamento – si sia fatto molto onore con la condotta che ha tenuto a Napoli e successivamente al suo ritorno; infatti, secondo il mio parere, quando vedi un gentiluomo inglese che passa un inverno a Napoli e, invece di stare rintanato nei piaceri che abbondano in quella città, invece di scendere nei vulcani o esplorare città sepolte – quando invece lo vedi recarsi nei tribunali, visitare le carceri, scendere nelle segrete ed esaminare così numerosi casi di sventurate vittime dell'illegalità e dell'ingiustizia, allo scopo di sensibilizzare l'opinione pubblica e porre così rimedio a questi abusi – io ritengo questa una condotta che fa onore a chi la segue; quindi, essendo d'accordo con lui che l'opinione pubblica europea potrebbe avere qualche salutare influenza sulla materia, ho sentito mio dovere spedire copie del suo libretto ai nostri ambasciatori presso le varie corti europee, con il compito di sottoporle all'attenzione di tutti i governi, nella speranza che, dando loro l'opportunità di leggerlo, possano essere spinti a fare uso della loro influenza per raggiungere l'obiettivo che si prefissa il mio onorevole amico – cioè porre rimedio alle empietà di cui ha parlato.

IL COMMENTO DELLA "GAZZETTA DI AUGUSTA"

Il 7 agosto, stesso giorno del dibattimento al Parlamento Inglese, la *Gazzetta di Augusta* pubblicava una nota di commento alle lettere di Gladstone, dandogli pieno sostegno (*Allgemeine Zeitung* n. 219, 7 agosto 1851). Riportiamo la traduzione di Giuseppe Massari, così come in *Il signor Gladstone ed il governo napolitano*, Torino 1851).

Le due lettere del signor Gladstone, noto statista conservatore inglese, all'*anche più conservatore* Aberdeen su i processi di Stato in Napoli producono in Inghilterra grande impressione. Gladstone si fonda sulla propria intuizione ed esperienza e muove una critica, la quale dal moderato *Morning Chronicle* è stimata essere consentanea ai princìpi conservatori, poichè assolutamente non propugna alcuna sorta d'intervento delle interne faccende di uno Stato, ma vuole l'intervento nell'interesse della umanità e della morale cristiana. Certo è che quella dipintura delle carceri napolitane, *che egli ha veduto* quella narrazione del caso di Poerio, e quelle rivelazioni intorno al sistema, di falsi e spergiuri testimoni producono una impressione ben altrimenti più profonda che non le filippiche di Mazzini e degli altri scrittori rivoluzionari. Dalla narrazione fatta dallo statista inglese risulta che le notizie date dal *Risorgimento* intorno al procedere dei tribunali napolitani e delle carceri di quel paese non erano esagerate. Al *Risorgimento* poteva forse qualcuno non porger fede: nessuno oserà non prestar fede al signor Gladstone. Egli scrive in gran parte come testimonio oculare, ed il suo amore per la verità sovrasta ad ogni.

IL COMMENTO DEL "MORNING CHRONICLE"

Ancora un articolo di sostegno a Gladstone, comparso sul *Morning Chronicle* del 23 agosto 1851. La traduzione è quella di Massari, op. cit.

Le rivelazioni del sig. Gladstone intorno alle iniquità che attualmente si commettono a Napoli non sono fatte indarno. Dovunque è un italiano che stia espiando in esilio il suo amore alle leggi, all'ordine ed alla libertà, le lettere di lui a lord Aberdeen sono state accolte con gratitudine e con speranza. Esse si son fatta strada attraverso la siepe di baionette straniere che custodiscono il periclitante dispotismo del Vaticano: e se non sono penetrate nelle carceri d'Ischia e di Nisida, hanno almeno agitato lo spergiuro tiranno e i suoi satelliti coi terrori del delitto svelato. Noi pubblichiamo la traduzione di una eloquente lettera di ringraziamenti indirizzata al signor Gladstone dal signor Massari già deputato al Parlamento napolitano. Il gran divario che corre fra la lingua italiana e la inglese farà parere ad alcuni gonfia e tumida la faconda invettiva dell'esule napolitano: ma i patimenti di cui lo scrittore discorre non possono essere mai abbastanza dichiarati con severo linguaggio. Se un inglese può reprimere o nascondere la sia indignazione, l'italiano che sta soffrendo può avere facoltà di dare ad essa la più energica e piena espressione.

La storia del governo napolitano in questi ultimo tre anni è assai giustamente detta in quella scrittura essere la storia *della slealtà, della ferocia, della dissennatezza e della barbarie*: e se noi possiamo parlarne in termini più miti e semplici, non la guardiamo di certo con maggior tolleranza, nè le auguriamo più prospera fine.

Il pregio particolare della pubblicazione del signor Massari consiste nella espressione dei princìpi moderati e costituzionali che si scorgono attraverso la giusta veemenza del suo indegnato linguaggio. L'opinione inglese è stata troppo lungamente e troppo ampiamente travolta dal pregiudizio, che in Italia la supremazia dei demagoghi sia la sola alternativa col trionfo della tirannide assoluta. È onore del Piemonte e fu merito del Parlamento napolitano aver dimostrato coi fatti che la resistenza al dispotismo è incompatibile con la deliberata conservazione dell'ordine e con la riverenza dovuta all'autorità stabilita. Il signor Massari richiama l'attenzione sul voto col quale la Camera non ostante le minacce e gli insulti del governo concedette la riscossione delle tasse necessarie al pubblico servizio. Altrove, come egli giustamente osserva, i demagoghi avevano stancata con le loro esorbitanze la pazienza del mondo. Il governo di Napoli usò l'astuzia di proclamarsi difensore dell'ordine contro oppositori, che non tentarono mai, a difetto delle più atroci provocazioni, di muovere assalto contro la proprietà, contro le leggi, od anche contro la stessa monarchia.

Ma l'Europa, dice il Massari, prestò fede all'infame calunnia, e mancò alle innocenti vittime perfino il conforto della commiserazione della pubblica opinione. La stampa francese decantò, levò a cielo, trombettò il governo napolitano come tipo e modello di governo e di ordine.

Sventuratamente la stampa francese non fu la sola colpevole: ma in Inghilterra almeno l'opinione è stata alla fine illuminata.

La spregevole apologia del governo napolitano che noi di recente abbiamo avuto occasione di stimmatizzare, non troverà eco in questo paese. Il signor Gladstone ci ha detto come il dispotismo tratta le sue vittime, il signor Massari ci dice chi sono codeste vittime: il giovine ed entusiastico difensore della monarchia costituzionale, il misero patriota di novant'anni, il gentiluomo, il dotto, il prete illuminato: tutti son compresi in comune proscrizione. Due ordini di persone soltato sfuggono temporaneamente alla persecuzione: e sono, la soldatesca che consente ad essere istrumento di oppressione, e la canaglia a cui essa impera. *Gli amici del cuore* (parole del Mac-Farlane nella sua difesa del governo napolitano) e gli stipendiati agenti del governo napolitano, falsamente rappresentano le vittime come fanatici repubblicani. In verità, il giacobinismo e la ostilità alla educazione ed alla proprietà stanno nelle file opposte a quelle delle vittime: è stretti alleanza fra la canaglia, la soldatesca, e la corona a danno della porzione più sana ed intelligente del paese: tutti i gradi di persecuzione sono adoperati a vessare i ceti medi ed educati.

Due anni or sono furono emanati ordini reali per disarmare la popolazione, la quale dapprima era stata invitata ad ordinarsi a guardia nazionale. In ogni città e borgata furono inviati distaccamenti di troppe a bella posta per ricevere la consegna delle armi. Ogni qualvolta un abitante era riputato pericoloso per le sue opinioni politiche, o degno di persecuzione a cagione della sua posizione sociale, gli veniva presentata una lista d'armi, che gli era intimato di consegnare, quantunque non ne avesse mai posseduto nemmeno la terza parte. Il diniego a cosiffatta domanda era punito con la prigione, che diventava permanente qualora la vittima fosse, politicamente parlando, pericolosa; mentre se era ricca, tutto finiva con la profferta di provveder con danaro alle armi che si chiedevano. In alcuni casi i prigionieri comperarono le armi dai soldati cui dovean restituirle: ed esse servirono come mezzi per carpir danaro da altre persone alla stessa guisa. In alcune località la disarmata guardia nazionale fu passata a rassegna con l'intento di farla insultare dalla soldatesca che la circondava. Il governo aveva in mira il duplice scopo di soddisfare la sua codarda malignità e di suscitare animosità fra l'esercito ed il popolo. Noi protestiamo contro l'anarchia sotto qualsivoglia forma, ma non esiteremmo a preferire la più selvaggia democrazia a siffatta organizzata e *coronata* antitesi della legge.

Il commento del "Morning Chronicle"

Per buona ventura siffatta alternativa non esiste. Le migliori speranze dell'Italia sono identificate con la politica moderata e temperata. I sognatori repubblicani di Parigi, i quali hanno intrapreso di fondare fra le popolazioni latine dell'Europa meridionale una nuova lega di Stati-Uniti, sono per le loro tendenze, quantunque non per le loro intenzioni, uniti con la guarnigione francese di Roma e con l'austriaca di Lombardia e di Toscana. Entrambe le parti concordano nel calunniare e nel minacciare i difensori costituzionali dell'ordine e della libertà, i quali ripudiano ogni dipendenza dai capricci della Francia, e sono preparati a resistere alle esorbitanze repubblicane, come oggi protestano contro il mal governo del re. Mentre il signor Lamennais insulta la memoria di CARLO ALBERTO, affermando che il principato si chiarì nel 1848 incompatibile con la italiana nazionalità, un giornale austriaco semi-officiale minaccia il comunismo e la divisione dei beni alle proprietà territoriali di Lombardia. La libertà e l'ordine legale sono in ogni epoca parimenti odiosi al demagogo ed al despota.

È cosa molto fortunata che il sig. Gladstone abbia rammentato alle vittime italiane, che i loro veri amici si trovano nelle persone ugualmente ostili ai due estremi. Dal Rubicone al Liri, dal Liri a Messina ed a Trapani, i governi sono assolutamente incapaci di conservarsi senza l'appoggio dei forestieri. Allorchè si porgerà l'opportunità di scuotere il giogo, le simpatie dell'Inghilterra non saranno dubbiose. Se ulteriore autorità fosse necessaria a determinare la pubblica opinione basterebbe all'uopo il notorio organo della cospirazione ultramontana in Francia: «L'autore delle lettere a lord Aberdeen, dice l'*Univers*, è *conservatore*, ma non dimentichiamo che egli è inglese e protestante: due particolarità le quali alterano considerevolmente il carattere di un conservatore, allorchè si tratta di Sicilia e del papato.» Noi ci compiacciamo a citare le parole con cui l'organo oscurantista pubblica la condanna del suo stesso partito. I nostri lettori conoscono le non confutate ed incontrovertibili affermazioni del signor Gladstone. Essi sanno che il governo di Napoli adopera giudici servili per condannare gl'innocenti, che vanno per ciò assoggettati a crudeli e gravosissime punizioni. Essi sanno che il re viola ogni giorno deliberatamente una costituzione a cui egli prestò giuramento votontariamente. Finalmente essi ricordano che un codice di spergiuro è stato adottato a testo di educazione in tutto il regno. « Su questi atti, dice l'*Univers* (e s'abbia il nostro pieno consenso), è buono che l'attenzione dell'Europa si rivolga: perchè questi atti onorerebbero ogni governo che li togliesse a modello. – La fermezza e la clemenza di Ferdinando ci autorizzano a chiamarlo il più degno ed il migliore dei re: *le plus digne et le milleur des rois.* » In verità è da sperare che il tiranno di Caserta non cada solo!

UNA NOTA DE "IL GIORNALE UFFICIALE DEL REGNO DELLE DUE SICILIE"

Prima ancora che fosse diffusa la risposta ufficiale da parte del governo napoletano, l'organo di informazione della monarchia duosiciliana rilasciava la seguente nota il 29 agosto 1851. L'articolo si concentrava sulle implicazioni di politica estera, esprimendo preoccupazione sull'atteggiamento condiscendente del governo inglese nei confronti dell'opuscolo di Gladstone.

Se S. M. la regina d'Inghilterra nel prorogare il Parlamento non lo avesse assicurato della *continuazione de' suoi più amichevoli rapporti con le Potenze straniere*, la risposta data nella tornata della Camera dei comuni dell'8 del corrente mese da lord Palmerston alla interpellanza direttagli dal suo amico signor Lacy-Evans sulle condizioni del nostro reame, ci avrebbe immersi per lo meno nella trista dubbiezza che noi, senza volerlo, fossimo in non buona intelligenza col Governo della Gran-Bretagna. Ed in vero, se egli, il nobile Lord, accolte le assurde, false ed inique calunnie attinte, al suo stesso dire, dal signor Gladstone nelle carceri e nelle galee, e spacciate senza ritegno nelle sue lettere a lord Aberdeen, vi ha prestata tanta fede e tale, da profferire dall'alto del suo seggio parole adatte a suscitare contro del nostro Governo l'odio e l'abbominio dell'uman genere, qual altra opinione poteasi in noi ingenerare? Aggiungi a ciò il suo dichiarato proponimento, in contrarietà di tutti gli usi diplomatici e dei riguardi internazionali, quello, cioè, di voler inviare le cennate lettere a tutte le legazioni inglesi presso le Corti straniere, onde far loro conoscere lo stato, quale gli si è fatto supporre, miserando ed orribile del nostro paese, come se, quelle mancassero di legali propri, o questi fossero sì inetti, sì ciechi, sì infedeli e sì noncuranti nell'adempiere i doveri dei loro offici da lasciarne ad altri la briga.

Nel mentre che noi non possiamo dissimulare l'immensa nostra sorpresa sull'inaspettato ed inqualificabile contegno serbato da un ministro di una Potenza amica, e della quale l'amicizia ci è sommamente cara; nel mentre che non ad altro siamo intesi che a rinfrancare gli animi dei buoni dalla perplessità e dai timori, con cui gl'implacabili nemici d'ogni ordine sociale, cogliendo tutte le occasioni, non cessano di tenerli agitati e commossi; nel mentre che, mercè la esatta esecuzione delle buone nostre leggi e l'imparzialità di una giustizia illuminata, il Governo non è preoccupato che a consolidare la pace di cui, e dei frutti della quale il regno gode; nel mentre che le sue assidue ed instancabili cure per lo ravvedimento dei traviati sono coronate dai più felici successi, confidiamo che il nobile Lord nel fondo del suo cuore detestando tutto che possa in menoma parte opporsi a si lodevole scopo, vorrà di buon grado e con la stessa sollecitudine rimettere a' suoi legati le copie dell'opuscolo che gli si faranno pervenire, opuscolo pel quale sono smentite, e vittoriosamente messe nel nulla, con documenti autentici e col ricordo delle prescrizioni delle nostre leggi, le calunniose diatribe dal signor Gladstone, onde, fatti essi avvertiti del vero, si astenessero dalle pratiche le quali riescono sempre riprensibili quando al vero il falso vuolsi sostituire.

IL COMMENTO DE "LA CIVILTA' CATTOLICA"

Il 1° settembre 1851 intervenne nella polemica anche il periodico della Compagnia di Gesù. L'articolo costituisce una delle prime testimonianze di critica nei confronti delle lettere (La *Civiltà Cattolica*, anno 2; Vol. 6 Fascio XXXV; pag. 596).

Nel parlamento inglese erano accadute cose importanti prima della sua chiusura le quali non dobbiamo tacere; ed in prima si parlò molto delle interpellanze di sir de Lacy Evans sul Piemonte e su Napoli, cui rispose lord Palmerston facendo grandi elogi del primo e grandi lamenti del secondo. Pretendono alcuni che lord Palmerston non voleva lasciar chiudere questa sessione senza dare una novella assicurazione a' mestatori del globo del suo affetto disinteressato per loro. E perciò dicono che egli si fece interpellare dal predetto suo amico, architettando quell'interrogazione, come una scena di commedia ben preparata, per fare il *suo effetto nel rispettabile pubblico*. Invano un membro dei comuni, l'onorevole Cochrane, che visitò Napoli recentemente, protestò subito contro quell'insulto recato sotto forma di una interrogazione dal sig. de Lacy Evans: Lord Palmerston non ne prese meno occasione per i suoi preparati lamenti contro il Governo napolitano. Quanto agli elogi del Piemonte, noi ce ne congratuliamo purchè non siano esatti come i lamenti sopra Napoli. Al qual riguardo se lord Palmerston non ha altra autorità che le lettere di M. Gladstone, noi dopo averle lette e aver letto quanto sopra esse scrissero finora pro e contra molti giornali, dobbiam confessare che quell'autorità ci pare assai debole, e in moltissime parti interamente falsa. Chi è difatti che non debba sorridere di compassione all'udire M. Gladstone che protesta farsi in Napoli un processo per la costituzione, mentre tutta Europa sa che i soli processi fatti a Napoli sono quelli *dell'unità italiana* e del *quindici maggio?* mentre tutta Napoli vede passeggiare liberissimi per le sue vie onorati o stimati parecchi dei Ministri costituzionali e de' Deputati anche dell'opposizione? Che dire poi dell'autorità di uno scrittore che pretende aver *veduto* e *toccato* e *palpato*, e poi quando ti parla del numero dei carcerati non sa dir altro se non che la *cifra loro non si può sapere*, e ciò dopo aver detto che la *credenza generale si è che la cifra dei detenuti politici sia o di 15 o di 20 o di 30 mila?* Ben è vero però che egli assicura che dai documenti ufficiali non compariscono che *due mila* detenuti; ma ciò nonostante il tessuto intero del suo scritto conduce il lettore a credere che M. Gladstone, posto in mezzo ad un documento ufficiale e ad una *opinione generale che non si può sapere di certo*, non esita per amore della verità a prestar fede *a ciò che non si può sapere.* Il vero si è che il sig. Macfarlane celebre pubblicista inglese, in un suo scritto indirizzato a Lord Aberdeen, in cui prende a confutare le lettere di M. Gladstone, in mezzo a molte altre falsità che prova ritrovatisi, accenna specialmente al numero appunto dei carcerati, e reca in conferma non *la credenza generale*, ma i documenti inviatigli dal Governo medesimo, da cui rilevasi che i detenuti politici non sono più di duemila e ventiquattro in tutto lo Stato: numero certamente non grande, se si considerino le rivoluzioni donde esce il paese. Il documento è sottoscritto da' signori cav. Giovanni Pascaloni e Giuseppe Bartolomucci agenti superiori del Governo e uomini rispettabilissimi sotto ogni riguardo. Parimente il sig. Gladstone asserisce che gli accusati pel 15 maggio sono da 400 o 500, laddove dall'*atto d'accusa* consta essere essi solamente 46. Dicasi il medesimo delle confische dei beni che si pretendono *frequenti*, e furono invece solamente applicate *cinque volte* e per sole *tre settimane*, giacchè Re Ferdinando le tolse ad istanza delle famiglie. Il sig. Gladstone considera come *schiavi* i giudici e magistrati Napoletani: 1. perchè amovibili; 2. perchè pagati sì poco che i meglio retribuiti hanno solo 4 mila ducati. Ora è da sapere che l'inamovibilità dei giudici è in Napoli osservata meglio forse che non in Piemonte, e che 4 mila ducati sono 17 mila franchi, quanti non ne ha in Francia un Presidente della corte d'appello, che ne tocca solo da sei a dieci mila.

Non essendo questo il luogo di confutar quelle lettere, crediamo che bastino questi pochi cenni per ora a dimostrar ai nostri lettori su che razza di autorità si fondino coloro che sparlano del Re di Napoli e del suo Governo. Ed a questo proposito invitiamo i nostri lettori a ridere con noi anche del *The Morning Chronicle* il quale in alcuni suoi articoli contenuti nei suoi numeri 26 e 27 luglio, articoli ricopiati diligentemente da molti giornali italiani, assicura che il numero dei detenuti a Napoli è o di 40 mila, o di 20 mila, o di 2 mila, o di 600, o di 500. Ecco dunque le cifre dentro cui oscillano i carcerati politici del Regno di Napoli: essi sono o 40 mila o 500! Quest'osservazione noi la dobbiamo ad un nobile Lord inglese che ci inviò un articolo a questo proposito, che con dispiacere non possiam pubblicare intero, per mancanza di spazio. Inoltre non sappiamo con qual fronte uomini gravi possano appoggiarsi all'autorità di uno scrittore che non è ben sicuro egli medesimo di ciò che asserisce. E questa ci pare l'unica scusa che può arrercarsi in favore d'un uomo che finora ha ben meritato del partito conservatore. Giacchè quando egli stesso ad ogni quattro linee conforta le sue asserzioni con un – siccome odo dire *(as i hear)* – ho inteso dire *(I have heard)* – si dice *(it is said)* – come mi hanno assicurato *(as i was assured)* – so da fonte rispettabile, ma non sicura *(the mode was specified to me upon respectable thoug not certain authority)* – io dubito *(i fear)* – io son convinto secondo che mi fu detto *(from what has reached me)*; quando dico, l'autore medesimo parla quasi sempre così dubitando e quasi volendo con ciò stesso pregare i suoi lettori a non credergli sulla parola, viene proprio in capo che il sig. Gladstone non ebbe agio nel poco tempo della sua fermata a Napoli di verificare molte cose, o che egli messo in mezzo alla sua lealtà abituale e a quelle, non sappiamo quali circostanze che lo mossero a scrivere quelle due lettere, abbia fatta una transazione tra la coscienza e la politica, ponendo ad ogni asserzione il correttivo del dubbio e dell' esitazione.

Ciò nel supposto che il sig Gladstone sia ancora del partito dell'ordine, imperciocchè se mai fosse vero quello che in un opuscolo stampato poco fa a Londra si asserisce sul conto suo, che egli cioè da qualche tempo in qua va dicendo che le *monarchie d'Europa sono vecchie e che il sistema monarchico è un vecchiume e un rococò*: se ciò fosse, allora noi dovremmo sempre più congratularci col *Risorgimento* di avere per tanto amico un repubblicano, e col *Farini* di avere un tal *conservatore* per *traduttore* di quella che egli chiama *Storia dello Stato Romano*. Noi crediamo che i soli rivoluzionari di professione, i quali odiano cordialmente un Re che seppe burlarsi di tutti i loro sforzi per sommuovergli le popolazioni che l'amano teneramente, e i soli nemici della chiesa che non perdoneranno mai a Ferdinando II di essere stato ospite sì gentile e sì pio del capo della Cristianità, sol essi si sfiateranno senza pro a ripetere le nude asserzioni delle lettere del sig. Gladstone; il quale se non si è interamente dato al partito dell'anarchia, dee essere ora più che pentito del suo scritto, dopo che lo vide sì caramente ascolto da tutti coloro che egli finora ha combattuto. Non lasciamo qui in fine di osservare l'autorità che si meritano questi rivoluzionari di professione, che alzano a cielo le lettere del sig. Gladstone. *La voce nel Deserto* dopo aver protestato che essa ha letto le lettere del sig. Gladstone, dopo aver dichiarato che essa le ha trovate tutte veridiche, tutte esattissime, si lasciò sfuggire che esse sono *cinque*. Segno evidente che neppure le ha vedute: giacchè vedendole l'onorevole sig. *Angelo Brofferio* colla sua perspicacia ordinaria avrebbe scorto che esse appena son *due*.

Tutto ciò sia detto riguardo all'autorità che si meritano quelle lettere: riguardo poi alle parole di lord Palmerston sul Governo di Napoli e all'avere egli inviate ai Governi quelle due lettere, ci sembra degnissima di esser qui riportata la risposta che S. A. il principe di Schwarzemberg inviò a Sua Signoria dopo ricevuto il prezioso regalo. *La risposta* (dice il *Corriere Italiano*) che mostra di parlare *ufficialmente*) *fu tutto altro che soddisfacente: anzi crediamo poter asserire che il suddetto nostro ministro presidente abbia schiettamente dichiarato al nobile Lord, qualmente l'oggetto di cui trattasi sia affatto di natura interna e di spettanza assoluta del Governo di Napoli: spettare poi meno che a qualunque altra potenza all'Inghilterra di muover lagno intorno alle misure che al Governo di Napoli sembrano necessarie pel mantenimento dell'ordine, avendo la medesima verso i Chartisti delle isole Ionie e recentemente nell'isola Geylon* DATI TALI ESEMPI DI SEVERA CRUDELTA', CHE NON SI TROVANO NELLA STORIA RECENTE DI NESSUN ALTRO PAESE CIVILIZZATO. Le quali parole del *Corriere di Vienna* sono poi seguite nel N. del 20 agosto da queste anche più significanti: Sua *Maestà il Re di Napoli ha la gloria di avere molti torti verso l'Inghilterra, particolarmente poi quello d'essere stato in grado di domare con fermezza e con proprie forze una ribellione che fu incoraggiata da lord Palmerston nel solo scopo di far sventolare la bandiera britannica sulle coste della Sicilia onde beatificare quell'isola colla delizia della protezione inglese.* Preghiamo specialmente il *leale Risorgimento*, a riportar almeno la risposta di S. A. il principe di Schwarzemberg.

LA PREFAZIONE DI GIUSEPPE MASSARI ALLA TRADUZIONE DELLE LETTERE

Giuseppe Massari, com'è noto, fu la personalità che spese maggiori sforzi per diffondere e sostenere le posizioni di lord Gladstone. Riportiamo qui la prefazione da lui scritta per il volume in cui offriva la sua personale traduzione delle lettere e una selezione di interventi in merito sulla stampa (Giuseppe Massari, op. cit.)

Le lettere del molto onorevole signor Guglielmo Gladstone al conte di Aberdeen intorno alle cose Napolitane sono l'avvenimento politico più rilevante dei giorni nostri: quand'anche esse non avessero sortito alcun altro effetto tranne quello di squarciare il mistero in cui finora avvolgeva il governo napolitano, le opere sue, per ciò solo, sarebbero importantissime. I dolori dei Napolitani erano finora ignorati, o non creduti, o derisi: ed in questa noncuranza della pubblica opinione i persecutori attingevano nuova baldanza per perseverare nella loro impresa; oggi le cose sono al tutto mutate di aspetto: il signor Gladstone ha innalzata la quistione napolitana a dignità di quistione politica europea, e tosto o tardi essa dovrà essere sciolta e composta. Il diritto delle genti proibisce ogni ingerenza di stati stranieri nelle faccende di uno stato qualsivoglia, ma a questo principio in se stesso commendevole ed evidente un altro ne sovrasta, quello della umanità. Può un governo a suo capriccio trasgredire e violare le leggi di Dio e degli uomini, torturare un'intiera nazione; avvelenarla nelle fonti della vita civile, educarla al disprezzo dell'autorità, martoriarla con ogni maniera di supplizio, toglierle il respiro, uccidere la sua intelligenza senza che il resto del genere umano all'atroce spettacolo non si commova a santo sdegno, e non faccia cessare siffatta condizione di cose? può l'Europa minacciata oggidì da tanti pericoli tollerare, che nel suo seno un governo, senza nome nella storia del mondo, alimenti incessantemente l'anarchia e prepari alla civiltà orrendi e terribili danni? La quistione enunciata in questi termini (e sono quelli che risultano dall'esame di questi fatti) non può tardare ad essere sciolta: e sarà sciolta in conformità dei princìpi della giustizia e della verità. Oramai ogni dubbiezza intorno all'esito finale deve svanire: si tratta di tempo soltanto, ed il tempo sarà al governo di Napoli ministro inesorabile delle divine vendette.

Al gran servizio reso dai signor Gladstone alla causa della umanità, della civiltà e dell'ordine ogni lode è scarsa, ogni parola di encomio è lieve retribuzione: il plauso degli onesti uomini di tutti i paesi, la riconoscenza delle vittime, le benedizioni di Dio possono soltanto adeguatamente rimeritarlo. Il migliore e più eloquente elogio, che io possa fare di lui e dell'opera sua, è trascrivere le nobili e commoventi parole, ch'egli alcun tempo fa mi scriveva, e che mi stanno scolpite nel cuore: *nel procedere da me serbato*, egli diceva, *io ho obbedito all'impulso di un sentimento semplice, chiaro e solenne di dovere verso i miei simili, e posso ben aggiungere anche verso Iddio nostro padre comune:* IN THE COURSE I HAVE PURSUED I HAVE ACTED UNDER A MOST SIMPLE, CLEAR AND SOLEMN SENSE OF DUTY TO MY FELLOW CREATURES, AND, I MAY WELL ADD, TO GOD OUR COMMON FATHER.

Nè io farò al criterio dei lettori l'ingiuria di difendere il signor Gladstone dalle spregevoli ed abiette contumelie, che dai difensori del governo napolitano gli si scagliano contro: ad esse rispondono la sua intemerata vita, la sua indole nobilissima, la specchiata rettitudine dell'animo suo, la religiosa pietà de' suoi sensi, il suo antico e sincero zelo per la causa dell'ordine e della civiltà. Egli fu collega di Sir Robert Peel nel ministero, e divise con lui la gloria di promuovere la prosperità dell'Inghilterra e preservarla da ogni pericolo facendosi con l'insigne statista, campione della libertà commerciale. Nelle recenti discussioni del Parlamento inglese sul *bill* che vieta assumere certi titoli ecclesiastici, egli ha difeso energicamente il sacro principio della libertà della coscienza. Egli gode dell'amore e della stima di tutta l'Inghilterra, tanto de' suoi amici quanto dei suoi avversari politici: basti a conferma di queste asserzioni citare le parole scritte intorno a lui fin dall'aprile 1839 da uno dei più illustri suoi avversari politici, dall'insigne Tommaso Macaulay: parlando della pregevole scrittura dal Gladstone intitolata *La Chiesa e lo Stato* (*Church and State*) il Macaulay dice: «l'autore di questo volume è un giovane di carattere *illibato* e di distinto ingegno parlamentare» (UMBLEMISHED CHARACTER). Spettava agli apologisti del governo napolitano la gloria di oltraggiare l'eloquente ed intemerato deputato inglese: ma i loro oltraggi non trovano eco di sorta: vanno ad infrangersi contro il disprezzo di ogni onest'uomo. Se la fama del signor Gladstone avesse mestieri di difesa basterebbero a farla vittoriosamente le stupide ingiurie dei suoi odierni nemici.

Io rendo di pubblica ragione in questa raccolta la traduzione dell'opuscolo del sig. Mac Farlane in risposta alle lettere del sig. Gladstone: se il lettore imparziale potrà vincer la nausea che desta quella insulsa diatribe, attingerà in essa nuova e più forte persuasione della veracità dei detti del signor Gladstone: una confutazione di quella fatta è la migliore conferma delle severe accuse e dei solenni giudizi pronunciati contro il governo di Napoli dall'illustre deputato della università di Oxford. Io ho avuto la pazienza di aggiungervi di tratto in tratto brevi annotazioni con lo scopo di dare maggior risalto alla verità: gli uomini di sano discernimento e di retta fede giudicheranno.

Le parole del signor Gladstone del resto hanno prodotto in tutta Europa indicibile e profonda impressione: a Londra, a Parigi, a Torino, a Berlino ogni anima onesta è stata scossa dalle terribili rive-

La prefazione di Giuseppe Massari

lazioni, e compresa da orrore e da ribrezzo verso i persecutori, da commiserazione e da affetto verso i perseguitati. In tutta la stampa periodica è un coro d'imprecazioni contro il governo di Napoli, di pietosi augùri alle sue vittime. Otto successive edizioni di quelle lettere, tirate a più migliaia di copie, hanno avuto rapido spaccio in Inghilterra; esse sono state già tradotte in francese ed in italiano. Tutti i giornali inglesi le hanno applaudite: segnatamente l'*Examiner* ed il *Morning Chronicle*. Lo stesso corrispondente del *Times* le ha confermate. In Francia l'*Ordre, le Pays, le National, la Presse* hanno tenuto il medesimo linguaggio. Rammenterò in modo speciale e con particolar gratitudine il signor Peyrat, il quale nella *Presse* ha vigorosamente comentati i detti del Gladstone, e con tutta l'energia di un galantuomo e con la eloquenza della verità ha egregiamente perorata la causa dei miseri Napolitani. Il giornale dei *Débats* ha serbato finora un silenzio, che mi pare significante, e tale sembrerà a chiunque conosce la riservatezza di quel periodico. Solo l'*Univers* e l'*Assemblée Nationale* hanno avuto il tristo privilegio di patrocinare il governo napolitano. La *Patrie* non ha osato farlo direttamente e si è limitala a tradurre la lettera del Macfarlane (mentre si era astenuta di pubblicare quelle del Gladstone), aggiungendovi la pellegrina scoperta di ravvisare in costui uno *dei più valenti pubblicisti dell'Inghilterra*. Tutte le fatiche, tutti gli sforzi del signor bar. Antonini, ministro napolitano a Parigi, per procurare difensori al suo governo non son riusciti ad altro, se non ad ottenere la miserabile apologia dell'*Univer* e dell'*Assemblée Naitonale*! In Germania la *Gazzetta di Colonia* ha calorosamente lodata la scrittura del signor Gladstone, e la *Gazzetta di Augusta* ne ha riferito con un preambolo, che il lettore troverà in questa raccolta, lo squarcio relativo a Carlo Poerio. In Ispagna la *Nacion* ha parlato come la *Gazzetta di Colonia*, e linguaggio non diverso ha tenuto l'*Heraldo*, autorevole giornale compilato e diretto dagli amici politici del maresciallo Narvaez. Della stampa italiana non occorre discorrere: prima che un divieto governativo togliesse facoltà al *Costituzionale* toscano di parlare delle lettere del signor Gladstone, quel coraggioso periodico adoperava la libertà di registrare notizie, che sola finora l'arbitrio ministeriale gli ha lasciato, a favore della causa napolitana. La stampa piemontese, egregiamente interpretando i suoi doveri ha parlato per chi è condannato a tacere: il *Risorgimento* è stato il primo a far note in Italia le lettere del Gladstone e lo scoppio d'indegnazione, a cui esse hanno dato origine in tutta Europa. Al *Risorgimento* hanno fatto coro la *Croce di Savoia*, l'*Opinione*, il *Progresso* ed il *Corriere mercantile*; i dissidi politici si sono confusi in una imponente unanimità contro il governo di Napoli.

Questi fatti chiariscono meglio di qualsivoglia discorso la importanza politica delle lettere del signor Gladstone, e dimostrano l'immenso effetto da esse prodotto. Il signor Gladstone ha suonato il primo la campana a stormo della giustizia contro i carnefici gallonati e togati, contro i demagoghi di palazzo che straziano la misera Napoli: l'eco di tutta Europa ha ripercosso il suono di quelle squille, ed il loro vindice fragore ha compreso di costernazione e di spavento (non di rimorsi, perchè non ne sono più capaci) i colpevoli. La causa dei martiri napolitani ha già riportato il trionfo morale: Iddio visibilmente la protegge. Ora è nostro dovere, è sacro ed indeclinabile dovere, continuare col nostro contegno a renderci degni dei divini favori e dell'affetto operoso degli uomini come il signor Gladstone, ponendo ogni cura nell'evitare ogni atto di avventatezza o di fiacchezza, che potesse mettere a rischio le sorti avvenire della patria. La moderazione non è soltanto un principio virtuoso, giusto, vero ed onesto: è anche principio, che nella pratica politica sortisce utilità maggiore, durevoli e sicuri effetti: e la persecuzione anzichè farlo rinnegare, dee maggiormente rinvigorirlo, poichè le forti convinzioni non piegano nè mancano per oltraggio di fortuna, per prepotenza di eventi, per crudeltà e dissennatezza di uomini. La gran battaglia della civiltà contro la barbarie, del senno contro l'ignoranza, della virtù contro il vizio, della innocenza contro la calunnia, vuol essere combattuta con le armi del fermo, irrevocabile proposito, della inflessibile moderazione, della indomita prudenza: e la civiltà, il senno, la virtù, l'innocenza vinceranno. Il governo napolitano tiene in sua balìa la vita, la libertà, le sostanze dei più eletti ed illustri Italiani: ma le loro convinzioni sfuggiranno agli artigli de' suoi sgherri, alle baionette dei suoi scherani, alle sentenze dei suoi magistrati, alle scuri dei suoi carnefici, alle insidie dei suoi assoldati delatori, perchè esse poggiano sopra un fondamento inaccessibile ad ogni umana violenza, sulla *inconquistabile* volontà, come disse il Milton: *ununquerable will!* « Io ho sempre (scriveva in data del 14 maggio 1850, dalle prigioni dalla Vicaria, Carlo Poerio a suo zio Raffaele, maggior generale nell'esercito sardo a Torino) detestato le astruserie e le utopie. Nè la codarda persecuzione, nè la bestiale ferocia che anela il mio sangue VALE A SCROLLARE le mie *vecchie convinzioni*. IO SONO IMMUTABILE NELLA MIA TEMPERANZA, PERCHÈ I FORTI CONVINCIMENTI SONO CALMI E MANSUETI: ma nella mia temperanza sfido le ire della fortuna e la malvagia rabbia degli uomini con *costanza invincibile*. SE PER POCO LE MUTASSI MI TERREI PER INFELICE, PERCHÈ NON SAREI PIÙ' PADRONE DI ME STESSO, MA SCHIAVO DELLE FURIBONDE PASSIONI DEI MIEI NEMICI. » In queste sublimi parole del martire magnanimo è compendiata la fede nostra: no: noi non daremo la nostra coscienza in balìa dei furori dei nostri carnefici, come non l'abbiam prostituita alle loro seduzioni nè piegata alle loro minacce. Quanto a me, io dichiaro senza restrizioni di sorta, se la moderazione è delitto, io mi glorio e mi compiaccio di esserne reo: e morrò nella impenitenza finale e andrò sempre superbo di star fra le file dei perseguitati, non mai fra quelle dei persecutori, qualunque siasi la loro origine ed il loro nome.

Mi si conceda di soggiungere un'altra riflessione. Nel dare opera a questa raccolta io ho la coscienza di fornire un debito verso il mio paese e verso la verità, mettendo sotto gli occhi di tutti gli Italiani le più rilevanti scritture venute a luce intorno alla mia diletta ed infelice terra nativa. Nell'atto di accusa del processo del 15 maggio il procuratore generale mi addebita di aver incitata in quel giorno funesto la ribellione, e di aver cooperato alla costruzione delle barricate: ora in quel giorno appunto io stavo a Milano intento a servir la causa del principato costituzionale. Alla vostra accusa, signor procurator generale Angelillo, io rispondo innalzando con questa raccolta una barricata, che, nè i fulmini delle vostre ampollose requisitorie, nè la mitraglia degli scherani, di cui voi siete il docile strumento, potranno disfare. E questo è il solo genere di barricate che io so innalzare, questa la sola guisa di cospirazione, a cui mi vanto di partecipare: narrare cioè al mondo civile le iniquità dei vostri signori, raccogliere tutte le espressioni di esecrazione e di abominio che da ogni onesto labbro in Europa si profferiscono contro di essi. Al resto penserà Iddio.

CHARLES MAC FARLANE SCRIVE
A LORD ABERDEEN

Fra i primi a incaricarsi di rispondere a Gladstone si annovera Charles Mac Farlane, scrittore scozzese in possesso di una certa dimestichezza con il Regno delle Due Sicilie, che aveva visitato in più occasioni nel corso degli anni. Nel 1851 fu diffusa una sua lettera aperta a Lord Aberdeen (datata 7 agosto) il cui titolo completo era "Il governo napoletano e il signor Gladstone – una lettera al conte di Aberdeen in risposta alle due lettere recentemente a lui inviate dall'onorevole W.E.Gladstone rappresentante in Parlamento dell'Università di Oxford". Riportiamo qui la traduzione italiana contenuta nel volume "Confutazioni alle lettere di lord Gladstone", Losanna 1851.

Milord,
Dirigo questa lettera a voi uomo di Stato, conservatore, sperimentato ed invariabile. Non vi ho domandato il permesso di farlo come dice di averlo fatto il signor Gladstone; ma son sicuro che se fosse stata a conoscenza di V. S. ciò che contenevano le due lettere dell'onorevole membro di Oxford, non avreste affatto permesso che fossero a voi dirette, nè dubito che la materia della quale ora vi ragiono vi sarà più accetta di quella che si contiene nelle due lettere tanto insolenti al nostro alleato, Sua Maestà il Re delle due Sicilie, e l'amico governo napolitano.

Non so comprendere milord il repentino cambiamento del signor Gladstone, personaggio che sono stato sempre solito riguardare con rispetto considerevolissimo. Per servirmi della frase frequentemente usata dal signor Gladstone nelle sue lettere a voi dirette – *Sunt boni, qui dicunt* – cioè vi sono delle genti buone le quali dicono, che il sig. Gladstone, timoroso, di perdere il seggio nella sua *Alma Mater*, e prevedendo uno imminente scioglimento, ed una elezione generale, va cercando costituenti popolari, e per cattivarsi i dolci suffragi radicali, vi ha diretto quelle due lettere che offendono un Re ed un governo il quale (quantunque relativamente debole) seppe arrestare il corso della rivoluzione e della anarchia nell'Italia meridionale, onde si è attirato l'odio e l'imprecazione del sedicente partito liberale in tutta l'Europa.

Mi dicono, a dippiù, altre buone genti, che l'onorevole N. E. Gladstone, che io prima conosceva come conservatore, ha sentito ad un tratto una positiva avversione per le istituzioni monarchiche, e suole dire adesso, e ripetere *ad nauseam* che tutte le monarchie dell'Europa sono usate e vecchie, la monarchia in se stessa è *rococò* e quanto più ci avviciniamo al modello-condizione normale degli Stati Uniti del nord di America, sarà tanto di meglio per tutti. Le mie autorità per queste allegazioni (o insinuazioni se così volete chiamarle o milord), hanno almeno cinquanta volte più di peso di qualunque delle accuse che l'onorevole membro dell'Università di Oxford ha profferito nelle due lettere a voi dirette.

Avrei creduto, milord, che l'intero corso degli eventi del 1848, sarebbe stato capace a disingannare le menti giovani e romantiche, e gli ultra-classici, di qualunque illusione repubblicana, e che una persona così acuta come il sig. Gladstone, e della sua esperienza politica, avrebbe dovuto avere nel 1851 una positiva inclinazione per l'elemento monarchico di una costituzione. – Si può perdonare il repubblicanismo democratico in un fanciullo; come si può scusare in un uomo l'inevitabile accidente di essere stato una volta fanciullo; ma il sig. Gladstone... ed alla sua età!...

So quel che mi dico, – e ne ho ampia autorità – quando affermo che il signor Gladstone, prima di andare in Napoli domandò ed ottenne lettere d'introduzione per i membri principali del governo di S. M. e per altri distinti individui non appartenenti al partito rivoluzionario o repubblicano rosso. Che a Napoli tali personaggi appettavano le di lui visite; che egli attinse, ciò che chiama *Informazione* esclusivamente da un certo partito, il quale sin dall'alba delle turbolenze rivoluzionarie nell'Italia meridionale, si è mostrato il più ostile a S. M. delle due Sicilie, ed al suo governo.

Se il sig. Gladstone fosse stato realmente testimonio delle atrocità e degli orrori, dei quali parla o scrive nelle sue lettere a vostra signoria, perchè non visitava il Re, o il suo illuminato, umano primo ministro, il cavaliere Fortunato? perchè non vedeva il principe d'Ischitella ministro della guerra, il quale nei suoi primi anni dimorò lungo tempo in Inghilterra, che ha lasciato in questo paese una memoria tanto rispettata, e che ha il vantaggio di parlar tanto bene e facilmente l'inglese? Questa ultima parte è di qualche importanza, perchè mi si assicura che il sig. Gladstone conosce imperfettamente l'italiano, e sa del *patois* o dialetto, o linguaggio napolitano quanto vostra signoria sa del sanscritto, o io della lingua vernacola della contrada di Delhi Llama nel Tibet. Ed io, milord, come colui che ho abitato in Napoli e nei suoi dintorni per circa undici anni, posso assicurarvi che senza una familiare conoscenza del dialetto locale, nessuno forastiere può redimente comprendere il popolo napolitano.

In verità temo, milord, che oltre la disgrazia di incontrarsi colla detta compagnia (e non prelodata come sarebbe la frase italiana) l'onorevole Gladstone sarà andato in un triste albergo, ed avrà preso al suo servigio un servitore di piazza che parlava francese, e di tendenze più che rivoluzionarie. Voi conoscete, milord, l'importanza di questi mezzi d'interpretazione. L'interessante vittima Carlo Poerio parla francese, presso a poco come il sig. Gladstone parla italiano. Oltre a ciò, milord, so che l'onorevole membro di Oxford (non avendo avuto uua compagnia di viaggio), ha viaggiato quasi niente, e conosce pochissimo del continente europeo.

Milord, se il sig. Gladstone è risoluto di cambiarsi in repubblicano Rosso, in Cobdenita (ed il paese della sua nascita sente di Manchester) o in Whig radicale noi non abbiamo nulla da fare o da dire con lui. Ma, milord, come persona attaccata alla santa causa dell'ordine, ed alla maggior parte degli uomini che compongono attualmente il gabinetto di S. M. delle due Sicilie, uomini coi quali ho vissuto per molti anni in termini di stretta amicizia, io non posso fare a meno di dirvi che le lettere direttevi dall'onorevole membro di Oxford, sono dal principio alla fine, una serie di errori i più grossolani, e di falsità tali che io mi abbia mai inteso anche in questo periodo Whig-radicale. Mi auguro milord, di essere moderato, anche in una circostanza nella quale le mie opinioni politiche sono oltraggiate, ed i miei intimi amici fatti segno di esecrazione, e forse del coltello dell'assassino, o della mannaja, se la repubblica Rossa sarebbe per tre giorni in permanenza in Napoli. Ho fiducia di non dir nulla che non abbia la sua garanzia, e che la materia che tratterò convincerà voi, e gran parte dell'Inghilterra di qualunque colore politico si fosse.

Ho già posato il punto della questione. Se trascorrerò forse un poco nel svilupparne gli argomenti, o piuttosto i fatti, voi milord, mi scuserete, ed il signor Gladstone traviato come devo supporlo, perdonerà il mio calore in difendere uomini che sono stati gli amici della mia gioventù, i miei compagni di molti e molti anni, ed i quali, come io credo, milord, sono incapaci di qualuuque crudeltà, oppressione o tirannia al pari di voi e del sig. Gladstone. Don Carlo Filangieri Principe di Satriano il quale schiacciò la ribellione in Sicilia, rischiando la sua vita, non è l'uomo di farsi strumento di un tiranno sanguinario come vuole rappresentarlo l'onorevole membro dell'Università di Oxford (ed il quale avrà in appresso ben altri costituenti), don Francesco Pinto, principe d'Ischitella attuale ministro della guerra, è un uomo che sfiderebbe l'esilio, la povertà, la morte piuttosto, anzi che servire un tiranno. Potrei continuare, milord, con molti altri, che formano attualmente, o formavano di recente il gabinetto di Sua Maestà delle due Sicilie; ma riuscirebbe una bisogna noiosa; parlerò solamente del mio estinto amico don Gennaro Spinelli principe di Cariati, a voi ben noto, che era ministro degli affari esteri, quando io fui ultimamente in Napoli, e che era uno degli uomini più umani e piacevoli, che io mi abbia mai veduto in alcun paese. La sua liberalità in politica sorpassava la mia misura, e senza meno la vostra o milord, ma il principe Cariati intendeva bene, faceva meglio ed era sempre gentile e compassionevole. Quando io fui ultimamente in Napoli nell'anno 1848, quell'anno doloroso, il mio amico il principe di Cariati, benchè non nominativamente era col fatto il primo ministro, o consigliere principale di Sua Maestà il Re delle due Sicilie.

Per la conoscenza che io aveva di lui, e rispettando la sua memoria come non cesserò mai di fare, affermo, milord, che egli era un uomo incapace di crudeltà o di qualunque sorta di oppressione; e sotto la sua amministrazione il governo napolitano arrestò molti di quei rivoluzionari di barricate il di cui fato sembra eccitare un interesse così vivo nell'onorevole membro dell'Università di Oxford.

Vi ripeto, milord, che sin dai deplorabili eventi di quell'anno di rivoluzioni 1848, ed il successo del Re delle due Sicilie aiutato da un esercito leale e da una gran maggioranza dei suoi sudditi schiacciando una rivoluzione, che avrebbe inondato il regno di sangue, e degenerato in repubblica Rossa ed in anarchia, Sua Maestà ed il suo governo sono stati incessantemente lo scopo delle virulenze del partito liberale e radicale di tutta l'Europa. A questa lega dannata, il completo trionfo del Re prima nei suoi dominii continentali e poscia in Sicilia è stato disgusto come il fiele e l'assenzio. Quando non giovava a Luigi Filippo la sua astuzia, e la sua regia sottigliezza per tenerlo sul trono di Francia; quando la rivoluzione invadeva Berlino e Vienna, sciogliendo per qualche tempo tutti i governi e quasi tutte le leggi; quando la democrazia aveva un grande ascendente in tutta l'Italia dalle frontiere del Regno sino alle Alpi; quando la rivoluzione scoppiava in ogni luogo, non si può concepire come il sovrano di una potenza di terz'ordine (un Regolo come lo chiamano) potesse in un giorno abbattere le barricate alzate contro di lui, vincere la ribellione, e sostenere il suo trono. Non potendo negare i fatti quando erano *fatti compiuti*, cominciarono a gridare che il Re aveva macchiato la sua vittoria colle atrocità; che era un mostro di crudeltà quanto Cesare Borgia. Non han dato tregua a S. M. Hanno ammassato calunnie sopra calunnie, falsità sopra falsità; finchè l'ammontare totale crebbe sino alla mostruosità ed all'incredibile. Parecchi scrittori inglesi imparziali mossi solamente dall'amore della verità han smascherato molti di questi edifizi. Il sig. Baillie Cochrane che aveva i migliori mezzi di purificare la verità, ha fatto molto per rivendicare il carattere del Re delle due Sicilie, e l'attuale di lui governo. Posso con certezza asserire che la testimonianza del sig. Baillie Cochrane non può essere attaccata di dubbio e di sospetto. Il corrispondente del *Times* in Italia, dopo essersi rimesso da alcune illusioni scusabili in un personaggio nuovo nel paese ha servito la causa della verità, dell'ordine e della giustizia in molte lettere interessanti scritte da Roma, Napoli ed altri punti della bella penisola. E pure questo non è stato sufficiente a frenare la lingua e la penna dei calunniatori. Sanno tutti che mentiscono per la gola, ma sperano perseverando in questa pratica far passare per vere le loro falsità.

Comechè questi uomini chiamino costantemente ipocriti i loro avversari, essi hanno tutti studiato alla scuola di Don Basilio quel gran professore di calunnia, e sanno a memoria le sue lezioni.

« La calunnia, Signore? voi non sapete ciò che rifiutate; ho veduto la gente più onesta restarne quasi vittima. Credete a me non avvi cosa la più cattiva, non orrori, non rapporti assurdi che non si facciano adottare agli oziosi di una gran città sapendo ben portarli: e qui

Charles Mac Farlane scrive a Lord Aberdeen

abbiamo persone di una destrezza!.... Dapprima un leggiero rumore che striscia sul terreno come una rondine all'appressarsi di una tempesta, *pianissimo* mormora e sfila e semina correndo il dardo avvelenato. Una bocca la raccoglie, e *piano piano* ve la fa passare scaltramente nell'orecchio. Il male è fatto; germoglia, striscia, cammina, e *rinforzando* di bocca in bocca va come il diavolo; poi ad un tratto, non so come voi vedete la calunnia alzarsi, fischiare, gonfiarsi ingrandire a vista d'occhio. Indi si slancia, stende il suo volo, si fa turbine, inviluppa, strappa, trascina, scoppia, tuona, e diventa, grazie al cielo, un grido generale, un *crescendo* pubblico, un *coro* universale di odio e di prescrizione. Chi potrebbe resistere? » [1]

Non è stato sistema della legazione napolitana in Londra, in Parigi, o altrove di rispondere alle accuse vili e mal fondate di scrittori anonimi, o di uomini di un peso o considerazione nel mondo politico; uomini, i quali pubblicando i loro nomi presentano una sufficiente confutazione alle loro calunnie. Ma quando queste falsità sono adottate e ripetute da un soggetto intelligente, da un personaggio così rispettabile come l'onorevole sig. Gladstone rappresentante dell'Università di Oxford, gli amici del Re o del Governo delle due Sicilie sono nell'obbligo di prender conto di tali ingiuriose pubblicazioni. Milord, io sono stanco di controversie politiche, e non mi sarei misurato con un avversario meno distinto.

Nelle due lettere direttevi, l'onorevole *gentleman*, vi ripeto, si è reso colpevole di una lunga serie di errori e di sbagli. Non vi è una pagina in quelle lettere nella quale non campeggi, e non si scorga qualche gravissimo e singolare errore; però sarebbe inutile e noiosa una critica dettagliata, mi limiterò quindi a pochi importanti punti dai quali potete ben giudicare dell'esattezza delle asserzioni del sig. Gladstone in generale.

---

[1] Beaumarchais Le Barbier de Seville.

L'onorevole *gentleman* afferma, essere credenza generale che i prigionieri politici nel regno delle due Sicilie ascendono da quindici a venti, o trenta mila! ed egli stesso crede che venti mila non sarebbe un calcolo ragionevole.

Ora, i rapporti della polizia mandatimi da Napoli provano che questi prigionieri di Stato sono in totalità 2024!

Ammetto che anche questo sia un numero a deplorarsi, ma quando si riflette esservi stata una rivoluzione in Napoli, una più sanguinosa in Sicilia, insurrezioni in Calabria, e più di una estesa congiura per assassinare il Re e tutti i membri della famiglia reale, e proclamare la repubblica rossa, credo che quel numero non dovrebbe sorprendere.

Sa il sig. Gladstone quanti individui furono arrestati in Irlanda nel 1848 per il comico tentativo di rivoluzione fatto dal sig. Smith O'Brien?

Perchè non si cada in errore, eccovi o milord lo Stato delle prigioni napolitane ormato officialmente e di una esattezza indisputabile.*

Avrete osservato, milord, da questi stati come l'onorevole sig. Gladstone per fabbricare un'accusa contro un governo monarchico e legittimo ha moltiplicato le cifre per dieci e per venti, e non potete non osservare il numero dei prigionieri di stato ch'egli dà a Reggio e Salerno, ec. tutte città rivoluzionarie, ed il numero effettivo degli attuali arrestati. Ripeto, milord, le cifre che io vi presento sono officiali e veramente autentiche. Abborrendo dall'esagerazioni, da qualsivoglia parte derivino, ed avendo avuto occasione nel corso della mia carriera letteraria di osservare il numero degl'individui che furono massacrati in Parigi da' *settembristi* nella prima gloriosa rivoluzione,

---

* Dal momento che le tabelle riportate dal Mac Farlane corrispondono alle prime due contenute nella *Rassegna degli errori e delle fallacie* etc., invitiamo il lettore a consultarle a pag. 386 e 387 di questo volume (NdC).

ho acquistato molta facilità in comprendere ciò che in francese si chiama *des ècroux*, o ciò che in inglese chiamiamo *prison-list* (registro dei carcerati). Non posso sbagliare sulle figure, e coloro i quali mi han passato alle mani i notamenti dei prigionieri sono incapaci di falsificare fatti e figure, come io non commettere un atto di falsificazione sulla Banca d'Inghilterra o dei sigg. Coutts e Comp. Io non ho tradotto l'italiano, perchè questa lettera ove fosse stampata ha il solo oggetto di esser veduta da gente educata; ma se voi milord lo credete necessario metterò le traduzioni in un appendice.

Ho notato il numero dei prigionieri di stato nel regno di Napoli, ad una cifra comparativamente bassissima; ma fra le altre accuse ancora se ne incontra una molto seria. L'onorevole rappresentante dell'Università di Oxford non solamente annunzia, ma spiattellatamente afferma che questi prigionieri di stato sono trattati così barbaramente che tutta l'Europa cristiana, dovrebbe muovere guerra contro il Re delle due Sicilie, aprire le porte delle prigioni, e mettere in libertà gl'interessanti, gentili, cordati, intelligenti prigionieri di Stato.

Milord, se vorreste spogliare queste asserzioni dalle falsità e dalle esagerazioni che contengono, trovereste che il residuo della verità sarebbe una dose infinitesimale amministrata omiopaticamente. Benchè non siano state mai come le han descritto Lady Morgan, e l'onorevole rappresentante di Oxford, pure le prigioni dei dominii continentali ed insulari del Re delle due Sicilie, non erano a tempo mio le prigioni che avrebbero meritate l'approvazione di John Howard il filantropico quacquero. Anzi vi confesso che in alcuni casi sino a pochi anni addietro, erano ributtanti per me che non sono nè quacquero, nè ultra-filantropo, nè cosmopolita. In quel tempo quasi tutte le prigioni dell'Europa meridionale erano cattive, e le spagnuole le peggiori, ma le napoletane non furono mai tali come il sig. Gladstone ha voluto descriverle; e sin dall'avvenimento al trono dell'attuale Re, sono state grandemente migliorate. La *vicaria* nella quale furono confinati la maggior parte dei delinquenti politici prima di essere giudicati, non è tale come la dipinge il sig. Gladstone e come la fazione bonapartiana pensava di descrivere l'isola di Sant'Elena. Moltissime volte, o milord, ho visitato quella prigione, nè viddi o intesi mai parlare di carceri sotterranee come quelle delle quali sembra parlare l'onorevole rappresentante. Prima di esser una prigione, la vicaria era un palazzo vice-regio (donde il nome di vicaria). I vicerè spagnuoli la fabbricarono, e vi abitavano: essa è piacevolmente situata vicino porta Capuana; l'aria ne è buona e libera; ed io non conosco una prigione in qualunque parte di Europa che abbia segni esterni e visibili di maggior salubrità e conforto. – Non pertanto vi sarebbe tuttavia di che migliorarlo.

Il sig. Gladstone fu certamente provveduto di un cannocchiale acromatico curioso. Quando vuol ingrandire un oggetto, egli vi aggiunge una lente e guarda come si suol fare a traverso il cristallo; ma quando conviene a' suo scopo, egli rovescia interamente il cannocchiale, e vede l'oggetto dal centro dal quale avrebbe dovuto cominciare a guardarlo. Così; perchè qualcuno dei suoi *pendards* o *pendables*, nel tempo della sua visita si trovò confinato nell'antico castello di Nisita, egli cambia quella fortezza in una torre infernale! Fo appello alle migliaia di cacciatori che han visitato quell'amena isoletta, e l'antica fortezza che la domina, per dire quanto sia esatta quella descrizione. Milord, è tanto vero, quanto è lontano dalla verità che sia un buon governo quello dei whig radicali, l'essere Carlo Poerio incatenato con un assassino, un brigante, un sicario, un contrabbandista – Egli può godere della compagnia, meglio di quel che lo potrei io se fossi nella sua posizione. Egli è incatenato con un uomo della sua condizione, con un avvocato, un rivoluzionario, un ribelle come lui. L'affare andò tant'oltre, milord, che quando Poerio, giustamente condannato, (e se non è giustamente condannato, voi milord potete alzarvi nella Camera dei Pari, e fare una mozione per richiamare

Smith O' Brien) il suo governo domandò allo stesso Poerio con chi preferiva di essere incatenato, ed egli scelse il suo compagno. Se desiderate una prova di quanto asserisco posso procurarvela in brevissimo tempo. Quando questi uomini congiuravano contro le vite della famiglia reale, sicuramente essi non sentivano nulla di simil grado di compassione. Milord, siamo uomini, ed eredi dell'umana debolezza.

Alcune delle cospirazioni erano immediatamente dirette, come il migliore dei principi, all'uccisione del Re e della famiglia reale. Per le prove, leggete i processi politici che sono stampati e pubblicati ed accessibili a voi come a me. Posso ben comprendere, milord, la condizione di un uomo già whig e quasi radicale giacendo sul suo guanciale, e sottomettendosi a qualunque cosa possa ricevere da una rivoluzione o da un incendio, ma non posso comprendere che un padre di famiglia possa rassegnarsi ai destini di quelle rivoluzioni che il signor Gladstone sembra ammirare. Il Re di Napoli aveva sei figli, e le vite di questi dal più grande sino al più piccolo furono in pericolo nel tempo delle barricate, i fabbri delle quali furono gl'interessanti prigionieri il di cui fato il signor Gladstone ha tanto a cuore. Son sicuro, milord, che colle mie passioni moderate da 52 anni di esistenza, potrei perdonare, e provarmi a perdonare qualunque violenza fatta a me personalmente e direttamente; ma sono un padre di famiglia, e dubito se potessi estendere la mia generosità ad un uomo che avesse tentato la rovina di uno dei miei figli. E pure il Re delle due Sicilie non s'ingerì in questi processi di Stato, tranne per esser moderato e pietoso, e commutare la pena di morte ai condannati dalla Corte Suprema, in prigionia dai ferri. Il sig. Gladstone crede e dice che questa commutazione di pena è peggiore della stessa morte. Che torni in Napoli, e domandi il parere dei suoi interessanti amici.

Se il Re fosse sempre così disposto alla misericordia ed alla bontà, la grande maggioranza dei suoi sudditi avrebbe gridato vendetta contro i feroci combattenti delle barricate del 1848. Non fu l'affare di poco momento, milord, non si trattò di una baruffa; molti di loro perderono i figli, i fratelli, gli amici nei sanguinosi combattimenti al palazzo Gravina, in Toledo e nella strada di Santa Brigida; molte vedove ed orfani restarono nella miseria in poche ore per la pazzia e la ferocia di pochi uomini. Nè era da attendersi che coloro i quali avevano sofferto quelle calamità non dovessero reclamare misure energiche e repressive perchè si impedissero in appresso questi sanguinosi sperimenti.

L'istinto della propria conservazione muoveva la parte dell'ordine dei sudditi del Re delle due Sicilie, e vi ripeto milord, senza il minimo timore di confutazione, che questa parte comprendeva la gran maggioranza dei sudditi di S. M. *Aide toi et Dieu t'aidera*. Se la vostra casa è cadente puntellatela, e soffritene le inevitabili conseguenze.

> Ma non sia alcun di sì poco cervello,
> Che creda, se la sua casa rovina,
> Che Dio salvi senza altro puntello:
> Perchè e' morrà sotto quella ruina.[2]

La rovina minacciava cadere sulla testa di ogni persona pacifica e rispettabile dei regni uniti di Napoli e Sicilia.

L'onorevole rappresentante dell'Università di Oxford conviene che i napolitani sono amabili, di cuore leggiero e buono, avversi alla durezza ed alla crudeltà. La sua poca conoscenza del paese non darebbe molto peso alla sua testimonianza, pure una volta sembra di avere ragione.

I napolitani sono com'egli li descrive. Ma è necessario per me nel rammentare all'onorevole rappresentante dell'Università di Oxford questa verità vecchia ed usata, che come i popoli, così sono i loro

---

[2] Asino d'oro.

governi? Dove l'indole, e la disposizione naturale di un popolo è dolce e gentile, voi non troverete mai un governo feroce, ed al contrario non esisterà un governo umano e compassionevole dove il popolo è feroce, spietato, sanguinario. Io conosco alcuni dei difetti nazionali dei napolitani (e volesse il cielo che potessi rimediarli!) ma dopo tanti anni di esperienza, e molti viaggi e lungo soggiorno nel loro eccellente paese, posso far indubitata fede delle loro molte buone qualità.

Il signor Gladstone annunzia che la punizione d'incatenare a due a due i prigionieri fu inventata *ad hoc* per essere applicata ai delinquenti politici. Questo, milord, è tanto vero, quanto sarebbe vero che il nostro castigo della deportazione alle colonie ebbe origine dal crudele desiderio di punire M. Smith O' Brien, ed i nostri pazzi cospiratori del 1848. Non ho bisogno d'indagare l'antichità della *pena dei ferri*, o *ai ferri*, basterà il dirvi che io la trovai in uso nei bagni di Napoli e di Castellammare al mio primo arrivo in quel paese nel 1816. Credo che prima di andare in Italia, osservai usarsi la stessa pena nel Portogallo e nella Spagna, e son certo che i condannati erano incatenati insieme in Brest, Poulon, Roma, Civitavecchia, Livorno e Genova.

L'onorevole rappresentante dell'Università di Oxford avrebbe dovuto leggere i tre volumi dei processi di Stato (*La Setta dell'Unità Italiana*) prima di farsi a proclamare il costituzionalismo, la moderazione politica, e l'innocenza totale di Carlo Poerio.

Io ho veduto alcune notevoli lettere scritte recentemente da individui che conoscono perfettamente tutta l'Italia, ed i suoi affari politici. Queste lettere confutano più di una calunnia, e danno un'ammirabile conoscenza dello Stato reale delle cose nel Regno delle due Sicilie, e possono far ben giudicare come i napolitani ed i siciliani siano ben adatti e preparati pel regime costituzionale. Tutti gli scrittori sono convinti di accordo della reità di Poerio. Ho avuto luogo di parlare con personaggi inglesi i quali sono dimorati in Napoli non per poche settimane come il signor Gladstone, ma per molti anni, e trovo io tutti la stessa ferma credenza sul delitto del legale repubblicano. Permettete che vi dia un piccolo cenno della vita di Carlo Poerio. Pare che questo amico costituzionale del signor Gladstone, nel 1830 non trovando più conveniente il dimorare nel suo paese fuggì in Parigi, ove fraternizzò con Mazzini; scriveva articoli in quell'organo rivoluzionario – La *Giovine Italia* – E che al suo ritorno in Napoli riprese la sua vocazione repubblicana; onde tutto il ministero del quale faceva parte era composto di repubblicani sperimentati, come Pepe e Saliceti. Per maggior prova del mio assunto mi riferisco, milord, alle memorie stesse che Guglielmo Pepe ha di recente pubblicate. Quel libro è altrettanto stolto quanto malvagio, ma dev'esser letto da coloro che studiano la storia de' fabbri di rivoluzioni; perchè quello schiamazzoso vecchio rimbambito parla e rivela senza rossore non solamente le sue turpi azioni, ma le follie e i delitti dei suoi compagni di sedizione e di tradimento. Pepe afferma spiattellatamente che il Re delle due Sicilie doveva essere detronizzato dall'Assemblea *Costituente* nella quale essi erano determinati di trasformare la nuova camera in maggio 1848. Nessuno in Napoli dubitava di ciò, ed ogni napolitano credeva che se i ribelli avessero trionfato sulle loro barricate, si sarebbe proclamata la repubblica, ed il Re e la sua famiglia sarebbero stati assassinati. La fazione repubblicana governava la camera ed il ministero, calunniando ed allontanando gli amici del Sovrano, della legge e dell'ordine. La miglior prova dell'animo di questa fazione repubblicana si trova nei suoi atti pubblici del 15 maggio. Un famoso libello ultimamente pubblicato in Torino da un certo Petrucelli mostra chiaramente le intenzioni di quest'*innocenti* politici alleati con giuramento di Mazzini.

Crede forse l'intelligente membro dell'Università di Oxford che Mazzini sia costituzionalista e non repubblicano? Mazzini si è fatto

Charles Mac Farlane scrive a Lord Aberdeen 203

così manifesto che non può più cadere alcun dubbio sul suo fanatismo repubblicano, come sugli orribili mezzi ai quali era apparecchiato ricorrere, non che sulla sua iniquità personale, e la sua scelleraggine.

Dovreste leggere, milord, la sua famosa nota a Capana, quando mandò cinque innocenti alla morte a S. Calisto senza alcun processo. Quella nota fu pubblicata nella sua gazzetta officiale di Roma. Fu la fazione repubblicana, furono il Poerio ed i discepoli di Mazzini, e non il Re che fecero sospendere la costituzione, e resero odiosa e ributtante la parola costituzione agli orecchi della gran maggioranza dei sudditi di S. M. Come possa mantenersi ed andare avanti il Governo rappresentativo, quando i popoli assolutamente rifiutano di eleggere i loro rappresentanti è un problema che lascerò risolvere al sig. Gladstone.

Non solo i napolitani ma tutti gl'italiani sono fanciulli in politica. Essi han bisogno di educazione politica, di esperienza e di una lunga pratica nei veri affari della vita pubblica. Il Re delle due Sicilie difficilmente poteva aspettarsi di veder operare una monarchia costituzionale dagli agenti democratici e repubblicani rossi.

Io posso corroborare tutto ciò che i miei amici dicono della disposizione umana, dolce e compassionevole del Re. Sua M. è veramente troppo umano e compassionevole.

Nel giorno delle barricate, nel deplorabile 15 maggio 1848, quando il palazzo echeggiava dei fragore dell'artiglieria dei ribelli, egli disse ad un generale che venne a domandargli istruzioni: Risparmiate i miei sudditi traviati! Fate prigionieri! Non ammazzate! Fate prigionieri! Queste parole furono intese da centinaia di persone. Furono rapportate a me nel mese di agosto di quell'anno da un distintissimo diplomatico (distinto in letteratura e diplomazia) che si trovava accanto al Re, e non l'abbandonò finchè non cessarono i pericoli di quel giorno. Mi furono poi confermate da altri personaggi di alto rango, e di una veracità la più irrefragabile, quantunque sarebbe stata superflua ogni conferma.

Nel tempo in cui la stampa rivoluzionaria radicale rappresentava il Re delle due Sicilie nuotando sino al ginocchio nel sangue dei suoi sudditi, e tripudiando allo spettacolo dei patiboli e delle mannaie, S. M. raccomandava carità e moderazione al suo consiglio, ai tribunali, ed alla parte irritata dei suoi sudditi leali, molti dei quali pensavano esser necessarie poche esecuzioni di giustizia da servire com'esempio ed avvertimento. Il Re disse al sig. Baillie Cochrane di rammentare *non essere stata giustiziata alcuna persona per delitti politici*. Questa è una solenne verità, un gran fatto. In qualunque caso le corti hanno emesso una sentenza di morte, il Re è intervenuto a sospenderla! Questo mostro di crudeltà, come mendacemente è chiamato, non poteva firmare una sentenza di morte senza rabbrividire. Fra le altre indecenti insinuazioni contenute nelle lettere del sig. Gladstone, non ve n'ha una, milord, che sia più grossolana di quella nella quale parlate dell'*agenzia* per mezzo della quale si ottenne in Caserta, la commutazione della pena del traditore Faucitano. Che cosa intende per quell'agenzia?

Vuol forse far credere che il Re ebbe del denaro, o promise il perdono sotto quelle condizioni fatte dal nostro macellaio Kirk, dopo la ribellione di monmouth? Come la semenza dell'onorevole rappresentante dell'Università di Oxford sta attualmente come tipo, lascia libera l'immaginazione del lettore di supporre qualunque bassezza o atrocità.

Milord, la sola agenzia nel caso di cui è quistione è il carattere dolce ed umano del Re.

In moltissimi casi nei quali si trattava di qualche castigo penitenziario, il Re ha liberato i prigionieri politici, e richiamato quelli fuggiti per timore della legge, vivendo nell'esilio (molti di loro in grande povertà).

Il sig. Gladstone parla di confische e sequestri, ed io posso assicurarvi milord, che ciò non si è mai verificato; non si è toccato un moggio di terra, una casa, un abituro, un frammento di proprietà di qualunque natura!

La clemenza mostrata verso i ribelli è eccessiva. In Sicilia molti di quelli che votarono la decadenza del Re, ed alcuni di quelli che andarono ad offerire la corona al Duca di Genova sono attualmente in Palermo ed ammessi alla Corte.

Voi avrete milord lo straordinario libro pubblicato da Guglielmo Pepe. Io era intimo amico col di costui fratello, differente da lui sotto tutti i riguardi, il generale Florestano Pepe, della di cui recente perdita sono tuttavia addolorato. Nel 1848 io mi trovava con Florestano Pepe nell'isola d'Ischia, con mio figlio attualmente ufiziale in India, e rammento benissimo il dispiacere di quell'uomo amabile e leale per la politica condotta di suo fratello. – Capo dei carbonari nel 1820-21, e sempre rivoluzionario e burbero.

Sarebbe quasi una impertinenza di aggiungere qualche cosa al carattere già descritto dei Re di Napoli: però come uno che ho conosciuto il Re sin da quando era un fanciullo biondo ed innocente (rassomigliante più ad un giovinetto inglese, anzi che ad un bruno Italiano meridionale) e come uno che sono stato sempre intimo amico di coloro che stavano continuamente vicini alla persona dell'*allora* Altezza Reale, potrebbe essere di qualche conseguenza il dire ch'egli era sempre notevole per la bontà e la cortesia del suo carattere. Milord, voi leggete la poesia e siete un ammiratore del mio caro e vecchio amico Nordsmorth. *Ergo*, non potete aver dimenticato un verso tanto spesso citato, ed anche più spesso male a proposito.

« Il fanciullo è padre dell'uomo »

Credo, milord, che la maggior colpa (politica e forse domestica) che può addebitarsi al Re delle due Sicilie è quella di esser troppo buono, e facile a perdonare ogni cosa.

Io lo credo fermamente *religioso* (non entreremo qui, milord, in discussione sui meriti dei cattolicismo papale e del protestantismo), ma ripeto che lo credo un Principe (o se vi piace un *uomo*) pienamente imbevuto della credenza dei grandi articoli di cristianità, i quali non dipendono solamente e numericamente su i 39 o su qualunque altra cifra. Senza la benedetta qualità di misericordia non vi è cristianità; e senza cristianità, temo, che ordinariamente non vi fosse se non pochissima misericordia; i nemici del Re, gli uomini i quali avrebbero voluto detronizzarlo ed assassinarlo, sono noti per essere *infedeli*. Da Mazzini al padre Gavazzi, non credo che possano trovarsi dieci italiani liberali con qualunque siasi fede religiosa. La loro ostilità contro l'altare è altrettanto violenta quanto il loro odio contro i troni. Lasciate che i santi di Exter-Hall, o il pio partito della chiesa ordinaria che attualmente protegge l'errante frate Barnabita, perchè insulta il Papa di Roma, e la fede nella quale nacque, e della quale fu per molti anni ministro consacrato, lasciate che dassero ascolto ad una voce di avvertimento. Guai, milord, alla credulità di quelli i quali immaginano che il padre Gavazzi nell'abbandonare la Chiesa di Roma, abbia abbracciato le dottrine della chiesa anglicana, o qualunque altra forma di culto o di fede!

Ho detto, milord, che il sig. Gladstone avrebbe dovuto leggere i processi politici; vi è altresì un altro documento che avrebbe dovuto anche leggere. – *Atto di accusa nella causa degli avvenimenti politici del 15 maggio 1848.*

Questo atto chiaramente prova le congiure, le vedute ed i delitti de' rivoluzionari napolitani. Niente è più vera che una breve dichiarazione in esso contenuta che i primi semi della sedizione dovevano spargersi calunniando il governo del Re.

La calunnia ripeto, è la grand'arma dei *liberali* ovunque esistano.

Essi conoscono a perfezione l'uso di questa arma, e possono dar lezione allo stesso Don Basilio.

Se l'onorevole rappresentante della Università di Oxford, non si fosse risoluto come il monaco romano nell'Anastasius di vedere solamente un lato della quistione, avrebbe anche osservato la seguente opera – *Documenti istorici riguardante l'insurrezione calabra, preceduta dalla storia degli avvenimenti di Napoli del 15 maggio. Napoli 1849.* Il volume è zeppo d'irrecusabili prove documentate. In esso voi sentite parlare i rivoluzionari e spiegare le loro vedute e le loro intenzioni; sono convinti rei dalle loro proprie mani. Non erano necessarii comenti e riflessioni, e perciò son pochissimi in questo libro. Un'occhiata su queste lettere mostrerà quanto sceltamente, e con quanta servilità, questi costituzionalisti, come li chiama il sig. Gladstone, imitavano i giacobini ed i Cordeliers del 1793. Il loro primo oggetto in ogni luogo era l'ergere un *Comitato di salute pubblica*, nome tradotto dal francese, nome di orrore che nessun uomo di buon senso, che conosce la storia della prima gran rivoluzione di Francia, può leggere o sentir pronunziare senza provare una dolorosa emozione.

Fra i corrispondenti in questi *documenti storici* trovo Alessandro Poerio fratello di Carlo Poerio. Egli marciava con un corpo di esercito che il Re forzato dal rivoluzionari spediva in Lombardia per far la guerra contro il suo vicino parente l'Imperatore d'Austria, e per mandare ad effetto il pazzo sogno dell'*Unità d'Italia*. Appena sua Maestà ricuperò sufficiente potere, richiamò quelle truppe, la maggior parte delle quali leale ed affezionata tornava tranquillamente in Napoli. Ma l'imbecille vecchio traditore, Guglielmo Pepe, sedusse un numero considerevole di uficiali e di soldati, e marciò con essi per *mangiare gli Austriaci*. Alessandro Poerio rompendo il suo giuramento verso il suo Sovrano, e macchiando il suo onore come soldato e come galantuomo, seguì il vecchio cospiratore Pepe, e morì o a Venezia, o fuggendo da quella città. Gl'infelici che furono sedotti ad ammutinarsi ed alla diserzione periscono di fame in esilio, mentre la maggior parte dei capi della ribellione stanno pingui ed agiati, ben nutriti da coloro i quali affettano simpatia per i rivoluzionari. Questa mattina, milord, mentre stava scrivendo questa lettera si presentò a me in uno stato di disperazione uno dei disertori napolitani, che giunse fino in Londra. Signore, egli mi diceva, la carità inglese dà molto denaro in sollievo di nei poveri rifugiati privi di aiuto; ma questo non giunge fino a noi e resta fra i capi rivoluzionari; Mazzini vive nel lusso, ma io, ed altri come me, siamo lasciati perir di fame nelle strade. Io era giovanotto, aveva appena diciotto anni, quando uomini maturi amici di Guglielmo Pepe m'indussero a disertare dal mio reggimento. Comprendo il mio errore ed il mio delitto; non ostante tutto ciò che dicono, conosco la clemenza del Re, e purchè potessi ritornare alla mia cara patria, mi contenterei espiare le mie colpe in una prigione o ai ferri.

Il numero dei disertori e rifuggiti napolitani attualmente in Londra è poco, ma assicuratevi, milord, che in Parigi, in Torino, ed in altre città, vi sono moltissimi italiani nella stessa infelice posizione come questo giovine, che non ricevono soccorso nè simpatia da alcuno dei loro capi.

Ma torniamo ad Alessandro Poerio; quattro giorni prima che si fosse combattuto sulle barricate nella città di Napoli, questo individuo scrisse la seguente lettera ad un fratello *Carbonaro*. Per esaltata e falsa che fosse è la più moderata epistola fra tutte quelle dello stesso conio, che ho potuto trovare nei *documenti storici*.

Ancona, 11 maggio, 1848

Carissimo Peppino,
    Giunti qua trovammo (come era da prevedere) entusiasmo grande pei Napoletani, ma nel tempo stesso forte indignazione contro il nostro

Governo, pel turpe abbandono dei Veneti, dopo l'ufficiale e solenne annunzio della spedizione; ed il sentire da un giovane Veneto, mandato qua ad invocare il soccorso della flotta, come i Veneziani ci aspettassero, e con quanta impazienza di gioia, e come ci preparassero con anticipata gratitudine accoglienze, e feste fraterne, mi trafisse l'anima, e mi fece arrossir di vergogna per tutti in un fascio governanti e governati. Fortunatamente trovandosi la flotta ancora qua, il generale Pepe non perdè tempo, e fece fare una comunicazione telegrafica a Napoli. Iersera mi disse esser giunta la risposta per telegrafo, che per ora la flotta soprattenga in questo porto. Ciò non basta; speriamo che sia principio di risoluzioni migliori. L'Austria imbaldanzita dall'inerzia del nostro Governo, ha dichiarato il blocco di Venezia, e con due fregate, ed alcuni legni minori (forze per certo impotenti ad offendere quella ben munita città) le fa peraltro grave danno con l'impedire il commercio. Bisogna dunque assolutamente (se non vogliamo rimaner con carico grande, ed eterna infamia di aver tradita la causa Italiana) che la flotta nostra, rinforzata di qualche altro legno, prenda l'offensiva, sblocchi Venezia, e distrugga la marina Austriaca il che le verrà fatto tanto maggiormente, che la flottiglia Sarda è già in via per congiungersi seco, partita da Genova il 26 aprile. – Mentre Carlo Alberto (come leggerai da' giornali) combatte a Pastrengo e poi a Bussalongo, dove forza 4,500 Austriaci a deporre le armi, poi di là dall'Adige a Pouton, e riporta una splendida vittoria (3,000 Tedeschi morti, feriti, o prigionieri, tra i primi il principe Jous e Taxis, tra i secondi il barone d'Aspre, e tra gli ultimi il principe di Lichtenstein); mentre il Generale Pontificio Durando, secondato dal nostro valoroso Ferrari, marcia velocemente a combattere Nugent nei Friuli, mentre anche i Toscani si distinguono in continui scontri sotto le mura di Mantova, il nostro Governo ha ordinato le cose in modo che le avviate truppe (scarse rispetto a tanta parte d'Italia quanto noi siamo) non giungeranno in linea di operazione prima di giugno. Invece la posizione marittima potrebbe essere proprio decisiva, liberar Venezia, minacciar Trieste, ed alcune navi servirebbero a condurre truppe, dove fosse maggiore necessità di soccorso, ed opportunità di sbarco. Queste cose ho voluto scriverti, affinchè tu e *Carducci*, il tuo energico cognato, il quale caramente saluto, e quanti altri siete costà veri e caldi amatori della causa nazionale, aiutate le instanze che si fanno dal generale Pepe con *dimostrazioni gagliarde*, che sieno potente scoppio della pubblica opinione, e forzino la mano al Governo, vincendo ogni ostacolo di corte, sventando tutte le mene secrete, facendo vergognare chi è capace di vergogna, od impaurire chi non ha altro Dio che *la paura*. Ma il Re come mai non intende che rischia tutto, lasciando tutto a Carlo Alberto la gloria della liberazione d'Italia? Ma ti chieggo scusa di aver supposto un momento *che egli potesse intendere*. *Intendiamoci noi*, e facciamo presto.

Ti accludo un'ordine del giorno del general Pepe, il quale desidera che sia subito inserito ne' giornali. Egli m'incarica de'suoi saluti per te.

Scrivimi a Bologna, e credimi invariabilmente

Il tuo affezionatissimo
ALESSANDRO POERIO

Al signor Giuseppe del Re.

Tale e tanta era la smania unitaria! Tutto doveva sacrificarsi per l'*Unità d'Italia*, lealtà e fede! Il Re doveva essere atterrito a condiscendere con gagliarde dimostrazioni « *Faire peur* » era la parola d'ordine di questi uomini, com'era quella di Danton e Robespierre.

E pure questi uomini, erano costituzionali, secondo l'onorevole rappresentante di Oxford, in conseguenza *dimostrazioni gagliarde* sono misure legali e costituzionali. E molte se ne fecero con grande spavento di S. M. la Regina, i di lei innocenti figli, e le dame di Corte. Ma essi non conoscevano il carattere del Re: la sua bontà non era timore; non poterono atterrirlo, no, nemmeno quando lo minacciavano ogni giorno di assassinarlo.

Questa lettera di A. Poerio che potè ben giungere in Napoli il giorno 14, o anche prima, si può supporre che abbia in certo modo contribuito alle sanguinose scene del 15 maggio. Ma altre e più autorevoli *parole d'ordine*, vennero in Napoli da Ancona per parte di Pepe e degli altri settari e cospiratori.

Dimenticando i loro delitti, e gli orrori che contemplavano, l'onorevole rappresentante dell'Università di Oxford, sente pietà dei settari e dei cospiratori che attualmente sono prigionieri di Stato; ma la maggior parte della sua simpatia è riserbata per Carlo Poerio, il quale è quello che io ho dimostrato, e che non lascia però di essere un uomo scaltro ed astutissimo, e cento volte più malizioso di quanto sarebbe necessario per ingannare una persona così credula come il sig. Gladstone si è mostrato, o ha preteso mostrarsi nelle lettere a voi dirette.

Ma mi sorprende, milord, come invece di lasciar da parte Poerio, il signor Gladstone e coloro che l'hanno istruito e consigliato, si sono dati ogni impegno per tener sempre in mira Poerio. Essi han gonfio la vana mente di quel condannato facendogli credere che il suo fato è una quistione europea; che la forza della pubblica opinione lo farà disgiungere dal suo compagno cospiratore, romperà le sue catene, e lo metterà in libertà per cominciar di nuovo a congiurare contro il suo sovrano, e ridurre il suo paese ai principii di Mazzini. Essi han reso sordo il suo cuore al pentimento ed al rimorso, lo hanno incoraggiato ad assumere un'attitudine di sfida verso il pietoso principe, il quale senza meno sarebbe stato disposto, da un differente modo di condotta, a moderare lo sconforto della di lui prigionia, e forse ad impartirgli il real perdono.

È assolutamente falso, milord, che il Governo napolitano impedisca ogni mezzo di esatta informazione, e che non vi sia certezza in tutto ciò che riguarda i prigionieri di Stato, i loro processi, ed il loro ultimo destino. Il Governo napolitano fa discutere pubblicamente queste materie. Gli arresti, i processi, le condanne si sono operati alla prima luce del giorno. L'affettato rapporto del signor Gladstone sugli arresti in massa di notte, sulle visite domiciliari notturne della polizia, possono paragonarsi ai romanzi « I misteri di Udolfo » o « L'Italiano inno, ossia il confessionile dei penitenti neri. » Io vi riferisco alle note officiali nel margine degli stati che ho qui inseriti precedentemente. Nessun reo politico è stato arrestato senza l'osservanza dei regolamenti ivi accennati, o senza un ordine regolare a firma di un magistrato. Nessuno è stato ritenuto più di 24 ore senza essere esaminato. La legge di Napoli è stata sempre questa, e S. M. ed i membri del gabinetto mettono ogni possibile cura perchè la legge fosse strettamente osservata. Forse avranno avuto luogo pochi arresti notturni. Se un uomo accusato del più grave dei delitti, potrebbe solamente trovarsi a mezzanotte, e non a mezzogiorno, suppongo che la polizia napolitana l'arresterebbe a mezzanotte, come farebbe la nostra polizia in Londra con un feroce assassino.

In una parte della prima lettera di Gladstone, vi è tanto di volgare che si potrebbe appena supporre da un uomo della sua condizione: sente più del mercato di Liverpool, che della buona società di Oxford. Perchè i giudici napolitani non hanno forti salari, egli porta questo come una prova addizionale che devono esser tutti sottomessi alla Corte, venali, ed abbominevolmente corrotti. Non sarebbe necessario il dire all'onorevole sig. Gladstone, che prendendo in considerazione la differenza del valore del denaro, e la grande differenza del modo di vivere nei due paesi, 4000 ducati all'anno in Napoli, equivalgono a tremila lire sterline in Inghilterra. Ma se non lo fosse, può il sig. Gladstone credere che tutti gli uomini fossero solamente mossi da una maggiore o minor cifra dei loro guadagni pecuniari. Non so prestar fede ch'egli sia un allievo tanto perfetto della scuola di James Mill.

In ambedue le lettere si sostiene che i processi politici furono precipitati in un modo scandaloso. Milord, quei processi durarono otto lunghi mesi dal primo giugno 1850 al 31 gennaio 1851, e questo perchè alcuni degli accusati asserivano che per trovarsi in cattivo stato di salute, non potevano assistere alla propria difesa. La pubblica discussione non durò meno di 74 giorni. Il numero dei testimoni esaminati ammontò a 226: le deposizioni scritte che furono lette formarono un volume di tanto peso, che messo in una bilancia con tutti i Blue-Books di lord Palmerston l'avrebbe di gran lunga fatto traboccare dal suo lato. Nulla di più falso quanto l'asserire che i prigionieri politici furono privi del beneficio delle leggi, e dell'assistenza di un avvocato. I prigionieri prima e durante il giudizio furono difesi dai migliori legali del regno. Per questo ho l'autorità di persone che assalirono al giudizio, che non erano anticostituzionali, e che restarono edificati dalla buona regola di tutte le procedure legali. Milord le aringhe degli avvocati, e di quelli fra gli accusati che parlarono e trattarono da se stessi la propria difesa, durarono venticinque giorni.

Dopo tutto questo la gran Corte speciale deliberò tutta la notte e parte del giorno appresso. Ecco il giudizio che lo onorevole rappresentante dell'Università di Oxford descrive come sconsigliato.

Una tale insinuazione non che quella dell'uso della *tortura* nelle prigioni è troppo mostruosa ed assurda per meritare la menoma attenzione. Egli non cita l'autorità d'onde l'attinse, (benchè io potessi indicare a dito l'amore di questa novella) e questo paragrafo è scritto così dubbioso da far rilevare la poca credenza che meritava anche da colui che lo scrisse.

Ma come scusare l'averlo scritto con tali circostanze? Il governo napolitano fu uno dei primi del continente europeo che abolì e riprovò l'uso della tortura giudiziaria. In uno stato di eccitamento e di conflitto (come quello in cui i francesi furono in Calabria) io non potrei rispondere per qualche individuo, ma credo che a sangue freddo, non vi sarebbe un Napolitano che potesse eseguire la mostruosa operazione di torturare il proprio simile. Il signor Gladstone non può saperlo, ma voi, milord, non avrete dimenticato che il popolo napolitano non volle ammettere l'inquisizione, che combattè valorosamente contro i suoi padroni di quell'epoca, gli Spagnuoli, i quali volevano obbligarvelo, ed in conseguenza l'inquisizione non fu mai stabilita in Napoli.

Un'ultima parola sul trattamento dei condannati politici, e poi lascerò questo ributtante soggetto. Posso, milord, assicurare colla stessa certezza come esiste l'esposizione in Hyde-Park, che i delinquenti politici di civile condizione non sono accumunati cogli assassini e coi tagliaborse, ma son tenuti in luogo separato.

L'onorevole rappresentante dell'Università di Oxford afferma, che quasi tutti coloro che formavano l'opposizioni nella camera dei deputati in Napoli sono in prigione o in esilio. Egli parla di costituzione, ma crede che sia stato costituzionale per l'opposizione il dichiarare che non si voleva camera di pari, che si sarebbero fatte le barricate, e che il Re capo di questa costituzione doveva esser detronizzato ed assassinato colla sua famiglia? Il sig. Gladstone quindi rapporta il triste avvenimento di un certo Carducci, il quale, benchè cadde in un modo irregolare, pure meritava benissimo quel destino.

Questo Carducci era l'energico *cognato* del traditore Giuseppe del Re, al quale era diretta la lettera a *faire peur* di Alessandro Poerio (vedi pag. 66).*

Dopo aver alzato le barricate e combattuto dietro ad esse ed essere stato respinto con tutti gli altri, questo vero *Rouge* si gettò nelle montagne, si fece capo di un orda di contrabbandieri, ladri e banditi, ed emulando Garibaldi faceva una guerra di *guerriglie*, nella quale si commettevano le più incredibili atrocità. Se il sig. Gladstone non avesse esaurito tutta la sua compassione per i settari, i ribelli ed i condannati politici, avrebbe potuto impartirne un poco alla povera gente

---

* Pag. 208 della presente edizione, NdC.

di campagna inoffensiva, ch'era saccheggiata, crudelmente bistrattata, e non di rado assassinata da questo interessantissimo membro costituzionale dell'opposizione.

Ho veduto delle prove positive, milord, che giustificano come Carducci ed i suoi masnadieri vivessero largamente fra donne e provigioni, entrassero nelle piccole città, e nei villaggi saccheggiando ed ammazzando in modo che il nome di Carducci divenne sinonimo di Diavolo. Il Re ed il suo Governo quindi facendo quello che avrebbe fatto ogni governo in quella circostanza, lo mise fuor di legge ed a taglia. È vero che colui che guadagnò il premio sorprendendo ed ammazzando di propria mano Carducci, fu un prete che si chiamava Peluso, ma non è vero che costui percepisce per questo fatto una pensione dai Governo.

Mi si dice che Peluso non cammina nelle strade di Napoli, ma se camminasse, io dimando, dov'è la legge (a meno che non parliamo della stretta legge canonica) che ne lo impedisce? Prete o non prete, nessuna quistione potrebbe legalmente muoversi ad un individuo che avesse fatto ciò che fece Peluso avventandosi contro un uomo posto fuor di legge.

Fu dispiacevole il veder consumato quell'atto da un sacerdote, ma sarebbe stato più dispiacevole che non si fosse tolto di mezzo un furibondo come Carducci. Se una tigre si avventasse in una tranquilla capanna, e fosse uccisa, credo che non si domanderebbe se colui che l'abbia ucciso fosse un prete o un laico.

In quanto al Catechismo politico, sul quale fa tanto rumore il signor Gladstone, e che dice esser adottato per obbligo in tutte le scuole del regno di Napoli, posso affermare che sia un *affare* nel quale il governo non prende alcuna ingerenza, il Catechismo non fu mai presentato al Re o al suo consiglio, nè fu da loro autorizzato.

Tutto ciò che il signor Gladstone dice de' medici delle prigioni, e del trattamento dei prigionieri ammalati è una mera favola che non merita attenzione. Non occorre, milord, rilevarvi altri esempii delle tante esagerazioni dei signor Gladstone, ma ve n'ha una che non può andar dimenticata. Egli vi dice che quando lasciò Napoli si agitava una causa di stato (quella del 15 maggio) nella quale il numero degli accusati era di 400 a 500 incluse una o più persone di alto rango, le di cui opinioni in questo paese sarebbero considerate più conservative della vostra. Ora, milord, questa era la *causa della Setta l'Unità Italiana*; io vi ho rimandato al rapporto stampato della medesima il numero degli imputati invece di essere 400 a 500 era esattamente 43.

In quanto alle persone di alto rango, non ve n'era una, se si voglia eccettuare Carlo Poerio. Il sig. Gladstone potrà trovare nel numero di quelli avventati repubblicani uomini più conservatori di voi; io non saprei scoprirne nè immaginarne. Essi erano tutti membri della setta o società segreta chiamata l'Unità Italiana; abbiamo le loro stesse parole, le loro proprie confessioni, anzi le loro millanterie esistenti nei manoscritti, e nelle carte da loro stampate, che provano come l'oggetto di questa setta fosse lo stesso di quello che aveva di mira la società de' Carbonari, e la congrega di Mazzini, la *Giovane Italia*. Nelle istruzioni comunicate dalla grande o madre società ai club affiliati dalle province il primo articolo, era questo:

« 1.° – La società dell'*Unità Italiana* è la medesima che la *Carboneria* e la *Giovine Italia*. »

Carbonari erano politici costituzionali? i discepoli ed i seidi di Giuseppe Mazzini sono più conservatori di voi, milord?

Ma per usare una frase napolitana nel suo dialetto « *le chiacchiere stanno a niente, venimmo ai fatti.* »

Il numero degli accusati come vi ho detto è di 43. Otto fra questi furono messi in libertà; venti condannati ai ferri; due a sei anni di relegazione; cinque ad un anno di prigionia senza ferri; uno a quindici giorni di arresto, uno alla multa di 50 ducati, e tre alla morte, e furono Salvatore Faucitano, Filippo Agresti e Luigi Settembrini, ai quali il Re commutò la pena.

Quasi tutti costoro erano vecchi cospiratori; la maggior parte di essi erano stati prima in prigione, in esilio, o in angustie, alcuni erano tornati in Napoli pochi giorni prima del sanguinoso 15 maggio. Nè disastri nè lezioni di avversità possono riformare tali uomini, o moderare il loro fanatismo; il castigo non può correggerli, nè l'indulgenza o la clemenza reale emendarli. Io non so che potrà far di loro sua maestà Ferdinando II, meno che tenerli dove si trovano. Se domani potessero andar liberi fra la società comincerebbero nuovamente a congiurare. Il vero cospiratore italiano giacobino o carbonaro può solo esser curato o reso impotente dalla morte, e dalla più stretta e forte prigione. Ciò può sembrar crudele, o milord, ma io conosco *l'infame razza*, e non credo sia cosa pietosa o saggia l'esporre tutta una nazione alla miseria ed al sangue per lo amore di alleviare i patimenti di pochi disperati cospiratori, i quali han già cagionato tanto danno al regno delle due Sicilie.

Quel regno, milord, si va rimettendo, e rapidamente dagli effetti dei feroci movimenti rivoluzionari e delle convulsioni del 1848. Il brigantaggio sempre difficile a curarsi (anche in tempi di pace) in un paese tanto montagnoso, pieno di gole e di foreste, dopo le tempeste rivoluzionarie è stato completamente estirpato e soppresso; l'industria agricola, le manifatture, ed il commercio progrediscono sempre; le finanze nazionali si vanno ogni giorno riordinando in eccellente condizione; la massa della popolazione o tranquilla, ben intenzionata, e tutta confidente, lieta e pacifica, nel governo, perchè conosce benissimo dovere alla forza, alla prudenza ed al coraggio del governo l'essere stata salvata dall'anarchia; e veramente nel breve spazio di tre anni, è sparito ogni vestigio di quell'anarchia. Il Re ed i suoi ministri nel riorganizzare il paese hanno con ogni cura evitato quelle improvvise e numerose imposizioni, quelle tasse *ad hoc*, alle quali molti altri Stati han dovuto aver ricorso in casi simili od anche di minor urgenza.

L'onorevole rappresentante dell'Università di Oxford vorrebbe mettere in pericolo questa prosperità, e gettare un'altra volta il paese nell'anarchia del 1848? Se no, perchè pubblicare queste calunnie contro un governo che ha fatto, e sta facendo ancora tanto bene? Perchè si fa eco delle parole di condannati ribelli e traditori, contro le testimonianze di un popolo leale e di uomini di alto rango e di onore immacolato? Perchè si fa strumento, e coadjuva gl'intrighi di Giuseppe Mazzini?

Milord, senza un intero convincimento della verità di tutto ciò che dico, non vi avrei diretto questa lettera, ne avrei preso la penna. Ho nutrito un grande affetto pel popolo napolitano, e pel bellissimo paese che abitano. Molti anni fa in un mio libro dichiarai che dopo il mio paese preferirei finire la mia vita in Napoli, e trovar là semplicemente

.....un sasso
Cha distingua le mie dalle infinite
Ossa, che in terra e in mar semina morte.

Ma in tutte le belle ed estese possessioni che giacciono fra il Garigliano, e lo stretto di Messina, non ve ne sarebbe una che potrebbe darmi il Re delle Due Sicilie, per corrompere e farmi asserire a ragion veduta una menzogna su di una materia come questa. A dippiù se S. M. fosse quel tiranno come l'ha spacciato quella orda vile di cospiratori, io non passerei più i confini del suo reame durante il suo governo.

Milord, ho vissuto in paesi mal governati, e quel che è peggio in paesi senza governo, ed ovunque mi si è spezzato il cuore ai patimenti del popolo. La più lieve idea di oppressione e di tirannia mi ha fatto sanguinare il cuore. Posso assicurarvi milord, che nel mio soggiorno in Turchia nel 1847 e parte del 1848 il giornaliero spettacolo della tirannia dei Pascià, e la spoliazione degli Armeni, mi oppressero in modo che ammalai.

Ho dimorato in paesi (nell'Asia minore) dove il suolo è il più fertile, il clima il più delizioso, le vedute le più pittoresche. Il tutto però non era così bello come Napoli, perchè nulla lo è sulla superficie della terra, e pure l'intero aspetto del paese era tale, da rendersi tanto caro ad un uomo di gusto e sentir poetico.

Ma, milord, la miseria e la tirannia! villaggi abbandonati! città cadute in rovina! donne che distruggono i loro figli non nati! l'elemento musulmano osmanii che muore e sparisce rapidamente! Se il sig. Gladstone vuol sapere cosa sia realmente oppressione e mal governo, che vada nella Turchia europea ed asiatica. Era sempre un soffrire, e qualche volta un'assoluta agonia. Ho altrove raccontato il piacere e l'espansione di cuore da me provato quando passai dall'orribile Impero ottomano (dove la riforma non ha fatto se non male) alle care spiagge della penisola

che il mar circonda
E le Alpi.

In Turchia osservai solamente deterioramento ed assoluta ruina, una ruina che conta il suo principio almeno da due secoli; ma (checchè ne dica io contrario il mio antico ed onorevole amico sir Stratford Canning) prodigiosamente accelerata da dodici anni a questa parte, dalle novità e dalle mutazioni del Visir Reschid Pascià, e dai Turchi della sua scuola.

In Italia al contrario trovi generalmente un sorprendente progresso, che data dal periodo dei trattati di Vienna e dalla Pace del 1815, impedito, ma non abbandonato per la prevalenza dei principii democratici rivoluzionari.

Pure anche nella combustione del 1848 passando dalla Turchia in

Napoli (il primo punto della penisola dove io dimorai alquanto) mi parve che dallo inferno fossi andato al purgatorio. Voi conoscete Dante, milord,

> Per correr miglior acqua alza la vela.

Se quell'acqua migliore fu disturbata, la colpa, milord, non è del Re di Napoli, del gran Duca di Toscana, o di qualunque altro Principe, o vecchio governo d'Italia, ma dei club democratici, delle società segrete, e dei vagabondi come Mazzini, uomini che non hanno nulla da perdere, anzi una probabilità, di guadagnar molto nella rivoluzione.

Credo, milord, che voi preferirete la mia parola in tali materie, alle violenti asserzioni di scrittore di giornali o riviste, i quali nella maggior parte, non conoscono i dialetti, la maniera di pensare, i sentimenti, e le passioni degl'Italiani. Voi crederete che io sono un uomo di verità, di onore, e voi conoscete coloro i quali garantiscono i fatti, e mi hanno onorato della loro amicizia sin da venti o trent'anni.

Noi viviamo in tempi torbidi e critici. La vecchia Europa è stata scossa e convulsa in tutte le sue parti, ed i popoli poveri, e resi inquieti, sospettosi, ed infelici da orde unite di demagoghi, scrittoruzzi e cospiratori.

Milord, vi è una lega ed una cospirazione in tutta l'Europa, i di cui capi non si sgomentano per la cattiva riuscita di una teoria, di un esperimento politico, di una rivoluzione.

Vi prego, milord, di rammentare la mia citazione di Beaumarchais. In una materia così grave, come in qualunque altra, io non voglio alludere a uno stesso.

Ma nel tentare di asserire la verità, ed attaccare il torrente rivoluzionario insano e democratico, io ho attirato sul mio capo, da parte di certi partiti, un ammasso di vituperi, e d'insulti che pochi uomini hanno mai sofferto. Non contenti di aver condannato i miei libri iu materia politica, i partiti mi hanno attaccato su di ogni punto, ed hanno fatto il possibile per distruggere le mie risorse come uomo di lettere. – *Schiacciamo l'infame! L'unione fa la forza! Uniamoci e schiacciamo tutto ciò che ci è contrario!*

Questa, milord, è la vecchia canzone, il vecchio sistema, che conta la sua data dai tempi di d'Alembert, Diderot, d'Holbach e C. Quel sistema ha i suoi seguaci, i suoi allievi in Inghilterra, in Iscozia, in Irlanda, in metà delle nostre colonie; e dopo tante prove che il mondo ha avuto delle sue atroci iniquità, vi sono ancora degli scrittori in Londra che sostengono Giuseppe Mazzini come un rivoluzionario amabile di buon cuore, modello dei patrioti moderni italiani, e che son pronti in qualunque tempo ad attaccare e calunniare quell'uomo che professa opinioni differenti a quelle del loro idolo. Ma facciano pure quel che vogliono, non sarà tanto facile per loro schiacciar me, e le verità che ho dette. Sono, milord Aberdeen, con tutto rispetto e considerazione

Vostro umilis. e devotis. servo
CarLo Mac Farlane Londra, 7 agosto 1851.

GIUSEPPE MASSARI COMMENTA
LA LETTERA DI MAC FARLANE

Giuseppe Massari, nel suo già citato volume, tradusse e riportò la lettera di Mac Farlane, giudicandola una difesa poco efficace del regno napoletano. La corredò però di una serie di note a piè di pagina con osservazioni sarcastiche e di una prefazione, che qui di seguito riportiamo.

Gran rumore hanno menato i giornali sanfedisti od apologisti del governo napolitano di questo schifoso libello. Era mestieri (lo dico senza modestia) un gran coraggio per superare l'invincibile sentimento di disgusto che desta la sua lettura, e maggior coraggio era necessario per tradurlo: l'amore della verità e del mio paese m'hanno dato forza, ed ecco fedelmente tradotta in italiano l'apologia dettata, o copiata e recata in cattivo inglese dal signor Mac-Farlane. Chi è certo di aver ragione ed è tenero della causa del vero e del giusto non teme le contraddizioni: ed io son persuasissimo che anche senza leggere le lettere del signor Gladstone, un uomo spassionato e di retto giudizio che legga la pretesa confutazione del signor Mac-Farlane si convincerà sempre più dei torti è dei misfatti del governo napolitano.

Prima però di riferire le parole del libellista trascriverò quelle di un articolo del *Morning Chronicle* ad esso relative.

« Le asserzioni del signor Gladstone sul regime di terrore dominante a Napoli, furono confermate universalmente, e solo manca la testimonianza dei colpevoli. Lord Palmerston, nell'onorevole tributo che rese ad un suo oppositore politico, espresse l'opinione di ogni persona rispettabile in Inghilterra. Coloro che poterono attingere alle più pure fonti di verità, possono asseverare quanto sieno conformi al vero le accuse del signor Gladstone. La società fu assai soddisfatta nello scorgere che l'accusatore era uomo coscienzioso, accurato, moderato ed imparziale.

Fortunatamente i delinquenti furono costretti a pubblicare la loro difesa. Ma non ostante tutti i mezzi che erano in loro potere, fallirono compiutamente nel loro scopo di confutare od almeno porre in dubbio alcuna delle asserzioni del signor Gladstone. Ed istruttivo è assai l'osservare lo spirito con che dettarono la loro apologia. Dalla moderazione, dalla lealtà con cui trattano il loro avversario, il quale per avventura non trovasi in loro balia, si può trarre argomento della giustizia delle loro barbarie giudiziarie. La sola cosa che scema il piacere con che accogliemmo la difesa della corte di Napoli è il rammarico di vedere che siasi incaricato di tal uffizio un inglese, od almeno un suddito inglese.

Dobbiamo dire ad onor del vero, che l'autore ha meritata veramente la confidenza riposta in lui per principi e per gusto egli è degnissimo della causa che egli intraprese a difendere, o che l'incaricarono di difendere. Il signor Carlo Mac-Farlane, autore di *una Lettera al conte di Aberdeen*, di cui imprendiamo a parlare, è conosciuto altresì per altre opere, fra cui – *Una occhiata alla rivoluzione italiana*. Il libro ottenne una certa voga non del tutto immeritata. Si dimostra in esso partigiano stravagante e diverte assai colle sue novelle, lardellate con tale profusione di titoli che lo rendono simigliante al lacchè travestito di un antico nostro romanzo. Sembra che il principale oggetto dello scrittore sia l'informar il lettore che egli usa con persone qualificate e alla moda. Sempre ha in bocca « la mia vecchia conoscenza il duca d'A .... » o « la mia cara amica la principessa di B .... » Frammischiare in tal guisa le sue osservazioni a libelli contro i patrioti, fossero essi costituzionali o repubblicani, sembrava cosa naturale in un parassita di professione, il quale cerca di andare a versi alle parsone cui frequenta. Ma nel farsi avanti come campione di una detestabile causa, il signor Mac-Farlane perde il titolo all'impunità che si concede ad un insulto letterato. Sebbene il tono della sua difesa lo dimostra pur sempre quale egli si palesava nei primi suoi scritti. » Ecco ora la lettera del signor Mac-Farlane.

UN CARTEGGIO CASTELCICALA - PALMERSTON

Nell'agosto 1851, dopo la pubblicazione della lettera aperta di Mac Farlane, l'ambasciatore napoletano a Londra scrisse al ministro Palmerston chiedendogli di diffondere l'opuscolo allo stesso modo in cui si era prodigato a far conoscere le lettere di Lord Gladstone. Palmerston rispose a breve giro opponendo un fermo rifiuto. Le due lettere sono tratte dal volume di Raffaele Cotugno, *Tra reazioni e rivoluzioni*.

Agosto 1851

My Lord,

Nel ragguaglio dal Times di ieri dato sulla sessione della Camera dei Comuni, ho letto che V.E. rispondendo ad una dimanda di sir D.L.Evans su talune pubblicazioni del sig. Gladstone contro il Governo del Re, mio Augusto Padrone, disse aver creduto suo dovere inviar copie ai ministri Brittanici presso le varie Corti d'Europa.

E siccome una replica alle cennate pubblicazioni, fondata sopra validi documenti, è uscita qui recentemente in luce, mi onoro inviarne a S.E. Copie 16. E la pregherei di volerle distribuire nello stesso modo con che ha distribuito la brochure del signor Gladstone. La nota massima *audi et alteram partem*, la cortesia di V.E. (e nell'attuale riscontro anche meglio) la di lei giustizia mi fanno sperare che V.E. non vorrà trovare la mia domanda indiscreta.

Dev.mo Obb.mo Servo
CASTELCICALA

***

Signore,

Ho avuto l'onore di ricevere la vostra lettera del 9 andante con cui, nell'acchiudermi un esemplare di un opuscolo intitolato: « Il Governo Napolitano ed il Signor Gladstone » mi avete richiesto di spedire esemplari di sì fatto opuscolo a' Ministri di S.M. presso le diverse Corti d'Europa.

Debbo dirvi, in risposta, che io non posso contribuire alla propaganda di un opuscolo, il quale, a mio credere, non fa onore al Governo che cerca di difendere, al partito politico che imprende a propugnare ed al suo autore. Non avrei ardito intrattenervi sull'opuscolo del Signor Gladstone, se voi non mi aveste a ciò chiamato con la vostra lettera del 9 andante, e posso assicurarvi che non senza dolore e ripugnanza vado ad esprimere la mia opinione rispetto a tale opuscolo o alle materie di cui esso tratta.

Mi veggo quindi nella necessità di dirvi, che le lettere del signor Gladstone a Lord Aberdeen presentano un quadro desolante di un sistema di tale illegalità e crudeltà praticato dagli impiegati ed Agenti, del Governo del Regno di Napoli, quale non dovrebbe mai esistere ai nostri giorni in veruno Stato d'Europa, e le informazioni ricevutesi per altre vie sul medesimo argomento conducono a far credere che il signor Gladstone non abbia per modo alcuno esagerato i mali che descrive.

Ma le lettere del signor Gladstone non erano scritte, come suppone l'opuscolo che mi avete mandato, con animo ostile verso il Re di Napoli, o con sentimenti contrari alla Costituzione Parlamentare e Monarchica, conceduta da S.M. Siciliana ai suoi sudditi e confermata con suo Real giuramento; per contrario e' pare che il signor Gladstone abbia avuto per iscopo l'amichevole proponimento di richiamare la pubblica attenzione e indirizzare la forza della pubblica opinone sopra abusi i quali, laddove continuassero, distruggerebbero necessariamente le fondamenta della Monarchia Napolitana, e preparerebbero la strada a quelle violenti commozioni, che i risentimenti, cagionati da profonda convinzione di una somma ingiustizia, per lungo tempo continuata, tosto o tardi producono. Egli era da sperare che il Governo Napolitano avrebbe accolto quelle lettere nello spirito con cui sono manifestamente scritte, e sarebbesi seriamente ed efficacemente adoperato a correggere i molteplici e gravi abusi sui quali la sua attenzione era stata richiamata.

Egli è indubitato che in tal guisa il Governo Napolitano renderenne vane le mene di tutti i rivoluzionari e rafforzerebbe le Istituzioni Monarchiche nel suo territorio, meglio di quanto potrebbero effettuare i più severi provvedimenti del più vigilante Ministero di Polizia.

Ma il Governo Napolitano mal si avvisa se crede che un opuscolo consistente in un debole tessuto di pure asserzioni e trascurate negative, miste a grossolane villanie e ingiurie, verso gli uomini pubblici ed i partiti politici, possa riuscire utile o rendere alcun positivo servizio al Governo, a sostegno del quale, pare che sia stato scritto: ed io tornerò con l'osservare che nell'opuscolo di Mac Farlane sono alcune allusioni, dirette siccome indirette, le quali tendono a stabilire quelle stesse conseguenze che egli ha in animo di combattere.

Ho l'onore di essere con la più alta considerazione

Di Vostra Altezza obbedientissimo
ed Umilissimo Servitore
PALMERSTON

LA COMPILAZIONE DELLA "RASSEGNA UFFICIALE"

Dopo il lavoro di Mac Farlane, il governo napoletano decise di fornire una risposta ufficiale. Tra i documenti d'archivio citati da Raffaele Cotugno, vi è una nota senza autore e senza data (presumibilmente fine agosto 1851) dal titolo *Elementi che si desiderano pel compimento dell'ordinato lavoro*. L'anonimo autore fa richiesta di dati statistici sul numero dei prigionieri politici, soprattutto di quelli rimessi in libertà o graziati dal Re, sollecita informazioni precise sulla struttura delle carceri e si sofferma sul Catechismo politico tanto criticato da Gladstone.

Molto si è scritto intorno ad un luogo del Bagno d'Ischia detto Maschio, e' si vuole che sia un *cassero senza luce, posto ventiquattro piedi o palmi sotto il livello del mare*.

Giova conoscere se tale sia la situazione di questo Maschio, o se invece esso sia posto in luogo molto al disopra del mare, anzi in cima del Bagno, per quanto si è inteso. Qualche nozione topografica potrebbe aversi dal Comandante di quel luogo, come pure tornerebbe acconcio, a smentire le contrarie calunnie, dire dove si trovino Poerio, Settembrini e Pironti.

Si parla d'un *Catechismo* politico, attribuito al Canonico Apuzzo, in un luogo dell'incarto, ed in altro luogo si prende ad esaminare di proposito il Catechismo filosofico per uso nelle scuole inferiori, impresso in Napoli nel 1850 da Raffaele Miranda al Largo delle Pigne N.60. Si vorrebbe conoscere se i due Catechismi, cui si accenna, siano la stessa cosa, e se siano stati pubblicati per disposizione del Ministero della Pubblica Istruzione, ovvero siano un'opera privata di

Autore, che ha voluto serbare l'incognito. Sarebbe anche opportuno una copia di tali Catechismi sui quali l'autore del rapporto fa lunghe e velenose critiche.

p.s. rimane ad indagare chi sia l'autore del Catechismo impresso da Raffaele Miranda, e se questo sia una ristampa di antica edizione, ovvero operetta tutta nuova. In questo caso dovrebbe verificarsi se sia pubblicata prima o dopo la legge sulla stampa dell'agosto 1850.

JULES GONDON RISPONDE A GLADSTONE

Un altro intellettuale che si preoccupò di confutare le asserzioni di Gladstone fu Jules Gondon, direttore del periodico francese *L'Univers*. Il testo, comparso a puntate sulla rivista, fu successivamente raccolto in un volume dal titolo "La terreur dans le Royaume de Naples – Lettre au Right Honorable W.E.Gladstone membre du Parlament Britannique en résponse à ses deux lettres a Lord Aberdeen". Riportiamo qui la traduzione tratta dal già citato volume *Confutazioni* etc.

Signore,
La vostra posizione sociale esige che, seguendo le convenzioni dell'etichetta inglese, io faccia precedere il vostro nome dall'epiteto di *onorevolissimo*: mi vi conformo: ma non sarebbe già lo scritto al quale voi avete unito il vostro nome, che vi avrebbe mai fatto arrivare d'un balzo al superlativo della onorabilità.

Abituato fino a questo giorno a contarvi fra i membri più distinti del partito conservatore inglese, l'opinione pubblica ha potuto commuoversi al primo cenno che gli organi della rivoluzione hanno fatto delle vostre lettere a lord Aberdeen. Or fa bisogno illuminare l'opinione pubblica dell'Europa sulle trasformazioni che le vostre convinzioni politiche hanno subito.[1]

---

[1] In un opuscolo che io ricevo da Londra dopo avere scritto questa lettera leggo il seguente squarcio: « L'onorevole sir Gladstone, conosciuto altre volte come un influente conservatore, ha concepito da qualche tempo la più forte avversione ed è giunto a tale, da arrivar a dire che *tutte le monarchie della Europa sono vecchie e cadenti, che il sistema monarchico in se stesso è un sistema barocco*, e che quanto più presto noi ci accosteremo al vero modello normale degli Stati-Uniti di America, sarà meglio per noi. »

L'opuscolo dal quale tolgo questo squarcio interessante non poco ha per titolo: *Il Governo napolitano e M. Gladstone*: e ne è autore il signor Carlo Mac-Farlane.

Le vostre *Lettere sulle persecuzioni di Stato del governo napolitano*, vi pongono in un nuovo posto nella classificazione degli uomini politici dell'Inghilterra. Voi avete rinnegato il vostro passato per prendere rango nella scuola diplomatica dei Palmerston, dei Minto, dei Bulwer e dei Napier. Il partito conservatore non può vedere in voi che un disertore dopo che voi vi siete fatto il campione della rivoluzione italiana, il traduttore delle sue opere, [2] lo spacciatore delle sue calunnie e il relatore delle sue più odiose accuse.

Le vostre due lettere a lord Aberdeen non sono che una requisitoria nella quale voi avete aggruppate tutte le censure degli anarchisti napolitani contro un Governo, che, più fermo, più intelligente degli altri, ha la gloria di aver saputo vincere la rivoluzione. Il vostro nome farebbe invano cercare nelle vostre lettere un fatto di gravità a carico del Governo napolitano. Voi vi fate l'eco delle accuse le più gravi, senza avere il minimo pensiero di recar qualche prova per giustificarle. In virtù dunque di qual prerogativa vi spogliate voi dell'*onus probandi* che pesa su qualunque accusatore?

Se fa d'uopo credere ai vostri amici, voi non sareste già arrivato a Napoli colle disposizioni di spirito, colle quali vi trovaste allontanandovi dalle sue rive. Voi vi siete arrivato conservatore ed uomo d'ordine; l'influenza degli agenti di lord Palmerston e l'atmosfera mazziniana sparsa intorno a voi hanno operata una metamorfosi di cui la setta rivoluzionaria si felicita come di uno dei suoi più belli trionfi.

Chi dunque si preoccupava in Europa delle denuncie calunniose

---

[2] La sollecitudine dell'onorevole rappresentante di Oxford per i prigionieri politici del regno delle Due Sicilie, sembra che gli abbia lasciato qualche riposo. Sir Gladstone ha pubblicato una traduzione della *Storia degli Stati Pontifici dal 1815 al 1850*, del signor Luigi Carlo Farini. — Questa pretesa storia altro non è che un lungo libercolo contro il papato. La circolazione di questo scritto è severamente vietata nella maggior parte degli Stati d'Italia. È in questo libro che l'onorevole sir Gladstone invita gli inglesi a studiare l'istoria degli Stati Pontifici. La coincidenza di questa pubblicazione con quella delle due lettere contro il Governo napolitano non è ella abbastanza significativa?

scritte contro il Re ed il Governo di Napoli dai fogli demagoghi di Francia e d'Inghilterra? Certamente nessuno. Un mezzo ammirabile di arrivare a dare a queste vociferazioni una qualche apparenza di realtà, era di addossarle ad un *tory, ad un membro influente, onorato, capace, del partito conservatore.*

Gli ammiratori del vostro talento e del vostro carattere avranno a deplorare che un uomo del vostro valore si sia lasciato prendere all'agguato anglodemagogico dei rivoluzionari napolitani.

Io vorrei potervi scusare, cercando persuadermi che voi non avete riflettuto, nè compresa la portata di un atto la cui responsabilità è pure così trista. Un inglese anche conservatore, può assai facilmente lasciarsi strascinare, quando si tratta di abbattere il più fermo e devoto sostegno del potere temporale del Papa.

A misura che i foschi splendori degli avvenimenti ci illuminano, non diviene forse sempre più manifesto che la causa del protestantismo tende ogni giorno a identificarsi di più con quella dei nemici dell'ordine sociale? Conservatori o no, la logica vi trascina: l'anarchia politica e sociale doveva sortire dall'anarchia religiosa: la rivolta contro il Re, contro qualunque autorità. L'avvenire proverà che entra nei destini del protestantismo e del socialismo ravvicinarsi e il confondersi insieme.

Per quanto conservatore si sia il vostro paese, o signore, egli è troppo protestante per non essere rivoluzionario, per non presentarsi dappertutto come lo ausiliario della rivoluzione, e tale è la parte che egli sostiene al presente, attendendo a divenire egli stesso la preda dell'incendio da lui stesso svegliato, se egli non cerca la sua conservazione, nei soli principii religiosi e politici veramente conservatori. Lord Palmerston non ha fatto che sopravanzare il vostro partito; egli ponendovi al suo seguito, ha fatto sì che voi ubbidiate ad una legge che i vostri amici e il vostro paese alla lor volta avranno a subire.

Mi affretto ad arrivare alle vostre accuse, e mi propongo di esaminarle colla calma, colla moderazione e colla imparzialità di cui voi avete voluto lodarmi e ringraziarmi, or sono sette anni, allorchè mi faceste l'onore d'indirizzarmi qualcuno dei vostri scritti.

Non è che dopo aver sentito lord Palmerston farsi vostro apologista; non è che dopo aver veduto il ministro degli affari esteri di S. M. Britannica discendere al grado di essere il relatore di un libello, che io mi sono deciso a leggere le vostre lettere. Prima di averne preso cognizione, il linguaggio dei giornali rivoluzionari mi aveva fatto temere che la vostra buona fede fosse stata sorpresa; ma dopo averle lette, ve lo dico con dolore, io cercherei invano conciliare la buona fede dello scrittore, la lealtà dell'uomo politico con le accuse di cui voi avete acconsentito a divenire il propagatore.

Qualunque sia il rispetto che mi ha sempre inspirato il vostro carattere, qualunque sia l'ammirazione che comanda il vostro talento, da che voi annunciate dei fatti, permetterete senza dubbio che si ricerchi la loro gravità e la loro importanza in questi fatti stessi, e non nell'influenza e considerazione di cui godete. Voi avete portata la discussione sul terreno dei fatti, ed è là che mi bisogna seguirvi; ma se io pervengo a stabilirvi che le pretese rivelazioni sulle quali voi vi appoggiate per denunciare il Governo napolitano al disprezzo e all'indignazione dell'Europa sono false e calunniose, io ve lo dimando: su chi dovranno ricadere questo disprezzo e questa indignazione?

I fatti che voi denunziate, o signore, si riferiscono ad avvenimenti contemporanei. Noi siamo separati solamente di pochi mesi dai più lontani; se bisogna prestarvi fede, gli altri sono attuali: dal che io conchiudo che la loro verificazione deve esser facile. Io mi vi accingo, seguendo l'ordine nel quale le vostre lettere me li presentano. Io comincio con uno di quelli che hanno maggiormente commossa l'opinione pubblica, che hanno sollevato maggiori e più dolorose prevenzioni contro il Governo napolitano:

Il numero dei prigionieri politici

Che cosa ci affermano le vostre lettere?

Io traduco quello che voi ci dite su questo punto; affine di non essere accusato di falsare le vostre parole, o di esagerarne l'importanza.

« La *generale credenza* si è che il numero dei prigionieri per delitti politici del regno delle Due Sicilie sia fra quindicimila, o ventimila, o trentamila. » [3]

Ma questa statistica riposa su qualche testimonianza più precisa, più esatta che la *credenza generale*?

Voi rispondete: « Il Governo toglie qualunque siasi mezzo di precisa informazione, e per conseguenza non vi ha alcuna certezza su questo punto. Ed io frattanto ho trovato che *questa credenza* è partecipata da persone le più intelligenti, le più considerate e meglio informate. Questa è così confermata da quello che si sa intorno alla moltitudine incredibile di sventurati che sono accalcati in certe prigioni, e specialmente da quello che si conosce, toccando il numero degli individui che mancano dal seno delle comunità in certe località provinciali. » [4]

---

[3] Prima lettera, pag. 9 (pag. 53 della presente edizione, NdC).

[4] Ibid. pag. 9. La credenza generale confermata dalla credenza personale dell'onorevole Gladstone non ha inspirata un'intera confidenza ai giornali rivoluzionari. È un fatto degno di essere notato che nessuno di essi, parlando dei prigionieri, ha fatto menzione del numero di trenta mila. Le cifre di sir Gladstone sono loro sembrate così precise, malgrado il suo avviso, da non offrire alcuna certezza, onde hanno preferito prendere la media di 20,000. Questo tratto di buona fede demagogica, mi facea dire in un articolo di risposta al *National*: « Perchè lasciar così nell'obblio dieci mila vittime della barbarie di Ferdinando? Se sir Gladstone ha veduto esattamente, se ha ben rettificato, ben contato, lasciamogli il beneficio de' suoi calcoli. Perchè attenuare in una proporzione così considerevole la criminalità del Governo Napolitano? Il *National* in verità si mostra troppo indulgente, e noi dobbiamo assumerci la difesa della causa di dieci mila prigionieri che egli ha la crudeltà d'obbliare, quando i diritti dell'umanità esigono che si faccia entrare in conto. »

Così scrissi nell'*Univers*: il *National* nulla rispose.

Eccovi, o signore delle nuove date, di cui la scienza statistica vi deve la scoperta. Dopo aver messa innanzi agli occhi del lettore una statistica che può variare secondo la sua moderazione o le sue esigenze da 45,000 a 30,000, se ve se ne dimanda la giustificazione, voi rispondete che l'avete stabilita sulla *evidenza generale!* Ma voi avreste dovuto rivelarci, con qual aiuto, con qual ingegnoso procedere voi siete arrivato a constatare questa *credenza*? Forsechè voi stesso, o signore, avete fatta un'inchiesta in questo scopo? Io temo molto che voi abbiate abbandonata questa cura ai membri della setta mazziniana, agli amici di Poerio, che sono quelli di lord Palmerston, e che sono divenuti vostri. Ora la vostra esperierenza avrebbe dovuto insegnarvi che i demagoghi napolitani, simili ai loro fratelli di tutte le parti d'Europa, parlano senza posa in nome della pubblica opinione, in nome del popolo, in nome del paese, quando non esprimono che i loro odii e le loro esecrande speranze.

Oh! voi sareste stato più giusto, voi avreste fatto prova di maggiore equità e lealtà se, lasciando da parte una credenza che doveva parervi sospetta, voi vi foste limitato, dopo aver data sul numero dei prigionieri un'indicazione falsa e calunniosa, vi foste limitato, io dico, a constatare l'inesattezza delle vostre asserzioni. E perchè le vostre informazioni sono state così incerte? Avete voi fatto il minimo tentativo per dissipare la loro incertezza? No, perchè voi non avreste mancato di informarcene: voi non avreste obbliato di constatare i passi fatti, segnalare i rifiuti di informazioni che vi avrebbe opposto il Governo napolitano. Sarebbe stato questo un episodio prezioso, un

---

In Inghilterra qualcuno degli adulatori di sir Gladstone si sono mostrati ancora più increduli sulle asserzioni. Così per esempio il *Tablet* giornale che entra nelle vie del socialismo, ha detto: « Quando non vi fosse di vero che la metà, di quello che racconta sir Gladstone, tuttavia non ha meno reso un grande servigio all'umanità, e noi ci congiungiamo a lui di tutto cuore nella esecrazione di una politica sì infame. »

I vostri adulatori dunque vi accusano essi stessi di menzogna!

tema fecondo alle declamazioni della stampa rivoluzionaria, che vi viene così potentemente in aiuto in questo momento.

Signore! L'opinione dell'Europa che voi avete evocata, esige che voi giustifichiate le asserzioni da voi emesse sul numero dei prigionieri napolitani. Quali sono le persona *intelligenti* delle quali voi invocate la testimonianza? Nominate voi forse gli uomini *meglio informati* e dei più considerevoli di cui ci parlate? Ove hanno essi attinte le loro informazioni? Su quali nozioni di giustizia e di morale appoggiate voi la vostra maniera di procedere contro il Governo napolitano, che voi avete, secondo l'espressione dei vostri lodatori, inchiodato alla berlina?

Con qual diritto vi indignerete voi contro la giustizia di Napoli, quando voi stesso, o signore, nel processo che voi intentate ai ministri di S. M. Siciliana, voi non avete presentato le vostre accuse che appoggiato a testimoni che non ardiscono farsi fuori? Chi dunque ha veduto la *moltitudine incredibile accalcata* in certe prigioni? Quali sono queste prigioni? Se le vostre informazioni sono esatte vi dovrebbe esser facile a indicarle. Quanto agli individui che mancano dal seno delle comunità *in certe località*, precisatele queste località, ed abbiate cura di farci conoscere in qual modo i testimoni anonimi, che vi parevano dei *meglio informati*, hanno constatato i vuoti che vi allarmano.

Io vi domando, o signore, s'egli è ragionevole l'ammettere che si possa arrivare in un qualunque paese a precisare il numero dei prigionieri, andando di città in città, di villaggio in villaggio, di porta in porta, a domandare agli abitanti: Avete voi qualcuno dei vostri in prigione? Procurate di stabilire in Inghilterra, in Irlanda ed in Iscozia la statistica delle prigioni su simili basi, e voi produrrete in seguito le vostre cifre *appoggiate a ciò che si conosce!* D'altronde, voi avreste sempre a dirci quali sono gli uomini intelligenti che hanno fatto questa curiosa verificazione nel regno delle Due Sicilie.

Vi sarebbe stato più fucile, poichè il numero dei prigionieri napolitani vi interessa così vivamente, visitare le prigioni di Stato. Voi avreste potuto, senza riportarvene alle cifre del capo della polizia, esaminare i registri delle case di detenzione, perchè il Governo, io non ne dubito, sarebbe stato fortunato di fornirvi i mezzi di rischiarare la vostra coscienza, e voi sareste stato autorizzato a dirci: Io ho veduto e toccato con mano quello che racconto. Chi non vi avrebbbe creduto?

Ora, come pretendete voi imporci la vostra opinione, quando voi non avete una sola testimonianza, un solo documento da invocare in suo appoggio.

Tosto che la prima lettera fu pubblicata, vi si fece osservare, voi ci dite, che voi avete parlato di *venti o trenta mila* prigionieri, quando il loro numero in realtà non arriva che in circa a *due mila*. Era una bella occasione di sviluppare tutti i *si dice, si afferma, si assicura, si conosce*, nei quali voi vi eravate dapprima limitato; che cosa avete voi risposto?

« Io so, dite voi, che la mia *opinione*, a proposito del numero dei prigionieri politici nel regno delle Due Sicilie, è stata respinta da un'asserzione che si dice basata sopra un documento ufficiale, secondo la quale, invece di *venti mila* non ve ne sarebbero che *due mila*. Ma questo numero stesso non è già stato sempre ammesso: perchè io mi ricordo che nel mese di novembre scorso, un inglese, uomo onorato e in istrette comunicazioni colla Corte, mi disse che il numero non era che di *mille*.

Ho ben cura di far osservare, voi aggiungete, che, la mia asserzione *non era fondata che sull'opinione, un'opinione ragionevole, secondo io credo, ma che però non è che un'opinione,* che il Governo napolitano abbia il beneficio intero della contraddizione. Sarebbe per me una grande soddisfazione di poter dire onestamente che egli ha acquistato la mia fede: i lettori delle mie lettere non saranno sorpresi dalla mia esitazione ad ammetterlo. » [5]

---

[5] Seconda lettera, pag 42 (pag. 125 della presente edizione, NdC).

Voi v'ingannale, o signore; la sorpresa del lettore è grande, perchè la vostra esitazione non è giustificata, dal momento che non ha altro fondamento che una *opinione ragionevole, secondo voi credete*. Si tratta di sapere se questa opinione è più ragionevole di un documento ufficiale? Poco m'importa, e poco importa al pubblico quello che voi credete: ma voi dovete rendere conto della vostra credenza, e le vostre lettere non ce la danno. Il diritto individuale del giudizio privato in materia di fede, che voi esercitate in una maniera così assoluta in seno dello anglicanismo, non farebbe legittima la calunnia, perchè voi l'avrete seminata nel mondo *secondo quello che voi credete*.

I giornali anarchisti dell'Europa si sono autorizzati della vostra *credenza* per dire che voi avete *contate* le vittime della giustizia napolitana, quando voi ne cresceste il numero fino a venti mila.[6]

Assai poche ricerche, o signore, vi avrebbero permesso rettificare gli errori della *opinione generale e quello che voi credete*. Voi siete ancora in tempo d'invitare lord Napier e gli agenti così bene informati che lord Palmerston possiede a Napoli, di verificarne le nostre cifre, ed essi arriveranno senza molta pena a constatare i fatti seguenti.*

Io devo aggiungere, per esser completo, che indipendentemente da questi prigionieri, vi ha nel regno un certo numero di detenuti per misura di polizia, ed aggiungo il loro numero ai primi onde avvicinarmi al più possibile al numero di trenta mila vittime la cui sorte sembra che abbia sconvolto il vostro cervello.

Ecco il numero.*

I detenuti, congiunti ai prigionieri, elevano dunque il numero a 2,024, attendendo sempre di trovarne trentamila!

Per essere perfettamente esatto, io vi dirò ancora che questo docu-

---

[6] Egli ha veduto, egli ha toccato, egli ha pesato i ferri dei prigionieri. » *(National)*

* Cfr. tabella a pag. 386 (NdC).

Jules Gondon risponde a Gladstone 239

mento rimonta al mese di giugno. Ora dopo questa epoca, molti dei detenuti erano stati liberati, e la clemenza del re, cui le vostre calunnie hanno fatto appellare *l'assassino di Napoli*, il *carnefice coronato*, si è stesa su 242 colpevoli, che godono a quest'ora di loro libertà, e che benedicono il loro sovrano.

Le detenzioni preventive fisseranno ben tosto la mia attenzione: io avrò ad esaminare quello che voi ne dite. Io mi occupo qui del numero dei prigionieri. Voi lo vedete, o signore, io appoggio la mia contraddizione sulle cifre, sopra un documento ufficiale, della cui esattezza io sono ben persuaso, e qualunque membro del corpo diplomatico, presente a Napoli, è in grado di verificarla.

Io vi provo colle cifre che il numero dei prigionieri che era di 2,024 nel mese di giugno, è tutto al più di 1,800 nel mese di agosto. Che avete voi a rispondere, voi che non mi opponete che l'*opinione generale*, voi che siete costretto a convenire che i vostri calcoli non offrono *alcun carattere di certezza*, e che pure sostenete il numero dai 20,000 ai 30,000? Che dico io? Voi pretendete che i prigionieri siano accalcati come *una massa di carne putrefacientesi!*

Ah! io temo bene, signor Gladstone, se voi avete qualche pensiero del vostro carattere e della vostra riputazione, che voi non vi troviate nella necessità di dirci dove, quando e come voi avete potuto vedere delle masse di carne putrida nelle prigioni napolitane, quando la provincia che conta il maggior numero di prigionieri (provincia che voi non avete nè anche visitata) ne conta appena 380?

Signore, giacchè mi occupo dei vostri calcoli, vediamo se siete più esatto parlando *degli accusati del 15 maggio.*

Leggo nella prima delle vostre lettere alla pagina 40:

« Quando io lasciai Napoli si aspettava veder cominciare immediatamente un processo (quello del 15 maggio) nel quale il numero degli accusati è di quattro a cinquecento. »

Dove avete attinte queste informazioni? Il vostro errore è lo stesso come quello in cui incorreste nel calcolo generale del numero dei prigionieri politici. Voi dite quattro a cinquecento invece di dire quaranta a cinquanta, precisamente come ci regalaste ventimila per due mila. Un zero più o meno!

Un documento ufficiale, l'atto di accusa pubblicato dalla gran Corte Speciale di Napoli, prova che il numero degli accusati è solamente di 46. Potete verificare la mia asserzione alla pagina 28 dell'atto di accusa nella causa degli avvenimenti politici del 15 maggio 1848. Il procuratore generale vi dà i nomi, i cognomi, professioni e domicilii degl'incolpati.

Questo atto è seguito da documenti giustificativi ed istruttivi, la cui lettura non può mancare di rettificare le vostre idee sul carattere degli uomini che voi prendete a proteggere, e dei quali ci dite:

« Questi quattro a cinquecento imputati comprendono (benché questo sia una digressione) una o molte persone di un rango distinto, le cui opinioni in questo paese sarebbero riguardate come più conservatrici delle vostre. »

Io son sicuro che l'applicazione che voi fate di queste opinioni a lord Aberdeen, è ingiusta; ma ammetto senza difficoltà che i principii conservatori degli insorgenti di Napoli sono conformi ai vostri, come voi lo dite. Ora, l'atto di accusa e i documenti che l'accompagnano, mostreranno a chiunque vorrà darsi la pena di leggerli, che vi è identità perfetta fra i progetti dei rivoluzionari napolitani e quelli del resto dell'Europa. Se l'insurrezione di Napoli avesse incontrato una repressione meno energica, avreste avuto la soddisfazione di veder all'opera gli uomini che glorificate. Le sanguinose giornate di giugno avrebbero potuto rischiararvi sulla natura dei conservatori che innalzano barricate. Avevate bisogno per conoscerli di veder succedere le scene lugubri della barriera Fontainebleau a Parigi sui gradini del trono di Ferdinando?

Torno al numero degli accusati, e vi domando, signore, per parte mia, di nominare le 454 persone sconosciute al procuratore generale di Napoli, le quali vi han senza meno autorizzato a farle entrare nei calcoli da voi operati per arrivare alla cifra di cinquecento accusati.

Convenite che le vostre due prime asserzioni non sono felici. Passo ora alla terza doglianza: *Delle confiscazioni e sequestri*. Voi citate appena questo delitto del Governo napolitano, e ne parlate solo di una maniera incidente.

Sembra su questo punto che vi fosse mancato l'appoggio dell'opinione generale, perchè ecco tutto ciò che si rileva nelle vostre lettere:

« Un piccolo numero di persone (gl'incolpati) han dei mezzi indipendenti per sostenere la loro famiglia, per non aggiungere secondo ciò che sento dire (*as I hear*) che le confische e i sequestri sono frequenti nei casi di arresto. »

Secondo ciò che sento dire, oh come è grazioso! Le nozioni di equità che l'anglicanismo vi ha dato permettono dunque di accusare, di calunniare per un *inteso dire*?

Voi citate il Governo napolitano « al tribunale dell'opinione generale, che circola in Europa con una forza ogni anno crescente, » voi non esitate avvilire i suoi atti contro questa opinione che voi chiamale « improntata dello spirito dei Vangelo » e le vostre querele posano su ciò che vi si dice (*as I hear*).

Voi uomo grave, che avevate dato le speranze di un uomo di Stato, voi che fate un delitto al Governo napolitano di accusare per semplici sospetti, di condannare senza prove, voi osate denunziare le sue confische all'opinione dell'Europa, perchè ve l'han detto?

Se il Governo di Napoli ha fatto delle confische, quali sono? indicateci, signor Gladstone le vittime delle sue spoliazioni.

In quanto a me potrei contentarmi di opporre una negazione assoluta ad una affermazione senza prova; ma voglio giustificare le mie parole, perchè possono essere giustificate. Voglio dirvi su quali fatti mi persuado che cercate sorprendere l'opinione. Dapprima, signore, nessuna sentenza giudiziaria ha pronunziato negli Stati napolitani la pena della confisca, che non esiste nei suoi codici al par dei nostri. In seguito nessun fatto di confisca arbitraria è stato segnalato dai diffamatori del Governo, che voi con tanta leggerezza fate segno dell'esecrazione pubblica, ma questo non è tutto: posso citare testimoni per confondervi.

Non ignorate senza meno, o signore, che nell'insurrezione del 15 maggio, i rivoltosi organizzarono un comitato di salute pubblica destinato a rimpiazzare il Governo contro il quale erano dirette le barricate conservatrici. Dopo il trionfo dell'ordine e delle leggi, i beni di 5 deputati che formavano questo comitato furono provvisoriamente sequestrati. Quanto tempo durò questo sequestro? Tre settimane precise. E come fu tolto? Sulle istanze delle famiglie dei colpevoli, conoscendo il cuore di Ferdinando, esse si diressero al loro Re, il quale fece togliere immediatamente il sequestro.

Se dubitate della esattezza di questi fatti, o se l'opinione generale che vi serve di bussola non li conferma, dirigetevi, o signore, a due membri dello stesso comitato di salute pubblica, che godono attualmente in Parigi della loro brillante fortuna, lo deferisco alla loro testimonianza. Le loro opinioni politiche non han potuto soffocare in essi i sentimenti di onore e di riconoscenza. Consultateli.

Se occorre andate in Sicilia a cercare le prove della barbarie di Ferdinando. I Siciliani vi diranno che non pochi di coloro che votarono la decadenza del Re, ed andarono ad offrire al Duca di Genova la corona di Sicilia non solamente furono amnistiati, ma abitano in Palermo e frequentano la Corte. Eccovi dei tratti di barbarie regia che la regina Vittoria non sembra disposta ad imitare in ciò che riguarda l'infelice Smith O' Brien ed i compagni del suo esilio. Dalle confiscazioni passo al *Prete assassino*.

« Posso accennare, voi dite, che uno di essi (un membro della camera dei deputati) è stato assassinato da un prete chiamalo Peluzzo, mollo conosciuto nelle strade di Napoli quando io mi trovava colà, che non è stato mai ricercato per tal delitto, anzi *si dice* che riceva una pensione dal Governo. »

Ed eccoci sempre allo stesso sistema di accusa. *Si dice* che i preti assassini siano *pensionati* dallo Stato, come *si dice* che il Governo *confisca*, come *si dice* che vi siano *cinquecento* accusati nell'affare di maggio, e come *si dice* sempre che vi siano *trentamila* prigionieri politici.

Ma chi dunque, signore, vi ha raccontato in tal modo la storia dell'infame Peluzzo? La stessa opinione pubblica protesta contro questa nuova calunnia, lo trovo ben chiaramente che la vostra sola preoccupazione in queste pagine immortali, è quella di stabilire, a dispetto dei fatti più notorii, la tesi: che il Governo cristiano e paterno del Re di Napoli « ha *per attributi tutti i vizi, ed è la negazione di Dio eretta in sistema di Governo,* » espressione la quale, secondo voi « *è verissima.* »

Se lo Stato pensiona gli assassini in Napoli, lo Stato lo fa più sovente in Inghilterra, e la vostra filantropia non si è ancora risentita, per quanto mi sappia, di ciò che voi chiamate *prezzo di sangue*, prezzo che il Governo inglese ha dovuto assoldare più frequentemente di quello di Napoli. Alcune parole sopra Peluzzo e la sua vittima.

Fra il numero dei membri *liberali* della camera dei deputati napolitani si trovava un *conservatore* chiamato Carducci, il quale dopo aver eretto le barricate ed aver impugnato le armi per rovesciare il Governo, sfuggì alla vendetta delle leggi nascondendosi fra le montagne. Come Garibaldi si attorniò di vagabondi, di ladri e di *banditi*, e si consolò dì non essere alla testa del Governo del suo paese facendosi capo di briganti. I compagni di Carducci sparsero ben tosto il terrore intorno a loro. Saccheggiarono da prima le campagne; ma incoraggiati poi dalla felice riuscita delle loro rapine, non esitarono a penetrare nei villaggi e mettere a riscatto le persone. Il nome di Carducci spargeva ovunque il terrore, ed il suo passaggio era segnalato dalla devastazione, dalle violenze, dai misfatti.

Questi delitti imponevano crudeli obbligazioni all'autorità. Ed essa non fece che seguir l'esempio che l'Inghilterra ha sempre dato in queste circostanze dolorose. Sulle sponde del Tamigi, quando si commette un grave delitto, ed il reo sfugge alla giustizia, il capo della polizia fa annunziare che sarà dato un premio a chiunque arresterà il delinquente e lo consegnerà vivo o morto all'autorità. E la polizia napolitana non ha fatto altrimenti; essa ha offerto una ricompensa alla persona che consegnerebbe Carducci, questo brigante sulla di cui sorte si commuove il signor Gladstone, e la cui causa egli accomuna con quella dei suoi amici conservatori.

Veramente signore, nella scelta dei vostri eroi non avete la mano felice come nell'addizione delle vostre cifre. Successe che il Carducci fu consegnato morto... da un certo Peluzzo, prete, non solamente che avea lasciato l'abito, e che da più tempo non esercitava alcuna funzione sacerdotale, ma che aveva dei titoli incontestabili a far parte delle bande della sua vittima. Ignoro se presso Carducci facesse le funzioni di suo luogotenente, ma è certo però che ne sarebbe stato degno.

Questa è la storia del prete assassino, che si dice ricevere una pensione dal Governo di Napoli! Peluzzo ha ricevuto col fatto la ricompensa offerta all'individuo, chiunque si fosse, che s'impadronirebbe di Carducci. Egli avrebbe ricevuto il *prezzo del sangue* in Inghilterra come in Napoli, e come non è guari si offriva in Francia una ricompensa a colui che avrebbe arrestato l'assassino Montcharmont. Il carattere di prete non entra quindi per nulla in questo alto. La buona fede la più volgare vi permette di far ricadere sul corpo sacerdotale l'atto di un essere indegno, che è stato separato dal suo seno. Se le cattive passioni seguono l'uomo in tutte le condizioni sociali, anche nell'esercizio delle funzioni più sante, sarebbe questa una ragione perchè non vi fosse più sulla terra probità, dignità, onore?

Si dà il permesso di perseguitare i corsari ed appiccarne gli equipaggi ai pennoni; in virtù di una eccezione di simil natura l'Inghilterra offre il *prezzo dei sangue* per colpire gli assassini, e l'autorità napolitana ha dato una ricompensa all'uomo che ha liberato la società dal Carducci, fatto brigante. Che cosa avete a rimproverare, sig. Gladstone, al Governo napolitano?

L'uso forse in Inghilterra vi autorizza a chiamar pensione il prezzo del sangue?

Sopra chi dovrà cadere, vi domando, l'odiosa offesa delle parole che consacrate a questo episodio?

Eccomi alla quinta accusa, che non è meno grave delle altre; vediamo però se sia più fondata. Si tratta niente meno dell'*avvilimento dei magistrati napolitani*. Confesso, signore, che se voi foste meno colpevole, esiterei a riprodurre i vostri sentimenti sopra uomini che amministrano la giustizia sono la proiezione tutelare del Governo di Napoli.

Dovrei occuparmi della magistratura in generale e delle calunnie che voi versate sulla medesima; ma sento il bisogno di consacrare alcune parole al carattere del magistrato, dopo aver letto nella vostra prima lettera le seguenti righe:

« Non intendo insinuare che i giudici di Napoli son tutti *mostri*, ma son tutti *schiavi*. Sono numerosi, mal pagati, ed amovibili. Sono in generale meno considerati, meno ben posati, e di una caratteristica morale assai più bassa dei distinti membri del foro, che dite fendono le cause innanzi a loro. *Credo* che il maggior soldo di un giudice ascenda a ducati 4,000. »

Grazie, signore, della vostra generosità. Voi volete concedere all'opinione pubblica, per la quale parlate, che tutti i giudici napolitani non sono *mostri*.

Quelli fra costoro in favore dei quali fate questa eccezione saranno, senza meno, contenti di essere *schiavi*.

Questa è l'accusa. Esaminiamo le prove.

Voglio, al par di voi, lasciar da parte i mostri che potrebbero spaventarci, per occuparmi solamente degli schiavi. L'Inghilterra ha fatto tanto per l'abolizione della schiavitù, che voi ben dovevate alcune parole a questi sventurati giudici napolitani, in fatto più infelici dei negri delle vostre colonie dei quali avete pagato tanto cara la libertà.

Ma finalmente, io li prendo tali come sono, schiavi, come voi lo dite. Voi vi accingete a provare che la loro condizione è tale come la descrivete, primo perchè sono amovibili, secondo perchè i meglio pagati fra loro non ricevono più di 4,000 ducati.

Mi congratulo seco voi che finalmente vi decidete a presentar le prove delle vostre asserzioni, o almeno le ragioni sulle quali le appoggiate, così torna più facile il seguirvi e combattervi.

In quanto al vostro primo considerando che mi direte se vi facessi osservare che i magistrati napolitani sono inamovibili? Ed altronde vi farò notare, di passaggio, che i liberali napolitani, come i loro fratelli *conservatori*, ai vostri occhi, i *montagnardi* francesi, non sono del vostro parere sulla quistione: perchè l'amovibilità della magistratura francese è stata dai medesimi richiesta nell'Assemblea costituente, ed una tal conquista è l'oggetto di un paragrafo dell'ultimo discorso del sig. Hugo.

I 4,000 due presentano una obbiezione più brillante.

Il ducato avendo il valore di fr. 4, 50 o 60 c., il soldo più elevato dei giudici napolitani non sarebbe che 17 a 18 mila franchi. E veramente è umiliante, signor Gladstone! magistrati che non possono essere meglio retribuiti son degli schiavi!

Ma che pensereste se vi dicessi della magistratura francese, che il nostro primo presidente della Corte di Cassazione non ha più di 20 mila franchi di soldo; Quanti magistrati francesi non vi sembrerebbero degradati, quando sapreste che i presidenti delle Corti di appello hanno da 6 a 10 mila franchi, ed i consiglieri cioè a dire i giudici, hanno solamente 3,000 franchi!

Il vostro disprezzo crescerà senza meno, quando saprete che la

Jules Gondon risponde a Gladstone

Francia conta fra i suoi magistrati più considerati, ed i più degni di esserlo, dei vecchi che ricevono 80 a 100 lire sterline all'anno! Non è credibile; e pure non v'ha nel mondo una magistratura più venerabile del corpo della magistratura francese. Siamo lungi, ben lungi, lo vedete, dai 4 mila ducati napolitani, che rappresentano 25 a 30 mila franchi a Parigi e 75 mila franchi a Londra. In Inghilterra è vero che i giudici hanno 100 a 200 mila franchi. Che uomini rispettabili! non vi potrebbero essere schiavi fra loro!

Il vostro ragionamento farà supporre al lettore che la cifra dell'entrate e dei soldi in Inghilterra sia il barometro dell'onestà e dell'indipendenza. Secondo voi dunque il vostro paese stima gli uomini secondo la loro fortuna, e non si potrebbe esser povero, senza essere disprezzato? Riconosco in questo i sentimenti umanitari di certi conservatori, e così mi spiego che le vostre asserzioni le più ridicole e le più assurde siano state accettate da parecchi giornali, organi di questi principii. Se sia permesso di vedere *schiavi* e quasi *mostri* nei magistrati che ricevono dallo Stato 18 mila franchi; di ricambio non sapremmo convenire di falsità l'asserzione di un uomo politico, che la *Revue des Deux mondes* ci assicura avere una fortuna di *quaranta milioni di franchi*.

Dopo questa rivelazione, voi potete tutto permettervi. Il *Journal des Débats* e la *Revut des deux mondes* non vi contraddiranno, anche quando voi chiamerete i magistrati napolitani *mostri* e *schiavi*; ma oltre i partiti e i giornali conservatori, esiste una coscienza pubblica che non vi assolverà così facilmente qualunque sia la *rispettabilità* che possa darvi in Inghilterra la vostra fortuna di quaranta milioni!

Uno dei vostri racconti che ha maggiormente commosso è quello in cui voi parlate al vostro amico lord Aberdeen delle *granate di Procida*.

Questo episodio, credetemi, vale quello di Peluzzo. La maniera colla quale voi lo raccontate non può mancare di gettare i vostri lettori in una confusione, dalla quale bisogna chiarirli. Le vostre due lettere occupandosi di una maniera speciale dei delitti e dei prigionieri politici, l'affare di Procida non sembra sortire naturalmente dal vostro quadro. Ecco come lo raccontate:

« Rapporterò una circostanza che mostra chiaramente il valore che gli uomini che sono al potere in Napoli danno alla vita umana. Sembra che, non è lungo tempo trascorso inaspriti dal trattamento che soffrono, i detenuti della prigione di Stato di Procida si siano rivoltati ed abbiano cercato di impadronirsi della prigione. Sentite con qual mezzo fu acquetata questa rivolta. I soldati incaricati di questa cura gettarono delle granate in mezzo ai prigionieri, e ne uccisero centosettantacinque. Fra questi si trovarono diciassette ammalati che erano all'infermeria, e non avean quindi preso parte alcuna alla rivolta. – Mi si è detto (*I have been told*) che per avere eseguito questa carnificina, il sergente che comandava la truppa sia stato decorato di un ordine militare, che egli ha l'audacia di portare a fronte scoperta. »

Questo racconto pecca soprattutto di omissione. Perchè trascurate di avvertire il nobile lord al quale vi dirigete, che qui non si tratta di prigionieri politici? La prigione di Procida è in Napoli, ciò che il bagno di Tolone è in Francia. Gl'infelici che vi sono rinchiusi sono forzati, e delinquenti della specie la più pericolosa. Questi prigionieri erano in aperta rivolta, e (grazie senza meno alla severità del regime delle prigioni napolitane) erano riusciti a procurarsi delle armi. L'autorità aveva dunque a combattere forzati in rivolta ed armati, circostanza che il vostro racconto per esser vero non avrebbe dovuto interamente omettere.

Avreste potuto anche dirci che, prima di venire ai mezzi estremi, l'autorità aveva esaurito tutti i mezzi per ridurre i rivoltosi dapprima colla dolcezza, poscia intimorendoli. Passarono parecchi giorni (circa una settimana) prima di far fuoco sopra i prigionieri. La rivolta di Procida aveva gettato la costernazione in Napoli, e la notizia che i forzati erano padroni di una parte della prigione, sparse il terrore fra i suoi abitanti che temevano da un momento all'altro di veder piombare fra loro quell'orda di banditi.

Ridotta a questo estremo, l'autorità fu obbligata alla violenza.

Se tale rivolta fosse accaduta al bagno di Tolone o di Brest, informatevi, signor Gladstone, come sarebbero andate le cose, e saprete che la mitraglia avrebbe mietuto i rivoltosi.

A Tolone l'autorità avrebbe avuto minor sofferenza, non avrebbe parlamentato che a colpi di cannone e nello stesso giorno si sarebbe veduto il segnale e la repressione del delitto.

Sapete perchè si è dovuto preferire le *granate?* Perchè la situazione dei luoghi non permetteva far uso dei cannoni, ed i prigionieri erano padroni dei punti del carcere dai quali si avrebbe potuto adoperare con vantaggio la moschetteria. Le *granate* erano l'ultima sola risorsa della autorità militare: doveva impiegarla? I proiettili furono gettati in un cortile in cui i rivoltosi avevano stabilito il loro quartiere generale. Ditemi di buona fede, se potete chiamar responsabile l'autorità delle schegge delle *granate* che si gettavano in simili circostanze, e che *voi dite*, han ferito o ucciso alcuni infermi? Non dovreste domandar conto agli stessi rivoltosi della vita dei loro compagni? E giacchè parliamo di vittime, se volete avvicinarvi alla verità in quanto al loro numero, fate subire alla cifra, che voi ci date, una riduzione proporzionale simile a quella che i documenti officiali hanno operato su i vostri *trentamila* prigionieri e *cinquecento* imputati di maggio.

Scusate, o signore, se mi sono a lungo trattenuto su di un fatto di così poca importanza in se stesso; ma tutte le vostre accuse si fan gravi, e prendono delle proporzioni considerevoli tosto che voi le presentate all'opinione per provare che il Governo di Napoli *si giuoca della vita umana*; tostochè voi vi credete autorizzato dallo affare di Procida per denunziare « gli orrori giganteschi che affliggono quel paese, che desolano le classi dalle quali promana la vita e la prosperità della nazione (senza eccettuarne i forzati), che scrollano le fondamenta di ogni legge, che fanno dell'autorità costituita nel seno delle società umane per mantenervi l'ordine, difendere l'innocenza e punire il delitto, il *più gran* violatore delle leggi ed il più gran malfattore del paese. »

Queste frasi seguono immediatamente lo episodio di Procida del quale divengono, pel nesso del racconto, la conclusione naturale. Voi quindi fate capo della repressione di una rivolta di forzati per accusare gli uomini che a Napoli sono al potere, *di essere* i più *grandi malfattori del paese*. Non son io in diritto di applicare alle vostre asserzioni ciò che voi dite dei *delitti* dei Governo di Napoli: *Ab uno disce omnes?*

Le torture corporali

Perchè, signore, siete tanto laconico sopra questo capitolo?

Le torture corporali fra le quali si consuma, secondo voi, la vita dei prigionieri napolitani, vi fornivano una occasione facile di giustificare la vostra esecrazione, di sollevare l'opinione pubblica contro la più odiosa barbarie.

Dopo aver parlato a lord Aberdeen di un condannato a morte, la cui pena è stata commutata per la clemenza reale, voi aggiungete! « La sentenza non fu eseguita, ma temo che egli non sia serbato ad una sorte più crudele; incatenato a doppio ferro per tutta la vita, su di uno scoglio circondato dal mare; e possono anche esservi talune ragioni di temere (*There may be reason to fear*) che non sia sottoposto a torture fisiche, il cui modo, che mi è stato specificato da una *autorità rispettabile quantunque non certa* (*though not certain authority*), consiste a far entrare con forza degli strumenti taglienti fra le unghie e i polpastrelli delle dita. »

Mentre voi confessate ricavare questa infame e ributtante accusa da una *sorgente incerta*, osate farvene l'eco! Voi vi appoggiate su di una testimonianza anonima per accusare uno dei Governi più indulgenti dell'Europa di un delitto che oggigiorno si sente in fondo della Cocinchina e del Giappone! La vostra accusa appartiene al numero di quelle che non si discutono. Non si potrebbe più severamente confutarla se non col riprodurre lo vostre parole. A chi dunque sperate far credere che il Re ed il Governo di Napoli rivalizzano di crudeltà e di barbarie coll'imperatore della Cocinchina? Nessun viaggiatore quindi pria di voi si è presentato sulle ridenti spiagge napolitane? Nessun viaggiatore della vostra nazione aveva avuto la sagacità di scoprire gl'istinti selvaggi ed antropologi dei ministri di Ferdinando II? In qual opera, signor Gladstone, avete studiato la storia della legislazione penale degli Stati napolitani? Come un pubblicista ed un uomo politico della vostra tempra ignora che Napoli non ha preso in prestito il suo codice penale dal Giappone, bensì dalla Francia?

Ferdinando I montando sul trono mantenne le istituzioni francesi, ed il codice napoleonico non ha cessato di essere in vigore negli Stati napolitani. M'inganno: Ferdinando vi ha introdotto un cambiamento non per dar luogo alla tortura corporale, ed alla pena che consiste *a far entrare istrumenti taglienti fra te unghie e la carne*, ma per mitigarne la severità abolendo la pena del *marchio* e della *berlina*.

Il Governo napolitano è stato uno dei primi in Europa ad occuparsi di mitigare lo pene inflitte ai delinquenti. Il *marchio* e *la berlina* si praticavano ancora in Francia, quando queste pene sin da lungo tempo erano abolite negli Stati del Re *barbaro* delle due Sicilie. La mia opinione, che è quella di tutti i sudditi napolitani e dell'Europa, è stabilita sopra fatti; la vostra, signor Gladstone, è basata (e voi ne convenite) su di una *autorità rispettabile* (anonima), *ma non certa!* Il lettore giudicherà.

I compagni di catena

Voi parlate di questa pena come un uomo che visita i bagni per la prima volta. La descrizione che fate delle catene portate dai prigionieri napolitani mi prova che il loro castigo è quello che i delinquenti condannati ai ferri sopportano ovunque esiste questa pena. Ciò che voi avete veduto in Napoli è ciò che esiste a Tolone, a Brest, nella Spagna, nel Portogallo, in Genova e a Livorno.

Noto di passaggio che voi non avete pesato i ferri dei prigionieri come ve l'ha fatto dire uno dei vostri traduttori. Voi vi limitate a rapportare su questo punto, come gli altri ciò che vi han racconta (*I understand*), ma parlando della *catena* voi insistete sopra due circostanze che attirano la mia attenzione.

Secondo voi « quantunque questa pena sia barbara e non dovrebbe esser applicata, intanto, giacchè esiste, sembra difficile (voi dite) lo esentarne gli uomini di cui parlo, comechè fossero *gentleman*. Ma, milord Aberdeen, la quistione non è questa. Il punto più grave è l'uso d'incatenarci prigionieri a due a due, di recente introdotto nel bagno di Nisida. Sono stato assicurato che 2 o 3 settimane prima dell'epoca di cui vi parlo, i ferri doppi erano sconosciuti fra i prigionieri... Ma precisamente verso l'epoca in cui Poerio ed i suoi compagni furono mandati a Nisida, un ordine del principe Luigi, fratello del Re, ed il quale come ammiraglio ha il comando della isola, ordinava che i prigionieri allora arrivati fossero incatenate due a due. »

L'*assicurazione* che vi si è data può emanare da una sorgente rispettabilissima, ma non è per questo meno certa. No, il fratello del Re non ha il merito di questa invenzione; egli non ha dato alcun ordine a questo riguardo, ed io vi sfido di provare il contrario. Ignoro a qual epoca rimota risale l'uso d'incatenare assieme i prigionieri; ma io mi riferisco a tutti i viaggiatori che han visitato i bagni di Napoli, quarant'anni fa, per attestare che i prigionieri han sempre avuto i compagni di catena. La vostra asserzione quindi è falsa. I vostri traduttori Francesi potrebbero dirvi che i forzati francesi sono incatenati due a due, come quelli di Napoli.

Jules Gondon risponde a Gladstone

Non contento di rimproverare al Governo d'incatenare i prigionieri due a due, voi aggiungete, per rendere il vostro racconto più drammatico, che per un raffinamento di crudeltà si ha avuto la sollecitudine di dare a Poerio per compagno di catene la spia che l'ha fatto condannare. Dimenticate dirci se l'autore di questa generosa idea sia stato il fratello del re, ma posso dare una nuova mentita a questa asserzione. Carlo Poerio, l'eroe del vostro romanzo, ha per compagno d'infortunio un uomo della sua condizione, un avvocato come lui, e che al par di lui è stato condannato per cospirazione; il Governo, le cui crudeltà v'inorridiscono, ha avuto l'attenzione di far dire a Poerio che volesse egli medesimo indicare a chi fra i suoi compagni di prigione preferisse di essere unito; parlando quindi dei compagni di catena, avete commesso un doppio errore. Prima di rilevare le altre inesattezze che brulicano nelle vostre lettere sopra fatti particolari, mi fermo ad una frase che ha rapporto ad una quistione più importante. « Voi dite, che gli atti del Governo di Napoli contro i delinquenti politici, *veri o supposti*, sono *un oltraggio alla religione, alla civiltà, all'umanità*. E poco più in là invocate una testimonianza (anonima) la quale dice: Le persone perseguitate come facienti parte di una *società immaginaria*, battezzata dalla polizia col nome di *Unità Italiana*, erano quarantadue. » Occupiamoci un istante della

Setta dell'Unità Italiana

Questa setta è *immaginaria*? I membri giudicati sono rei *supposti*?
La vostra ignoranza, signore, sopra fatti pubblici conosciuti e certi mi obbliga di entrare in taluni schiarimenti.
L'incartamento giudiziario, sul quale mi appoggio per sostenere che la setta dell'unità Italiana ha una esistenza *reale*, è il frutto di una istruzione durata *quattordici o quindici mesi*. Il processo risultato da questa istruzione durò non meno di 74 giorni. – La giustizia nel

regno di Napoli si amministra *pubblicamente* come in Francia ed Inghilterra. I testimoni intesi furono 226. Le deposizioni scritte formavano un enorme volume. Gl'imputati sono stati difesi da alcuni avvocati più distinti del regno di Napoli. Le discussioni hanno occupato *venticinque* udienze.– Le deliberazioni della corte han durato un'intera notte e parte del giorno seguente.

Finalmente fu pronunziata la sentenza.

Ecco, sig. Gladstone, ciò che voi chiamate *procedura derisoria!* La giustizia inglese poteva essere più coscenziosa?

Passo ai fatti stabiliti dal processo.

Fu provato che una società segreta, della dell'*Unità Italiana*, aveva raccolto l'eredità, e continuava le tradizioni degli antichi carbonari e della Giovine Italia.

Qual era il suo scopo? Cito gli articoli dei suoi propri statuti.

1. – Liberare l'Italia dalla tirannia dei Principi e dal dominio di qualunque Potenza straniera; unirla, renderla forte e indipendente, sbarazzandola da ogni elemento eterogeneo che possa contrariare questo scopo.

2. – I mezzi dei quali essa dispone sono intellettuali e materiali, cioè a dire le intelligenze, le armi e il denaro.

3. – La società è composta di circoli o unioni che non devono sorpassare quaranta persone; ogni circolo ò composto di un presidente, un consiglio di due o quattro membri, un questore, e i membri iscritti, che si chiamano *uniti*.

4. – I circoli sono di cinque specie: il gran consiglio; i circoli generali; i circoli provinciali; i circoli di circondario; i circoli dei comuni. I circoli saranno concentrati in modo che i membri del consiglio di un circolo siano presidenti di un altro circolo uguale o inferiore.

5. – I membri della società sono di tre gradi: i membri uniti, che sono semplicemente iscritti; gli unitari, che sono i presidenti o i consiglieri

dei circoli; i grandi unitari, che sono i membri del gran consiglio, i quali sono i *soli* che conoscono lo *scopo finale* e gli ultimi mezzi della società.

[...]

17. – Tutti quelli che compongono la società devono adempire due doveri: Silenzio assoluto, *obbedienza cieca* ai superiori. La violazione di questi doveri è punita dalla seconda pena. Il consiglio è giudice dei circoli; nei grandi affari è necessaria l'approvazione del gran consiglio.

Tale è l'organizzazione di questa società *immaginata* dalla polizia, che ha inventato, in Francia soprattutto, tante altre associazioni e numerose congiure.

Una istruzione cominciata in novembre 1848 scoprì le prime tracce dei discendenti non degeneri dei *carbonari*, e prosegui con una saggia lentezza le sue investigazioni, che non tardarono a rivelare alla giustizia le audaci e infernali macchine dei settari.

Nel mese di luglio 1849, i magistrati avevano già riunito una gran quantità di documenti e pezzi *stampati* che mettevano in chiaro i misteri della setta, le sue empie cerimonie, i mezzi abominevoli ai quali domandava la riuscita dei suoi progetti. Gl'imputati dovevano comparire innanzi i loro giudici, quando il 16 settembre dello stesso anno, un apparecchio in forma di bomba scoppiato in mezzo la folla devotamente riunita sulla pubblica piazza di Napoli per ricevere la benedizione del Sovrano Pontefice, sparse una nuova luce sulle ree manovre della setta dell'Unità. Le investigazioni della polizia gettarono la loro luce sulla insurrezione del 15 maggio, la cui causa era tuttavia in corso d'istruzione. Bisogna rimontare sino a questa epoca per rintracciare le prime trame della società.

I membri dell'Unità Italiana alludevano alla catastrofe del 15 maggio con un proclama furibondo ed incendiario. Questo documento mostra meglio di qualunque altro la sete che divorava tutti coloro che si dicevano sinceri *costituzionali*.

Non contenti delle concessioni che la generosità del Re aveva accordate, aspiravano ad un'altra forma di Governo. Predicando il bene del popolo, cercavano con mezzi criminosi di procurarsi i mezzi onde soddisfare la loro insaziabile cupidigia e la loro ambizione cieca ed insensata. È un orrore il rammentarlo; ma è pure la verità.

In questo proclama i membri di questa setta *immaginaria* ricorrevano alle minacce, alla violenza, alle armi; predicavano apertamente la ribellione, e passavano le regole di un catechismo sociale, se possono esistere regole quando una moltitudine furiosa è senza il freno salutare delle leggi, e sfugge all'azione della autorità. Questo documento colla data del 1 maggio fu trovato indosso all'accusato Giuseppe Tedesco.

Desidero vivamente convincervi che la setta della *unità Italiana* non è *immaginaria* per non esitare a mettervi sotto gli occhi questo documento.

PROCLAMA

La libertà è un frutto squisito che non si raccoglie fra le spine che lo circondano senza gravi e crudeli sacrifizi. Tenetevi pronti, armatevi, ed unitevi immediatamente alle legioni sacre della vendetta appena compariranno nel vostro paese. L'ora della giustizia che ci metterà in possesso dei nostri diritti imprescrittibili, suonerà fra breve. I buoni si pronunzino immantinenti a fronte scoperta coi loro equipaggi di guerra, e seguano i membri legali della santa legione. I militari di tutte le armi, gl'impiegati di tutte le amministrazioni saranno al momento fucilati se ardiscono mostrare la menoma esitazione; se al contrario impiegano i mezzi in loro potere per fare riuscire il nostro gran piano, saranno giustamente e generosamente ricompensati dei loro servigi.

I nostri rapporti si stendono in tutto il regno. Siamo in corrispondenza col patriotti d'Italia, di Francia, della Spagna e dell'Inghilterra; noi porteremo a compimento i nostri disegni con accordo universale, ed il nostro ferro vendicatore abbatterà per sempre il dispotismo. Il grande architetto dell'universo non è stato sordo ai lamenti di tanti oppressi; la luce già si mostra, tocchiamo al supremo momento in cui saranno manifesti i nostri disegni. Il grido: *All'Armi!* si levi di unita a quello della rivendica dei nostri diritti. Dimandiamo la costituzione del 1820. All'armi! all'armi! li cielo è stanco di sovrani e ministri spergiuri!!! All'armi! All'armi!!! Ed affinchè i governi provvisori stabiliti in ogni località possano agire di accordo sino alla riunione di un parlamento nazionale costituente, ecco le regole da noi sanzionate c che sono universalmente accettate!

Art. 2. Sarà dichiarato nemico pubblico, e come tale fucilato, qualunque ecclesiastico che, abusando del sacro ministero, ecciterà il popolo a soffrire la schiavitù, o in qualunque modo lo dissuaderà di prendere le armi per reclamare la costituzione del 1820 giurata solennemente dal Re, i vescovi, l'esercito, e tutta la nazione, e che è stata abolita dalle armi tedesche in seguito di tradimento di un re spergiuro, di alcuni deputati e di generali infami.

Art. 3. Sarà similmente dichiarato nemico pubblico e come tale fucilato, qualunque capitano, uffiziale subalterno, sotto uffiziale e qualunque persona che ha un comando, il quale non si decidesse immantinente a sostenere la legione sacra, e non eviterà di lasciar versare il sangue cittadino [...]

Tutto il rimanente è dettato da uno spirito non meno *conservatore*. Mi direte, o signore, che questo proclama sia *immaginario*? È forse parto del cervello della polizia, come i bullettini incendiari di un comitato rivoluzionario, che non è guari in Parigi attribuiva alla polizia l'onore delle sue produzioni?

Leggendo questo documento confesso che non so rendermi ragione delle vostre simpatie per i membri dell'*unità Italiana*. È ben vero però che se essi fossero pervenuti a rovesciare il Governo e ad assassinare il loro Re sarebbe stato facile all'Inghilterra di agitare novellamente la penisola.

Il vostro sbaglio sulla setta dell'unità mi rammenta quello del vostro amico Palmerston, il quale, invitato a spiegarsi sul considerevole numero dei fucili e dei cannoni i quali, dopo esser sortiti dalla torre di Londra, si erano trovati in Sicilia, rispondeva: *Ciò non essere stato che per mero sbaglio!* Oh! come è deplorabile che gli uomini di Stato dell'Inghilterra sbaglino così spesso!

Ebbene, signor Gladstone, voi vi siete equivocato sulla *setta dell'unità Italiana* allo stesso modo come i cannoni che si dirigevano in Sicilia invece di andare altrove. Non posso fare a meno di ammirare il candore col quale dite che i settari dell'*unità* sono *conservatori*, come lo siete voi.

Il loro solo torto sarebbe di essere *costituzionali*. Voi li annunziate opposti a qualunque misura violenta. Ma conciliate dunque, signore, le gesta degli eroi del pugnale che desolano in questo momento l'Italia, con questa pretesa moderazione?

Se aveste studiato meno leggermente la quistione che pretendete esporre a lord Aberdeen, avreste potuto conoscere un altro documento che voglio comunicarvi. Un tale Marotto il 12 giugno 1849 ha fatto delle rivelazioni che hanno fatto scoprire il luogo della riunione in Napoli della società dell'*unità*. Queste indicazioni avendo dato luogo ad una visita nella stamperia di un tal Romeo, si sorpresero un gran numero di proclami ed altri documenti, fra i quali il seguente che si trova in seguito di un catechismo ad uso di questa società.

 Il gran consiglio dell'Unità Italiana agli unitari della provincia di Napoli.

SALUTE E LIBERTA'

L'Italia cammina nella sua via; ancora un poco di tempo e giungerà. Affrettatevi, o fratelli! non perdete l'occasione. Vedete Venezia e la Sicilia, terre di santa libertà! Vedete la Toscana ed il Piemonte che han giurato di costituire l'unità Italiana, e scacciare il crudele tedesco che ha recato la morte e la devastazione nella Lombardia.

Voi soli, o fratelli! voi soli restate indietro. È vero che voi avete *questo tigre Borbone*, che vi lacera le membra e beve il vostro sangue, questo ipocrita, questo furbo, questo scelleratissimo Ferdinando. Ma non siete voi Italiani? non avete un *pugnale*? Nessun di voi darà dunque la vita per 24 milioni di fratelli? Un solo uomo, un sol colpo di punta, darà la libertà all'Italia, farà cambiare la faccia dell'Europa! E nessuno vorrà acquistare tanto bella gloria! [...] Travagliate nelle tenebre, e quando mostrerete alla luce i frutti del vostro travaglio, fatevi ammirare dal mondo che vi glorificherà. Imitate Venezia, la Sicilia, Roma, Firenze, Torino; mostratevi Italiani anche voi! Fratelli, noi vi aspettiamo; venite alla gran confraternità della Unità Italiana!

Basta questo, signor Gladstone, per dimostrarvi che la setta dell'*unità* non sia una chimera? Cominciate voi a comprendere che sarebbe assai difficile che fosse stato parto del cervello della polizia, e dalla medesima *battezzata*? Riconoscerete voi che i delinquenti condannati dalla gran Corte di Napoli non sono così *conservatori* come lord Aberdeen?

Gli statuti della setta o società secreta dell'*Unità Italiana* ci han fatto conoscere *la sua organizzazione* e i suoi *mezzi di azione*; i documenti stampati che si rinvennero presso i suoi membri ci han rivelato le *sue dottrine*; gli avvenimenti del 15 maggio e del 16 settembre non lasciano dubbio sul *suo scopo* e la maniera com'essa intende *applicare* i suoi principii.

I proclami audaci e criminosi, gli estratti dei quali vi ho messo innanzi gli occhi, avevano avvertito il paese del pericolo che correva. Il popolo napolitano tutto benediva il genio tutelare che vegliava alla tranquillità pubblica, e la mano che fermamente sapeva mantenerla. I membri dell'*unità* lungi di sconcertarsi per le investigazioni e le scoverte dell'autorità, continuavano la realizzazione dei loro progetti infami, con un accecamento senza esempio ed una rara ostinazione.

Posso aggiungere che prima della congiura del 16, i settari vollero profittare della cerimonia, che il giorno 8 settembre doveva far venire il Re in mezzo del suo popolo e delle sue truppe, per fare nuovi tentativi scellerati. La società spiava e cercava mettere a profitto tutte le circostanze che potevano favorire l'esecuzione dei suoi piani.

La mattina del giorno in cui il Re doveva mostrarsi al popolo, si spargeva il seguente proclama per cura dei membri dell'*unità*:

> *Onesti cittadini,*
> All'insulto, al tradimento, allo spergiuro si aggiunge il disprezzo. Qualche centinaio di vagabondi, vestiti da galantuomini pagati dal vero partito del disordine, faranno una dimostrazione in favore del Borbone, pel quale tante vittime sono perite. Oggi si calpesterà con gioia una terra fumante ancora del sangue di cittadini innocenti. Una fazione benedirà questo giorno in cui tante vittime gemono nelle segrete. Popolo! Soffrirai tu quest'insulto? Dio ci è testimonio che tu puoi ancora vendicarti malgrado queste migliaia di baionette. Il giorno della tua vendetta si avvicina! Le truppe non sono contro te, tranne di quei mercenari Svizzeri, che saranno distrutti dal tuo furore. Popolo, oggi non sono nè la patria, nè la giustizia, nè l'onore che li chiamano a concorrere ad una dimostrazione ridicola, ad una festa ingiusta; tu ne andrai in strade lontane, superbo dei tuoi diritti, ec.
> Morte ai spergiuri! morte ai Gesuiti!

Non potete ignorare, o signore, che questi proclami emanavano dal comitato centrale dell'*unità*, la quale, sotto la presidenza di Agresti, dirigeva il movimento rivoluzionario il comitato aveva per segretario Settembrini; Carlo Poerio e Pironti, dei quali sono a tener proposito, erano nel numero dei suoi membri.

I documenti di questo memorabile processo, del quale è dispiacevole, o signor Gladstone, che abbiate fatto uno studio così superficiale, faran conoscere a chiunque vorrà darsi la pena di studiarli, che i *conservatori* napolitani, dei quali avete intrapreso l'apologia, avevano organizzato in luglio 1849 un *comitato di cavalieri pugnalatori*. Le prime vittime della loro vendetta, indicate al ferro omicida, erano il cavaliere Longobardi, ministro, il prefetto e direttore della polizia, il commendatore Peccheneda, il presidente della Corte criminale, ec. Questo progetto di assassinio sottoposto all'approvazione di Agresti, di Settembrini, di Pironti, carcerati a S. Maria, era stato approvato da questi uomini, che voi avete la temerità di assolvere da ogni delitto. La loro adesione consta dalle lettere trovate presso Lorenzo Villua, Francesco Antonetti e Giordano. Non vi basta? Le prove abbondano, signor Gladstone, il loro numero e la loro coincidenza non permettono di attribuirle alla polizia, e si sa ancora che un certo Margherita aveva ricevuto la missione confidenziale di trovar persone capaci di consumare un assassinio mediante una *forte rimunerazione!* Basta fin qui sul capitolo dei delitti della setta; v'impegno però a procurarvi la *decisione della gran Corte speciale* di Napoli, e troverete le prove materiali di tutti i fatti che io ho esposto, corroborate da circostanze e da documenti giustificativi, nei cui dettagli non mi permettono entrare i limiti di una lettera. Avendo conosciuta la setta, vediamo se i suoi affiliati erano degni della medesima.

I condannati

Secondo il metodo che ho adottato, io ripeto la vostra opinione su di quanti voi parlate a lord Aberdeen, e ne accennate i nomi con elogio. Mi limiterò poi a completare le informazioni che date su i medesimi. Questo lavoro biografico, se non m'inganno, basterà a far rilevare i principii ed il carattere di uomini, della cui sventura non mi duole meno di voi, ma che devono imputare a se stessi il crudele castigo col quale scontano i loro traviamenti.

Voi vi trattenete soprattutto con compiacenza di

Carlo Poerio

Ecco il vostro giudizio:

> Egli è strettamente *costituzionale*, e con questa parola intendo ciò che s'intende in Inghilterra, cioè a dire una persona opposta di tutto cuore a qualunque misura violenta, da qualunque parte derivi, ed il cui simbolo politico è il mantenimento della monarchia sulle sue basi legali, con i mezzi legali, e con tutti i miglioramenti di civiltà, e le cui leggi e regolamenti siano suscettibili delle tendenze al benessere ed alla felicità comune. L'Inghilterra per Poerio è il modello dei governi a preferenza di quello di America o della Francia. Io non l'ho mai inteso accusare in materia politica di altri errori se non di quelli che in un modo generale e con verità potrebbero imputarsi ai più illuminati, più leali, più intelligenti e più costituzionali dei nostri statisti. Dopo un completissimo esame del suo affare, io devo dire, che la condanna di un tal uomo per delitto di alto tradimento, creduta un atto giustissimo, conforme alle leggi della verità e della giustizia, della decenza, della legalità e del senso comune, io devo dire, che è un oltraggio il più grossolano di tutti questi principii, e tale come lo sarebbe, nel nostro paese, la condanna di

uno dei nostri uomini pubblici i più eminenti, lord John Russell, o lord Lansdowne, o sir James Graham, o voi stesso. Alcuno dei uomini che cito non è più caro alla nazione inglese, e forse lo è meno di quello di Poerio ai suoi compatrioti repubblicani.

Carlo Poerio è stato uno dei ministri della Corona sotto la costituzione, ed ha occupato una delle posizioni le più eminenti nel parlamento napolitano. Sulla quistione siciliana egli era partigiano del mantenimento dell'unità del regno... Poerio godeva l'intera confidenza del Re. Quando egli presentò la sua dimissione, questa fu rifiutata, e dopo che fu accettata il Re ricorse sempre ai di lui consigli.

Io doveva citare fedelmente questo elogio. L'istoria di Poerio, che voi fate le viste d'ignorare, vi dirà meglio di me la fiducia che merita la vostra opinione.

Se voi avete fatto un controesame giudiziario che ribatta l'atto di accusa, che faccia svanire le prove riunite, che confonda le testimonianze sulle quali Poerio è stato condannato, mi sembra, signore, che la giustizia e l'umanità v'impongano l'obbligo di pubblicare il risultato delle vostre ricerche. Voi non date una sufficiente soddisfazione alla opinione pubblica, dichiarando che la condanna di Poerio è un attentato contro tutte le leggi divine ed umane, ma quest'audace asserzione vi impone l'obbligo di fornirne le prove. Potreste far meno per i vostri amici, i *costituzionali* napolitani, giacchè essi sono così innocenti dei delitti per i quali sono stati condannati quanto lo sarebbero sir James Graham e lord Lansdowne?

La vostra riserbatezza, o signore, sta contro di voi, perchè se avete acquistato la prova dell'innocenza di Poerio, perchè non la rivelate a confusione del Governo di Napoli? La giustizia locale ha reso pubblico il risultato delle sue investigazioni. Un tal risultato, vi ho detto, è stato lungamente e minutamente discusso. Sappiamo le cure ed il tempo adoperati dalla giustizia per tale affare, il numero delle deposizioni che ha inteso, i nomi dei testimoni che l'han messo in chiaro.

Vengo ora a domandarvi qual documento avete voi da produrre, quali testimoni avete inteso, qual lasso di tempo avete consacrato all'esame di questo affare, quali amici vi han secondato nelle vostre ricerche, le quali saranno state per voi tanto più penose, come straniero al paese?

Affermare, dopo un esame completissimo, che la condanna di Poerio è ingiusta, non è distruggere l'opera della giustizia napolitana? Che direste voi di un Americano, che dopo esser dimorato due o tre mesi in Irlanda, ritornasse in casa sua, e raccontasse fra gli altri delitti a carico del Governo inglese, che ha fatto condannare ingiustamente gli uomini più *illuminati i più leali,* i *più intelligenti* dell'Irlanda per aver amato troppa la libertà e la loro patria? Eppure questo è quello che han detto e scritto gli Americani sulla condanna dei capi della Giovine Irlanda.

Voi risponderete loro con ragione, che le sentenze sono sacre, che non appartiene a nessuno, quando una sentenza è resa regolarmente dai magistrati all'uopo incaricati, lo attaccare la cosa giudicata. Tali sono infatti i principii i più elementari del diritto, principii che non potrebbero violarsi senza rendere impossibile l'amministrazione della giustizia. Eppure sono obbligato rammentare queste nozioni così volgari ad un uomo politico, ad un uomo di Stato conservatore.

La vostra qualità di straniero nel regno di Napoli v'imponeva maggior riserba, e questa medesima qualità che imponeva a voi tanto ritegno, credete che vi autorizzi a violare le leggi le più comuni della morale e dell'equità? Non ridereste voi di un Napolitano, che, erigendosi a giudice supremo, evocasse al suo tribunale individuale le sentenze delle Corti d'Inghilterra, e si desse la innocente ricreazione di dichiararle opere d'iniquità? Ecco precisamente quello che voi fate, e l'opinione di Europa afflitta dal carattere delle vostre calunnie per non poter ridere del vostro delirio, si stringe nello spalle e compiange le vostre aberrazioni quando voi osate dire: « A Napoli le offese politiche sono punite con severità, e *senza riguardi alle forme di giustizia.* »

Ve ne prego, sig. Gladstone, ricerchiamo insieme se Carlo Poerio sia realmente degno dell'elogio che voi ne fate. Vediamo se il solo suo delitto sia quello di essere animato dagli stessi sentimenti di lord Aberdeen. Si vogliono a lui accordare brillanti qualità di spirito ed un parlare capzioso. Questi mezzi di seduzione non han fatto traviare il vostro giudizio? Ricerchiamo se l'Inghilterra sia l'*ideale* della forma di Governo che sogna Poerio. I suoi principii non erano al contrario quelli della setta dell'*unità*? non si trovava in comunanza di sentimenti cogli *uniti*? Ora, questi principii ho avuto cura di farveli conoscere, non secondo la mia opinione personale, ma cavandoli dagli scritti emanati da questa società.

Carlo Poerio, l'eroe principale del vostro dramma, è di razza rivoluzionaria. Suo padre avvocato distinto, ma ardente novatore, fu compromesso in molti affari, ed esilialo nel 1813 e nel 1821. – Carlo che seguì suo padre, passò i suoi primi anni all'estero, e si mise per tempo in rapporti coi capi del partito demagogico dei diversi punti dell'Europa. Poerio è rimasto fedele ai principii politici nei quali è stato educato.

Ritornato in patria, fuggì nel 1830 dopo essersi compromesso nelle mene demagogiche. Rifugiato a Parigi, ebbe delle intime relazioni con Mazzini, e consacrava i suoi ozi a scrivere per organo dei demagoghi italiani. « *La Giovine Italia.* »

Gli antecedenti di Carlo Poerio, la sua superiorità, i talenti dei quali la natura l'aveva dotato, lo indicavano come uno dei capi più sicuri e più distinti che potesse avere la *Giovine Italia*. Gli avvenimenti del 1848 lo portarono al potere. Dapprima, nominato prefetto di polizia in Napoli, non tardò ad essere imposto al Re come ministro dal partito rivoluzionario. Si sa come alla stessa epoca Mamiani divenne ministro di Pio IX. Dappertutto le stesse furberie, le stesse esigenze. La rivoluzione sperava arrivare al suo scopo servendosi dei sovrani come strumenti.

Carlo Poerio, tornato alla sua professione di avvocato, non tardò ad essere implicato nell'affare del 13 maggio. Quando fu interrogato dal magistrato istruttore, rispose, *che egli aveva dedicata la sua vita al trionfo pacifico del Governo costituzionale, che aveva avuto l'onore di essere arrestato tre volte per misure di polizia, e che per mancanza di prove sufficienti era stato sempre rimesso in libertà.*

Questa dichiarazione di un accusato, signor Gladstone, è divenuta un articolo di fede del vostro simbolo! Innanzi la giustizia Poerio ha preteso essere un uomo di principii, e non un uomo di partito, molto meno ancora un affiliato della setta dell'Unità.

Percorrete, o signore, tutti i processi politici, e troverete che i rei tengono tutti lo stesso linguaggio.

Come può darsi che Poerio fosse estraneo alla *società dell'unità*, se i fautori delle turbolenze lo riguardavano come uno dei loro capi? Quali erano i motivi della sua intimità con Antonio Leipneker, che fu in tutta la sua vita uno dei più ardenti rivoluzionari? Perchè l'accusato Jervolino essendosi diretto a Poerio per ottenerne soccorsi, non li ricevè se non dopo essersi fatto iniziare alla società secreta dell'*unità*? Jervolino ha rivelato che Poerio gli mostrò un proclama sparso in Napoli per impegnare il popolo a non pagare le imposte se non fossero votate dalle camere. Questo proclama si esprimeva così:

« Tutti coloro che amano l'onore, tutti coloro che amano la patria, tutti coloro che sono veri italiani amici della costituzione, si astengano dal fumare, dal prender tabacco, dal giuocare alla lotteria. Fermezza, coraggio, unione, e non dubitiamo che Dio e la ragione stanno per noi! »

Indipendentemente dalle rivelazioni di Jervolino, un gran numero di testimoni, nelle diverse province del regno, han deposto che Poerio passava pel principale motore della società, che aveva lo scopo di rovesciare la monarchia; altri più espliciti han dichiarato, che egli era in rapporto coi Calabresi onde stabilirvi comitati provinciali, come quello che Agresti presedeva in Napoli.

Un giudizio basato su questi fatti, credete, o signore, che sia opera di *mostri* o di schiavi? In tal caso non sarei sorpreso di vedervi prender la difesa del signor Causidière e Louis Blanc, per gli atti che han deciso l'assemblea costituente ad autorizzare le procedure dirette contro questi due ospiti del Governo inglese, e che li han fatto condannare, e che non offrivano certamente tanta gravità quanto le accuse stabilite contro Poerio. Intanto la opinione in Francia si è nettamente associata al voto dell'assemblea costituente, di quell'assemblea, nella quale il partito *dei repubblicani della vigilia* aveva la maggioranza.

Dopo aver esaminato gli antecedenti del reo, e le accuse che pesavano su di lui, la Gran Corte ha condannato Poerio a 24 anni di ferri ed a 600 ducati d'ammenda colla maggioranza di 6 voti sopra 8.

Tale è l'uomo, o signore, che voi paragonate ai più grandi ed ai più illuminati degli uomini di Stato dell'Inghilterra. Credete voi che l'opinione pubblica possa, in materia così grave, contentarsi del vostro sentimento che nulla giustifica, per assolvere Poerio, e credere alla sua innocenza?

Siete voi più esplicito sugli altri condannati?

Salvatore Faucitano

« Dirò poco cosa, voi aggiungete, di Faucitano, che fu tradotto con Poerio nella stessa massa dei quarantadue colpevoli. Il suo affare è particolare perchè noi troviamo qui un fondamento all'accusa. È stato incolpato di voler ammazzare per mezzo di una terribile esplosione parecchi ministri ed altre persone. Quest'accusa si fondava perchè gli si era trovata in tasca, il giorno di una festa pubblica, una bottiglia che scoppiò senza mettere in pericolo la vita di colui che la portava, nè cagionargli la menoma ferita. »

Io completo il vostro racconto.

Il 16 settembre 1849 il Santo Padre, credendo alle vive premure di sua Maestà, doveva visitare Napoli. La recezione solenne aveva luogo su la piazza Reale. Le congregazioni religiose, le scuole dei ragazzi, i differenti corpi del clero, e tutti i buoni cittadini si preparavano a celebrare alla meglio un sì bel giorno. La vigilia, i nominati Salvatore Faucitano, Lorenzo Vellucci e Luigi Florio si erano riuniti presso un certo Francesco Catalano per intendersi sui modo di profittare della festa dello indomani per mandare ad effetto i loro sinistri progetti. Faucitano propose di lanciare una bomba in mezzo della folla; egli s'incaricò di confezionarla e di appiccarvi il fuoco. Vellucci s'incaricò di affissare agli angoli delle strade degli avvisi che chiamavano il popolo alle armi. In questi affissi si leggeva:

> La tirannia vacilla e tocca al suo fine. Il carro dell'anarchia governativa è vicino all'abisso; il trionfo dei tristi non può durar più lungo tempo. Essi cadranno annegati nel sangue. La potenza del liberalismo non è abbattuta come si crede, e coloro che sperano soffocare l'opinione, le idee, il progresso, s'ingannano a partito.
>
> Popolo! la voce della reazione t'invita di andar a ricevere la benedizione del vicario di Gesù Cristo; ma il Pontefice non è che uno strumento del Borbone, il quale se ne giova a suo talento per assolvere i suoi *delitti*, e legalizzare i suoi tradimenti, e i suoi spergiuri [...]

Già il Sovrano Pontefice era arrivato col suo seguito. Il balcone del Palazzo Reale era ornato di tappezzerie dorate e di un magnifico baldacchino. Un'immensa folla traeva alla piazza. Le finestre delle case vicine erano ingombre di spettatori. In quel tempo Faucitano s'insinuava scaltramente sino al Palazzo del Re, e si metteva sotto il balcone, al quale doveva comparire il Santo Padre. Suonavano le 10 e mezza; già il Pontefice compariva, quando si sente una forte detonazione come quella di un'artiglieria.

Un incredibile disordine successe nella folla ammassata.

Un sergente dei cacciatori si avanza verso il luogo della esplosione, e scorge, in mezzo al fumo, un uomo senza cappello, cogli abiti a metà bruciati, e che tutti indicavano come autore dell'abbominevole invenzione.

Era Faucitano!

Interrogato, chiamava i suoi complici. Confessava la intenzione dei Congiurati di profittare del disordine cagionato dall'esplosione della bomba per impadronirsi del castello Sant'Elmo; aggiungeva che Michele Pironti aveva la lista dei congiurati; che uno di essi aveva detto il giorno avanti: *Ci si annunzia una benedizione, e noi avremo la repubblica!*

Risulta dalle deposizioni degli altri accusati, che la bomba era stata dapprima destinata gettarsi nella carrozza del direttore della polizia generale del Regno.

Un tale Giordano consigliava questo assassinio, e per decidervi i suoi amici, diceva: *Non hanno assassinato Rossi in Roma, e Latour in Vienna?*

Faucitano fu condannato a morte. La clemenza reale ha commutato la sua pena. Faucitano quindi ha confessato il delitto di cui il signor Gladstone lo assolve!

Luigi Settembrini

Io vi lascio la parola.

« Passo sopra altre cause tristi e notabili come quella di Settembrini, il quale quantunque posto in una sfera più ristretta di Poerio, e di un carattere altrettanto puro e bello. Egli in febbraio fu condannato alla pena di morte; ma la sentenza non fu eseguita. »

La purità dell'anima di Settembrini si rivela soprattutto nel seguente proclama da lui conseguato a Jervolino, al quale aveva precedentemente richiesto di quanta gente armata potesse disporre. Questo documento fa ben conoscere Settembrini per non pubblicarlo, e mi dispensa di raccontare più lungamente la di lui storia. Eccolo:

Popolo napolitano,
Che aspettiamo di più? Qual altro oltraggio dobbiamo sopportare di questo scellerato Governo? Non vi è più costituzione, non vi sono più camere, non vi è più guardia nazionale. Si è cambiata la bandiera; la polizia è più infame di quello che lo fosse per lo addietro; la gente più onesta e più tranquilla insultata e carcerata; le leggi calpestate, i buoni magistrati destituiti, ed in loro vece carnefici. Ferdinando vorrebbe farsi beffe di Dio, come si ride degli uomini; va a confessarsi e comunicarsi, e poi ordina di bombardare, distruggere, saccheggiare.

Non contento di opprimerci, ha condotto i suoi soldati negli Stati romani, ma Dio l'ha punito, i suoi soldati son morti o prigionieri; egli vergognosamente ha preso la fuga; Roma ha vinto; Bologna ha sterminato gli Austriaci; gli Ungheresi han distrutto l'impero di Austria, e sono sul punto di scendere in Italia. Noi soli fra tutti gl'Italiani meritiamo i nomi di vili e di poltroni, noi soli non siamo italiani!

Abitanti degli Abruzzi, è arrivato il tempo di correre alle armi; unitevi al bravo Garibaldi che vi chiama! All'armi, abitanti della Puglia, del Principato, della Basilicata! All'armi, popolo napolitano! popolo di Masaniello. Armatevi di fucili, di pugnali, di sassi, di bastoni! Chi ha cuore trova sempre le armi.

Ogni abitante uccida i suoi oppressori; bruciate le case dei nemici del popolo; rispettate i buoni cittadini e le loro proprietà. Non date quartiere ai tristi; essi farebbero altrettanto a voi. Rispettate, accogliete i soldati che sono ingannati e sono nostri fratelli.

I nostri nemici sono Ferdinando e gli scellerati che lo circondano. All'armi! L'ora è arrivata! Fra pochi giorni saremo liberi, ma ognuno si prepari come se ciò fosse domani. Ad ogni grido, ad ogni colpo, ciascuno si svegli; questo sarà il segnale. Ad ogni grido rispondano centomila voci! Tutto è ordinato e concertato; si veglia, si è pronto, si è apparecchiato! Saremo tutti in armi, perchè siamo tutti stanchi e Dio stesso non può più soffrire tanta iniquità! La libertà e Ferdinando II, sono incompatibili. Vogliamo la libertà, e dobbiamo acquistarla col sangue dei nostri figli se fossero traditori. Appena riconosciuti gli scellerati devono essere messi a morte senza misericordia!..

Settembrini è uno degli accusati più gravi contro il quale pesavano le più gravi accuse. È stato condannato a morte, ma come Faucitano deve la vita al barbaro e scellerato Ferdinando!

Fra i condannati dei quali avete a cuore la riabilitazione, trovo ancora

Filippo Agresti

Voi accennate questo nome fra i *più puri*, ma senza darmi alcuna prova su i suoi antecedenti, le sue opinioni, il suo carattere. Vediamo se potrò io supplire al vostro silenzio. Agresti dopo aver percorso come esule una gran parte dell'Europa, fece conoscenza in Malta con molti agitatori rivoluzionari, e ritornò più tardi nel suo paese avendo in tasca un catechismo manoscritto all'uso dei liberi-muratori. Si occupò attivamente a corrompere i soldati, e si disponeva a passare negli Stati romani, quando fu arrestato al 17 marzo 1849. Interrogato dai magistrati, negò le sue relazioni coi rivoluzionari, e sostenne di non aver fatto alcun tentativo di corruzione presso i soldati; ma i periti riconobbero un gran numero di biglietti sorpresi scritti di sua mano.

Agresti fece reiterati tentativi presso il sergente De Leo per impegnarlo a gettarsi colla sua compagnia negli Stati romani ove gli prometteva la miglior accoglienza da parte di Saliceti e di Sterbini. Gli diede un biglietto per questo ultimo, che il De Leo presentò alla giustizia, concepito in questi termini:

« *Il latore di queste righe è la persona di cui ti ho parlato.* » Altri militari furono attirati nella casa di Agresti già divenuto focolare di rivoluzione, ed erano esortati di disobbedire ai loro capi.

Dalla confessione dei rei risulta che Agresti era il presidente del comitato centrale napolitano destinato a dirigere i movimenti dei comitati provinciali. Egli distribuiva i diplomi dei quali ecco il testo:

> *Gran società dell'Unità Italiana*
>
> Il Presidente del circolo Num. ... conferisce il titolo di unitario al cittadino italiano... il quale sia riconosciuto e rispettato perchè ha ben meritato della patria e della libertà (*seguono le date, le firme,* ec.)

Agresti condannato a morte, come il più colpevole dei suoi coaccusati, deve ancora la vita alla *ferocia del Borbone*.

Se non temessi di essere tacciato di indiscretezza, vi domanderei, onorevole signore, quale di questi uomini *puri, leali, illuminati, conservatori, costituzionali,* sia il più degno a vostro crederi: di stare alla testa del Governo di Inghilterra?

Michele Pironti

il compagno di catena di Poerio, condannato come lui a 24 anni di ferri, ha l'onore di trovarsi in compagnia degli uomini *più puri*, dei quali è proposito nella vostra lettera. Quantunque la sentenza che l'ha colpito non gli abbia fatto perdere ai vostri occhi il carattere di *gentleman*, i documenti però del suo processo non lasciano alcun dubbio sulla sua complicità nella setta criminosa.

Sembrate ignorare che Michele Pironti sia stato condannato per aver mantenuto corrispondenze coi rivoluzionari esaltati del Principato Citeriore. Era giudice della gran Corte criminale della terra di Lavoro quando, compromesso negli avvenimenti del 15 maggio, fu pronunziata la sua destituzione. Egli aveva ricevuto la missione di andare in Salerno e proclamarvi la repubblica. Dopo il suo arresto, le ricerche fatte al suo domicilio fecero scoprire un gran numero di stampe sediziose, che allora si spargevano per sollevare il popolo. Fra gli altri documenti si trovò in sua casa un manoscritto che diceva fede dei suoi rei disegni. Questo documento, nel quale Pironti si occupava delle differenti forme di governo, terminava con queste parole:

> La monarchia rappresenta tutti i fatti di forza o di acquiescenza che succedono oggi, ed in seguito dei quali i diritti di tutti si trovano riuniti nelle mani di un solo; la repubblica rappresenta i dritti perenni di tutti, esercitati e regolati da tutti.

Pironti desiderava lo stabilimento della *Repubblica Italiana*, e travagliava attivamente alla realizzazione dei suoi voti. La sua condotta era più rea, perchè egli era rivestito di funzioni le più elevate. Che pensereste, o signore, di un giudice d'Inghilterra che si servisse della sua posizione per rovesciare il governo, per detronizzare la regina Vittoria e stabilire una repubblica sulle rovine della vostra costituzione? Ecco ciò che ha fatto Pironti, senza aver perduto però alcuno dei suoi titoli alla vostra stima e considerazione.

Sì, son veramente degni delle vostre simpatie, e di quelle dell'Inghilterra, questi geni rivoluzionari d'Italia! Come non istimare, proteggere, difendere gli uomini che servono così bene la politica del vostro Governo? L'indifferenza sarebbe ingratitudine. Il partito conservatore si era sin'oggi limitato, in quanto riguarda la politica di lord Palmerston, ad imitare Pilato che si lava le mani. Ora però per vostro mezzo rivendica la sua parte di responsabilità nella sua audacia. Lord Palmerston segue arditamente le tradizioni nazionali. Il partito conservatore non poteva lasciarlo più lungo tempo isolato.

I particolari che mi han fornito gli antecedenti dei *gentlemen* cospiratori, che voi onorate della vostra stima, non lasciano più alcun dubbio sul loro carattere. Son tutti veterani della rivoluzione. Si potrebbe applicare ad ognuno di essi ciò che il giornale l'*Enfer* del 7 aprile 1848 diceva di

Antonio Leipneker

morto nel corso del processo.

« Educato nel nostro primo collegio militare, mostrò sin dai primi anni un amore ardente per la libertà. Odiava il dispotismo come l'ultimo grado dell'infamia. Prese parte alla spedizione contro la Savoja. Il suo ardore gli fu biasimato come temerario, e gli cagionò contrarietà e dispiaceri.

Obbligato ad emigrare, venne in Francia, dove fu perseguitato in una maniera ostinata del tiranno Luigi Filippo. Si ritirò in seguito nel Belgio dove tentò stabilire una repubblica. La cattiva riuscita di questa intrapresa lo forzò a passare in Inghilterra.

Nel suo esilio godè la stima dei più illustri esuli. La rivoluzione non ha tentato intrapresa pericolosa e difficile alla quale il nostro Antonio non abbia partecipato. Gli ultimi avvenimenti successi nella Valle di Salerno dicono ciò che ha fatto, e qual torto sarebbe il riguardarlo come un avventuriere e un temerario. »

Tale in poche parole è la storia di tutti gli *unitari* napolitani.

Se voi esitate, o signore, di farvi l'apologista di Antonio Leipneker, almeno lasciate questa cura ad un anonimo.

Temo forte che l'autore della nota che voi date sulla morte di questo reo, nota staccata nella vostra lettera da virgolette, vi abbia fornito altre pagine. Il vostro ardire ben grande non va sino ad accusare i giudici della morte di Leipneker, ma cedete la penna ad un amico capace di tale sfrontatezza. Credetemi, questa pagina non è meno disgustevole del racconto che viene dalla vostra penna (*the statement is not mine*). Voi aggiungete però, che « vien da *gentleman* testimonio oculare e che comprende perfettamente l'italiano. » Donde il lettore intelligente deve conchiudere, che voi avete avuto ragione di dire che i giudici della Gran Corte di Napoli sono *mostri*, giacchè non hanno impedito che la morte colpisca Leipneker. I giudici inglesi hanno per avventura il dono dei miracoli? La morte si ferma innanzi i loro desideri?

Se voi aveste conosciuto il panegirico che l'*Inferno* ha fatto dell'incolpato, sono convinto che avreste passato sotto silenzio anche il suo nome. Il *gentleman* che vi comunica note così obbliganti avrebbe dovuto farvi conoscere che Leipneker è il provocatore dell'insurrezione di Salerno, ove egli si segnalò per la sua crudeltà. Egli comandò il fuoco contro l'infelice Rosario Rizzo di Cilento, che Carducci aveva condannato alla fucilazione *senza alcuna forma di processo* per aver nascosto alcuni fucili.

Così si esercita la giustizia rivoluzionaria che rimprovera tante mostruose iniquità alla giustizia regolare degli Stati napolitani!

Prima di occuparmi delle vostre allegazioni sull'amministrazione generale della giustizia, mi fermo passando gli atti della

Polizia napolitana

Le basi di livello posate nelle pagine precedenti mi serviranno di guida. Non perdiamo di vista, o signore, che siamo nel 1848, che il temporale rivoluzionario rumoreggia sull'Europa. Ci stanno innanzi demagoghi esaltati dai terribili avvenimenti che si compiono intorno ad essi. La loro audacia si fa maggiore per i successi dei loro fratelli. Nella illusione in cui si trovano che l'ora del trionfo sta per suonare, niente gli arresta; essi gridano incessantemente all'incendio e al pugnale.

Vi rimprovero dapprima, o signore, di non aver tenuto conto di questa situazione eccezionale. Voi parlate degli atti della polizia, della severità dei magistrati, come se le condizioni politiche e sociali nelle quali si trova il regno di Napoli non fossero state turbate da una scossa violenta.

Con più equità di voi, o signore, questa situazione anormale, le audaci mene della società segreta dell'*Unità*, il carattere dei capi del partito rivoluzionario, pesano nel mio giudizio.

L'andamento che ho seguito nella confutazione delle vostre lettere, gli sviluppi nei quali sono entrato faciliteranno lo impegno che m'impongono le doglianze che voi articolate contro la polizia e la giustizia del regno di Napoli.

Io vi ascolto:

> In disprezzo della legge, il Governo, di cui il prefetto di Polizia è un membro importante, sorveglia e spia gli abitanti coll'aiuto degli agenti di quel dipartimento: fa visite domiciliari, assai comunemente, la notte; saccheggia le case; s'impadronisce delle carte e delle robe; rompe a piacere i pavimenti sotto pretesto di cercar armi; getta in prigione le genti a ventine, a centinaia, a migliaia senza un mandato di arresto, e qualche volta senza un ordine scritto qualunque sia, ma su di una semplice parola di un adente di polizia, e sempre senza specificare la natura del delitto o del reato.

In queste linee, o signore, voi fate il processo di tutti i prefetti delle capitali dell'Europa. Il signor Carlier vi troverà delle allusioni agli atti dei quali si rende colpevole ogni giorno, e che gli hanno acquistato titoli alla fiducia ed alla riconoscenza di tutti gli abitanti di Parigi. Voi vi meravigliate che dopo la insurrezione del 15 maggio la polizia napolitana sorvegli le persone *sospette*, che abbia fatto delle visite domiciliari, e che abbia sequestrato carte? La sua vigilanza, le sue visite ed i suoi sequestri dispiacciono a Napoli, come a Vienna o Parigi, ai cospiratori, i cui calcoli essa sconcerta, e le cui mene fa andare a vuoto; ma qual cittadino onesto e laborioso ha fatto sentire le sue doglianze? Informatevi col signor Carlier di ciò che ha fatto in Parigi dopo le giornate di giugno, e vedrete in seguito se sia biasimevole la polizia napolitana. Il flagrante delitto anche in Inghilterra permette di arrestare senza mandato speciale. Il numero degli arresti perchè esagerarlo a piacere? Tutto al più la polizia di Napoli ha arrestato sei a settecento persone, che sono state poi restituite in libertà a centinaia dopo le prime investigazioni. A Parigi sotto il regime di Cavaignac, *repubblicano della vigilia*, in giugno 1848 gli arresti non sono stati meno di 15 mila. Sarebbe facile informarvi col prefetto di polizia di quel tempo, oggi socialista, se tutti questi arresti siano stati fatti regolarmente.

Voi giudicate degli atti dell'autorità, signore, senza preoccuparvi degli avvenimenti nè delle circostanze, assolutamente come se i fatti che raccontate fossero accaduti nella calma della quale gode il vostro paese.

Tranne dei casi eccezionali che legittimano le misure eccezionali, mi piace potervi far conoscere che la polizia napolitana si uniforma scrupolosamente alle leggi ed ai regolamenti. Gli arresti son sempre eseguiti in Napoli osservando le forme legali, eseguendo le istruzioni, che non sono state fatte per la circostanza, ma rimontano al 22 maggio 1817, e che sono state solennemente confermate sin dalla promulgazione del codice penale.

In tutti i tempi ed in tutti i paesi i cospiratori si sono lagnati della polizia e della sua procedura. La trovano incomoda, intrigante, importuna. Volete che sia delicata e gentile?

Aprite i fogli rivoluzionari della Francia, dell'Italia, della Germania, osservate come sono unanimi a denunziare gli atti della polizia. Una particolarità è degna di osservazione, ed è quella che vi fate non solamente il loro eco, ma scendete perfino ad essere loro plagiario. Il seguito del quadro è degno del principio.

> Si arrestano gli uomini non perchè abbiano commesso un delitto, o perchè si sospetti che ne abbiano commesso, ma sol perchè si crede utile l'arrestarle, onde disfarsene, e contro le quali bisogna in conseguenza fabbricare un'accusa. Si comincia colle arrestarle e tradurle in prigione, in seguito si sorprendono i loro libri, carte, corrispondenze e tutto ciò che conviene ai vili agenti della polizia. Ciò fatto, si leggono le lettere del prigioniero, indi costui è interrogato in segreto senza accuse perchè non ne esistono, e senza testimoni perchè non ne esistono nemmeno.
>
> Il prigioniero non ha il diritto di sentire un consiglio o consultare un avvocato. Per dir meglio, egli non è interrogato, ma io so (*as I Know*) *che è insultato di un modo il più vile* dagli ufficiali di polizia, nè credete che questa sia colpa degl'individui, ma lo inevitabile risultato di un sistema il cui scopo è quello essenzialmente di *creare* delle imputazioni contro il prigioniero.

Queste parole, signore, confermano una osservazione da me fatta ogni qual volta ho inteso annunziare la scoverta di qualche congiura. La polizia ha sempre l'onore d'inventarla. Sotto il regno di Luigi Filippo, gli agenti della strada di Jèrusalem spingevano anche più oltre lo spirito di intrapresa. Stanchi di covare e dare alla luce congiure, di quando in quando si divertivano a tirare sul Re. Poi, come voi lo dite benissimo, bisognava *fabbricare una accusa*, e come non esistevano mai delle imputazioni contro l'accusato, era essenziale *crearne*. A Parigi come a Napoli le innocenti vittime di queste distrazioni della polizia finiscono sempre con soccombere sotto la potenza del suo genio *creatore*. Com'è odiosa l'istituzione della polizia! L'Inghilterra dovrebbe dare agli Stati di Europa un mezzo onde farne del meno. Se la polizia di Napoli non è *colpevole di altri delitti*, vi confesso, signore, che io non trovo necessario d'istruirne più lungamente il processo. Arrivo alla vostra accusa contro

La giustizia napolitana

Il soggetto è grande: vi ascolto.

> I delitti politici sono puniti senza riguardo alle forme della giustizia [...] Non devo parlarvi di alcune imperfezioni, citarvi alcuni esempi di corruzione d'impiegati subalterni, qualche caso di severità eccessiva, ma si tratta di una violazione incessante, sistematica e deliberata di tutti i diritti, dei quali il Governo dovrebbe essere il protettore; si tratta della violazione di ogni legge umana scritta, violazione diretta allo scopo di calpestare tutte le altre leggi scritte, eterne, umane e divine; si tratta della persecuzione assoluta di ogni virtù, quando la virtù è unita all'intelligenza, persecuzione generale alla quale non isfugge alcuna cosa.
>
> Il Governo è spinto da una ostilità *feroce* e crudele quanto illegale contro tutto ciò che vive e si muove nella nazione, contro tutto ciò che potrebbe condurre ad un progresso, ad un miglioramento; è una spaventevole profanazione della religione pubblica, unita alla a violazione di ogni legge morale sotto la ispirazione della paura e della vendetta: *è la prostituzione assoluta della magistratura,* della quale il Governo ha fatto il ricettacolo degradato delle calunnie le più vili e le più balorde, vilmente e deliberatamente inventate dai consiglieri immediati della Corona, nello scopo di distruggere la pace, la libertà, è *con sentenza capitale, la vita delle persone le più virtuose le più onorevoli, le più intelligenti, le* più *illustri di tutto il paese.* È un sistema selvaggio e vile di *torture morali e*

fisiche, messo in pratica per mezzo di sentenze strappate *alle Corti depravate*.

L'effetto di questo sistema è il rovesciamento di tutte le idee morali e sociali. La legge, invece di essere rispettata, è odiosa. Fra l'idea di ordine e libertà vi è non un'associazione, ma un violento antagonismo. Il Principe che si dice l'immagine di Dio sulla terra, compare alle popolazioni circondato dai vizi i più ributtanti.

Si crederebbe leggere, signore, uno dei proclami incendiari lanciati nel regno di Napoli dalla società dell'*Unità*, e pure è una pagina delle vostre lettere. I tratti di rassomiglianza coi documenti sorpresi nelle case dei condannati sono la migliore e la sola confutazione che vi si può opporre.

Recriminazioni tanto vaghe e generali si oppongono a qualunque discussione. Cerco invano un'asserzione precisa alla quale possa attenermi. Le vostre calunnie sfuggono al dardo vendicatore della critica. Le vostre asserzioni generali presentano la stessa esattezza dei fatti da voi raccolti. L'assieme del mio travaglio ne farà giustizia.

Io ho però avvertito con linee: *La prostituzione e l'avvilimento della magistratura*.

Le sentenze capitali pronunziate *nello scopo di distruggere la vita delle persone le più virtuose, le più onorevoli, le più intelligenti, le più illustri. Le torture morali e fisiche*.

La prostituzione della magistratura

deriva senza meno dall'avvilimento dei magistrati, avvilimento che ha per causa principale la modicità umiliante dei loro soldi, i quali, per i meglio pagati, non oltrepassa, come abbiamo veduto, 18,000 franchi.

In quanto alle *torture* ne avete dello una sola parola che è tornata a vostra confusione.

Delle *sentenze capitali*, non una sola è stata eseguita! e voi ne parlate come se fossero state seguite ad un vero macello, al quale, voi dite « il Governo è spinto da una ostilità feroce e crudele» quanto illegale. »

Le vostre recriminazioni prenderanno più consistenza a misura che avanziamo.

> I prigionieri, prima del loro processo sono detenuti per sei mesi, un anno, due anni, ed anche i rei il più sovente questo è il periodo più lungo. Non ho inteso dire che alcuno in questi ultimi tempi sia stato giudicato in Napoli per delitto o reato politico, prima di sedici o diciotto mesi di prigionia.
>
> Ho *veduto* prigionieri chiusi sin da ventisei mesi in prigione e che aspettavano ancora di essere giudicati.

Finalmente, signore, eccoci arrivati a ciò che voi avete *veduto!* Avete dunque realmente veduto qualche cosa?

Queste parole senza che voi lo immaginate fan più onore che vergogna alla magistratura di Napoli.

Vi ringrazio che avete voluto attestare ch'essa nelle sue investigazioni impiega una lentezza che allontana qualunque idea preconcepita di non veder se non colpevoli negli accusati che ha missione di giudicare. A Parigi dopo la insurrezione di giugno, le proporzioni di un processo regolare sarebbero state tanto considerevoli, che il governo di allora, composto di repubblicani della vigilia, si decise di far deportare gl'insorgenti senza giudizio. A Napoli i ministri di Ferdinando non hanno osato ricorrere a misure che vi avrebbero dato il pretesto di gridare all'arbitrio. Essi han voluto che la giustizia seguisse il suo corso regolare, quantunque la insurrezione a mano armata dei rivoluzionari legittimasse tutte le misure eccezionali che avrebbero avuto dritto di usare.

Ora che avvenne durante il corso d'istruzione del processo del 15 maggio? Un altro avvenimento del quale il primo non era che uno degl'incidenti, ha richiamato la sua attenzione, ed assorbito il suo tempo. La congiura della setta dell'*unità*, la cui istruzione doveva gettare una viva luce sulla insurrezione del 15 maggio, ha fatto sospendere il giudizio dei colpevoli in quest'ultimo affare.

Su di chi pesa la responsabilità di questo ritardo? Sulla magistratura napolitana, o sopra i cospiratori dell'*unità?* Gl'insorgenti di maggio devono dirigere le loro lagnanze ai loro fratelli, coi quali erano tanto strettamente *uniti*.

Il rimprovero di lentezza non ha dunque alcun fondamento. In quanto al processo dell'*unità* se le ramificazioni della società non si fossero estese nelle diverse parti del regno, la giustizia non avrebbe avuto bisogno di tanto lungo tempo per riunire il filo di quelle trame infernali. Finalmente i rei sono innanzi i loro giudici. Raccontateci ciò che succede.

> Ecco ciò che succede. Supponete che i nove decimi delle accuse assurde della polizia non siano ammesse dal tribunale, a cui si è provata la falsa testimonianza; in qualunque altro paese ne risulterebbe naturalmente una procedura e la messa in accusa dei falsi testimoni. A Napoli succede tutto al contrario; sì considera la falsa testimonianza come uno sforzo patriottico delle persone oneste, alle quali disgraziate circostanze han fatto mancare lo scopo. Questa parte della deposizione è riguardata come non avvenuta; ma l'altra parte resta senza che sia permesso di contraddirla. Voi crederete che se l'accusato abbia prove della sua innocenza potrebbe farle valere, e v'ingannate a partito. Se avesse delle prove ineluttabili alte come una montagna, non gli si permetterebbe di servirsene (*He may have counter-evidence mountains high, but he is not allowed to bring it*).
>
> Mi persuado, che ciò sarà incredibile, ma non è meno vero. Le perso-

ne accusate mentre io era in Napoli indicarono e chiamarono la testimonianza di centinaia e migliaia d'individui di ogni classe e d'ogni professione; soldati, ecclesiastici, uffiziali; la gran Corte non volle sentirli.

Tutto questo è *fatto*, signore, ed io lo riproduco per lo impegno assunto di non passar sotto silenzio alcuna delle vostre *calunnie*, e mantengo la mia parola.

Non sapete che gli accusati trattano sempre come falsi i testimoni a carico? Se ne volete le prove, leggete i processi di Lione, e vedete se i giudici han creduto necessario d'ordinare un riesame.

Le udienze della Corte erano pubbliche. Gli amici degli accusati vi assistevano, voi stesso vi siete andato. La pubblicità, la presenza dei nemici del Governo e la vostra non permettevano ai magistrati di giudicare *alla turca*, come voi vorreste darlo ad intendere. A che dunque furono impiegati 74 giorni pel processo? Se la difesa non fosse stata libera, spiegatemi ciò che facevano gli avvocati che hanno aringato in 25 udienze?

Mi arresto, signore, perchè credo travedere la spiegazione di questo enigma d'iniquità. Siete accusato di aver attinto da una fonte sospetta tutto ciò che avete detto di questo memorabile processo.

Un foglio coraggioso che si pubblica a Genova sotto il titolo di *Il Cattolico*, mi rileva che vi siete limitato a tradurre in questo passaggio la corrispondenza pubblicata dal *Risorgimento* di Torino, uno dei principali organi dei rivoluzionari d'Italia. Questo plagio, che io non voglio imputarvi, non ha per autore il *gentleman* rispettabile che vi ha mandato le note così esatte sulle quali avete scritto la vostra lettera? Non so se m'inganno, ma certe coincidenze mi determinano a dimandarvi se il corrispondente del *Risorgimento* a Napoli, non sarebbe l'autore della mistificazione che vi ha ingannato su questo punto come in molti altri?

Se passo ora dalle recriminazioni generali ai fatti particolari che le ispirano, e con i quali pretendete giustificarle, mi accorgo che voi avete soprattutto in veduta quanto riguarda il condannato Poerio.

Come modello delle iniquità e delle mostruosità della giustizia napolitana, voi fate la storia della condanna di questo antico ministro del Re. Voi lo seguite in tutti i suoi dettagli dal momento del suo arresto sino alla condanna. Il vostro racconto è vivo; il vostro talento di scrittore sa rendere interessarne l'eroe del dramma che scorre sotto la vostra penna. Confesso che anche io sarei commosso e sdegnato, se il vostro romanzo, simile a tutte le produzioni di questo genere, non mancasse di *verità* e perfino di *possibilità*. Il rapporto che voi fate di questa parte del processo starebbe in disaccordo col carattere generale del vostro libello, se fosse veridico. Altronde come ammettere la vostra testimonianza quando si conosce la fonte che vi ha dato queste informazioni? Voi confessate, e vi ringrazio della franchezza di tal confessione, che parlate per bocca di Poerio? « *Ecco*, voi dite, *l'istoria del suo arresto, com'egli stesso l'ha raccontata.* » Come non dovrebbe essere a lui favorevole? Avete mai inteso un accusato che racconti la sua storia ai giudici in modo che rilevi la sua colpa?

Avendo cura questa volta d'indicare tassativamente la *sorgente* rispettabile delle vostre informazioni, avete abbreviato il mio assunto. Si perdonerà facilmente a Poerio l'aver detto di essere stato arrestato *ingiustamente*, e giacchè voi riproducete solamente le sue asserzioni, non possiamo aspettarci nè esattezza nè imparzialità. Ma pure il vostro racconto non va esente di *contraddizioni*.

Voi indicate a lord Aberdeen come cosa indegna il ritardo frapposto ad interrogar Poerio dopo il suo arresto. Ecco il passo: « Sei giorni dopo fu tradotto innanzi il commissario di polizia Maddaloni, che gli consegnò una lettera al *suo indirizzo*... Il contenuto della lettera indicava naturalmente un progetto di alto tradimento ».

Raccontate in seguito che « fu trascinato di prigione in prigione, gettato, com'egli stesso dice, in luoghi fatti piuttosto per le bestie immonde anzichè per gli uomini, ed aggiungete che passò così otto mesi, ignorando assolutamente le accuse fattegli. »

Piacciavi, signore, conciliare le due asserzioni. La prima dice che Poerio, interrogato sei giorni dopo il suo arresto, lesse innanzi il magistrato una lettera, che indicava *naturalmente un progetto di alto tradimento*, mentre la seconda pretende che dopo otto mesi di prigionia ignorava *assolutamente le accuse dirette contro lui*. Poerio aveva dunque dimenticato il suo primo interrogatorio, e la lettera di cui si trattava?

L'impegno che voi prendete nello avvertirci che parlate *secondo lui*, spiega la insistenza colla quale segnalate come falsi testimoni le persone che han deposto contro l'uomo divenuto l'oggetto della vostr'ammirazione.

« Sarebbe stata sufficiente, voi dite, la decima parte di quello che ho inteso della deposizione di Jervolino per mettere un termine al processo, e fare arrestare e condannare il falso testimonio. » Su qual prova appoggiate la falsa testimonianza?

Questo Jervolino, voi aggiungete, il quale prima del processo era un mendicante, è ora ben vestito, ed in una posizione brillante. » Egli vive senza meno delle suo rendite, come Peluzzo della *pensione* che il Governo paga ai *preti assassini*! La brillante posizione di Peluzzo mi pare che oscuri quella di Jervolino, checchè ne pensino i *più puri* conservatori di Napoli e lo stesso Poerio.

Siete stato meglio informato, signore, su i sentimenti di Navarro, il presidente della gran Corte? « Mi si è detto (*I have been told*), e credo che egli non fa mistero della sua opinione, che tutte le persone accusate dal Governo del Re *devono* esser trovate colpevoli. »

È forse Poerio, o il corrispondente del *Risorgimento* che vi ha detto questo? L'asserzione è degna dell'uno e dell'altro; ma la miglior prova che io possa darvi dell'inesattezza di tale informazione è quella che la stessa sentenza che ha condannato trentadue accusati, ne dichiara otto innocenti, e li mena immediatamente in libertà.

Che diviene l'opinione di Navarro? Che resta delle vostre recriminazioni? A che si riducono le calunnie vostre contro la giustizia napolitana?

Tocca ad un Inglese, tocca all'Inghilterra, signore, assumere la causa della giustizia oltraggiata? La vostra storia nazionale non è una lunga e sanguinosa serie di delitti? Ha l'Inghilterra il diritto di essere intesa quando si tratta di difendere innanzi l'Europa la causa dell'umanità e della civiltà?

Ammettendo anche per un istante che le vostre accuse non fossero false su tutti i punti, paragonate la *barbarie,* la *ferocia* che voi rimproverate al Governo napolitano colle inaudite crudeltà che han caratterizzato tutti gli avvenimenti, che hanno innalzalo l'Inghilterra all'apogeo della sua gloria? L'Irlanda è là per dire di quali supplizi i governi inglesi han punito in ogni tempo i tentativi di rivolta. Sarebbe opera troppo lunga precisare i fatti; ma la gran voce dell'istoria supplisce al mio silenzio. Percorrete solamente le pagine sanguinose della rivoluzione del 1798, e ditemi se tutti i dubiti riuniti dei governi di Europa sin da più secoli (senza eccettuare la Russia), potrebbero uguagliare in numero, in atrocità di barbarie gli atti che nel 1798 misero l'Irlanda a ferro e a fuoco nello spazio di tre mesi.

Senza rimontare al 1798, gli anni 1848 e 1849 ci han fatto conoscere in qual modo l'Inghilterra reprima le insurrezioni. Quando il contro-colpo degli avvenimenti d'Italia si fece sentir nelle Isole Ionie, a Cefalonia ebbe luogo un movimento per iscuotere il protettorato inglese.

L'isoletta di Cefalonia in confronto di Napoli è come un bicchier d'acqua in confronto dell'Oceano. L'Inghilterra altronde non vi esercita che un protettorato.

Appena alcuni partigiani dell'indipendenza si fecero sentire, furono arrestati all'istante dalla giustizia inglese, la quale, procedendo con minor lentezza dei magistrati napolitani, ne condannava a morte diciannove, ai quali fu commutata la pena. Questi avvenimenti succedevano nel 1848! L'anno seguente si faceva un nuovo tentativo contro il protettorato britannico, ed alcune settimane dopo l'Europa sapeva che 180 insorgenti erano battuti colle verghe sulla pubblica piazza, e ventuno erano messi a morte.

A Napoli, signor Gladstone, sotto il Governo del *feroce* Ferdinando, che i vostri ammiratori, sulla vostra testimonianza, chiamano un *boia coronato*, non una sentenza di morte per causa politica ha ricevuto la sua esecuzione. Paragonate Cefalonia al regno di Napoli; la popolazione di questa Isola a quella delle due Sicilie; mettete a calcolo il carattere e la gravità delle insurrezioni che hanno scoppiato nei due paesi, e ditemi, sig. Gladstone, da qual parte sta la barbarie, quale dei due governi è degno del nome di carnefice, giacchè vi piace di chiamar carnefici i poteri che reprimono la insurrezione?

Continuando il mio assunto, i cui limiti sembrano più allontanarsi a misura che io avanzo, permettete che io vi feliciti delle proporzioni che prendono i vostri successi.

I giornali di Londra mi fan conoscere questa mattina che si è messa in vendita l'*undecima edizione* delle vostre lettere.

Una pubblicazione utile, fatta collo scopo di un bene, non avrebbe mai ottenuto tanta voga. La propaganda cominciata da lord Palmerston e dai suoi agenti diplomatici, è continuata dai facchini del partito rivoluzionario, e così doveva essere.

Grato agli applausi coi quali vi ha salutato la demagogia europea, avete la delicata attenzione di far pubblicare una edizione a prezzo basso, che sarà venduta per qualche soldo alle persone che compreranno il vostro libello per diffonderlo. Le vostre lettere sono quindi gettate come un cibo intellettuale alle classi popolari dell'Inghilterra; ma credete voi che il risultato di questa propaganda contribuisca a raffermare nel vostro paese il principio dell'autorità ed ispirare una venerazione più grande per le forme monarchiche?

Un partito conservatore, che si è creduto intelligentissimo ed abilissimo sino a febbraro 1848, ha aperto il sentiero al regime bastardo e provvisorio che subisce la Francia. A qual trionfo di sistema travagliano dunque i conservatori inglesi della scuola umanitaria? A qual missione è destinato questo protestantismo conservatore dell'Inghilterra, che si onora di propagare le calunnie le più oltraggianti contro le istituzioni più rispettabili, le sole che possano fermare l'Europa sul pendìo dell'abisso nel quale corre pericolo di precipitarsi? Quanto più divulgata è la menzogna, tanto più è necessaria una precisa e completa confutazione. La verità si propaga meno rapidamente dell'errore, ma la luce non brilla mai invano; ecco perchè io continuo a gettarla sulle pagine alle quali il vostro nome ha dato un eco tanto deplorabile. Alle recriminazioni delle quali già mi sono occupato succedono naturalmente quelle relative alle prigioni ed ai detenuti. Esaminiamo dunque le vostre doglianze sulle

Prigioni, le carceri ed il regime dei prigionieri

I rimproveri generali, signore, che voi dirigete al regime penitenziario del regno di Napoli, hanno una rassomiglianza mollo viva con tutto ciò che avete detto sulla polizia e la magistratura del paese. Ciò è molto logico.

Dopo aver denunziato la polizia, che sventa le loro congiure, ed i magistrati i quali, protettori dell'ordine e delle leggi, ricusano di ammettere la loro innocenza, i rivoluzionari napolitani come i loro fratelli di Francia recriminano contro le prigioni nelle quali sono rinchiusi, e che trovano di un'abitazione meno comoda, meno piacevole delle residenze nelle quali godevano di tutti i piaceri della vita prima della loro condanna.

A sentire certi scrittori umanitari, le prigioni dovrebbero essere gli alberghi ove gl'invalidi del delitto troverebbero tutte le attenzioni offerte dalla patria riconoscente ai cittadini generosi che han consacrato la vita nella sua difesa, e che le han dato perfino il sangue. Questa pretesa è veramente derisoria, anche quando si tratta di prigionieri politici.

Io dico *ancora* non dovrei dire so*prattutto?* In mezzo al disordine morale che pesa sugli spiriti o che li sconcerta, sembra che i delitti o reati politici non siano nè delitti, nè reati. La società punisce colla morte, o manda a finire i suoi giorni in un bagno quello dei suoi membri che per un sentimento di odio o di ambizione toglie la vita al suo simile; e l'uomo che eccita l'una contro l'altra le classi, che accende le passioni più violenti, che spinge alla ribellione, che dà il segnale di una insurrezione potrebbe commettere questi delitti senza perder nulla della *bellezza* o della purità del suo carattere?

Confesso, signore, che questa maniera di giudicare il cospiratore e l'insorgente dinota un progresso contro il quale si rivolta la mia intelligenza. Qualunque attentato contro la società (che le rivoluzioni mettono in pericolo) mi sembra avere, sotto il punto di vista della criminalità, proporzioni gigantesche alle quali non potrebbe mai giungere un delitto diretto contro le persone. Un assassino priva la società di un membro, mentre che la insurrezione, ultimo argomento dei cospiratori, ne toglie centinaia e migliaia. Le proporzioni del delitto ingrandiscono col numero delle vittime, colla rovina e la disperazione delle famiglie, e tutte le risorse della giustizia umana sono impotenti a proporzionare il castigo alla colpa.

I nostri insorgenti di giugno sarebbero puri agli occhi vostri delle migliaia di vittime che caddero in quelle sanguinose giornate? Come i rivoluzionari napolitani non sarebbero responsabili del sangue versato il 15 maggio? In virtù di qual legge morale i cospiratori dell'*Unità Italiana* non avrebbero a render conto alla società allarmata dal progetto che nutrivano di mettere il paese a ferro ed a fuoco per arrivare alla realizzazione dei loro *sogni* politici?

Mi meraviglio come un uomo di Stato, educato nei principii conservatori, si lascia trascinare dal torrente delle idee stupide che han corso sotto l'*etichetta* di idee progressive! Qual progresso è quello che confonde il delitto colla virtù, che stanco d'ingiuriare l'assassinio volgare, esalta l'assassinio politico, che finalmente dimanda la sua giustificazione al pugnale come un tempo i cavalieri la dimandavano alla loro spada!

Io doveva prima di tutto entrare nell'esame delle vostre doglianze, rammentarvi i principii elementari che i codici non han forse abbastanza rispettato, e che si cancellano ogni giorno sotto il livello umanitario che una certa filosofia tira sulle moderne società.

Nella vostra mente i condannati napolitani non han cessato di essere *gentlemen*: nella mia si trovano molto al disotto della condizione morale dei loro compagni d'infortunio che fanno più orrore e ribrezzo.

Passiamo a ciò che volete rivelare sulle prigioni di Napoli e sul regime al quale sono sottoposte.

> Devo dire, perchè ho cercato di penetrare in quei luoghi. Vi fui spinto non per vana curiosità, ma per l'idea del dovere che mi era imposto, di essere, per quanto fosse possibile, testimonio oculare dei fatti, prima di tentare qualche misura. Però è mio dovere affermare che quegli infelici non sono in alcun modo responsabili della visita da me fatta nella loro triste dimora, e che essi non hanno in nulla contribuito a tutto ciò che io ho potuto dire o fare prima o dopo di questa visita. E se tutto ciò che io ho fatto nel solo scopo di arrivare a conoscere la verità potesse esser cagione di aggravare la sorte di uomini innocenti, ciò sarebbe una novella prova dell'odiosa tendenza che ha la tirannia, come tutti gli altri flagelli, a moltiplicarsi e riprodurre se stessa.

Queste parole mi provano, signore, che il Governo napolitano, conoscendo i sentimenti che nutrivate per lui, è lungi di essere tanto arbitrario ed intrattabile quanto lo pretendete. Voi vi trovavate a Napoli in un circolo composto di stranieri e di nazionali i più ostili al Governo, voi esprimevate altamente le vostre opinioni; ed il giorno in cui, desideroso di poter dire che avevate *veduto* qualche cosa degli orrori dei quali vi eravate proposto di parlare, vi siete diretto all'autorità, questa vi accordò quanto le domandaste. Desiderate veder le prigioni? Vi si aprono. Avete desiderio di abboccarvi col condannato Poerio? Vi si accorda inaccesso sino a lui.

Questa condiscendenza dell'autorità napolitana mi fa supporre naturalmente due cose: la prima, che le prigioni che foste autorizzato a visitare rassomigliano alle prigioni del resto dell'Europa; la seconda, che il Governo napolitano non ha nulla a temere delle rivelazioni di Carlo Poerio, giacchè tutto ciò che lo riguarda è passato alla gran luce della pubblicità. Questa è la impressione prodotta in me da questo preambolo, e posso dirvi con piacere che è stata anche quella di un gran numero di persone che han letto con imparzialità l'opera vostra.

Finalmente che cosa avete veduto?

> Esaminiamo, voi dite, come sono trattati i *detenuti* nel terribile periodo che corre fra il loro arresto *illegale* ed il loro processo *illegale*.
>
> Tutto il mondo sa che le prigioni di Napoli sono il colmo dell'orrore e della schifosità. Io ne ho veduto qualche cosa, ma non la peggiore. Ecco, o milord, ciò che ho veduto. I medici ufficiali non vanno a visitare i prigionieri ammalati; all'incontro questi uomini, colla morte *quasi* sul *volto*, si trascinano fino ai medici sulle scale di questo cimitero della vicaria, perchè le parti basse di questo palazzo delle tenebre sono così immonde e ributtanti, che alcun medico non vorrebbe entrarvi anche pagato.
>
> In quanto al nutrimento devo dire una parola del pane che ho veduto. Quantunque nero e comune all'ultimo grado, *era sano*. Mi si è assi-

curato (*as I was assured*), che la minestra è nauseabonda, e che il solo eccesso della fame può solo far sormontare la ripugnanza della natura.

Mi fermo per farvi osservare che il pane *che voi avete veduto* era sano e di buona qualità; ma quando parlate sul *si dice,* la minestra diviene nauseabonda.

Son convinto che la sarebbe stata meno se avreste potuto gustarla. Sopra questo punto, come sopra tanti altri, *voi non avete veduto* ciò che indicate come ributtante, orribile, *nauseabondo*.

In quanto alla visita dei medici è chiaro che vi siete illuso sullo stato della salute dei prigionieri ai quali avute veduto salire e scendere le scale della vicaria, e son d'altronde convinto che gli stessi detenuti non erano effettivamente dispiaciuti di andare a visitare i medici invece di esserne visitati. Voi continuate.

La schifosità è bestiale. Tranne della notte, gl'impiegati non entrano mai nelle sale. Si son fatti beffe di me perchè leggeva alcuni regolamenti affissati sulle mura. Uno di questi regolamenti riguardava la visita dei medici agli ammalati. Però ho veduto uomini con un piede nella tomba che visitavano i medici invece di esser visitati da loro.

Voi ripetete il rimprovero poco prima diretto ai medici. Se aveste mai visitato altre persone avreste dei punti di paragone che vi mancano per valutare la schifosità delle case di detenzione di Napoli. Se le prigioni napoletane non sono più proprie, siete sicuro che la colpa è del Governo e non degli stessi condannati? Le prigioni sono meno bene mantenute delle ridenti *ville* dell'Inghilterra; ma il Governo può essere responsabile delle negligenze di dettaglio di qualche impiegato, il quale, secondo voi, violerebbe i regolamenti dati dall'autorità?

Le vostre esagerazioni poi meritano tanto meno fiducia quanto Ferdinando, sino dal principio del suo regno, si è impegnato in un modo speciale a migliorare il regime delle prigioni del regno, ed io so che i desideri del Re sono stati efficacemente secondati dall'amministrazione.

Son lungi di pretendere che le prigioni di Napoli non sono suscettibili di alcun miglioramento; ma ditemi, signore, quale è il paese dell'Europa in cui il regime delle prigioni non preoccupa il Governo e gli uomini speciali? Qual quistione presenta difficoltà più complicate a risolvere?

Voi non tenete conto, signore, nè di ciò che il Governo ha fatto, nè di ciò che è disposto a fare, nè degli ostacoli che si oppongono alla realizzazione dei suoi disegni. Ecco come voi avete *veduto*, quando avete realmente *veduto* quello di cui tenete proposito.

I detenuti, le loro famiglie, i loro amici, in quanto riguarda la osservazione dei regolamenti, hanno una garanzia della quale non fate cenno, e che indebolisce i vostri rimproveri.

A Napoli come a Roma delle associazioni di carità composte di uomini distinti presi nelle classi elevate della società vegliano al benessere dei prigionieri. I deputati di queste associazioni visitano i detenuti, ispezionano le sale, si assicurano della buona qualità degli alimenti, s'informano delle cure date agli ammalati e gl'interrogano. La vigilanza della carità non permetterebbe che i regolamenti fossero violati in detrimento dei prigionieri. Altronde, voi ammettete che i detenuti hanno i regolamenti sotto gli occhi. Se i direttori delle prigioni non ne facessero conto, li lascerebbero ignorare ai loro ospiti. Se i regolamenti sono affissati, devono essere necessariamente osservati.

Ma prima di continuare, una parola sulla stessa prigione, una parola su questo *cimitero*, che porta il nome di *vicaria*.

Se foste stato meno straniero all'istoria dei monumenti di Napoli, non avreste ignorato che questa prigione è una antica abitazione reale. All'epoca in cui la Spagna aveva a Napoli un vicerè, questo palazzo fu fabbricato nello scopo di tal destinazione, ed ecco perchè conserva il nome di *vicaria*. I vicerè spagnuoli han dunque abitato questo *cimitero* piacevolmente situato vicino la porta di Capua, esposto all'aria ed al sole. Un testimonio oculare ne parla in questi termini:

« Ho visitato questa prigione un gran numero di volte, e non ho mai inteso parlare, nè ho veduto delle segrete sotterranee. Credo che non vi sia in nessuna parte di Europa una prigione che offra estesamente segni più visibili di salubrità e di conforto. » E voi pretendete intanto, signore, che Pironti è stato rinchiuso *nella vicaria, in una segreta di otto piedi quadrati sotto il terreno, senz'altra luce se non quella che vi penetrava da un buco praticato all'estrema altezza del muro, e che non permetteva vedere.* È vero che voi non dite *aver veduto* Pironti in questa situazione; voi ci rapportate ancora uno di quei *si dice* di cui già comiciamo a conoscere la esattezza. Vi si *è detto* ben altra cosa; perchè voi aggiungete che Pironti aveva nella sua segreta di *otto piedi quadrati* due compagni che non lo lasciavano! Se mi dicevate di averlo voi *veduto*, non esiterei a credervi, ma dopo che la inesattezza, la esagerazione, la falsità, il ridicolo, le contraddizioni del vostro rapporto ne hanno reso sospetta la fonte, non presto alcuna fede a ciò che voi non avete *veduto*. La segreta di Pironti va in questa categoria.

Signore, i giornali che han fatto tanto strepito dei *ventimila* prigionieri che vi facevano *contare*, ci hanno ancora parlato di una segreta situata a 26 piedi sotto il livello del mare. Si tratta della segreta di Ischia, nella quale sarebbe gettalo il barone Porcari. Visitiamo assieme questa dimora sotterranea, e cerchiamo di precisare quella che sia realmente.

> Ho saputo un altro caso che credo poter rapportare con certezza, quantunque la conoscenza che io ne abbia *non sia mia*, come quella dell'ultima di cui ho parlato (Pironti).
>
> Quando io lasciai Napoli, nel mese di febbraro, il barone Porcari era rinchiuso nella prigione d'Ischia; egli era accusato di aver preso parte

Jules Gondon risponde a Gladstone

alla insurrezione della Calabria, ed aspettava di essere giudicato. La segreta d'Ischia è senza luce, a 24 piedi o palmi (*non son sicuro della misura*) sotto il livello del mare. Non gli è permesso di giorno o di notte sortire da quella prigione, nè alcuno è autorizzato a visitarlo, eccetto sua moglie, una volta in ogni quindici giorni!

Il punto di esclamazione è vostro; ma a che si riduce questa descrizione? Voi dite dapprima che non dubitate della esattezza dei dettagli che non avete ricevuto da una sorgente così sicura come quella relativa alla prigione di Pironti, del quale non parlate per altro se non per *inteso dire*. Poi, *voi non siete sicuro* se la segreta fosse a 24 piedi o palmi sotto il livello del mare.

Credetemi, signor Gladstone, la prigione nella quale è stato sotterrato il barone Porcari, deve rassomigliar molto a quelle dell'antica abitazione del vicerè che non hanno mai esistito.

Voglio convenir con voi di una cosa. Ammetterò com'esatto tutto ciò che voi mi direte di aver *veduto*; ma rigetterò tutto ciò che mi presenterete come dubbioso. Avete voi visitato la prigione d'Ischia? No. Avete veduto Porcari in quella caverna senza luce a 24 piedi sotto il livello del mare? Nemmeno. Aspetterò che abbiate veduto, verificato voi stesso i dettagli che voi date a lord Aberdeen, e poi vi presterò fede. Suppongo che questa prigione d'Ischia sia così profonda e oscura come la nostra Conciergerie.

Se la baronessa Porcari vi scendeva per visitare suo marito, sembra molto difficile lo ammettere che quell'abitazione fosse priva di qualunque luce.

Si può supporre che il Governo avesse acconsentito che una moglie visitasse suo marito in simile situazione? I vostri dettagli sono contradittori. Come non ne avete rilevato la inverosimiglianza?

Ritorno a quello di cui siete stato testimonio, che avete veduto di più?

Uomini condannati ai ferri portano la catena stessa dei forzati di Brest e di Tolone. Questa catena è legata al condannato nello stesso modo in tutti i bagni, cioè con un anello fissato sopra la noce del piede, mentre la estremità superiore è attaccata ad una cintura di cuoio situata sopra i lombi, cioè a dire che le cinture nel bagno si portano sopra i lombi. Questa circostanza meritava essere rilevata.

La vostra esclamazione, signore, è di una semplicità da muovere la ilarità, quando gridate che la catena dei condannati *non è loro tolta nè il giorno, nè la notte!* In qual bagno si tolgono ai condannati le catene nella notte, come voi vi togliete le mutande quando andate a letto? Questa operazione sarebbe possibile? Se fosse possibile, sarebbe prudente? Nel bagno di Tolone, nel quale si trovano duemila forzati circa, sarei curioso di sapere con qual sistema si potrebbero togliere la sera tutte le catene e rimetterle la mattina. Il giorno e la notte non basterebbero a questa bisogna.

Mi accorgo che non avete mai diretto i vostri studi sul sistema penitenziario. Visitate le prigioni del continente di Europa, e resterete convinto che in Napoli si pratica quello che è altrove praticato.

Avete veduto qualche altra cosa?

> L'abito dei condannati ordinari dei quali era vestito l'amico segretario del Re Ferdinando si compone di un giubbone e pantaloni di panno rosso grossolano e di un berretto dello stesso drappo; i pantaloni sono quasi neri, che si abbottonano in tutta la loro altezza per potersi togliere la sera senza incomodare le catene.

È un costume poco elegante, ed anche grossolano, e senza dubbio meno agiato di quello dei *gentlemen* della vostra nazione ma non si mettono i delinquenti in prigione per vestirli dei più fini panni di Manchester. Gli abiti dei condannati vi ispirano tanto più ribrezzo, perchè rassomigliano, voi dite, ad un panno fabbricato in Inghilterra

con ciò che si chiama la *polvere del diavolo* (*devil's dust*). Vi sono dunque nel vostro paese degl'infelici che non son meglio vestiti dei forzati di Napoli, e che non han nulla a rimproverarsi?
Voi aggiungete:

> Restai sorpreso della dolcezza colla quale essi parlavano dei miserabili per la mano dei quali soffrono queste abbominevoli persecuzioni; non erano meno ammirevoli la loro rassegnazione vera cristiana, e la clemente serenità della loro fisonomia. Tutti però soffrivano. Ho veduto piangere la zia di uno di loro, un giovine a 28 anni, parlandomi dei rapidi cambiamenti che essa osservava sul di lui volto; ed infatti io gli avrei dato il doppio della età ch'egli aveva. Aveva veduto Poerio in novembre durante il processo; a Nisida non lo avrei più riconosciuto.

La vostra sorpresa mi prova che voi prima di visitare le prigioni di Napoli supponevate che un uomo poteva passare dal seno della sua famiglia e della società, in un bagno del quale dee subire il regime severo, senza provare alcuna alterazione di salute e di fisonomia? Ma sarebbe possibile il supporre che si trovino fa un bagno tutti i comodi di fuori, e viverci senza modificare le proprie abitudini? Informatevi se il fenomeno da voi osservato non si verifica in tutti i prigionieri che passano dallo stato di libertà a quello di prigionia. Avete realmente gran desiderio di criticare l'autorità napolitana per armarvi contro essa di fatti tanto naturali. No, credetemi, signor Gladstone, il Governo di Napoli è molto lungi dall'esser barbaro, e la lettura delle vostre lettere mi ha confermato nella opinione ch'egli pecchi più di clemenza, che di crudeltà, e mi riferisco per questo particolare alla vostra testimonianza medesima. Voi dite parlando di Poerio e dell'alterazione che ha sofferto la di lui salute:

> Da un luogo *alto* gli fu suggerito, che se la di lui madre, della quale

egli era l'unico appoggio, fosse andata dal re a dimandar la sua grazia, o se egli medesimo la implorasse, poteva tornargli in bene; ed egli si rifiutò costantemente.

Potevasi intanto esiger meno da lui? Il re si mostrò disposto a condonargli la pena, s'egli la dimandasse.

E dopo aver rapportato questa disposizione di clemenza, voi soggiungete:

> Non posso mestamente fare a meno di esprimere la convinzione che l'oggetto del Governo napolitano in quanto riguarda Poerio, che per i suoi talenti è creduto pericoloso, è quello di giungere allo stesso *risultato che doveva ottenersi col patibolo*, con mezzi più crudeli dello stesso patibolo e senza lo scandalo che l'uso di questo avrebbe prodotto.

Per arrivar dunque a questo risultato si suggerì a Poerio da un *luogo alto* di dimandar la sua grazia? Ecco, o signore, come è difficile il calunniare senza che la verità non risplenda a traverso le contraddizioni.

I vostri rimproveri al Governo di Napoli sulle prigioni, sulle carceri e sul regime col quale son trattati i prigionieri, sono perfettamente identici a quelli che il *Times* e la *Presse*, incoraggiati dalla vostra filantropia, han diretto al governo di Roma; sono identici a quelli che il *National* e la *République* sin da due anni fanno sentire per Belle-Isle, Mont-Saint-Michel e Doullens. Quando queste recriminazioni sono venute alla nostra tribuna legislativa, non un solo membro della maggioranza dell'Assemblea ha voluto loro prestar fede. Tale è la sorte riservata alle vostre doglianze; malgrado lo zelo della propaganda rivoluzionaria e la sfrontatezza dei suoi scrittori, nessuno vi crederà! L'esame e le vostre contraddizioni han rovesciato tutti i fatti che avete precisato. In quanto alle accuse vaghe e generali che voi riproducete sopra i *si dice o* sopra testimoni anonimi, sono già *stereotipe* sin da più tempo in tutti i giornali rivoluzionari di Europa. Il disprezzo dell'opinione ne rende giustizia. Non è curioso che l'appello da voi diretto alla civiltà, in beneficio dei prigionieri napolitani, sia riprodotto dal giornale la *République*, del quale voi conoscete i principii, negli stessi termini a profitto dei condannati di giugno? La *République* esclama con quel sentimento d'indegnazione che vi anima:

> Noi non siamo che un debole eco delle grida di miseria che ci giungono ogni giorno da Belle-Isle o dall'Africa. Noi consegniamo alla pubblicità le doglianze dei detenuti, nella speranza che il Governo si farà un punto di onore di sollevare patimenti così atroci, o che almeno provocherà un esame serio sopra i fatti che noi rileviamo secondo le nostre corrispondenze. Le prigioni politiche non devono esser cambiate in sepolcri.

Voi non avete detto nè meglio nè meno, e siete tanto vicino delle verità quanto il giornale *la République*.

Termino ciò che riguarda le prigioni, supplendo ad una nuova lacuna dei fogli che han tradotto le vostre lettere. Guardando nelle stesse più da vicino, il Governo di Napoli si fa più umano, perchè voi finite convenendo ch'egli accorda « ai prigionieri politici il privilegio di una sala particolare, dove stanno in comune fra loro. »

Veramente le prigioni di Napoli non sono ancora l'anticamera dell'inferno!

Le doglianze relative alle carceri, alle prigioni ed al regime dei detenuti erano della stessa natura di quelle esaminate precedentemente, e meritavano la stessa giustizia.

Gettiamo un colpo d'occhio sulla

Sicilia

questo Eden oggetto dei vostri desideri, del quale voi non osate trattenere lord Aberdeen per timore di tradire i sentimenti che questa isola v'ispira; voi scrivete appena il suo nome, ma questo basta per farci conoscere quello che cercate dissimulare.

> In queste pagine, voi dite, non troverete alcuna illusione alla lotta impegnata, ed impegnata con successo dal Re di Napoli contro i suoi sudditi Siciliani. Io non mi occuperò della condotta delle partite quali direttamente o indirettamente vi si trovavano interessate. L'oggetto del quale mi occupo è affatto differente: è la condotta del Governo di questo sovrano verso i suoi sudditi napolitani per la fedeltà e coraggio dei quali ha soggiogato la Sicilia.

Le vostre riserve sono eloquenti. Il Re di Napoli vi saprà buon grado, signore, del silenzio col quale vi degnate coprire la condotta del suo governo verso gl'insorgenti siciliani. Ma perché quelle reticenze? Se è il Re di Napoli che ha *impegnato* la lotta contro i Siciliani perchè non dirlo francamente?

L'Europa aveva creduto sino a questo giorno che la Sicilia si fosse rivoltata contro il suo sovrano, il quale, che che ne pensino lord Palmerston ed i suoi alleati del partito conservatore, sembra essere effettivamente il Re del Regno delle due Sicilie. Voi assicurate ch'egli ha *soggiogato* la Sicilia, servendovi della stessa espressione come se si trattasse di una nuova conquista, quasi si fosse impadronito di una delle dipendenze dell'impero britannico.

Spiacemi che il vostro pensiero non si fosse meglio sviluppato, perchè sareste giunto ad esprimere chiaramente ciò che voi fate solamente capire: cioè che Ferdinando non ha alcun diritto sovrano sulla Sicilia, e che ha commesso un attentato contro l'indipendenza dei suoi abitanti, trattandoli come sudditi rivoltosi. Come il Re di Napoli sarebbe agli occhi vostri sovrano della Sicilia, quando voi dubitate perfino della legittima sua autorità nel regno di Napoli? Sì, signore, voi spingete la sfrontatezza sino a questo, e voglio notare tutto ciò che racchiudono le vostre lettere, all'ammirazione dei vostri amici conservatori del continente perchè sembra ch'essi non vogliano dubitarne l'Inghilterra ed i mazziniani non devono più se non dividersi il regno delle Due Sicilie, in nome della *ragione e del diritto sociale.*

Voi dite a lord Aberdeen: « Passo sopra una considerazione importante, in quanto riguarda la base dell'autorità che Governa *in questo momento* il Regno delle due Sicilie, e non cercherò se agli occhi della ragione e del diritto sociale, il governo *attuale* di quel paese possieda o no un titolo legittimo, e se sia un Governo di diritto o di forza. » Come il Re Ferdinando avrebbe delle pretese legittime sulla Sicilia se non ha alcun titolo serio sul suo regno di Napoli, e se non vi esercita altro diritto se non quello della forza?

Ecco, o signore, fin dove siete giunto, voi che nella qualità di Presidente del magistrato di commercio (*board of trade*) avete negoziato e firmato un trattato con questo Re usurpatore. Sembra dunque che innanzi il tribunale della *ragione e del diritto sociale,* che Voi invocate, l'autorità sovrana e legittima del reame napolitano riposa ancora fra le mani dei membri del comitato di salute pubblica istituito il giorno 15 maggio? Avrebbe questo comitato con un trattato segreto ceduto la Sicilia all'Inghilterra? Il vostro linguaggio autorizza le supposizioni le più stravaganti, quando voi non esitate dare alla rivoluzione napolitana simili incoraggiamenti.

Quest'insulto al re delle due Sicilie, derisorio se voi ne foste personalmente l'autore, qual carattere ha preso il giorno in cui lord Palmerston vi ha aderito ed applaudito in nome del governo d'Inghilterra?

La Francia ed i governi dell'Europa non possono restare indifferenti a questa violazione ingiuriosa dei diritti più sacri. L'Inghilterra per impadronirsi della Sicilia, offrirà impunemente il regno di Napoli in premio allo esercito di Mazzini?

Oh! comincio, o Signore, a spiegarmi la fabbrica delle menzogne che voi avete innalzato nelle vostre lettere. La morale del vostro romanzo doveva esser di accordo colle premesse che avete posato. *Che esiste in Napoli un governo di forza brutale, e non un governo di dritto.* Era necessario mostrare sotto i colori più odiosi anche gli atti che non meritano rimprovero dell'autorità che governa *in questo momento*, affinchè se la Sicilia lasciandosi nuovamente trascinare dai più perfidi consigli tentasse una nuova insurrezione, non vedesse più levar contro essa *la fedeltà* ed *il coraggio* dei sudditi napolitani.

Il loro attaccamento è stato ricompensato da una ingratitudine così ributtante, che voi sembrate sperare che essi non si apporranno più all'emancipazione della Sicilia e che si rifiuteranno di marciare all'appello del loro Re per fare tornare all'obbedienza i rivoltosi.

Se il vostro libello, signore, potesse ottenere questo risultato, il giorno della lotta, voi avreste meno cannoni e fucili a spedire *per staglio* nei porti della Sicilia.

Fosse ancora l'indomani del combattimento si troverebbero meno uficiali *inglesi* fra le vittime dell'insurrezione. Non fa mestieri rammentare gli avvenimenti dolorosi che sono ancora a tutti presenti. Mi limito a rilevare le vostre riserve, e mettere le vostre reticenze alla riflessione dei governi amici delle due Sicilie.

La situazione nella quale si trova questo brillante giojello della corona di Napoli sembra poco favorevole ai vostri disegni. La Sicilia si rimette dalle sue crudeli scosse ed il bravo Filangieri che ha schiacciato la rivolta, ha anche la gloria di cancellare le ultime tracce delle piaghe rimaste nel paese.

A rischio di contristarvi, signore, vi farò conoscere che malgrado i terribili avvenimenti che han desolato la Sicilia nel 1848 e 1849 la situazione dell'isola si migliora con maravigliosa rapidità. Così le istruzioni giudiziarie che nel 1848 erano state 10,160, non sono state nei 1850 che sole 8,732, ciò che dà una differenza almeno di 1432 cause.

Dopo che è ristabilito il governo del Re, le condanne a morte pronunziate dai consigli di guerra istituiti dall'ordinanza del 26 giugno 1849 han subito una rapida diminuzione.

Nel 1849 i consigli han pronunziato 91 condanne.
Nel 1850 i consigli han pronunzialo 64 condanne.
Nel 1851 i primi sei mesi i consigli han pronunziato 13 condanne.

Confesso che questi risultati fan poco onore agli agenti della propaganda inglese che danno molto da fare alla polizia in tutti i porti dove avete dei consolati. Ma importa poco. L'opera della pacificazione prosegue, ed i risultati ottenuti sono tanto più notabili, quanto i rivoluzionari avevano aperto i bagni a 14 mila forzati che son rientrati nella società all'ombra dell'amnistia della quale han profittato. Il generale Filangieri è in Sicilia, ciò che il feld-maresciallo Radetzky è in Lombardia, l'occhio, il cuore, ed il braccio del Suo Sovrano. Protegge i cittadini pacifici ed onesti con non minore intelligenza della vigilanza che mette a sorvegliare le genti sospette, e della fermezza nel castigare i colpevoli. La sua severità, a dispetto di quello che dicono i fogli rivoluzionari, non va però oltre i limiti assegnatigli dalla responsabilità che fa pesare su di lui la confidenza del suo Re: egli fa unire la fermezza alla clemenza.

Spiacemi, Signore, che voi non fate giustizia al bravo generale che ha mandato a vuoto con tanta abilità i piani di lord Palmerston; la sua presenza in Sicilia rimanda la loro realizzazione alle calende greche; però vi garantisco che egli non rassomiglia a lord Torrington. È vero che al vostro ritorno da Napoli e prima di pubblicare le vostre lettere a lord Aberdeen, voi vi siete separato dai vostri amici, quando la camera dei comuni fu chiamata a pronunziarsi sugli atti colpevoli del governatore di Ceylan, ma non per questo lord Torrington non ottenne l'approvazione del Governo e delle camere. Comechè io abbia detto qualche cosa della giustizia inglese che ho messa in rapporto della giustizia napolitana, i rimproveri diretti al Luogotenente della Sicilia mi rammentano gli alti di lord Torrington, i quali secondo i termini della mozione fatta nella camera dei comuni erano: *ingiuriosi ai sentimenti di giustizia e di umanità dell'Inghilterra*. La condotta del generale Filangieri non sarà mai una vergogna pel suo paese.

Nel 1848 Ceylan non ebbe a deplorare la sanguinosa insurrezione della Sicilia. Alcuni torbidi però allarmarono l'autorità. Si può formare un'idea esatta del loro carattere sapendo che furono acquetati senza costar la vita ad un sol uomo. L'ordine fu ristabilito senz'alcuna effusione di sangue; appena forse un *soldato era stato leggermente ferito*. La tranquillità la più perfetta successe a questo tentativo i di cui autori e complici furono arrestati.

Tali sono state le proporzioni dell'avvenimento. Ma lord Torrington com'esercitò la giustizia dell'Inghilterra? con quali atti di repressione questo degno rappresentante del governo britannico fa brillare i sentimenti di *umanità* che animano lord Palmerston quando parla del regno delle due Sicilie?

Lord Torrington dapprima si diede la distrazione di proclamare lo *stato di assedio* che mantenne due mesi dopo di aver ricevuto l'avviso di toglierlo; intanto continuava a regnare la calma più perfetta nell'isola la quale non offriva più il menomo sintomo di agitazione. I tribunali ordinari vi amministravano la giustizia come al solito. Lord Torrington non pertanto fece giudicare i colpevoli da un consiglio di guerra, dopo avergli fatto giungere col colonnello comandante le truppe, tal istruzione da fare spavento a tutti i Filangieri, gli Haynau ed i Radetzky degli stati *barbari* di Europa. Il colonnello scriveva al presidente del consiglio di guerra:

Desidero che facciate comprendere ai vostri uffiziali che io *resto sorpreso come non abbiano condannato a morte i quattro prigionieri...* Dite loro che tutti quelli compromessi coi ribelli sono ribelli anch'essi, e *che tutti i ribelli devono essere colpiti dalla pena di morte.* Sir A. Oliphaut ha emesso l'opinione che si procede con molta delicatezza con tale *canaglia* e si perde molto tempo nello esame delle prove in dettaglio... Fate capire alla Corte che non è necessario l'entrare in dettagli. Basta sapere se il tale o il tale son compromessi perchè essa pronunzi la sua sentenza...

Confesso che il Governo napolitano ed il generale Filangieri non sarebbero di accordo coi principii di giustizia del nobile lord, che rappresentava a Ceylan i *sentimenti umanitari* della generosa Inghilterra.

Finalmente quali furono i frutti della giustizia marziale resa fra la tranquillità pubblica la più ammirevole?

Diciotto accusati messi a morte, e centoquaranta esiliati, imprigionati, o battuti colle verghe! Fra i condannati a morte si trovava un prete la di cui complicità era ben lungi dall'esser provata. Il primo magistrato della Corona intervenne in suo favore, e supplicò lord Torrington di sospendere l'esecuzione affin di far valere le prove della sua innocenza. Senza riguardo per la dimanda del primo magistrato, lord Torrington fu irremovibile, ed il prete fu giustiziato! Queste vendette barbare e mostruose si esercitavano nell'isola di Ceylan, nel 1848 inseguito delle turbolenze che non avevano costato una goccia di sangue.

Così l'Inghilterra intende la repressione; in tal modo essa pratica la giustizia; colla fronte ancora imbrattata di sangue versato, osa alzar la testa e parlare di diritti sacri all'*umanità!* Ed i fogli democratici della Francia applaudiscono freneticamente a questa ipocrisia infernale!

No, l'Inghilterra non manderebbe un Filangieri a governare una delle sue isole. I suoi governatori devono essere propri al bisogno per adempire l'uficio di carnefice. Nè son tali gli uomini ai quali il Re di Napoli confida il deposito della sua paterna autorità.

So che la barbarie di lord Torrington ha sollevato anche in Inghilterra un grido di orrore e di spavento; ma ha avuto, come ho detto, la sanzione del Governo e delle camere.

Questo è il punto che io voglio stabilire, onde far rilevare l'ipocrisia della scena rappresentata nell'ultima seduta della sessione, quando alla voce di lord Palmerston, la camera dei comuni si è commossa scioccamente per ciò che succede nel regno di Napoli.

I vostri lettori e i miei, cominciano a sapere quanto vagliono le vostre rivelazioni. Se voi giudicate a proposito di commuovere la filantropia inglese per le crudeltà del Governo napolitano, mi scuserete senza meno di far conoscere alla Francia ed all'Italia le tenerezze dell'Inghilterra per chi non riconosce la sua autorità, e che insorgono contro la sua potenza.

Sarei curioso di sapere, signore, se la Sicilia fosse nel numero delle dipendenze della corona brittannica, come sarebbero stati castigati dal lord Torrington gli uomini che han preso parte alle rivoluzioni del 1848, e 1849? Avremmo veduto senza meno rinnovellati le scene che insanguinarono l'Irlanda nel 1798 e se senza andar tanto indietro prendiamo per punto di paragone gli avvenimenti del l'Isole Ionie, e l'impresa mal concertata di Ceylan, due terzi della popolazione siciliana sarebbero passati sotto la mano del carnefice. La Sicilia non solamente si era rivoltata, ma gl'insorgenti eransi fatti padroni dei paese. Avevano stabilito un governo e giurato alzando la mano al Cielo che *Ferdinando II, non regnerebbe più su la Sicilia*. Il Re era stato dichiarato « pubblico parricida ». Una delle prime esecuzioni dei rivoltosi era stata quella di ammazzare a colpi di scure 52 uomini di polizia, fatti prigionieri; essi avevano saccheggiato l'abitazione reale, i di cui mobili furono distrutti e rubati; i bastioni di Palermo erano stati demoliti; le famiglie attaccate al Re avevano avute saccheggiate le case. In tal modo fu inaugurata la rivoluzione siciliana, i di cui sedicenti pari e deputati offrirono in seguito la corona al Duca di Genova. Qual proporzione colla sommossa di Ceylan!

Ebbene, mentre che lord Torrington non voleva che i giudici si dassero la pena di cercare la prova della reità dei sollevati, il generale Filangieri lasciò vivere in pace in Palermo gli uomini che han volato la decadenza di Ferdinando, e che si son ricusati di firmare la ritrattazione, che la maggior parte dei membri delle due camere rivoluzionarie hanno *spontaneamente* inviata al Re per farsi perdonare il delitto. Ferdinando non solamente ha perdonato a coloro che han fatto una onorevole ammenda, ma anche a coloro che non han dato alcun segno di pentimento.

Ditemi di grazia, Signore, in virtù della giustizia di Torrington e dell'umanità dell'Inghilterra, quale sarebbe stata la sorte di questi traditori? ma non vi dispiaccia, il governo napolitano è assai forte per potersi mostrare clemente. Ho creduto utile mostrar di passaggio agli abitanti della Sicilia coll'esempio di Ceylan, la sorte che sarebbe toccata ai loro sollevati più inoffensivi, se la loro isola avesse mai la fantasia di mettersi sotto il protettorato della filantropia britannica. Che la Sicilia profitti della lezione.

Ritorno su quel che voi dite dell'autorità che governa in *questo momento* nel Regno delle due Sicilie, giacchè debbo occuparmi di fatti che voi invocate per giustificare l'opinione che il governo *attuale di questo paese* è un governo di forza brutale spoglio di qualunque titolo legittimo.

Il fondo del vostro pensiero tal quale il compresi a traverso le persone con cui avete cura d'inviluparlo si è, che la costituzione data al Regno delle due Sicilie nel 1848 non essendo in vigore, e l'arbitrio essendo stato, secondo voi, sostituito alla legalità, il *re spergiuro* che ha violato il patto contratto coi suoi popoli, non ha più alcun dritto alla fedeltà e all'obbedienza dei suoi sudditi. Ferdinando ha sciolto, secondo la vostra teoria, i napolitani da qualunque obbedienza, mancando alla fede giurata. La quistione è delicata ed importante. Che avete voi a farmi sapere circa

Il Re e la costituzione?

Dovrò dir dapprima che passo su di una considerazione preliminare importante, intorno a ciò che riguarda la base *dell'autorità che governa in questo momento* nel Regno delle due Sicilie. Io non m'incaricherò se *per ragione e per dritto sociale* il governo *attuale di questo paese* possiede o no un titolo, e se è questo un governo di dritto o di forza.

Supporrò che la costituzione di gennaio 1848 data e spontaneamente *giurata come irrevocabile* con le formule le più solenni, e che sin'ora non è stata rivocata nè legalmente, nè ostensibilmente (perchè essa è stata violata quasi in tutti gli atti del governo), supporrò, io dico, *che questa costituzione non ha mai esistito,* che essa è una pura finzione, io non mi appellerò ad essa poichè quest'appello potrebbe far credere *che io desidero mischiarmi nella forma del governo,* e che mi metterò così in contraddizione coi doveri d'umanità che per me e per voi aveva solamente di mira scrivendo questa lettera. La mia decisa opinione è, che sia più saggio e più sicuro considerare questo imponentissimo soggetto come *una quistione interna,* e che sia ancor questo mezzo convenevole di considerarlo. Spetta dunque al Sovrano del paese risolverla coi suoi sudditi, fuori qualunque intervento di parte nostra... In conseguenza non devo adesso occuparmi di tale quistione, nè alcuna allusione vi avrei fatta se non a causa della necessità di richiamare i fatti che vi han rapporto onde potere esplicare d'una maniera qualunque la condotta del governo di Napoli e dar pieno credito ai ragguagli così meravigliosi, siccome quelli che sarò a narrare.

Non devo qui dimenticare d'esprimere la persuasione in cui sono, che leggendo questa lettera sarete voi spinto a domandarvi come possa tenersi una condotta così *inumana*, così *mostruosa* senza un motivo, e quale possa essere questo motivo? Per rispondere interamente alla quistione dovrei fare l'istoria della costituzione napolitana. Ma *pel momento e tanto che ho la speranza d'un pronto accomodo* senza una controversia formale, mi rassegno alla posizione vantaggiosa in cui mi lascia la sospensione della risposta, benchè lo intero sviluppo della mia tesi avesse bisogno certamente che questa risposta fosse data.

È in questo modo, signore che vi esprimete su di una quistione in cui dite non volervi frammischiare, e non avere alcuna voglia di risolvere. Ma di grazia, come trattereste voi l'autorità che governa attualmente in Napoli se per caso avreste la fantasia di entrare in materia? Convenendo tutti che trattasi d'un affare interno, la cui soluzione è riserbata al governo ed ai sudditi degli Stati napolitani, e nel quale nessuna delle potenze di Europa, non esclusa l'Inghilterra non ha il dritto di mischiarvisi, voi insinuate nientemeno che per fa *ragione e il dritto sociale* il governo *attuale* di Napoli è un governo di forza brutale; senza mischiarvi d'una quistione che non vi riguarda, dichiarate che la costituzione del 1848 non è stata legalmente rivocata, ma ch'essa è stata violata dal governo, e per non mostrarvi troppo severo vi degnate considerarla *come non esser mai esistita*. E che potreste dir di più se avreste il dritto di occuparvi degli affari interni di questo paese? I napolitani che cercano scusar la loro ribellione rimproverando al Re il suo spergiuro, non han giammai detto di più; essi non hanno mai espresso il loro odio per la dignità reale con termini più audaci, nè tirato dagli ultimi avvenimenti politici delle conseguenze che più allentino al principio sacro dell'autorità.

La quistione della costituzione napolitana non vi riguarda, e voi frattanto confessate che avete bisogno di scrivere la sua storia per giustificare le espressioni d'inumano è di *mostruoso* di cui tacciate la condotta del Governo di questo paese? E a qual titolo adunque intervenite nelle altre quistioni delle quali ci avete ragionato? Non sono esse ugualmente interne come quelle della costituzione?

E come, signore, non avreste troncato quest'ultima contro il Re di Napoli (benchè questa sia per via d'insinuazione) quando avete deciso tutte le altre contro le autorità stabilite dal Governo, di cui voi cercate scrollare la base?

Voi sembrate fare, signore, un atto di grande condiscendenza cuoprendo il potere colla protezione del vostro silenzio *pel momento*, e tanto che avete *la speranza di un pronto accomodo*. Come è dispiacevole che la vostra *speranza* sia ben tosto svanita! Voi la esprimete alla settima pagina della vostra lettera, ed appena arrivato alla quarantasettesima, cambiate d'opinione, e vi decidete a scrivere questa famosa storia di cui vi siete da prima limitato a tirare la conclusione. Voi vi scuserete di questa ritrattazione d'opinione, esclamando: *Nemo repente fuit turpissimus*. Potreste ripeterlo per farvi perdonar lo sbaglio che avete commesso! Frattanto raccontateci l'istoria della costituzione: « Nel mese di gennaro 1848, dite voi, una costituzione fu accordata al Reame di Napoli. Essa fu proclamata e giurata dal monarca con le formule le più solenni, e fra la gioia universale del popolo. Uno dei padri Gesuiti di Napoli diceva in un sermone recitato il 15 aprile 1848:

Il Sovrano non si è mostrato nè assolutameme tenace, nè inconsideratamente facile; egli ha temporeggiato ed ha nel medesimo tempo rigettato qualunque dimanda di costituzione finchè evidentemente si è convinto che questa dimanda era la espressione universale di tutto il popolo e non il volo isolato di un partito. Egli si è degnato ceder con gioia mentrechè era ancora in suo potere di resistere. Così è stato dimostrato chiaramente ch'egli non concedeva per violenza o per timore, ma di sua propria e spontanea volontà.

Il 15 maggio venne la lotta la cui origine di maniere oppostissime è raccontata, secondo le differenti opinioni delle persone. Essa si terminò, qualunque si fu, con una vittoria la più positiva e la più completa da canto del Re e delle truppe, e voglio citare qui qualche termine del monarca trionfante che rinnovella l'assicurazione già data riguardo alla costituzione.

> Napolitani!
> Profondamente afflitti per l'orribile calamità del 15 maggio, il nostro più vivo desiderio è di mitigarne per quanto è possibile le conseguenze.
> La nostra più decisa ed irrevocabile volontà è di mantenere la costituzione del 10 febbraro pura di qualunque vizio, e siccome essa è solamente compatibile coi veri ed immediati bisogni di questa porzione d'Italia, ella sarà l'altare sacrosanto sul quale devono riposare i destini del nostro ben amato popolo e della nostra corona.
> Riprendete adunque le vostre ordinarie occupazioni, confidate con tutta la piena del vostro cuore nella nostra buona fede, nel nostro sentimento religioso e nel nostro giuramento sacro e spontaneo.

Tutto in questa parte del vostro racconto è d'una perfetta esattezza. È vero che il Re, cedendo a' liberali consigli, promise il 29 gennaio 1848 una costituzione alle Due Sicilie, costituzione che fu pubblicata il 10 febbraio del medesimo anno. Questo Diploma rassomigliava molto a quello che aveva retto la Francia dopo il 1830 e che doveva sparire fra qualche giorno. Essa stabiliva una paria ed una camera di deputati. Quest'ultima doveva esser nominata dagli elettori che pagavano una tenue contribuzione. Avreste dovuto raccontare, signore, per intelligenza della quistione, d'una maniera ristretta gli avvenimenti che han preceduto la terribile catastrofe del 15 maggio. Per quanto diversi e contradditorii fossero i racconti delle parti impegnate nella lotta, il dovere dello storico consiste precisamente nel tirar la verità dal caos delle opinioni, e questo è ciò che voi non fate.

Importa quindi sapere che nel mese di marzo si procedette alla elezione dei deputati sotto la influenza dei clubi già organizzati dal partito rivoluzionario quasi in tutte le province. Il risultato delle elezioni fu tal quale si attendeva da uomini che si facevano scudo della costituzione per covrire e proteggere i loro disegni. A Napoli per esempio la indifferenza fu tale, che in un collegio di cinque mila elettori il candidato eletto giunse a riunire *tre voti*. Nel distretto e nei dintorni della capitale parecchi collegi non videro giungere nemmeno un votante. Questa era una prima protesta dei paesi contro i sedicenti *costituzionali*. Il ministero, che la forza delle circostanze aveva imposto al Re, forte per l'appoggio che andava ad incontrare nella camera dei rappresentanti, non ebbe la pazienza d'attendere l'apertura della sezione parlamentaria. Alla fine di aprile egli esigeva dal Re la promessa di modificare la costituzione dandole basi più larghe. Questa legge fondamentale sacra in tutto ciò che favorisce i piani dei progressisti, perde qualunque autorità a' loro occhi quando ella attraversa i loro progetti. Così non conveniva più agli adoratori della costituzione che i pari fossero lasciati a scelta del Re, e giunsero sino a circoscrivere lo esercizio di questa prerogativa reale alla scelta d'un candidato su tre nomi presentati dagli elettori, ciò non era una prima esigenza per arrivare a domandar *l'abolizione della paria.*

La rivoluzione, dopo aver trionfato a Parigi, percorreva mettendo sossopra la più gran parte d'Europa. La situazione era critica. Ferdinando fece delle concessioni; ma su parecchi punti importanti resistette con intelligenza e fermezza.

I deputati cominciarono a giungere in Napoli nei primi giorni di maggio. Quelli della Calabria si eran fatti accompagnare da masse armate di picozze, pugnali, pistole e fucili: questa era l'antiguardia della sommossa.

L'apertura del Parlamento doveva aver luogo il 15 maggio, e già prima di quest'epoca si avevano inteso risuonare gridi che domandavano una *Assemblea costituente*. Trattavasi sempre (non lo perdiamo di mira) di voti espressi da uomini di cui la costituzione era l'idolo!

Il 14 maggio le assemblee preparatorie riunivano i deputati a *Monteoliveto*, in una delle sale del Palazzo municipale. La quistione del giuramento da prestarsi per la costituzione è messa in trattato. I membri presenti decidono che il potere esecutivo non ha il dritto d'esigere il giuramento dal potere legislativo. Il ministero approva questa risoluzione, che fu rigettata dal Re. Era giunta la notte che doveva precedere l'apertura delle camere. Il ministero complice in queste ree manovre, mette il colmo al caos con presentarla dimissione. Questo fu il segnale del disordine. Si cominciano ad innalzar le barricate gridando: *Il Re ci tradisce!*

Ferdinando fra questa estrema confusione faceva prova d'una presenza di spirito e d'una energia ammirabile. Cercò scongiurare il pericolo e propose un mezzo termine per risolvere la quistione.

Egli offriva ai deputati il giuramento alla legge fondamentale riservandosi il dritto di *svolgerla*. I deputati presenti (in numero di ottanta circa) rigettano questa proposta esclamando c*h'essi penserebbero che il Re non era che un uomo ed essi rappresentavano sei milioni di patriotti!* In effetto, dopo alcune discussioni e qualche tentativo, si dichiaravano in permanenza nel palazzo municipale, nominavano un *comitato di Salute pubblica,* facevano battere la generale, ed innalzar le barricate sempre in nome della costituzione violata!

Da qual parte si trovavano gli spergiuri! All'una a. m. il Re faceva sapere ai rappresentanti che non insisterebbe più sulla quistione del giuramento: egli voleva togliere qualunque pretesto alla rivolta. Ma siccome sempre accade, una concessione porta una nuova esigenza. Sulla mozione del deputato Ricciardi si risponde alla offerta del Re domandando:

1. La consegna delle fortezze alla guardia nazionale.
2. Lo scioglimento della guardia reale, o la sua partenza per la Lombardia. Infine qualche membro più ardito aggiunse ancora con

altra condizione:

3. L'abdicazione del Re e l'allontanamento di tutte le truppe a quaranta miglia dalla capitale.

Ecco onorevole signore, i fatti che possono aiutarvi a scoprire da qual lato sono gli spergiuri napolitani, quali sono gli uomini la cui condotta *inumana e mostruosa* deve indegnarci. Perchè mantenere un silenzio assoluto sulla congiura dei deputati per occuparvi del preteso *spergiuro* del loro Re?

Fu dopo queste concessioni successive dalla parte del Re, e queste esigenze dei deputati a ciascun minuto più arroganti, che s'impegnò la lotta. Se il combattimento cominciò assolutamente come quello di Parigi, il suo esito fu ben differente. I sediziosi credevansi sicuri della vittoria; ma l'ordine e il dritto trionfarono: la provvidenza vegliava sul trono di Ferdinando. La insurrezione di cui la costituzione fu il pretesto s'era fatta a gridare: *morte al tiranno Borbone! Viva la Repubblica partenopea!*

I costituzionali avevano lacerato la carta. Ferdinando, che voi accusate di averla violata, raccogliendo gli avanzi sparsi volle farne nuovo saggio prima di *sospenderla*. Promise di restarle fedele nel bel proclama che voi mi avete fornito l'occasione di citare. Il Re riuscirà a salvare la legge fondamentale malgrado la cospirazione dei deputati? Il primo atto al quale ebbe ricorso per salvarla fu di sciogliere la camera ribelle. Il principe Cariati, che diè in queste dolorose circostanze ammirabile testimonianza di divozione pel suo Re, era stato chiamato al ministero. Egli conosce i collegi per la nuova elezione. Da tutte le parti del Reame s'elevarono delle proteste contro un regime che minacciava la prosperità nazionale. – Le elezioni permisero di valutare nuovamente quali erano le simpatie dei sudditi napolitani per i sogni del partito costituzionale. Gli affiliati dei clubs apparvero quasi soli allo scrutinio. Nella capitale, ove lo elemento costituzionale è più abbondante che altrove, sopra 9745 elettori inscritti, 1400 appena si presentarono per votare!

Il prodotto delle seconde elezioni non valeva meglio del primo. I deputati eletti non rappresentavano in realtà che il partito rivoluzionario. La sessione del 1849 non tardò in effetto a mostrarci una opposizione faziosa, il cui solo scopo era di mettere ostacoli al cammino del Governo e dell'amministrazione. Uno scioglimento divenne ancora necessario; gl'interessi generali del paese lo comandavano. Il Re aveva a sottomettere la Sicilia, e ribattere gli avvenimenti che poteva suscitare la seconda guerra della Lombardia, e il regno dei mazziniani a Roma.

Si videro allora le municipalità, i consigli dei distretti, tutti i differenti ordini legali delle diverse classi della società inviare al Re innumerevoli petizioni supplicandolo non voler convocare di nuovo il Parlamento. Queste petizioni mostrano sino alla evidenza che i napolitani si curano ben poco del sistema rappresentativo, ch'essi non han giammai desiderato e forse giammai compreso. Un gran numero di consigli distrettuali, e la più parte dei consigli generali emisero il voto che la costituzione fosse abolita. Ferdinando non ha fatto che *sospenderla* benchè la esperienza fatta nel 1848 e nel 1849 avesse dimostrato che la costituzione non era che un gradino per arrivare a stabilir la *Repubblica italiana*. I rappresentanti della rivoluzione avevano lacerato il patto fondamentale; gli avvenimenti della sanguinosa giornata del 15 maggio avevano sciolto il Re dal giuramento di cui voi citate la formula come un atto accusatorio.

Passando sotto silenzio tutte le circostanze che han preceduto, condotto e comandato la sospensione della costituzione onde accusare la condotta del Re, voi ne rammentate a lord Aberdeen le disposizioni.

Vi do ora gli estratti di questa costituzione. Essa comincia così, ed io chiamo un'attenzione particolare sul suo solenne preambolo:

In quanto riguarda il nostro atto sovrano del 29 gennaro 1848 col quale, conformemente al desiderio unanime dei nostri fedeli sudditi, abbiamo pronunziato di nostra volontà, piena, intera e spontanea di stabilire in questo Regno una costituzione conforme alla civiltà dei tempi, e della quale indicammo allora con alcuni rapidi cenni le basi fondamentali, riserbandoci di ratificarla, quando sarà redatta uniformemente ai suoi principii dal nostro ministero di Stato nello spazio di dieci giorni.

Determinato a dare immediatamente effetto a questa risoluzione fissata della nostra mente;

Nell'augusto nome del Santissimo ed Onnipotente Dio, Trino ed Uno, al quale appartiene di leggere nel fondo del cuore, e che invochiamo ad alla voce come giudice delle vostre intenzioni e della nostra sincerità senza riserba, colle quali abbiamo risoluto d'entrare nelle vie di un nuovo ordine politico;

Avendo inteso, dopo matura deliberazione, il nostro Consiglio di Stato;

Ci siamo decisi a proclamare e proclamiamola costituzione seguente, come irrevocabilmente ratificata da noi.

Che significano queste citazioni? Non altro che il Re Ferdinando, promettendo e concedendo una costituzione, ha creduto cedere *al desiderio unanime* dei suoi sudditi. Egli ha giurato innanzi Dio *e con tutta sincerità* che sarebbe fedele alle sue disposizioni, ed ha adempito al suo impegno di un modo tanto scrupoloso, che lo ha rispettato, anche dopo esserne stato rilevato da una violazione della quale i suoi sudditi si sono resi colpevoli.

La costituzione obbligando il Re, obbligava ancora i napolitani. Una costituzione è un contratto sinallagmatico che pesa sopra ognuna delle parti, e che non è meno obbligatorio per quelli in favore dei quali è fatta la concessione di certi dritti, come per colui che s'impegna a farla.

Se la sospensione della costituzione napolitana accusa uno spergiuro, lo trovo negli uomini ch'erano stati eletti per formare la camera dei deputati, ed i loro complici al di fuori: il solo Re di Napoli è rimasto fedele alla parola giurata! Voi soggiungete:

> Basta allo scopo che io mi propongo di citare quattro articoli delle disposizioni particolari della costituzione.
> Art. 1. Il Regno delle due Sicilie sarà all'avvenire sottoposto ad una monarchia limitata, ereditaria e costituzionale sotto la forma rappresentativa.
> Art. 4. Il potere legislativo risiede nella persona del Re e di un parlamento nazionale composto di due camere, una di pari e l'altra di deputati.
> Art. 14. Alcuna natura d'imposte non può essere decretata se non in virtù della legge, non escluse le comunali.
> Art. 24. La libertà personale è garantita. Nessun individuo può essere arrestato se non in virtù di un atto conforme alla legge, emanato da un'autorità competente. »

Voi credete riguardo all'articolo 1 che la monarchia napolitana è *assoluta* ed *illimitata*; dunque questo articolo è violato.

Sull'articolo 4 giustificate che non esiste nè camera di pari, nè camera di deputati; dunque questo articolo è violato.

Per l'articolo 14 voi dite che tutte le imposte essendo decretate e percepite dal solo Re, questo articolo è ancora violato.

L'articolo 24 non è meno spontaneamente violato; gli arresti e le carcerazioni arbitrarie abbondano infatti *nelle vostre lettere*. Voi aggiungete: « Tale è lo stato dei fatti in quanto riguarda l'origine della costituzione napolitana, le disposizioni e la condotta attuale del governo del paese, condotta che è in contraddizione colla legge fondamentale, e che ha violato ciascuna delle sue disposizioni. »

Ed io vi domando, signore,

Se il regno di Napoli dopo le concessioni del Re Ferdinando non ha un governo rappresentativo, di chi è la colpa?

Se le camere non sono riunite, dovete domandarne conto agli elettori ed ai loro mandatari.

Se il parlamento si è sciolto coi propri atti, a chi ritorna il dritto di decretare le imposte?

Se hanno avuto luogo arresti per delitti e reati politici, è forse il governo che ha fatto le barricate, che ha gridato, *morte al Borbone!* e dato il segnale della guerra civile?

Lo studio dei fatti e la buona fede la più semplice vi aiuteranno a risolvere tali quistioni ad onore del governo napolitano, il quale è molto meno assoluto di quello che pensate.

Voi sarete, lo spero, del mio avviso quando saprete che le *ventidue* province della monarchia delle due Sicilie han veduto nel 1851 riunirsi i consigli generali, i cui avvenimenti degli ultimi tre anni avevano, grazie al partito costituzionale, sospeso le deliberazioni ed i travagli. Questi consigli sono composti di proprietari scelti a proposta dei rappresentanti delle comuni. Le attribuzioni di queste assemblee vi daranno qualche idea dell'*assolutismo* che pesa sul paese.

1. L'esame e la discussione delle proposizioni dei consigli distrettuali.

2. Lo stato discusso delle province, la percezione, l'impiego dei fondi e la verifica dei conti dell'anno che precede la sua riunione.

3. Lo stato amministrativo delle province, la condotta e la capacità dei funzionari pubblici, i miglioramenti da introdurre nell'amministrazione.

4. La nomina dei direttori dei lavori pubblici, e l'esame di tutte le proposizioni relative all'impiego dei fondi destinali a questi travagli.

5. La ripartizione dell'imposta fondiaria, ec. ec.

Amerei onorevole signore, che mi faceste comprendere, come un paese che possiede corpi deliberanti composti di proprietari scelti dai rappresentanti delle comuni potrebbe gemere sotto la verga del dispotismo? Quando i consigli generali hanno il diritto di censurare la condotta di tutti i funzionari dall'Intendente o Prefetto sino all'ultimo impiegato; quando essi fissano lo stato discusso e le spese destinate ai lavori pubblici, tutte le spese dell'amministrazione provinciale; quando questi consigli sono incaricati di vegliare a tutto ciò che può contribuire al benessere delle popolazioni, io vi domando, simili istituzioni qual luogo possono lasciare all'arbitro, all'assolutismo, al dispotismo del governo centrale, anche quando non sedessero le camere?

Voi, signore, avete lasciato Napoli portando con voi pregiudizi che una conoscenza più perfetta del paese avrebbero certamente dissipato. Ed in quanto alla costituzione, se se ne è sospeso l'esercizio, dirigete le vostre doglianze al partito il quale, prima di entrare nel godimento che essa gli concedeva, ha cercato farne un'arma per arrivare alla realizzazione dei rei progetti. Il partito colpevole di attentato contro la costituzione napolitana è quello stesso che per le sue violenze ha distrutto quella di Toscana e lo *Statuto* di Roma. Che sono divenute le costituzioni strappate dagli avvenimenti del 1848 all'Austria, alla Prussia ed a tutti i piccoli Stati germanici? Gli uomini che le avevano esatte le han lacerate poco dopo averle ottenute perchè insufficienti a soddisfare i loro desideri. I manifesti del *Comitato centrale* di Londra avrebbero dovuto insegnarvi qual genere di costituzioni desiderano i rivoluzionari che nel 1848 hanno alzato le barricate in tutte le capitali dell'Europa. Essi vi ripetono ogni giorno, che vogliono una *repubblica universale,* nella quale la vostra bella Inghilterra sarebbe ammessa all'onore di essere una delle province. Se la sorte di talune costituzioni vi affligge, non cercate fra i re, gli spergiuri che han dato loro la morte.

Il Catechismo dello spergiuro

Dopo la pubblicazione delle vostre lettere non passa un giorno senza che io trovi nei giornali dell'Inghilterra, della Francia, della Germania o della Italia qualche articolo su di un piccolo libro molto diffuso in Napoli, e che voi indicate come lo scritto il più *detestabile* che abbiate mai veduto. Questo libro, voi dite, forma un « tutto compatto colla consistenza ed il completo che possono appartenere alla *frode*, alla *falsità*, all'*ingiustizia*, all'*empietà*. Queste dottrine *false, basse, demoralizzanti*, qualche volta burlesche, ma più soventi orribili, sono inviluppale di frasi religiose in questo libro *abbominevole...* Vi è una filosofia sistematica di spergiuro all'uso dei monarchi. »

Sulla vostra testimonianza, e gli estratti che voi ne date, questo scritto è stato chiamato un *Codice di spergiuro*, ed anche un *Catechismo d'inferno!* Sembra che la esagerazione non abbia più limiti, perchè qui non si tratta solamente di accusare il Governo, ma di mettere in causa la Chiesa cattolica nei suoi insegnamenti alla gioventù. Infatti, qual trionfo per l'umanità ed il protestantismo di prendere in delitto flagrante il clero napolitano che insegna *dottrine demoralizzanti e orribili?* Se un membro del clero di Napoli è l'autore di questo libro, la *frode*, la *falsità*, l'*ingiustizia* e l'*empietà* devono necessariamente abbondarvi! Ciò non può essere oggetto di dubbio; ma esaminiamo insieme se questo libro sia realmente una produzione d'inferno. Cito il vostro preambolo:

> Sono obbligato ad aprire un'altra sorgente di prove, dalla quale scaturirà nel modo il più doloroso e più ributtante il quadro dello stato, della continuità e della perfetta organizzazione del sistema che ho dovuto per mio dovere sforzarmi di esporre e denunziare. Non ho bisogno di far osservare che nel regno di Napoli, la stampa e la educazione pubblica sono sotto il controllo del Governo, e che senza entrare nel dettaglio

delle eccezioni che i conflitti interessati del clero fanno a questa regola, nessuna cosa s'insegna o si stampa senza la sanzione di quest'ultimo, e senza che fosse nel suo spirito.

Vi cito, riferendovi alla medesima, l'opera la più singolare e la più detestabile che mi abbia mai veduto; essa è intitolata; *Catechismo filosofico per uso delle scuole inferiori*; ed ha per epigrafe: *Videte ne quis vos decipiat per philosophiam*: Ne ho due edizioni; l'una stampata così: *Napoli presso Raffaele Miranda, largo delle Pigne* n. 60, 1850; l'altra fa parte d'una collezione intitolala: *Collezione di buoni libri a favore della verità, e della virtù, Napoli, Stabilimento tipografico di A. Feria, strada Carbonari*, n. 104, 1850. Sono così esplicito, perchè altrimenti potrei ancora eccitare un ragionevolissimo sorriso d'incredulità.

Il possedere questo *Catechismo filosofico* vi dà su di me un vantaggio prezioso. Vi confesso che non conosco nè l'edizione che possedete nè alcun altra. Non posso valutare il libro se non sulle vostre analisi e le vostre citazioni. È certo che voi avete procurato di scegliere i passi più propri a giustificare la vostra tesi, cioè a dire i più tristi. Altronde è difficilissimo di apprezzare uno scritto sulle citazioni date in un'altra lingua. Il traduttore come il pittore trova difficile il riprodurre i colori originali, e quando è dominato da un'idea preconcepita, è da temere che non dia alla copia le tinte che più corrispondono ai suoi gusti. La mia posizione quindi offre un doppio svantaggio. Son ridotto a giudicare sopra citazioni isolate, e riferirmi ad una traduzione. Privo di altre armi, accetto quelle che mi offrite pel combattimento. Non dobbiamo perder di vista che si tratta di un *Ristretto di filosofia* all'uso delle scuole primarie. I principi annunziati devono essere perciò adattati alle tenere intelligenze alle quali l'autore si dirige. L'epigrafe del libro: *Videte ne quis vos decipiat per philosophiam*, mi sembra perfettamente adatta al suo scopo, e l'accetto come una saggissima raccomandazione.

Andiamo al suo insegnamento.

La dottrina del primo capitolo, voi dite, si fonda, che attualmente deve insegnarsi alla gioventù una vera filosofia, per contrapposto della falsa filosofia dei liberali, che è professata da taluni uomini viziosi, che desiderano render gli altri viziosi e malvagi come loro. Indi si descrivono i caratteri coi quali si possono riconoscere questi filosofi liberali, dei quali uno, è la disapprovazione degli alti vigorosi dell'autorità legittima. Essi producono (segue ad insegnare) ogni sorta di mali, e soprattutto l'eterna dannazione dell'anima. Allora il discepolo domanda con gran semplicità, se sieno tutti ugualmente malvagi; e la risposta è; no, mio figlio, perchè gli uni sono ostinati ingannatori, gli altri poveri illusi; però battono la stessa via, e se non cambiano direzione, arriveranno tutti alla stessa fine.

Mi permetterete senza meno, signore, di passare sul commentario che voi fate a queste righe. Accetto la vostra traduzione, ma le vostre conclusioni non potrebbero servir di accusa all'autore del *Catechismo*. Perchè non precisate ciò che esiste di *demoralizzazione* e di *orribile* in questo capitolo? Vi confesso che se dovessi essere anche colto dall'anatema che voi pronunziate contro il clero che propaga questi principi, non esiterei di accettarli.

Il clero francese non è meno colpevole di quello di Napoli, perchè non risparmia sforzi onde combattere i disordini della *falsa* filosofia. Per sottrarsi al giogo di questa ha reclamato da lungo tempo la libertà d'insegnamento; perchè in Francia, come nel regno di Napoli, i propagatori della falsa filosofia *cercano di render gli altri viziosi e malvagi al par di loro*. La Francia deve alle loro dottrine i mali che l'opprimono, e dai quali difficilmente si rimette; una falsa filosofia non genera solo le calamità temporali, ma la Chiesa che la combattè si spaventa soprattutto dei mali che produce nell'ordine spirituale, e che traggono seco la *dannazione dell'anima*. Ora come la missione della Chiesa è di salvare le anime, uno dei suoi doveri più imperiosi è di combattere la falsa filosofia sotto tutte le forme. Onore dunque al clero napolitano che adempie coraggiosamente il suo mandato! Onore al governo cristiano che seconda i suoi sforzi per impedire la propagazione delle dottrine che producono la rovina degli Stati e quella delle anime. La gloria più bella e più duratura che possono ambire la Chiesa e lo Stato, sarebbe quella di estirpare il male nella sua radice, e purgare gli Stati napolitani dalle cattive dottrine che sotto il nome di filosofia hanno spinto la Francia sull'orlo del precipizio, e condurranno l'Inghilterra ove forse voi non vorreste vederla.

Tutti i cattolici ortodossi devono quindi, o signore, combattere la falsa filosofia della quale parla il catechismo napolitano, e la dottrina del primo capitolo di questo libro mi sembra tanto salutare ed immeritevole di rimproveri, quanto a voi sembra *abbominevole*.

Che trovate poi di tristo nella domanda del fanciullo che interroga il suo maestro per sapere « se tutti quelli che portano la barba ed i baffi sono filosofi liberali? » Quando in un paese una setta politica o religiosa affetta una toletta bizzarra, o un costume particolare, non è cosa molto naturale che un ragazzo faccia questa domanda? Nei paesi dove gli ebrei portano un vestito distintivo, non sono riconosciuti alla loro barba ed ai loro abiti? In una certa epoca in Francia il portare la coccarda non era un segno di adesione alla forma del governo stabilito? Non abbiamo noi avuto dei giustacuori e dei cappelli rivoluzionari? Se in Italia un partito politico ed anti-religioso ha convenuto come segno d'intelligenza la barba tagliata in una certa forma, la domanda del ragazzo non è naturalissima?

La risposta del maestro dev'essere sensata, e tale quale si può aspettare, perchè voi non la riproducete. Voi aggiungete:

> Nei capitoli seguenti, l'allievo è introdotto nella vera natura del pote-

re sovrano. L'autore nega completamente l'obbligazione di sottoporsi alle leggi in una democrazia, perchè, egli dice, sarebbe essenzialmente assurdo che il potere governativo risedesse nei governati, ciò che Dio non darebbe loro. In conseguenza non vi sarebbe potere sovrano negli Stati-Uniti. In tal modo *sotto pretesto di lealtà e di religione, si propaga la dottrina la più rivoluzionaria ed anarchica.*

Un autore cattolico, o signore, non ha detto mai nè avrebbe potuto dire che nelle democrazie non si è obbligato a sottoporti alle leggi. Se l'autore del *ristretto filosofico* ha avanzato una simile proposizione, non l'ha fatto manifestamente, se non mettendosi nell'ipotesi di una democrazia anarchica, cioè a dire una democrazia nella quale ogn'individuo essendo sovrano, il potere sovrano non esista realmente. Ora vi è una gran differenza tra una simile democrazia e la repubblica degli Stati-Uniti, la quale possiede un potere cui son soggetti tutti i cittadini, e le cui leggi sono in conseguenza obbligatorie. Ma se noi comprendiamo bene la vostra analisi, a traverso la sua costruzione equivoca, non è l'amore del *Ristretto* che nega la obbligazione di sottoporsi alle leggi degli Stati democratici, ma siete voi che gli attribuite questa negazione come conseguenza dei suoi principi. Ora una tal conseguenza è sforzata. L'autore del *Ristretto filosofico* ragiona mettendosi nella ipotesi di un governo monarchico ereditario, e non in quella di una repubblica federativa. Le vostre citazioni mi danno ragione; io le continuo:

> Il potere sovrano, c'insegnano, non è solamente divino (asserzione sulla quale non discuterò coll'autore), ma e illimitato non solo in fatto, ma ancora nella sua natura, ed in ragione della sua origine divina. Tocchiamo ora all'oggetto del libro pel quale i saggi napolitani han portato dal cielo questa filosofia per metterla al livello delle scuole primarie. Questo potere non può necessariamente esser limitato dal popolo,

il cui dovere è quello di obbedirlo.

Il discepolo. Può il popolo stabilire da se stesso le leggi fondamentali in uno Stato?

Il maestro. No, perchè una costituzione o legge fondamentale limita necessariamente la sovranità, la quale non può essere ristretta, limitata se non da un atto di sua propria volontà, senza di che essa non costituirebbe più l'alto potere sovrano che è stato ordinato da Dio pel bene della società.

Continuo a tradurre perchè il soggetto vale la pena di esser letto, si vedrà che i punti della quistione napolitana sono così rilevati, da non potersi sbagliare, e si giustificano colle *abbominevoli* dottrine che vi sono inculcate.

Il discepolo. Se il popolo eleggendo un sovrano gl'imponesse certe condizioni e restrizioni, tali condizioni e restrizioni formerebbero la costituzione, e la legge fondamentale dello stato?

Il maestro. Sì, purché il sovrano le avesse liberamente accettate e ratificate; in caso diverso, no, perchè il popolo, che deve obbedire e non comandare, non può imporre una legge al sovrano che riceve la sua potenza non da' suoi sudditi, ma da Dio.

Il discepolo. Supponghiamo che un principe prendendo la sovranità di uno stato, abbia accettato e ratificato la costituzione o legge fondamentale di quello stato, e che abbia promesso o *giurato* di osservarla; è egli obbligato a mantenere questa promessa, e mantenere questa costituzione, questa legge?

Il maestro. È obbligato quante volte ciò non rovesci le basi della sovranità, e *non s'opponga agl'interessi generali dello stato*.

Il discepolo. Perchè crede che un principe non sia tenuto di osservare la costituzione, quando questa offenda i diritti della sovranità?

Il maestro. Abbiamo già veduto come la sovranità sia il potere supremo, ordinato e costituito da Dio nella società, pel bene della società, e questo potere concesso e reso necessario da Dio deve esser conservato intero ed inviolabile, non può essere ristretto o indebolito dall'uomo senza mettersi in conflitto colle leggi della sua natura e colla volontà di Dio. Quante volte il popolo propone una condizione capace d'indebolire la sovranità, e quante volte un principe promette osservarla, la proposizione è un'assurdità, e la promessa è nulla. Il principe non è tenuto di mantenere una costituzione che è in opposizione coi comandamenti di Dio; ma è obbligato mantenere intatto il potere supremo stabilito da Dio, e che Dio gli ha confidato.

Il discepolo. Perchè sostenete che il principe non è tenuto di mantenere la costituzione, quando la trova contraria agli interessi dello stato?

Il maestro. La missione data da Dio al potere supremo è quella di fare il bene della società. Dunque, il primo dovere di colui che ne è investito dev'essere quello di procurare questo bene alla società; or se la legge fondamentale gli è contraria, e se la promessa fatta dal sovrano di osservarla, l'obbliga a sostenere ciò che nuoce allo stato, la legge resta nulla, e la promessa senza effetto. Supponete che un medico abbia promesso e *giurato* ad un ammalato di salassarlo, se di poi si convincesse che un tal salasso gli sarebbe fatale, egli deve astenersi di farlo, perchè al disopra di qualunque promessa, di qualunque giuramento, vi è l'obbligo che ha il medico di travagliare alla cura del suo ammalato. Dello stesso modo se il sovrano trova che la legge fondamentale nuoce al suo popolo, è obbligato ad annullarla, perchè malgrado tutte le promesse e tutte le costituzioni, il dovere di un sovrano è di vegliare alla felicità del suo popolo, in una parola, un *giuramento* non può essere la obbligazione di fare un male, ed in conseguenza un sovrano non può essere obbligato di fare ciò che nuocerebbe ai suoi sudditi. Altronde il capo della chiesa ha conferito da Dio il diritto di assolvere la coscienza da un giuramento, quando trovi per questo delle ragioni sufficienti.

Mi rassegno, o signore, a citare lungamente ed integramente, perchè cerco sempre le dottrine *abbominevoli* ed *orribili* del Catechismo filosofico. – Se accorciassi le vostre citazioni sarei accusato di frode. A misura che m'inoltro, continuo a dispiacermi che non abbiate segnato ciò che trovate di ributtante in questo insegnamento.

Il maestro ha solamente sinora esposto i principi elementari del diritto sovrano in un governo monarchico.

Non vedo nulla che possa applicarsi alla repubblica americana, nè alla conclusione da voi tirata, che, secondo questo catechismo, *non vi sarebbe Potere sovrano negli Stati-Uniti*. L'autore che si dirige ai fanciulli non deve occuparsi delle diverse teorie governative, ma parla loro della monarchia napolitana e dei principi sopra i quali è basata. Ora la esposizione di questi principi è inattaccabile nella sfera e sul terreno nel quale si mette l'autore. Credete voi per caso che il giuramento di adempiere una cattiva azione possa impegnare la coscienza? In virtù di quale legge morale un sovrano sarebbe tenuto a rispettare le clausole di un contratto ch'egli non avrebbe accettate? Sono obbligato a seguirvi in questi dettagli. In quanto alla potestà del Sovrano Pontefice di assolvere da certi impegni, è una quistione sulla quale i cattolici non han mai preteso d'imporre la loro fede ai protestanti, nemmeno ai membri della chiesa anglicana, che si credono i più ortodossi. Continuo le citazioni:

Il discepolo. A chi appartiene di giudicare se la costituzione offenda la sovranità, e sia contraria ai ben essere del popolo?

Il maestro. Al sovrano, perchè l'alto Potere predominante stabilito da Dio nello Stato, risiede in lui per il buon ordine e per la sua felicità.

Il discepolo. Ma non vi è pericolo che il sovrano possa violare la costituzione senza giusta causa, sotto la illusione dell'errore, o la impulsione della passione?

Il maestro. Gli errori e le passioni sono le malattie della razza umana; ma i benefici della salute non devono essere ricusati per timore della malattia.

Così del resto. Non rileverò tutte le dottrine *false, basse*, demoralizzanti qualche volta burlesche, *ma più sovente orribili*, che ho trovate inviluppate di frasi religiose in questo *abominevole* libro: non ho voluto semplicemente sollevare un grido generale ed eccitare la indignazione, ma offrire, senza passione, a lato di questa indegnazione, un quadro chiaro, distinto, per quanto è possibile, di questo oggetto così commovente.

Dico che abbiamo in esso una filosofia sistematica di *spergiuro all'uso dei monarchi* perfettamente adatta ai fatti attuali della storia napolitana negli ultimi tre anni e mezzo, pubblicata colla sanzione del Governo, ed inculcata colla sua autorità. Questo Governo ha il più bello titolo per proclamare questi precetti, perchè si è mostrato maestro nella loro applicazione.

Io doveva, come voi altronde l'avete fatto, trattare la quistione della costituzione prima di occuparmi dal *codice dello spergiuro*. Ora io credo aver mostrato colla evidenza dei fatti, che il Re Ferdinando non ha violato la legge fondamentale, ch'egli ha cercato al contrario con tutti i mezzi, ed anche dopo la crudele esperienza del 15 maggio, mettere in vigore le sue disposizioni. L'esercizio ne fu sospeso dal fatto dei rivoluzionari, quando i loro iniqui atti non lasciavano più alcun dubbio sull'uso al quale speravano far servire questa costituzione, che il Re Ferdinando e i suoi leali sudditi sperano vedere un giorno in pieno vigore.

Se dunque, come io ho stabilito, il Sovrano non ha mancato il suo giuramento, qual bisogno aveva egli del *Catechismo dello spergiuro?* Dimenticate dirci se questo libro a*bbominevole* non era diffuso negli Stati napolitani in una epoca in cui il Re non avesse a cercarvi la sua giustificazione? Ed altronde, questo libro, che mi duole non conoscere se non per le vostre citazioni destinate ad estrarne il veleno, non vi ha ancora fornito una parola che possa servire anche di pretesto alle vostre calunnie! Voi citate ciò che avete trovato di più *immorale* nelle sue pagine; ebbene! queste citazioni stesse sono pure di qualunque *frode* e di qualunque *empietà*. In quauto a me applaudisco altamente le sue dottrine, e deploro che uno scrittore (Mac-Farlane), il quale vi ha d'altronde confutato di una maniera solida, vi abbia dato su questo punto un'ombra di ragione, dicendo che si trattava di un *affare di preti*, nel quale il Governo non ha preso parte.

Ignoro, signore, se l'autorità napolitana abbia realmente sanzionato la propagazione di questo libro; ma non per questo son disposto a darvi in potere più i preti di Napoli che il Governo del paese, quando voi li calunniate di un modo così indegno ed ingiusto, quanto le vostre recriminazioni contro l'autorità temporale sono prive di fondamento.

Il clero napolitano, signore, non è nè coi suoi atti nè col suo insegnamento primario, complice di una politica, che voi avete chiamato *la negazione di Dio eretta in sistema di governo*. Io non vedo nel vostro rapporto, spogliato degli errori che vi abbondano e delle esagerazioni che ne oscurano la realtà, altra cosa se non un potere onesto e religioso che seconda l'azione del clero, lasciandogli la libertà del bene. La condotta del clero napolitano mi rammenta il dispiacere che la *falsa filosofia* non sia combattuta in Francia colla stessa libertà e cogli stessi mezzi, prima di aver potuto produrre i frutti che noi tediamo oggi. L'autore del *Catechismo filosofico* può rivendicare la sua opera, ed il clero non deve arrossire della complicità di cui lo accusate.

Questo catechismo, voi dite, non porta il nome del suo autore, mi si è detto che fosse opera di un ecclesiastico, che io mi astengo di nominare, perche non importa allo scopo che mi propongo, basta dire, ch'egli è, o che è stato alla testa della commissione di istruzione pubblica. Egli ha dedicato la sua opera ai *sovrani, ai vescovi, alla magistratura, ai maestri della gioventù, ed a tutti coloro che sono ben intenzionati*. Nella epistola dedicatoria, annunzia che l'autorità sovrana ingiungerà d'insegnare gli elementi della filosofia civile e politica in tutte le scuole; che un tale insegnamento sarà basato su questa sola opera, affinchè la purità della dottrina non possa essere alterata; che gl'istitutori saranno secretamente sorvegliati onde non trascurino i loro doveri, e nessuno di essi otterrebbe la rinnovazione annuale della sua nomina senza un certificato che ne attestasse lo adempimento; in tal modo *questo libro sarà moltiplicato sotto mille forme, potrà circolare in tutte le mani ed il Catechismo filosofico* porterà il perfezionamento della gioventù pigliando posto nelle mani della medesima dopo quello del cristiano.

Non vogliate dispiacercene, queste sono delle garanzie in favore di quel libro. Se non fosse irrimproverabile, i prelati ai quali è dedicato ne respingerebbero le dottrine, perchè voi dovreste non ignorare che i vescovi napolitani professano sul giuramento e le sue obbligazioni, come su tutt'altre quistioni che interessano la coscienza gli stessi principi dei vescovi cattolici d'Inghilterra. La Chiesa non ha teorie limitate alla esigenza di certi tempi e di certi paesi, ma le sue teorie sono molto elevate ed estese per potersi applicare in tutti i tempi ed in tutti i paesi. Le dottrine della Chiesa sono in armonia così perfetta colle leggi dell'ordine naturale, dell'ordine morale e dell'ordine politico (qualunque egli fosse) come con quelle dell' ordine soprannaturale.

Voi convenite « che la Chiesa di Napoli è preseduta da un Cardinale Arcivescovo, uomo di alta nascita, semplice nelle sue maniere e interamente dedicato alle funzioni del suo sacerdozio. » Ora come spiegherete che questo venerabile Arcivescovo adempierebbe fedelmente le funzioni del suo sacerdozio, se lasciasse insegnare nelle scuole, che voi dite sottopone al controllo del clero, *la frode, la falsità, la ingiustizia* e *la empietà?* Gli arcivescovi della chiesa anglicana possono ancora adempiere le funzioni del loro sacerdozio, perchè il *lasciar fare* ha una gran parte nelle loro attribuzioni; ma non sarebbe così nè in Napoli nè in alcun paese cattolico. Quando lo insegnamento della gioventù è sottoposto al controllo del clero, un tale insegnamento è puro da qualunque *immoralità*, anche nei principi elementari della filosofia che propaga.

Vi confesso che questo *Catechismo* mi sembra tanto triste nelle sue dottrine quanto il Re ed il governo sono barbari nei loro atti. Noi abbiamo svolto questo piccolo trattato come avevamo frugato nella condotta dell'autorità. La *empietà* e la *infamia* che voi vi vedete, non sono meno immaginarie della *crudeltà* e dei fatti di *barbarie* sopra i quali voi invocale la esacrazione dell'Europa.

Giacchè ci occupiamo del clero, dopo l'orribile insegnamento delle scuole primarie, che altro avete ancora a rimproverargli?

Le denunzie del confessionile.

Io scrivo, voi dite, io un momento in cui il sentimento pubblico di questo paese è vivamente eccitato contro la chiesa cattolica romana, ed io non devo di proposito lasciar luogo alle induzioni estreme che potrebbero esser tirate in pregiudizio del suo clero nel regno di Napoli, induzioni che io so o penso non essere appoggiate sopra fatti. Questo clero regolare e secolare è fuor di dubbio un corpo di un carattere misto, che io non voglio provarmi a descrivere. Ma a mio credere, sarebbe ingiusto considerarlo in massa, come complice negli atti del Governo. Però è fuor di dubbio che una parte dei suoi membri lo sono. *Io son convinto*, secondo ciò che è pervenuto sino a me, che una porzione dei preti fa delle *rivelazioni* di ciò che sentono al confessionile affin servire ai disegni del governo, e conosco dei casi di arresti proceduti in modo così immediato alle conferenze del confessionile, che è impossibile non osservarne la connessione.

Quest'ultimo tratto, signore, è degno di coronare la vostra opera.

Avete avuto una bella idea di riserbarlo alla fine. Sull'articolo della confessione vi trovate in perfetta armonia coi principii dei rivoluzionari dell'Europa. Ho avuto, alcune settimane fa, la occasione di osservare che in uno scritto destinato alla propaganda rivoluzionaria in Russia, si rappresentava la confessione come cosa almeno inutile. Questa pratica infatti non potrebbe convenire ai rivoluzionari, come non converrebbe ai peccatori. Se questi ultimi si rivoltano contro le leggi di Dio e della sua chiesa, i primi cercano sottrarsi alle leggi che reggono l'ordine politico, e la chiesa predica l'obbedienza alle leggi dello stato, come essa veglia alla stretta osservanza dei precetti divini. Ora la confessione essendo il freno più potente che Dio abbia opposto allo sfrenamento delle passioni umane, tanto dell'ordine politico che dell'ordine morale, io mi spiego l'odio che la confessione ispira alle coscienze, le quali non rispettano nè le leggi di Dio, nè quelle degli uomini. Oh! qual trionfo pel genio del male se potesse arrivare ad insinua e nello spirito delle popolazioni dell'Italia, che la confessione è un abuso del quale i governi si armano contro loro! Ma, grazie a Dio, questa calunnia, tanto vecchia quanto il cristianesimo, tanto spesso ripetuta e mai appoggiata sull'ombra di una probabilità, non ha virtù di fare dei gonzi. Cessa di confessarsi chi abbandona la pratica dei suoi doveri religiosi; ma non si sospetta mai che il depositario dei segreti della coscienza si faccia il denunziarne delle colpe di cui è divenuto il confidente.

Voi ignorate, o signore, ciò che può essere la confessione, ed io vi perdono col clero di Napoli, ciò che ne dite, perchè non sapete cosa sia. La vostra accusa non potrebbe offenderla senza colpire una delle più auguste istituzioni della chiesa, se il prodigio costante della remissione dei peccati non si continuasse dopo la confessione delle colpe per impedire il depositario della confessione di rivelarne il segreto, già da gran tempo questa pratica sarebbe caduta in disuso. Ma Dio, nella sua misericordia, avendola giudicata necessaria alla salute del genere umano, siate tranquillo, signor Gladstone, che la sua saggezza ha saputo circondarla di guarentigie contro le quali s'infrange *tutto ciò che abbia potuto pervenire sino a voi*, e tutto ciò che potete sapere. I vostri stessi ammiratori non han creduto ciò che voi dite; io non mi sono ancora accorto che alcuno di essi abbia osato riprodurre la sovrana accusa su questo punto, per timore d indebolire il resto delle vostre confidenze. Altronde, si potrebbe accusare in termini più vaghi di quelli che voi fate? Quali induzioni possono tirarsi dall'essere state arrestate alcune persone in seguito di essersi confessate? Siete voi sicuro che i colpevoli avessero manifestato al confessore il delitto pel quale sono stati messi in arresto? Siete voi sicuro della esattezza di questi rapporti? Taccio per tema di dare importanza colle mie riflessioni a ciò che non potrebbe averne, ed il vostro carattere non mi permette di sospettare che voi avete di mira i progressi del cattolicismo in Inghilterra nella insinuazione di questa calunnia.

Se voi dubitate della potenza meravigliosa che pesa sulle labbra del prete, e che non si permette di aprirle per farsi delatore, consultate, signore, qualcuno degli apostati, i quali speculando sullo scandalo, tuonano in questo momento in Londra contro la Chiesa cattolica e le sue istituzioni. Essi divertono i gonzi del protestanismo iniziandoli ai misteri della inquisizione. Invitateli a parlarvi dei misteri della confessione, domandateli se hanno delle rivelazioni a farvi e se quelle delle quali voi parlate sono nell'ordine delle cose possibili?

Mi fermo, e termino; ma mi resta a conchiudere.

CONCLUSIONE

Eccomi alla fine del mio lavoro, e lo riassumo.

Credo aver accuratamente esaminato i vostri rimproveri, le vostre accuse e le più perfide insinuazioni. A che si riducono le doglianze articolate nelle vostre due lettere? Che rimane delle recriminazioni, le quali grazie al vostro protettorato han commosso l'opinione dell'Europa e fissato l'attenzione della diplomazia, indegnata dell'attentato inaudito e che non può qualificarsi, commesso contro il governo napolitano?

Ho trovato nel vostro libello due serie di fatti, quelli che avete veduto e purificato voi stesso, e quelli dei quali vi fate narratore sopra rumori i più vaghi, sopra testimonianze le più dubbie e le più sospette. Rammento gli uni e gli altri.

Parlate di *quindici, venti o trentamila* prigionieri politici secondo la *credenza generale*, confessando che non potrebbe aversi *alcuna certezza su questo particolare*. Voi dividete questa opinione, perchè *persone* che voi dite *intelligenti* e di *considerazione*, la suppongono fondata, aggiungendo che una tale asserzione riposa sulla *opinione, opinione ragionevole, secondo ciò che io credo, ma che intanto non è se non opinione*. Io vi ho provato che il numero dei prigionieri ascende appena a 1800.

I *quattro a cinquecento imputati* dei quali parlate a proposito dell'affare del 15 maggio sono ridotti nell'atto di accusa a *quarantasei*.

Voi pretendete su ciò che *sentite dire* che le confische o i sequestri sono *frequenti*. Non si rammenta nè anche un solo di questi fatti.

Accusate sopra un *si dice* che il governo di Napoli paga una pensione all'assassino Peluzzi, mentre costui ha ricevuto il premio offerto a chiunque consegnerebbe un malfattore.

I magistrati napolitani sono agli occhi vostri *mostri* e *schiavi* perchè sono *amovibili*, e che i meglio pagati non ricevono più di *quattromila ducati* di retribuzione. Ora essi sono inamovibili, e 4000 ducati in Napoli rappresentano 40,000 franchi a Parigi, ove il primo presidente della Corte di Cassazione non ne ha più di 20,000.

Gli uomini che sono al potere in Napoli non *mettono alcun valore alla vita umana*, e la prova che ne date è che i detenuti sono compressi in un bagno, ed una rivolta di forzati, che voi confondete con i prigionieri politici dei quali ragionate a lord Aberdeen nelle vostre lettere.

Parlate di un condannato, dicendo, che *può esservi* qualche *ragione di temere* che non sia sottoposto alle torture fisiche delle quali specificate il modo, *secondo un'autorità rispettabile quantunque non certa*.

Voi dite, *essere stato assicurato* che l'uso d'incatenare i prigionieri a due a due è stato immaginato espressamente per i condannati politici. Or questo costume è stato praticato in tutti i tempi.

Insinuate che i prigionieri sono incatenati coi loro denunziatori, o cogli assassini, mentre è affatto al contrario.

Pretendete che la società segreta dell'*unità italiana è immaginaria*, ed io vi ho fatto conoscere i suoi statuti, i regolamenti, i suoi principii. Gli stessi suoi atti ci han rivelato quale fosse il suo scopo.

Gli *unitari* vi sembrano gli uomini *i più puri, i più leali, i più illuminati* ed *i più intelligenti* degli Stati napolitani; e tutti i documenti del processo che li ha fatto condannare si accordano a stabilire, ch'essi si son resi colpevoli di un delitto che in Inghilterra ed altrove si chiama *delitto di alto tradimento*.

La polizia napolitana, secondo voi, agisce di un modo *arbitrario e brutale*, or essa non fa se non disturbare le mene dei cospiratori, che sono i soli che se ne lagnano.

La magistratura di Napoli, indipendente, ferma e coraggiosa, non si lascia smuovere dalle minacce degli incolpati, e ciò basta perchè voi l'accusiate di cedere alla esigenza del potere, che vuole da essa solamente la più stretta imparzialità.

Raccontate che le prigioni sono sudicie, e che non vi si osservano i regolamenti. In tutti i paesi del mondo i detenuti si lagnano dei carcerieri.

Il regime alimentare vi sembra detestabile, ed intanto il *pane che avete veduto e gustato è sano*. Avete trovato nauseabonda la sola zuppa che voi non avete gustato, e della quale parlate secondo *ciò che vi è stato assicurato*.

Descrivete le *prigioni* le quali si trovano, *secondo ciò che vi si è rapportato* situate a venti piedi sotto il livello del mare, ma voi non l'avete vedute nè visitate, e la descrizione che voi ne date mi autorizza a pensare che sono tanto profonde e oscure quanto quelle della nostra conciergerie situate al primo piano.

Vi sdegnate per le vestimenta dei condannati e delle catene che portano, e pure sono pressamente le stesse di tutti i bagni dell'Europa.

Di tutto ciò che indicate come veduto da voi nulla io trovo che non sia nei bagni e nelle prigioni della Francia, e degli altri paesi. Ma i fatti gravi e ributtanti per i quali vi credete autorizzato di rimproverare al governo di Napoli la sua *barbarie*, la sua *crudeltà*, la sua *ferocia*, sono precisamente quelli che voi non avete veduti, e de' quali ragionate a lord Aberdeen sopra probabilità, sopra *si dice, mi si assicura, secondo ciò che io credo, o ciò che mi si rapporta.*

Ho provato ancora, in contrario alle vostre asserzioni, che la indifferenza delle popolazioni ed i rei progetti del partito rivoluzionario han solo impedito che la costituzione fosse messa in vigore dopo due saggi infruttuosi. Se voi non siete appieno chiarito su tali circostanze, richiamo la vostra attenzione sulle rivelazioni fatte da un membro del partito rivoluzionario, Guglielmo Pepe, nelle sue *memorie*, dove confessa formalmente che il progetto degli agitatori era di trasformare la nuova camera in assemblea *costituente* e dichiarare la decadenza del Re. Dunque Ferdinando non è spergiuro.

Le vostre calunnie contro il clero e la istruzione elementare, data sotto il suo patronato, sono anche prive di fondamento come le vostre recriminazioni contro il Re ed i suoi ministri.

Tali sono gli elementi su i quali voi avete redatto la formidabile accusa lanciata contro il governo delle due Sicilie.

Voi non avete un documento di convinzione a produrre, non un solo testimonio a presentare; non articolate un fatto grave che abbiate veduto o attestato, ed osate scrivere parlando di questo governo:

Esser la negazione di Dio eretta in forma di governo; tutti i vizi sono i suoi attributi: esso ricompensa l'*assassinio*, impiega *mostri* e *schiavi* per amministrare la giustizia; essere il più *gran violatore delle leggi, il più gran malfattore del paese:* i suoi *atti essere un oltraggio contro la religione, la civiltà e la umanità.*

S'intesero mai simili infami accuse contro un governo il cui capo, se pure ha difetto a rimproverarsi, è quello di esser troppo clemente? Un uomo di Stato ha commesso mai un atto di clemenza che possa paragonarsi a quello che vi ha ora meritato le più vive simpatie del partito socialista?

PREFAZIONE ALLE "CONFUTAZIONI"

Abbiamo già citato in un paio di occasioni il volume "Confutazioni alle lettere di lord Gladstone", stampato a Losanna 1851. Del volume, che raccoglie alcuni interventi di diversa origine in difesa del governo napoletano, riportiamo la prefazione. L'opera è anonima.

La pubblicazione di due lettere che il signor Gladstone indirizzava a lord Aberdeen sul Governo napolitano, sono stati per tre mesi, e sono tuttavia il soggetto di una viva polemica alla quale giustamente si è data da ogni parte la stampa. I giornali democratici, quelle voci che predicano repubblica, che aspirano alla totale invasione de' precetti demagogici in tutta Europa, si fecero forti di una calunnia, che senza ragione, ed all'impensata, slanciava un partigiano del partito *tory*, e perciò un seguace della moderazione. Senza volere alzare il velo che nascondeva l'origine e lo scopo di questa pubblicità, senza voler guardare se il Gladstone pubblicando le due lettere disertava dalla sua bandiera, ed andava a collocarsi sotto l'ombra potente del capo dell'attuale Gabinetto inglese, ed anzi volendo ad ogni costo ignorare le ragioni che i meno accorti hanno potuto trovare nella condotta del deputato di Oxford, i giornali dell'opposizione si fecero forti di una arma, che ad essi così generosamente si apprestava, e prendendo le mosse dal Governo del Re delle Due Sicilie, estendevano le loro recriminazioni e i loro assalti contro ogni altro Governo di Re, che al pari di quello si era alzato a muraglia incrollabile contro l'atterramento della religione, della proprietà e del trono.

Le prime voci che suonarono da per tutto furono quelle che aggiungevano tristizie all'ingiuria, calunnia alla menzogna, malvagità al delitto. I giornali più vivamente rossi, si fecero forti delle parole dell'ex-ministro *tory*, e le di lui invenzioni, furono la gran base dove innalzarono le piramidi delle loro ingiurie, e de' loro pravi disegni.

Ma poichè se negli uomini vi sono de' tristi, la maggioranza però per la mercè di Dio è buona, così mille voci forti e solenni sursero a combattere con migliori armi, perchè brandite da causa migliore, le ingiuste e ignominiose accuse, sì del Gladstone, che dei suoi meschini plagiatori.

In Francia forse, più che altrove si sono fatte sentire le più coraggiose e zelanti voci, a propugnare la giusta tenzone che erasi ad un tratto alzata gigantesca, e fra le tante difese possiamo quella onorevolissima noverare del signor *Jules Gondon*, il quale nell'*Univers* dirigeva sue lettere al signor *Gladstone*, e con argomenti infallibili, con prove evidenti, completamente distruggeva ed abbatteva le maligne di lui assertive. Le lettere di Gondon, sono state spedite in tutte le Corti Esteri, e sembra che il ministro Baroche avesse voluto mostrare pubblicamente come l'istesso Governo della Repubblica francese non si volea per nulla render solidale alle ignominiose pratiche uscite dal Gabinetto di S. Giacomo.

I giornali dell'*Assemblée National*, dei *Débats*, della *Gazette du Midi*, del *Courrier de Marseille*, dell'*Univers*, ed altri, seguendo le orme del signor Gondon, si sono tutti date a pubblicare smentite solenni contro le asserzioni Gladstoniane.

In Inghilterra poi il signor Mac-Farlane una lettera diresse allo stesso conte Aberdeen, e quella lettera corredata di officiali documenti, svelava tutta la malignità dello scrittore, che avea voluto farsi accusatore del Governo napolitano. E il *Catholic-Standard*, prima, ed il *Times* stesso poi, molte risposte inserirono, e fortemente incriminarono coloro i quali con un mentito amore di umanità avean cercato ad ogni costo di sollevare contro uno dei migliori governi di Europa la pubblica riprovazione.

In Austria non si è meno stampato che altrove a difesa de' più sacri principii. Lo stesso capo del gabinetto Schwarzemberg protestò contro il diplomatico inglese, che gli offriva la lettera di Gladstone a nome del suo ministro, qualificandolo come libello; ed il gabinetto di Pietroburgo accolse molto severamente dalla sua parte le accuse dirette contro un governo suo alleato, e ad uno dei migliori fra quei principi che al presente rappresentino la causa del dritto e dell'onesto in Europa.

In Italia non poche voci sonosi mosse a combattere le mendacie del sospetto scrittore di Albione. E lo stesso governo napoletano, senza degradare dalla sua dignità ed abbassarsi a confutare tutta quella sterminata filastrocca di assurdità, si è limitato a porre innanzi i giusti principii della sua politica, la incontrastabile santità delle sue leggi, la morale della sua amministrazione, pubblicando financo la cifra de' veri condannati politici, cioè di coloro i quali hanno ardito di alzare il vessillo della rivolta, e tramare congiure contro il monarca che primo in Italia avea date franchigie a' popoli, ed avea accordato un novello statuto. Forse il governo di Napoli, avrebbe potuto astenersi di presentare tali esempi, ma ha tanti elementi in suo favore, che financo a venire ad una polemica non perde di dignità, sibbene vince in generosità ed in grandezza.

Finalmente, e non sia questo uno de' più leggieri argomenti che noi potessimo porre siccome condanna alle mal'opere del Gladstone, e del ministro che si volle fare sostenitore di que' mendacii, non vogliamo astenerci dal dire, che lord Aberdeen stesso, ha dichiarato diplomaticamente di non avere mai accettato l'indirizzo di quelle lettere, nè aver consentito alla loro pubblicazione.

Or questa lunga tenzone che tuttavia dura animata e viva, e nella quale han preso parte i principali organi della stampa europea, ci consigliava a raccogliere in un opuscolo, non tutto quanto è stato pubblicato in risposta alle lettere di sir Gladstone, ma quelle cose principalmente che più dalle altre distinguevansi. Ad alcuni sembrerà che

Prefazione alle "Confutazioni"

abbiasi forse tardato a metter fuori il nostro lavoro. Noi per contrario opiniamo di essere anche solleciti. Poichè la polemica è calda tuttora, ed i giornali di opposizione, disfatti negli argomenti, tentano di ricorrere ad altre tesi. Sicchè, se veramente un lavoro completo si volesse dare per le stampe, dovrebbesi attendere molto altro ancora. Ma per le istanze che ci vengon fatte di aver questi documenti, e pel desiderio che abbiam noi di fare circolare la verità fin da ora, ci siamo invogliati a mandare alla luce questo libro, augurandoci che vorrà esso ottenere quel favore e quel plauso che reclamano la santità e la giustizia della causa che vi è difesa.

LA RISPOSTA UFFICIALE
DEL GOVERNO NAPOLETANO

Di seguito il testo integrale della risposta ufficiale del governo napoletano, pubblicata senza autore sotto il titolo "Rassegna degli errori e delle fallacie pubblicate dal sig. Gladstone in due sue lettere indiritte al conte Aberdeen sui processi politici nel Reame delle Due Sicilie". È opinione di alcuni che l'autore fosse Salvatore Mandarini, giudice della Gran Corte Criminale, su incarico di Ferdinando II.

> Errare, nescire, decipi et malum et turpe ducimus.
> CICER. *de Off. l. 1, c.6.*

Il fervore con cui taluni dei giornali stranieri han pubblicato o comentato con maligno compiacimento due lettere dell'onorevole signor Gladstone al conte Aberdeen sui processi di Stato nel Reame delle due Sicilie, ha eccitato un giusto sentimento di ansietà per sapere se gli straordinari fatti in esse allegati abbiano alcun che di veridico e di reale. Imperocchè narransi di tali e tanti dolori cui soggiacciono nelle napolitane contrade gl'imputati per reati politici, di un così esagerato ed incredibile numero di essi, di tali arbitrarie forme nel giudicarli, e di sì dure pene loro inflitte, che anche coloro i quali ignorano gl'interni ordinamenti del Reame, ed il modo secondo cui vi si amministra la giustizia, non possono facilmente condurci ad aggiustar fede alle notizie con tanta leggerezza spacciate come vere dal predetto scrittore, ed alle fosche descrizioni che ne va delineando nel suo lavoro.

Ma siffatto dubbio è un fenomeno che egli stesso presentiva nel

La risposta ufficiale del Governo Napoletano　　　　　　　　　　343

pubblicar la seconda sua lettera. *Gli uomini,* ei scrive, debbono *esser tardivi a credere che possono intervenire tali cose in una contrada cristiana, sede di quasi tutta la vecchia civiltà di Europa. Debbono essere inclinati ad attribuire le mie asserzioni a fanatismo e follia da mia parte anzichè crederle un genuino racconto del modo di procedere di uno stabile Governo.*

Noi non le ascriviamo nè a fanatismo nè a follia. Chiaro è il nome dell'onorevole sig. Gladstone come uno dei capi del partito conservatore, e membro del parlamento inglese, e noti sono i suoi principii politici per dubitare che egli ad un tratto ne abbia potuto declinare e farsi l'eco di bugiarde e calunniose voci. Forse un sentimento di commiserazione e di pietà verso coloro che la giustizia ha raggiunti a nome della società messa in pericolo, ha potuto fargli con facilità accogliere tutto ciò che taluno di quegli sciagurati, o qualche pietoso loro amico gli avrà suggerito; ed ei sospinto da motivi di umanità (come dice e giova credergli), è ritornato in patria coll'animo deliberato di operare quanto era in suo potere per alleviarne la sorte.

Bella è la pietà, ma non vuole esser disgiunta dalla giustizia e dalla verità. Intenerirsi alle altrui sventure, senza voler sapere se meritate o no, procacciare di racconsolarle, è certamente un pensiero filantropico; ma lanciare delle accuse contro un Governo che ha diritto, come gli altri, all'universale rispetto, e denunziarle innanzi al tribunale della pubblica opinione, è un divisamento che non sappiam dire se possa esser giustificato anche nel caso che le accuse fossero fondate su fatti veri. Ma dei fatti evidenti è la falsità ove vogliasi indagare a quali fonti impure ed invelenite siano stati attinti, il che tornerà agevole a chiunque scevro di passione si fa a disaminare la lunga diceria del sig. Gladstone, e col lume della critica e colla scorta dei più irrecusabili documenti ne voglia scoprire la fallacia.

Il perchè a noi è paruto sano consiglio e quasi debito uffizio nell'interesse della verità e dell'umanità stessa che vuolsi cotanto oltraggiata, venir restituendo i fatti esagerati alle loro vere proporzioni, additare quelli interamente falsi e scoprire i calunniosi. E da questa la migliore risposta agli errori ed alle accuse di cui il signor Gladstone non ha dubitato farsi propugnatore, senza che noi il volessimo imitare nell'acerbità delle parole e nel vilipendii, onde con istupore di tutti la sua scritta vedesi sparsa. La buona causa sdegna le recriminazioni e le contumelie, e si contenta di persuadere colla invincibile potenza dei fatti e delle ragioni. L'errore e lo inganno si reputano, e sono realmente, sorgenti feconde di danno e di vergogna, ma non riescono a pervenire la pubblica opinione quando, come nel caso presente, si ha tal copia di fatti e documenti da smascherare qualsivoglia ben congegnata calunnia.

I.

Osservazione generale sulle ragioni dalle quali il signor Gladstone dice di essere stato indotto a scrivere ed a pubblicar per le stampe le sue lettere.

Il signor Gladstone nell'esordire la prima sua lettera, pubblicata l'11 luglio del volgente anno, afferma di averla scritta *penetrato dal sentimento di dover tentare di mitigare gli orrori dell'amministrazione del Reame.* Dimostreremo qui appresso quanto falsa e calunniosa sia la supposizione de' segnati orrori, discorrendoli tutti partitamente nell'ordine e nel modo secondo cui sono stati dal sig. Gladstone dedotti; ma non potremo astenerci dal rivocare in dubbio la cagione dalla quale egli dice di essere stato mosso, senza convenire che la via scelta da lui fosse la sola conducente a fargli conseguire lo scopo al quale accenna. Ed in vero, è egli presumibile, e può entrar mai in mente umana che un Governo qualunque, e sia anche il meno curante della sua dignità, potesse venir determinato a mutar sistema, gri-

La risposta ufficiale del Governo Napoletano 345

dandoglisi da taluno la croce addosso, concitandoglisi con accuse bugiarde l'odio e l'abbominio dell'umana generazione?

Tutta altra adunque ed affatto opposta esser dovea la condotta del signor Gladstone per raggiugnere il fine da esso additato, e niuno più di lui avrebbe potuto ottenere maggior successo; dacchè venuto in Napoli come uno fra i più distinti conservatori della Gran Bretagna, e col prestigio di rappresentante la celebre università di Oxford nel Parlamento e di aver fatto parte del ministero Peel, non che da' registri, ma dal Re stesso, se egli il voleva, sarebbe stato benignamente accolto ed ascoltato con ogni attenzione e riguardo, come amico ascoltar si suole.

Ben lungi di battere il cammino che il più scarso senso comune gli additava quale unico e proprio, egli, il signor Gladstone, nella sua dimora in Napoli, anzi di avvicinare alcun ministro o altro ragguardevole personaggio, o dimostrare, come ogni altro distinto straniero, il desiderio di vedere il Re, non visse, al dire di lord Palmerston, che tra i detenuti nelle carceri, e tra i galeotti ne' bagni, e dalle bocche di costoro e di talun altro che la clemenza del Re ha sinora sottratto al meritato castigo, attinse tutte le calunnie ch'egli sparse con incredibile facilità, e delle quali qui appresso sarà fatta, come abbiam cennato, ampia ed esatta giustizia.

Oh! se egli, il signor Gladstone, non nell'anno che volge, ma nell'infausto del 1848, o nei primi mesi dell'anno seguente, fosse venuto tra noi, non che più mesi, non vi sarebbe rimasto un giorno solo, ove non avesse preferito all'ordine ed alla pace il tumulto ed il terrore suscitato dalla furente ed implacabile demagogia. Scaduto del tutto in quei tempi il rispetto per le leggi e per le autorità costituite, rinchiusi e rannicchiati gli onesti nelle proprie abitazioni ed in esse neppur sicuri, chiuse le botteghe addette ai negozi, non vedevansi dovunque ed in tutte le ore per le strade o nelle piazze della popolosa Napoli che i soli agitatori, nè udivansi altre grida che le loro, e tutte di obbrobri e minacce gravide, e dirette senza alcun mistero al rovescio non già della Monarchia, ma dell'ordine sociale. E lo statuto ottenuto da essi per frode e per inganno, e largito con la maggior buona fede e lealtà dalla magnanimità del Re, non veniva ad essi accolto che come mezzo per recare ad effetto sì barbaro e reo disegno. Nè da altro procede l'avversione dell'infinita maggioranza degli abitatori del Reame allo statuto suddetto, e l'ardente, concorde, spontaneo ed unanime loro voto in mille guise espresso e mille volte ripetuto, onde, quello abolito, si facesse ritorno alla pura Monarchia.

Questo breve cenno basta, secondo noi, a far chiara la convenienza e la giustizia dell'attuale ordine politico del Reame; nè ci spenderemo altre parole, dappoichè il signor Gladstone in pari tempo che se ne fa in una certa maniera il censore, confessa di non esser quello soggetto a straniera ingerenza, ed ammette *nel modo più assoluto il rispetto che devesi dagl'Inglesi come da ogni altro popolo ai Governi in genere, siano essi assoluti, costituzionali, o repubblicani, come rappresentanti dell'autorità divina; e difensori dell'ordine.*

II.

Fonti alle quali il signor Gladstone ha attinto le false notizie da lui spacciate.

Lo scrittore delle lettere dichiara che fu *come a forza indotto* (da chi?) *a trattare questo triste soggetto, che non intese punto fare una propaganda politica, e che non raccolse senza discernimento le notizie, di cui parte conosce per osservazioni personali, e le altre crede fermamente, dopo averne attentamente esaminato le fonti.* Hoc opus, hic labor est!... Se queste sono le basi sulle quali è innalzato tutto codesto formidabile castello di accuse contro il Governo napoletano da far trasecolare gli illusi riguardanti, e dall'eccitare il fiero sogghigno dei sovvertitori di ogni civil reggimento, vuolsi indagare se le basi riposino sopra solido terreno, o piuttosto su di un monticello di arena che in tempi di avide e dissennate passioni, le onde innalzarono in riva al mare.

E primamente qualunque è preso dalla nobile ambizione di scoprire il vero, potrebbe addimandare in qual modo ed in compagnia di chi furon fatte quelle *osservazioni personali,* primo sostrato delle notizie che ci dà l'illustre scrittore. Secondariamente potrebbe chiedersi a quali fonti si sono attinte le altre notizie, ad esporre le quali vuolsi che le fonti medesime sieno state attentamente esplorate. Imperocchè ben si sa che la critica non si conduce facilmente ad ammettere un fatto senza d'avere assodato tutti questi punti. Se per avventura le fonti si scoprissero limacciose, o invelenite dall'altrui perfidia, ne potrebbero mai sgorgare limpidi rigagnoli?

E che a fonti men che pure siasi appressato il signor Gladstone, non è più dubbio tosto che pubblicamente è stato annunziato ch'egli nella sua dimora in Napoli preferì di conversare co' detenuti e co' servi di pena anzichè con persone che gli avrebbero somministrato accurate nozioni del paese; e per conseguente non ha potuto che riprodurre i lamenti di quegli sciagurati, ed improntare lo stesso loro linguaggio passionato.

Niuno ignora quanto sventuratamente a' nostri tempi abbia prevalenza il funesto errore, per lo quale si attribuisce ai reati politici, che attaccano la sicurezza e la esistenza stessa delle comunanze civili, un grado di riprovazione assai inferiore a quello con cui si guardano i misfatti comuni, come se vi fosse a far paragone tra l'attentare alla proprietà o alla vita di un cittadino, e l'incitare alla guerra fratricida, scrollando i governi stabiliti per sostituirvisi il dispotismo della piazza, e le sanguinose scene che la storia ha mostrato averlo sempre accompagnato. Dalla influenza di così pernicioso errore procede che i condannati politici si reputano vittime di un destino fatale, anzicchè rei, e che non rifiniscono mai di gridare agli abusi ed alle crudeltà, ove non intendesi ad altro che ad eseguire una legge da essi vilmente calpestata a danno della pubblica sicurezza. D'altra parte l'interesse e la compassione che i medesimi ispirano, si accresce in proporzione delle loro qualità intellettuali e della loro condizione, ed è però che molti prestano facile orecchio ai loro lamenti. Tutti i governi, tranne qualche rara eccezione, ne han fatto un triste esperimento. L'Inghilterra stessa ebbe a sentire una critica severa per lo estremo rigore esercitato da sir H. Ward e lord Torrington; e non ha guari ha formato l'obbietto di una mozione alla Camera de' comuni il trattamento che dicevasi duro ed inumano, fatto subire a molti Irlandesi condannati per reati politici.

Ma tornando onde abbiamo incominciato, l'autor delle lettere non si dissimula che la esposizione de' fatti per lui allegati avrebbe *eccitato in alcuni l'indignazione e l'orrore* (se fosser veri) la *incredulità* in altri (questi sono tutti gli amici del giusto e dell'onesto) là *indifferenza in pochissimi.*

E questa incredulità non è fantastica, non è ispirata da brama di oppugnare quanto lo scrittore vien mettendo in luce per un *puro sentimento di umanità*, come egli dice, *e per l'onore di quel gran partito conservatore* cui si pregia appartenere; ma è un risultamento delle investigazioni per noi fatte e delle notizie attinte a validi ed irrefragabili documenti. Che se egli vagheggia la dolce consolazione, onde il suo cuore sarebbe preso, se potesse prestar fede a tutto ciò che la critica ha detto, e potrà dire intorno alle sue notizie, noi confidando nelle sue parole, vogliamo presumere che sarà egli il primo a ricredersi, e smentire il racconto di sognali abusi, de' quali non che il Governo di Napoli, ma qualunque altro, nella presente civiltà, avrebbe orrore.

III.

Ragione secondo la quale sono dalla giustizia raggiunti e giudicati gli imputati politici: loro numero.

Compiuto il disaminato proemio, l'onorevole sig. Gladstone entra in materia, ed annunzia senz'alcuna difficoltà la seguente proposizione, nè monta che egli stesso la tenga per dubbiosa. *Si crede generalmente,* ei dice, *difettosa l'organizzazione dei Governi dell'Italia meridionale, che l'amministrazione della giustizia non è scevra di corruzione, che comuni sono i casi di abuso e di crudeltà fra i pubblici impiegati subordinati, che vi sono duramente puniti i reati politici senza che si abbia molto riguardo alle forme della giustizia.* Egli fa opera di dimostrare queste ed altre più truculenti accuse del genere medesimo, non citando alcun fatto, non ponendo innanzi alcun documento, non confortando neppure di un'autorità i suoi detti, e procedendo in siffatta guisa non rifugge dallo affermare *che la presente persecuzione è più grave ancora che non le precedenti*, come se veramente potessero chiamarsi a riscontro i tempi presenti con quei del cader dello scorso secolo; dei quali non vi ha chi non sappia le sventure inenarrabili, ed i patiboli rizzati più che dalla propria severità, dall'odio implacabile, e dalla nissuna fede altrui. Non dovea però alle informazioni mancare l'appoggio di un fatto, ed egli ne arreca in mezzo uno gravissimo, e che farebbe inarcare le ciglia se non fosse della stessa tempra delle altre notizie da lui spacciate: *Credisi generalmente* (notate, è sempre una credenza) *che i prigionieri per reati politici nel regno delle due Sicilie ammontino a quindici, venti, trentamila!.... Nella sola Napoli parecchie centinaia sono in questo momento accusati di delitto capitale; e quando lasciai quella città, si credeva imminente un processo* (detto quello del 15 maggio) *in cui il numero degli accusati era fra i quattro o cinquecento.* Noi saremmo per troncare il filo delle idee dell'autore, o per meglio dire delle fole dategli ad intendere, e gridare: ah! se queste sono, onorevole Gladstone, le notizie che voi ci date, e di cui dite avere attentamente esplorato le fonti, lasciate di appellarvi al giudizio della colta Europa, poichè unanime sarà il grido d'indignazione contro que' vili calunniatori ed infamatori del proprio paese che abusarono la vostra buona fede, per farvi strumento delle loro stolte passioni!... Ma serbiamo ad altro luogo la confutazione di questa grossolana menzogna, e seguitiamo l'autore nella sua esposizione.

Vi ha una legge in Napoli, prosegue a dire il medesimo, anteriore di molto alla costituzione, che stabilisce l'inviolabilità della libertà personale, tranne per mandato di una Corte di giustizia. Ecco uno sprazzo di luce uscito dalla penna di lui a traverso le tenebre addensategli sugli occhi dall'altrui malignità. Ma questa legge *si conculca, ed il Governo,* ripiglia l'autore, *di cui importante membro è il Prefetto di Polizia, per mezzo degli agenti di questo dicastero, insegue e codia i cittadini, fa visite domiciliari ordinariamente di notte, rovista le case, sequestra mobili e carte: tutto questo sotto pretesto di cercare armi: incarcera uomini a ventine, a centinaia, a migliaia* (misericordia!) *senza alcun mandato, talvolta senza pur mostrare alcun ordine scritto... Si leggono quindi le lettere del prigione tostochè può sembrare utile, e si esamina poi questa senz'atto di accusa* (notate!) *la quale infatti non esiste, e senza testimoni che questi pure non sussistono. Non si permette all'incolpato alcuna assistenza, nè il mezzo di consultare* un *avvocato.*

Di queste e somiglianti calunniose accuse spedito è il giudizio, e certa la sentenza di universale riprovazione sol che si consultino le leggi penali di Napoli, e si voglia essere informato da persone scevre di passioni come vi sono scrupolosamente eseguite. Grande meraviglia debbe in sulle prime destare che un viaggiatore, dopo breve dimora in uno Stato amico, faccia sì pessimo governo degli ordinamenti di esso, e ne tratti con tanta inesattezza ed assurdità da mostrare quanto poco vi si sia versato.

Noi pertanto nulla diremo del sistema delle leggi penali delle due Sicilie, contenti solamente di accennare che furono trovate inspirate dal doppio sentimento della filosofia e dell'umanità quando in Francia intorno al 1832 si fece ad esse attenzione per alcune riforme a quel codice, e che valenti pubblicisti e giureconsulti non hanno dubitato addimostrare per le stesse molta ammirazione. In quanto al procedimento, qualunque abbia riguardato le leggi che vi provvedono, o abbia assistito alle pubbliche tornate delle gran Corti criminali e speciali, ha potuto accertarsi quanto provvide e larghe esse sieno nel senso di tutelare la libertà personale, e preservare la innocenza da qualsivoglia abuso. Or siffatte leggi autorizzano gli ufiziali di polizia giudiziaria, e gli agenti di polizia ordinaria, i quali nella Capitale e nei capoluoghi delle province e de' distretti esercitano anche le finizioni di polizia giudiziaria, ad arrestare l'imputato colto in flagranza, o quasi flagranza.[1] Fuori di essa niuno può essere arrestato se non in virtù di un *mandato di deposito* rilasciato dell'autorità giudiziaria, o di polizia che istruisce il processo, e ponderati giudizi raccolti contro l'imputato.[2] Se si debbe visitare il domicilio di alcun cittadino per sorprendere oggetti criminosi, o scoprire le tracce di alcun reato, la legge proteggendo per quanto può l'asilo domestico, non permette che vi si penetri se non in speciali e designati casi, e minaccia di sospensione l'uffiziale di polizia giudiziaria che contravvenga alle sue disposizioni.[3] Ella vuole inoltre che lo uffiziale sia assistito da due testimoni, che inviti colui nella cui casa si rovista ad esservi presente, ed in man-

---

[1] Art. 50 e 101 LL. di proc. penale.
Art. 10 delle Istruzioni sulla polizia del 22 gennaio 1817.
Art. 20 della L. organica dell'ordine giudiziario del 20 maggio 1817.
Art. 19 del R. Decreto del 16 giugno 1824.

[2] Art. 13, 104, 151 e 187 LL. di proc. pen.

[3] Art. 233 LL. penali.

canza alcuno dei suoi parenti, familiari, o vicini, e che trovandosi carte o oggetti meritevoli di ricerche, gli si mostrino perchè le riconosca, e le segni del proprio carattere, e si ravvolgano e raccomandino con strisce, sulle quali s'imprimono dei suggelli.[4]

Poscia che l'imputato è arrestato, viene immediatamente interrogato, ed informato de' motivi del suo imprigionamento. Le sue risposte come le sue discolpe sono registrate per indagarsi cosi sui fatti a carico che sulle giustificazioni.[5] Della esecuzione di ogni mandato di deposito tra le 24 ore si dà informazione alla gran Corte criminale, la quale esaminate le pruove sino a quel punto raccolte o sul processo stesso o sul rapporto dell'inquisitore, delibera se vi ha luogo a confermare o rivocare il mandato, tenendo anche presenti le memorie delle parti.[6] Nei fatti però qualificati di alta polizia, come la *reità di Stato*, *le riunioni settarie e le fazioni*, la polizia ordinaria è rivestita ancora delle attribuzioni di polizia giudiziaria, e può procedere all'arresto delle persone prevenute di tali misfatti anche fuori i casi di flagranza, ritenerle a sua disposizione oltre le 24 ore, e compilare essa medesima le istruzioni.[7]

Qualora la gran Corte criminale confermi l'arresto dell'imputato, compiuta che sia la istruzione delle pruove, il procurator generale presso la medesima, se crede bene assodata la pruova, formola il suo atto di accusa, e lo deposita nella cancelleria della gran Corte.[8] Allora l'imputato è nuovamente interrogato sui capi di accusa. Questo secondo interrogatorio dicesi *costituto*, e non debbe confondersi col

---

[4] Art. 71 e 72 LL. di proc. penale.

[5] Art. 108 LL. di proc. penale.

[6] Art. 110, 111 e 112 LL. di proc. penale.

[7] Art. 10 delle Istruzioni del 22 genn. 1817.

[8] Art. 138 LL. di proc. penale.

La risposta ufficiale del Governo Napoletano 353

primo che segue la cattura.[9] Egli ha inoltre facoltà di presentare memorie scritte, affinchè sieno dai magistrati valutate nel decidere sull'accusa.[10] La gran Corte esamina il processo, vede se vi sieno indizi sufficienti di reità, e delibera se siavi luogo ad ammettere o pur no l'accusa.[11] Ove questa resti ammessa, è prescritto, e lo si pratica costantemente, che si notifichi in copia allo imputato l'atto stesso di accusa.

Questo è propriamente il tempo in cui l'intero originale processo e tutt'i documenti ed oggetti di convinzione che vi sono relativi, sono depositati nella cancelleria della gran Corte, e divengono pubblici così pel difensore che pei congiunti ed amici dell'accusato.[12] Da tal punto questi può liberamente conferire col suo difensore, o se non ne sia provveduto, o non abbia mezzi di procurarselo, glie n'è tosto destinato uno di ufizio.[13] Gli avvocati del foro napoletano, conviene render loro questa giustizia, si pregiano di accettare con nobile disinteresse siffatte difese, e vi spiegano tutto lo zelo che si dee, come se trattassero le cause dei loro più cari. Quindi si apre un termine di cinque giorni onde allegarsi tutt'i mezzi d'incompetenza o di nullità di atti, e chiedersi gli esperimenti di fatto di cui può essere capace la natura del reato, e delle vestigia che il medesimo ha lasciate.[14] Appresso accordarsi un altro termine di 24 ore, nel quale il ministero pubblico presenta la lista de' testimoni, e l'accusato le sue posizioni a discolpa e la nota de' propri testimoni.[15] Tra altri due giorni è dato

---

[9] Art. 131 detto LL.
[10] Art. 1313 ivi.
[11] Art. 148 ivi.
[12] Art. 166 e 167 ivi.
[13] Art. 169 e 170 ivi.
[14] Art. 175 ivi.
[15] Art. 195 ivi.

opporre l'eccezioni di ripulsa contro ciascuno de' testimoni, indicandosene le pruove;[16] e dopo che si è giudicato su tutto ciò, si destina il giorno per procedersi alla pubblica discussione.[17] Quivi, presenti tutt'i giudici che debbono pronunziare sull'accusa, aperte le porte al pubblico, e con l'intervento del procuratore generale, dell'accusato, e del suo difensore, si procede alla disamina di tutte le pruove orali o scritte, si ascoltano i testimoni, i quali sono dapprima esortati a dire il vero sotto la santità del giuramento, e lo prestano innanzi la G. C., si leggono i documenti, e si ricevono tutte le spiegazioni e dimande che si vogliano fare, sulle quali si ha il debito di deliberare, e far palese il deliberato.

Compiuta la discussione delle pruove, sorge il procurator generale a riassumerle, presenta le sue osservazioni, e secondo il proprio convincimento può chiedere o l'assoluzione del reo, se trovi che l'accusa non è abbastanza comprovata, o la condanna di lui. Hanno quindi la parola gli avvocati, e da ultimo lo stesso accusato, perchè le ultime voci innanzi alla decisione sieno quelle della difesa. La Corte immediatamente si ritira in disparte, e va a giudicare; nè può sciogliersi se non dopo che, rientrata nella sala delle udienze, avrà fatto leggere dal cancelliere ad alla voce la sua decisione.[18]

Queste disposizioni legislative, che noi abbiamo arrecato colle parole stesse del codice di procedura penale napoletano, mostrano quali e quante garantie sono stabilite a proteggere la innocenza, forse più che a scoprire la reità. Tre volte fassi accurata disamina degl'indizi raccolti contro un imputato, e quando si spedisce il mandato di deposito, e quando se ne conferma lo arresto, e quando lo si accusa; e compiuti questi stadi, si passa alla solenne e pubblica discussione di

---

[16] Art. 201 ivi.
[17] Art. 214 ivi.
[18] Art. 218 a 271 LL. di proc. penale.

tutte le pruove sì contrarie che favorevoli all'accusato, e si decide sulla sorte di lui.

Tali salutari prescrizioni sono comuni così alle gran Corti criminali che alle gran Corti speciali, tranne che per le Corti speciali i termini sono più brevi tanto per prodursi il ricorso per annullamento alla Corte suprema di giustizia avverso la decisione di competenza speciale, che per inoltrarsi le dimande di sperimenti di fatto a le difese, e darsi le liste de' testimoni.[19] Ad assicurare però la retta amministrazione della giustizia, nelle Corti speciali intervengono otto giudici laddove nelle Corti criminali prendono parte soltanto sei giudici.[20] Nella parità dei voti prevale l'opinione più favorevole al reo così nelle dette Corti che nelle speciali;[21] e se contro le decisioni di condanna profferite da queste ultime non si dà il rimedio del ricorso per annullamento, lo si ammette però nella sola parte che riguarda l'applicazione della legge, quante volte si tratti di condanne a pene capitali o perpetue pronunziate a sola maggioranza, e senza il concorso di sei tra gli otto giudici volanti.[22] Nè debbe supporsi, come forse crede taluno poco conoscitore delle leggi del paese, che le accennate Corti speciali sieno Corti *straordinarie,* perocchè la istituzione di esse non è nuova, ma forma parte integrale così della legge del 29 maggio 1817 sull'ordinamento del potere giudiziario, che del codice penale e di procedura pubblicato nel 1819. Sono le stesse gran Corti criminali che assumono il titolo di gran Corti speciali[23] e procedono, nei casi stabiliti dalla legge, cioè nei reati contro la sicurezza interna ed esterna dello Stato, in quelli riguardanti le associazioni settarie con vincolo di

---

[19] Art. 431 e 432 ivi.
[20] Art. 128 ivi.
[21] Art. 81 della L. del 29 maggio 1817.
[22] Art. 434 LL. di proc. penale.
[23] Art. 86 L. del 29 maggio 1817.

segreto, nei misfatti di falsità di monete, di carte bancali, di decisioni delle autorità, di suggelli e bolli dello Stato, e nei misfatti di pubblica violenza, e di evasione dai luoghi di pena o di custodia.[24] Laonde esse non hanno nulla di comune coi tribunali straordinari o colle giunte di Stato di un tempo, nè colle commissioni supreme di poi istituite per la repressione dei reati politici, ed abolite dalla sapienza del Re con decreto del 1 luglio 1846. Sono Corti composte di magistrati ordinari, a' quali per dippiù lo stesso codice conferisce il diritto prezioso di raccomandare il condannato alla clemenza Sovrana.[25]

Qualunque sia rischiarato da queste disposizioni legislative in piena osservanza, non potrà aggiustar fede a' lamenti che indebitamente si muovono nelle lettere del sig. Gladstone sull'organamento del Governo Napoletano per ciò che concerne la giustizia. Potrete per esempio credere che si arrestano i cittadini senza ordini scritti ed a piacere del Prefetto di Polizia, quando questi e i suoi agenti sono dalla legge chiamati ad esercitare la polizia giudiziaria nella capitale, ad investigare e scoprire i reati, ad assicurarsi de' prevenuti di essi? Potrete rattenere il riso in leggendo quella sperticata falsissima esagerazione, che cioè *s'incarcerano uomini a ventine, a centinaia, a migliaia*, come se fosser lordi o altro di peggio, mentre lo stato ultimo delle prigioni di Napoli e delle province non oltrepassa la cifra di 2024 detenuti per reati politici, senza diffalcarsene quelli che sono stati di poi messi in libertà sia per giudicati delle gran Corti, sia per effetto del decreto di grazia del 30 aprile del volgente anno, o di altri atti di clemenza sovrana?[26] Potrete persuadervi che un detenuto sia interrogato *senza atto di accusa, e senza che sieno uditi testimoni*, mentre

---

[24] Art. 426 LL. di proc. penale.

[25] Art. 436 dette LL.

[26] Veggasi in fine lo stato numerico degli imputati politici distinti per ciascuna provincia.

la udizione di questi precede la cattura, tranne i casi di flagranza, e l'accusa sussegue, e non precede l'interrogatorio? Crederete che i prigionieri politici sieno *quindici, venti, trentamila*, e che nel processo del 15 maggio 1848 gli accusati ascendano a *quattro o cinquecento*, mentre l'autore stesso mostra la incertezza delle sue notizie, non facendo alcun conto se i detenuti per reati di Stato sieno quindici o trentamila (non oltrepassano i 2024 come testè si è accennato) e mentre tutti ormai conoscono che gli accusati del processo del 15 maggio non sono più che trentasette?[27] Ma l'autore afferma su questo particolare essere una *credenza generale che il numero de' prigionieri politici nel reame delle due Sicilie possa variare da quindici a trentamila*. E quale n'è la giustificazione? Nessuna altra che le asserzioni di coloro che si compiacciono parlare a nome della pubblica opinione, a nome del paese, com'è proprio di tutt'i demagoghi, quando non esprimono che i loro odi e disfogano in nere calunnie il loro fanatismo politico. L'autore ha quindi il merito di avere pubblicate le più false notizie, e di avere messo in non cale tutto ciò che avrebbe potuto illuminarlo sulla reale condizione e sul numero de' prigionieri politici. Se si fosse indirizzato al Governo, gli sarebbe stato agevole consultare anche il registro delle carceri, ed accertarsi co' propri occhi della vera cifra dei detenuti. Allora soltanto avrebbe potuto dire: io ho veduto e toccato con mano.

Che dire del modo come l'autore travolge la istituzione delle gran Corti speciali? Suppone che dovendo giudicare una corte speciale, *si abbrevia il processo colla omissione di molte forme, la maggior parte utili per la difesa dell'accusato*. Perciò in questo caso ben quaranta persone furono private de' mezzi di difesa per lo scopo di far presto. Davvero può dirsi in sul serio che subitamente fu trattata la causa della setta deno-

---

[27] Veggasi l'atto di accusa pubblicato dal Procurator generale sig. Angelino nell'11 giugno 1851.

minata l'*Unità Italiana*, cui allude l'autore, mentre vi s'impiegarono meglio che otto mesi, e furono consacrate venticinque intere tornate alle aringhe degli avvocati, ed alle perorazioni di taluni degli stessi accusati che vollero la parola! Con fatti così bugiardi no, non potrassi mai preoccupare la pubblica opinione, e meno spargerò la credenza che pessimamente nelle due Sicilie si amministri la giustizia!

IV.

Del trattenimento dei detenuti nelle carceri di Napoli.

Tra la cattura di un imputato ed il pubblico giudizio intercede un periodo di tempo, talvolta non breve, nel quale, o si dà opera alla istruzione delle prove, non riputandosi sufficienti le prime raccolte, o alla riunione di altri processi e di altri imputati, quando trattasi di un avvenimento stesso cui molti hanno partecipato. In questo frattempo la sorte dei prevenuti è indecisa, poiché non si sa se essi risulteranno rei od innocenti, ed essa forse per tal rispetto richiama le sue cure e la filantropia dell'autor delle lettere. Il quale si rattrista e si conturba ripensando allo squallore ed al sudiciume delle prigioni di Napoli. Sa dei *gamorristi*, uomini i più famigerati per audacia nel misfare, e che esercitano una specie di autorità: non nega che il pane che loro si dà, comunque ordinario, è però sano, e dice la minestra, che forma l'altro elemento di sussistenza, *nauseabonda*. Noi vogliamo per poco concedere che trista e non del tutto monda sia quella dimora dove molti, e di Condizione la più parte plebea, sono obbligati a vivere, ma non possiamo che respingere tutt'altra supposizione. Il signor Cochrane, che volle improvvisamente visitare le prigioni di Napoli, fecesi più favorevole idea della tenuta delle medesime. Ed in fatto, al reggimento interno di tali luoghi sovraintende una Commissione preseduta dall'Intendente della provincia, e che prende ogni cura del nutrimento e della salute dei detenuti; ai quali se il Governo somministra un alimento abbondante ma non isquisito, vuolsi intendere di coloro tra i prigioni che sono privi di altri mezzi, perocchè gli agiati possono aversi quel pranzo e quei reficiamenti che meglio loro talenta, e sono in ciò largamente secondati dai custodi. Mal poi potrebbe credersi, senz'alcun fatto positivo, *che i medici di uffizio non si recano a visitare i prigioni malati*, e che questi *colla morte sul viso si arrancano sulle scale di quel carnaio della Vicaria*. L'onoranda classe dei medici napolitani si è mai sempre distinta per sapere, per disinteresse ed umanità. Coloro che sono destinati ad aver cura della salute degli infelici prigioni, compiono scrupolosamente il loro uffizio senz'altro impulso che il sentimento del proprio dovere, la compassione per l'umanità che geme e, se vuolsi ancora, un sublime pensiero di religione, che in Napoli forse più che in ogni altro luogo nobilita ed eleva le più comunali azioni ad un'alta sfera di virtù. E questa religione medesima, la quale non ha più bel precetto di quello della carità fraterna, muove tanti pii sacerdoti e claustrali a visitare a quando a quando il voluto *carnaio*, arrecandovi il conforto di quella parola che ha il potere di mutare i cuori, e di far soffrire con rassegnazione le pene della vita. Quivi, non sono molti mesi decorsi, vi penetrava anche quel venerando Pastore, il Cardinale Arcivescovo di Napoli, del quale è gran ventura che lo scrittore, acerbo verso tutti, dica voler credere *che egli è lungi dal partecipare, od anche dall'approvare degli alti indegni del tuo carattere*. Egli spandeva sul cuore di quei detenuti il balsamo dei precetti evangelici, e quello delle sue beneficenze, e colla sua presenza in quella pretesa bolgia smentiva innanzi tempo le bugiarde descrizioni dell'autore delle lettere.

Ma a costui, cui tanto di falso e di iniquo si è detto contro l'onore del proprio paese, doveasi tacere un umanissimo provvedimento del regnante Sovrano. Il quale come ascese sul trono degli avi suoi, volse le prime sue cure ad immegliare gli alberghi della pena, e fece tostamente chiudere e colmare quei dolenti sotterranei così detti *criminali*, che appo noi ed altri popoli (che forse gli hanno ancora) faceano brutta testimonianza della rozzezza dei tempi feudali.[28] La *Vicaria*, una volta palagio del Vicario del Re, ed ora luogo ove si amministra la giustizia civile, penale e commerciale, è il convegno in tutti i giorni delle prime notabilità del foro, e di tutti coloro che vengono a trattarvi affari. Essa non asconde più alcun luogo di buia e sotterranea detenzione, onde tanto si addolora l'autore, nè il potrebbe, accessibile com'è agli sguardi di tutti ed in luogo popoloso della capitale.

Egli però non ha potuto vedere che provvisoriamente nel carcere della vicaria i detenuti politici, dei quali vivamente s'interessa. Costoro da più di un anno sono stati separati dai prevenuti di reati comuni, ed allogati nella casa di custodia detta di S. Maria Apparente, la quale è sita nel più pittoresco luogo di Napoli, cioè in cima della collina di S. Martino, prospettando da una parte il mare, e dall'altra la vaghissima città che le sia come a piedi. Soltanto in tempo in cui si trattano le cause, gl'imputati politici, che ne sono l'obbietto, rimangono alla Vicaria ove siede la gran Corte speciale, perchè molto tornerebbe loro incomodo venirvi ogni dì da S. Maria Apparente; e quei che sono infermi o di vacillante salute si stanno nell'ampio ospedale di S. Francesco presso la porta Capuana.

Nè più esatta di quelle finora discorse è la notizia che Michele Pironti dal 7 dicembre al 3 febbraio del volgente anno abbia passato le intere giornate e le lunghe notti *in una cella della Vicaria della superficie di due metri e mezzo sotto il livello del suolo di essa, e non rischiarata che da una piccola inferriata per cui non poteva veder nulla.* Il sig. Gladstone, il quale annunzia di avere assistito a parecchie tornate della gran Corte criminale e speciale di Napoli nel giudizio a

---

[28] Vedi il Sovrano Rescritto dell'11 gennaio 1831.

carico del detto Pironti e di altri accusati di partecipazione alla setta dell'*Unità Italiana*, dovea sovvenirsi d'una circostanza che seguì le ultime parole, colle quali il procuratore generale chiedeva la condanna nel capo del Pironti e di altri cinque individui. Levatosi costui in piedi, chiedeva al presidente ed alla gran Corte che si dassero ordini ond'egli dopo la capitale requisitoria non fosse ristretto in modo da mancare dei mezzi a preparare la sua difesa. Gli fu risposto, che la direzione delle prigioni, pei regolamenti da lunghi anni in vigore, dipendeva da una speciale delegazione da uffiziali di polizia ordinaria, i quali sapevan conciliare i riguardi per lo esercizio del sacro dritto della difesa colla maggior vigilanza che suole spiegarsi su coloro che sono sotto giudizio capitale. Nè Pironti fu rimosso dal luogo ove trovavasi nel corso della discussione della causa, nè mancò di mezzi per preparare una elaborata aringa in risposta alla requisitoria del procurator generale. Egli lesse riposatamente, com'è suo costume, il preparato lavoro, ed i giudici furono religiosi nel seguirlo in tutti i suoi argomenti, comechè quasi tutti fossero stati già annunziati e svolti dall'egregio suo avvocato. L'autor delle lettere ha il merito di aver tramutato un timore dei Pironti in un fatto compiuto, e che non poteva avvenire stante la inesistenza di qualsivoglia *cella sotterranea*; e sì che sillogizzando egli in così strana guisa potrà dare per esistenti lutti i possibili!

Se non che egli arreca a conforto dei suoi detti un altro esempio di buia e sotterranea detenzione di un certo barone Porcari, riuchiuso nel *maschio di Ischia posto ventiquattro piedi, o palmi,* (non sa più che cosa dire) *sotto il livello del mare*. Ma questo così detto *maschio* non è già al di sotto del livello del mare, nè può esserlo se facciasi attenzione al significato che dassia questa parola. Il *maschio* di un castello costituisce la piazza ove i soldati si esercitano al maneggio delle armi nell'interno del forte. Or si sa da quelli del paese che nella parte più elevata del castello d'Ischia sorge il luogo denominato *maschio*, ove permettesi ai condannati di passeggiare. Dall'un dei lati poi vi sono delle capaci stanze, nelle quali rinchiudonsi quei condannati che van soggetti a misure disciplinari come violatori dei regolamenti del *bagno*. Lo esempio quindi arrecato dall'A. non ha neppure il pregio di corrispondere alla naturale situazione dei luoghi. Dal che è agevole argomentare di quali svarioni e granchi sieno zeppe le famose lettere.

V.

Condanna di Carlo Poerio e degli altri accusati di appartenenza alla setta denominata l'Unità Italiana.

L'autore delle lettere passa poi di proposito a toccare del caso di Carlo Poerio e di qualche altro. Egli ne discorre lungamente non togliendo altra guida (credereste quale?) che la difesa stessa dell'accusato. E perchè ci si creda senz'alcuna esitazione, vogliamo arrecare le parole stesse dell'autore: *Merita attenzione*, ei scrive, *la storia del suo arresto quale ce la narra egli stesso* (cioè il Poerio) *nella sua allocuzione ai giudici all'8 febbraio 1850*. E conchiude così: *Raccolsi questi particolari dal Poerio stesso nella sua difesa*. Ogni uomo di buon senso a qualsivoglia nazione si appartenga, sotto qualunque forma di Governo ei viva, si sarebbe ricordato di certi dettami di giustizia universale, anzi, diremo meglio, di buon senso, secondo i quali non puossi giudicare del buon diritto dell'uno senza sentire le ragioni dell'altro, e senza farvi intervenire un terzo che decida sulle opposte pretensioni delle parti contendenti. Nel caso presente, chi non sarà preso di maraviglia e di stupore nel vedere che si accusa un Governo di arbitrari giudizi, ed un collegio di magistrati d'iniqua sentenza sul fondamento delle assertive dello stesso accusato? Ma non vedete che

La risposta ufficiale del Governo Napoletano 363

questa è propriamente la difesa? Che dovete porci a riscontro l'accusa? E che ponderar pur vi conviene il giudicato, che non interamente ammise l'accusa, ma segnò la linea che la giustizia esigeva, dichiarando il Poerio settario, ed escludendo per la dubbiezza delle prove l'altro più grave carico di cospirazione contro il Governo, quantunque non lievi indizi se ne avessero? Ovvero ci sarebbe una nuora ragione, per la quale dovesse aggiustarsi fede alle parole ed ai sottili argomenti di un imputato, e non ritenere il giudizio di uomini esercitati nell'arte di giudicare, avvezzi a discernere i colpevoli dagli innocenti, ammaestrati anche per l'esperienza scoprire le arti subdole e tenebrose onde i settatori si sono sempre celati, e infiniti uomini onesti? Ma voi, onorevole signor Gladstone, vi sbarazzate di tutte le obbiezioni che non avete potuto dissimularvi, chiamando *schiavi* i giudici napolitani, e fate lor grazia a non crederli *mostri*: li ponete per *dottrina e per morale* al di sotto dei membri del foro; li dite mal pagati ed esposti al capriccio di esser rimossi a talento del Governo, e per tutta prova citate l'esempio di un magistrato ottuagenario dismesso, o di taluni giudici di Reggio castigati, perchè dovettero decidere sopra qualche caso, come voi dite, relativo *alla malaugurata costituzione*.

Se le glorie della magistratura napolitana vi fossero un poco narrate, non avreste serbato questo linguaggio, la cui infamia ricade unicamente su coloro che ve ne l'hanno suggerito, e cui troppo ciecamente avete voluto prestar fede. La magistratura, fedele alle sue tradizioni, accorda la sua stima all'onorando ceto degli avvocati, e sovente accoglie nel suo grembo quelli che sono degni del sacerdozio di temi per sapere e per virtù, e però non discende a paragonarsi con coloro che reputa suoi ausiliari. Essa sa che, seguendo i dettami della propria coscienza, e non cedendo alle passioni del tempo, o all'influenza di perniciosi errori, il Governo rispetterà sempre questa prima garanzia delle società civili, la giustizia. Quel magistrato ottuagenario cui alludete, non fu rimosso di uffizio per aver deciso di una causa di contravvenzione alla legge sulla stampa, come supponete, ma per altre e ben gravi giuste ragioni che fia meglio non ridire, e ciò nondimeno gli fu conservata buona parte degli averi. Tre solamente dei giudici di Reggio furono messi in attenzione di destino con la metà dello stipendio. Essi decisero non già di alcun caso relativo alla *malaugurata costituzione*, come voi dite, ma di taluni gravissimi fatti occorsi nelle Calabrie agitate dai demagoghi, i quali dopo la sconfitta del 15 maggio recarono colà la guerra civile. Ma questi speciali provvedimenti, che il Governo ha creduto adottare, non possono fornire la dimostrazione della schiavitù in cui osate dire che gema la magistratura. Fatti recenti e troppo luminosi vi avrebbero dovuto far meglio apprezzare quanto essa ubbidisca alla propria convinzione, anzichè ad alcuna estranea influenza. La solenne decisione della causa sulla setta dell'*Unità Italiana* ve ne offre il più splendido argomento. In questa causa, che vi fu dello esser opera della polizia, e per la quale tanto vi addolorate sino a scrivere molte carte avreste dovuto osservare che di otto giudici, quattro ebbero la fermezza, non già di assolvere a parecchi degli accusati, che nol potevano dove le prove erano parlanti, ma di seguire i dettami del proprio criterio morale e della scienza legale, dando alla reità di essi la conveniente definizione, e tale che loro salvava la vita e gli assoggettava ad altra pena. E per venire ai particolari della rammentata causa, vogliamo notarvi che gli otto giudici componenti la gran Corte speciale di Napoli furono concordi nel proclamare la esistenza della settaria associazione sotto il titolo dell'*Unità italiana*, perocchè non potea loro offrirsi maggior prova di quella degl'impressi catechismi e de' dissepolti diplomi coi nomi ancora degli affiliati. Dichiararono quindi all'unanimità colpevoli di appartenenza alla stessa Faucitano, Agresti, Settembrini, Barilia, Nisco, Pironti ed altri. Ne convinsero anche Poerio con sei voti, e non cinque, come erroneamente dite nelle vostre lettere; e se voi che vi mostrate a parte delle *segrete cose*, bene o male riferitevi, foste stato più accurato nel versare sulla faccenda, avreste conosciuto che niuno de' due giudici dissenzienti pensò mai di assolvere il Poerio, dappoichè essi, che dubitavano della forza delle prove per la sua partecipazione alla setta, trovarono però validi elementi per ritenerlo, come il dichiararono, colpevole d'intelligenza nell'ordita cospirazione contro il Governo, e di omessa rivelazione, fatto che le leggi penali di Napoli puniscono di reclusione.[29]

Per le accuse capitali a carico del Pironti e del Nisco, quattro de' giudici opinavano per una reità minore e per la pena dei ferri, anzichè per l'ultimo supplizio, e siffatta parità, stante la umanità delle leggi, si risolveva a favore dei rei, e formava la decisione. Per la parità medesima, Barilla, anzichè soggiacere alla pena del capo, incontrava quella dell'ergastolo, e Settembrini, escluso dalla qualifica di capo della setta, veniva per un voto di più dichiarato cospiratore e dannato all'ultima pena. Agresti, con la maggioranza di cinque voti e come capo della setta e come cospiratore, andava incontro alla pena medesima. Solo Faucitano richiamavasi sul capo il concorso di sei voti per l'ultimo supplizio. Or non è questa la prova la più irrecusabile che giudici han seguito le ispirazioni della coscienza, anziché quelle che calunniosamente si attribuiscono al Governo? Il quale seguendo sempre le vie della giustizia, che forma il vero sostegno dei Troni, lungi dal chiamare ad esame una cotal difformità di voti, ha reso omaggio al delicato sentire dei magistrati che così hanno opinato, pubblicando sul *Giornale Ufficiale* i risultamenti del giudizio stesso.[30] Nè questa è la sola causa in cui i magistrati han dato prova di esser fedeli alla propria coscienza. L'autore, che tanto sa addentro nelle cose di

---

[29] Art. 11 leggi penali.
I condannati alla reclusione sono chiusi in una casa di forza ed addetti a' lavori... La durata di questa pena non sarà minore di sei anni nè maggiore di dieci.

[30] Veggasi il *Giornale Ufficiale delle due Sicilie* del 18 maggio 1851.

Napoli, tace di altre cause politiche nelle quali a sola maggioranza di voti parecchi imputati sono andati soggetti a pene più miti, ed altri del tutto assoluti, e rimessi in libertà.

La credenza quindi *che il Poerio, il cui caso* (secondo l'autore delle lettere) *era pur bello per giudici Napoletani, sarebbe stato assoluto in una divisione di quattro giudici contro quattro,* è fondata sopra falsi supposti. Sempre il Poerio sarebbe stato condannato: ai ferri per voto dei sei giudici decidenti; alla reclusione per voto degli altri due, a meno che per lui non avessero dovuto prevalere quelle simpatie, alle quali non si mostra estraneo lo scrittore quando dice: *nè dei nomi da me mentovati avvenne alcuno più caro alla nazione inglese, forse niuno così caro, com'è quello di Carlo Poerio a' suoi concittadini Napoletani.*[31] Ma le simpatie come gli odii non debbono penetrare nel santuario della giustizia e turbarne la serenità. Anacarsi deriderà Solone, tutto inteso a far leggi, quando le paragonava alle tele di ragni acconce a

---

[31] Caro!... a chi? forse a quel che con le sue criminose macchinazioni ha tirato nella stessa sua ruina, o a coloro che veggono in esso la insegna di un partito? Noi nol diremo, chè fia meglio udire la vita e la colpabilità di lui dalla bocca di un altro inglese. « Les ecrivains sont unanimes dans leurs convictions de la culpabilité de Poerio. J'ai causé avec des Anglais qui avaient résidé dans le royaume de Naples, non pas un petit nombre de semaines, comme M. Gladstone, mais un grand nombre d'années, et je les ai trouvés parfaitement convaincus de la culpabilité de l'avocat republicain. Permettez-moi de vous doner un aperçu de la vie de Carlo Poerio. Il paraît que l'ami costitutionnel de M. Gladstone trouva que le climat de sou pays etait trop chaud pour lui en 1830, qu' il émigra a Paris, ou il fraternisa avec Mazzini: qu' il écrivit des articles dans son recueil, La Jeunne Italie; qu'á son retour a Naples, il reprit sa profession de révolutionnaire, et que tout le ministrére dont il faisait partie était compose de republicains avérés, tels que Pepo et Saliceti. Comme preuve à l'appui, je vous engage à lire les Mémoires de Guillaume Pepe récemment publiés. Ce livre est aussi stupide qu'il est manvais; mais il doit être étudié par ceux qui veulent savoir comment on fait les révolutions. Pepe affirme ouvertement, que le Roi de Naples devoit être détroné per la Costituente, la quelle devait être formée au mojen de la nouvelle champre en mai 1848. Personne n'en doutait á Naples. Tout le monde etait persuadé que si les revoltés des barricades avaient réussi, la repubblique aurait été proclamée, et le Roi et sa famille assassinés. »

Lettera del sig. Mac. Farlane al conte Aberdeen inserita nella *Patrie* del 16 a 18 ag. 1851, numeri 228 e 230.

rattenere i piccoli insetti, facili ad essere infrante da quelli più grandi.[32] Sarebbe tornato per avventura gradito che si rinnovasse cotal riso pel caso di Poerio? ma avrebbe egli avuto maggiori diritti innanzi alla giustizia al paragone di tanti sciagurati da lui tratti in ruina? O nei tempi in cui si predica l'eguaglianza, e si fa tanto rumore sui diritti dell'uomo, vi sarebbero due pesi e due misure?

Ma lo scrittore non per questo desiste dal suo proposto, ed afferma essere il Poerio *strettamente partigiano della forma costituzionale, e non averlo udito mai accusare di altro errore politico, che di quelli che si potrebbero imputare ai più leali, intelligenti e degni statisti Inglesi.* Non fu per questo desiderio delle forme costituzionali che venne il Poerio raggiunto dalla giustizia, e molto meno per la corrispondenza del marchese Dragonetti, della quale si parla nel corso delle lettere. Egli fu imprigionato, accusato e condannato a' ferri per avere occultamente partecipato ad una criminosa associazione, la quale sotto il prestigioso nome della *Unità Italiana*, aveva per iscopo di attentare al Governo; e non si tenne conto dai giudici di altre sue delittuose pratiche, e dell'appostagli qualità di uno de' capi della setta, dacchè le prove non erano bene assodate. Lo scoprimento di cotal rea appartenenza non risale punto al tempo in cui il Poerio fu da' circoli gridato Ministro della Corona, ed il fu (lo sappian tutti) per ventotto giorni dal 6 marzo al 2 aprile del 1848, e del solo dipartimento della pubblica istruzione, ma è un fatto che si scontra nell'epoca posteriore a quella in che, conquisa la ribellione nelle strade della Capitale, gli agitatori non avendo più coraggio di mostrarsi alla svelata, si rifuggirono tra le ombre e nel mistero della setta. È dunque falso che l'accusa del Poerio si riferisca ai pochi giorni del suo

---

[32] Leges aranearum telis similes sibi videri. Quemadmodum enim illac infirmiora animalia retinent, valentiora transmittunt: sic pauperes et humiles legibus constringuntur, divites et praepotentes eas perrumpunt.

così sovente invocato ministero. Nè egli ebbe mai l'alto ufizio di primo ministro, come il qualifica lord Palmerston, nè pervenne a quello stesso della pubblica istruzione per splendidi servigi renduti allo Stato o per opere date alla luce, chè innanzi al 1848 ei modestamente visse in mezzo al foro penale tra gli avvocati non di primo grido, e poi subitamente ascese al potere per l'imperio di ineluttabili e momentanee circostanze.

Le prove raccoltesi a carico dell'anzidetto Poerio non restringonsi a quelle additate dallo scrittore, e dalle quali egli fa sì pessimo governo. Esse sono non poche, e tutte di grave momento per chi si faccia alternamente a considerarvi leggendole distesamente nella decisione a stampa, ch'è alle mani di tutti. Soltanto non possiamo passarci dal far notare che quella Polizia, ch'è tanto acremente combattuta nelle lettere, fu sì generosa e longanima verso il Poerio da non imprigionarlo sulle prime deposizioni di Luigi Jervolino, e soltanto il raggiunse quando per la scoverta presso del tipografo Gaetano Romeo di parecchi esemplari del catechismo della setta, di molti proclami ed altre carte criminose, non vi fu dubbio alcuno che la setta vivea e tendeva insidie al pubblico riposo. Aggiungi che lo stesso Romeo veniva ad aggravar la situazione del Poerio, dichiarando che in casa dell'Arciprete Antonio Miele, avea udito a parlare dell'appartenenza di Poerio, di Settembrini e di altri alla setta medesima. E più tardi il siciliano Margherita, tratto da Siracusa in prigione a Napoli, ed ignaro de' processi che si erano già formati, veniva con spontanee rivelazioni a dar conferma alle cose tutte già registrate nelle carte processuali, e a dichiarare specialmente come il Poerio avea partecipato alle riunioni che tenevansi in casa dell'Agresti.

Nè regge alla critica la circostanza che il Jervolino non avrebbe potuto svelare nel 29 maggio 1849 alcuna colpa del Poerio quando costui era già in possesso sin dal 22 dello stesso mese di una sua denunzia scritta, perocchè se il Poerio da tale epoca in avanti rimase avvertito di guardarsi dalle visite del Jervolino per sconcertarne le investigazioni, non potè però distruggere e le prececedenti dichiarazioni del Jervolino medesimo, ed i fatti avvenuti nell'anno anteriore, cioè ne' mesi seguenti al maggio del 1848, tempo in cui esso Jervolino gli fece la inchiesta di essere ascritto alla setta, e così scopri lui e gli altri comproseliti.

Ma l'onorevole sig. Gladstone assicura aver egli stesso *udito discutersi molte ore nel Tribunale la testimonianza del Jervolino*, il che prova quanta cura si ponga nelle Corti di Giustizia di Napoli a sceverare il vero dal falso. Ei però tace con quale aggiustatezza il testimone rispose alle reiterate interrogazioni direttegli dagli accusati, e segnatamente dal Poerio, e come si tenne fermo non pure ai loro sarcasmi, ma anche ai mezzi adoperati per trarlo in errore. Se Jervolino è uomo *senza grado e carattere* secondo l'autor delle lettere, s'è *un chieditor frustato di basso impiego*, come spiegarsi che quest'uomo di poca intelligenza è sempre uniforme alle diverse sue dichiarazioni, non cade in alcuna contraddizione, disvela come s'introdusse nella casa del Poerio, sin dacchè questi era al potere, come conobbe i particolari della vita di lui, e per quali vie pervenne a scoprire le tracce della criminosa associazione. No, non è possibile supporre che alcuno deliberatamente mentisca e calunniò quando con tante circostanze particolareggia i fatti, e non ha alcun motivo di odio, e men sete di vendetta!

La deposizione del Jervolino non è il solo elemento su cui riposa la condanna del Poerio, chè oltre gli argomenti dianzi accennati, molti altri possono riscontrarsi nella sua sentenza anzichè nella difesa, deve con esempio tutto nuovo lo scrittor delle lettere ha supposto poter trovare tracce d'innocenza. Oltreachè egli stesso, il Poerio, improvvidamente arrecava in mezzo le pruove della sua reità, discorrendo i precedenti della sua vita politica, che riteneva come onorevoli,[33] e che lo saranno sol quando il cospirare tacitamente contro i Governi costituiti sarà una gloria anzichè un reato de' più esiziali alla sicurezza interna. I nostri tempi, comechè abbiano addotte un fatale travolgimento d'idee su questo proposito, non hanno però potuto elevare ad eroismo l'attentare al pubblico riposo; e quegli accusati pe' fatti delle giornate di giugno in Francia, i quali nel difendersi pretendeano impudentemente fare l'apologia del diritto d'insurrezione, furono così essi che i loro avvocati severamente ammoniti da' giudici, e venne loro ricordato che la difesa comechè libera non può trascorrere in un campo di massime sovvertitrici di ogni civile reggimento.

VI.

Legalità ed umanità che fu eseguita la decisione nel discorso processo della UNITA' ITALIANA.

Tutt'altro che regolare e conveniente ad un popolo cattolico e civile suppone lo scrittore delle lettere che sia stata la esecuzione data alla decisione nella causa della setta dell'*Unità Italiana*, ch'egli ama meglio chiamare *causa del Poerio*, tanta è la simpatia per lui anzichè per gli altri sciagurati dannati a pene più dure, sia perpetue, sia temporanee. De' 42 accusati per cotale associazione due, com'è noto, cioè il Leipnecher ed un certo Brancaccio pagarono il tributo all'umana natura nel corso del giudizio, i tre per nome Faucitano, Agresti e Settembrini furono dannati all'ultimo supplizio; Barilla e Mazza all'ergastolo; Nisco e Margherita, quegli che fece tante rivelazioni a

---

[33] Quali sieno siffatti precedenti non vi è chi nol sappia in Napoli e fuori: essi fruttarono al Poerio *per tre volte l'onore del carcere politico*, secondo ch'egli stesso diceva, e sono compendiati nella indicata lettera del signor Mac Farlane - V. la Patrie del 16 e 18 agosto 1851 num. 228 e 230.

La risposta ufficiale del Governo Napoletano 371

danno de' suoi coaccusati, a trent'anni di ferri; Catalano, Vellucci e Braico a 23 anni di ferri; Poerio, Pironti, Romeo a 24 anni di simil pena; altri dieci accusati a 19 anni di ferri; due a sei anni di rilegazione; cinque ad un anno di prigionia; uno a quindici giorni di detenzione, un altro a ducati cinquanta di multa, ed otto furono messi in libertà provvisoria. Questa gradazione di pene per un uomo scevro di passioni è grande argomento della giustizia serbatasi da' giudici; ma l'autor delle lettere non vi bada, e solo è vago di annunziare che *quelli assolti erano tuttavia in carcere* – Menzogna come le altre imboccatagli da quei che sono usi a sconoscere i benefici!! Non vi ha in Napoli chi non sappia essersi dopo due giorni data piena esecuzione alla decisione. I tre sciagurati condannati nel capo ottennero la grazia della vita, e furono invece spediti all'ergastolo, ch'è un luogo di reclusione a vita nel forte di una isola. Quelli ch'ebber condanna ai ferri, partirono pel loro destino nel tempo medesimo che ricuperarono la loro libertà quelli assoluti. I cinque poi dannati ad un anno di prigionia, cominciarono appena ad espiare siffatta pena che loro fu condonata dal Re col decreto di grazia del 30 aprile di questo anno, decreto che a tanti altri detenuti o condannati ha dischiuso le prigioni. Laonde di quaranta accusati già quindici sono in libertà, venticinque espiano la loro pena, ma con quella umanità ch'è propria del Governo napoletano. A comprovar la quale, basta accennare che niun patibolo ha fatto sinora innalzare dopo le memorande rivolture del 1848, e che ha dato non uno ma molti generosi esempi di magnanimità e di clemenza. Nè per Napoli possonsi addurre, come per altri stati travolti dal turbine delle procelle politiche, gli stati di assedio, i giudizi statarii, o le deportazioni in massa di migliaia di cittadini, e neppure i consigli di guerra, co' quali la Francia repubblicana giudica di presente del complotto di Lione.

Ma suo malgrado lo scrittore delle lettere convien che riconosca l'umanità del Governo napolitano – Ei dice *sembrargli che una legge od usanza napoletana provvegga umanamente che quando tre persone sono condannate nella vita, non si esegua la sentenza che sovra una; che però ciò si era dimenticato dai giudici, e scoperto solo dal procurator generale o da talun altro dopo che la causa era finita.* I giudici non potevano obbliare ciò che sarebbe stato una delle prime nozioni del loro ufizio, nè il procurator generale additò loro alcuna legge od usanza cui allude l'autore. Se non che nello statuto penale militare si prevede il caso della condanna di molti all'ultimo supplizio, e se ne restringe umanissimamente la esecuzione a pochi con prestabilite norme che in quella legge sono descritte.[34] Nel caso presente un sovrano rescritto dato sin dal 36 novembre 1850 annunziava esser benigno volere del Re che, ove la gran Corte avesse dannato alla pena estrema più accusati come capi della setta o come cospiratori, la Corte stessa avesse designato se sopra uno o due di tali sciagurati dovesse cadere la fatale esecuzione secondo i vari casi figurati in quell'alto sovrano. Ciò comandava il re mosso dall'animo suo clementissimo, aborrente dal sangue, ed inteso a prevenirne la effusione. Ma i giudici convocati a deliberare sopra ciò erano ripugnanti, per quanto udimmo, a fare alcuna designazione, manifestando che la scelta nell'esercizio prezioso dello eminente diritto di far grazia era superiore alle loro ordinarie attribuzioni. Nulla di meno vinti dall'autorità del sovrano comando, e rispondendo alla fiducia che il re poneva nella loro religione, espressero concordemente il parere che se, a correggimento de' tristi e per pubblico esempio, dovesse

---

[34] Art. 370 dello statuto penale militare del 30 gennaio 1819.
Se più individui dell'esercito incorrono nella pena di morte per lo stesso reato militare commesso in complicità i consigli di guerra dovranno condannarli secondo la legge, e la sentenza sarà eseguita quante volte i condannati nou fossero più di due. Oltrepassando questo numero, da due sino a sei, la condanna sarà eseguita contro un solo, da sette a dieci la condanna sarà eseguita contro due, da dieci a quindici sarà eseguita contro tre, e così successivamente. Per gli altri condannati si sospenderà l'esecuzione, e saranno raccomandati alla Sovrana Clemenza per una commutazione di pena.

sopra alcuno alzarsi la scure del carnefice, il Faucitano sarebbe stato il più gravato come quegli che, secondo esprimevasi la Corte nella decisione messa a stampa, *dagli atti immateriali era trapassato a que' materiali e di esecuzione.* Ed in vero egli fu quell'ardto senatore che dopo di aver tentato con bottiglie incendiarie di riprodurre in Napoli le sanguinose scene di Vienna e di Roma, diede di propria mano opera all'esplosione di un apparecchio a guisa di bomba in giorno sacro a religiosa cerimonia, innanzi alla Reggia, ed in mezzo ad una calca di popolo tuttavia trepidante per la memoria delle perturbazioni del 1848 onde ingenerare un tumulto, ed eccitare la guerra civile e la strage negli abitanti di popolosa capitale.

Appresso a questi fatti, come potrebbe menomarsi al Re del Regno delle due Sicilie la lode di aver data la vita al Faucitano non meno che gli altri due Agresti e Settembrini? Come credere che l'onorevole signor Gladstone sia stato bene informato su questo del pari che sugli altri fatti dinanzi esaminati? Egli scrive *avere udito* (notate, ma da chi?) *che certe minacce di privare il Governo di Napoli di un utile sostegno, anzichè l'umanità dettassero in quegli ultimi momenti la commutazione della pena.* Ma chi potea sino a tal segno interessarsi della sorte dell'oscuro Faucitano? o meglio chi avrebbe avuto il diritto d'immischiarsi nell'amministrazione della giustizia di uno Stato? Ed è forse questa la prima grazia fatta dal Re agli sciagurati condannati per attentati contro la sicurezza interna dello Stato? Senza ricordare gli esempi precedenti al 1848, che sono molti e splendidi, diremo che le poche condanne capitali profferite dopo questa infausta epoca sono state tutte commutate in altre pene; e dopo tanta perturbazione, dopo le tremende cospirazioni sventate o represse, ed i civili conflitti, niun luogo del reame è stato contristato dai patiboli che in altri Stati han dovuto elevarsi a terrore de' sovvertitori di ogni ordine sociale.[35] Questa è gloria unica del Re delle due Sicilie, contro cui le vane e bugiarde parole di qualche giornale più o meno rosso sono come nebbia al vento, o come vapori che si dileguano al sorgere del sole.

Ma se voglia chiedersi della faccenda a qualunque o delle classi medie, cui il Faucitano apparteneva, o anche delle alte, tutti vi diranno concordemente che gli avvocati di lui e degli altri due condannati a morte si recarono tosto alla Reggia di Caserta per implorare la clemenza Sovrana; che ne tornarono soddisfatti all'udire che il Re avrebbe provveduto sulle petizioni; che tosto si divulgò per la capitale un non so quale presentimento della grazia, e taluni la diceano già accordata; e che la numerosa famiglia del Faucitano in abiti di duolo e di mestizia trasse anche colà ad impietosire l'animo reale. E se fosse permesso spingere lo sguardo dell'interno della Reggia, noi diremmo che il Re fu lungamente dibbattuto nell'animo suo tra i doveri di supremo imperante che provveder debbe alla sicurezza dello Stato ed alla repressione di quei che la conturbano, e la pietà onde spesso dette magnanime prove. Vinse questa anche un'altra volta, e la sua corona adornossi di novella fulgida gemma, onde un periodico napoletano nell'annunziare la grazia scrisse le seguenti belle parole:

« Il cuore e la mente sono conformazioni divine, ed esse non possono mutare per fatti terreni.

Nel 1848, un grave delitto di Stato portava a morte Longo e delli Franci: l'attentato certo, il giudizio imparzialissimo, la pena fu volta in grazia dal solo e principale offeso. I maligni alludete vano a necessità di tempi... Aspettate.

Un altro non men grave giudizio si risolve nel principio del 1851. Tre sono condannati a morte. I tempi sono rassicurati; gli animi in calma; le menti ravviate; potere consolidato. La grazia stessa arriva più magnanima, più generosa!

Il cuore e la mente sono conformazioni divine, ed essi non possono mutare per fatti terreni. » [36]

---

[35] Veggasi infine il quadro delle condanne capitali, cui abbiamo accennato.

La risposta ufficiale del Governo Napoletano   375

Ma il discorso, che or ora si era composto a miti pensieri, convien che novellamente si turbi nel rispondere alle tante e sì sperticate fallaci esagerazioni che l'autore delle lettere accumula in parlando del come i condannati per la causa dianzi cennata espiano la loro pena. Egli descrive il bagno di Nisita presso il Lazzaretto, ove dapprima furono menati Poerio ed i suoi compagni, la stanza nella quale furono collocati alquanto umida e priva di vetri, gli abiti di che fur vestiti, e le catene onde furono gravati, e qui si spazia a numerarne le anella, dirne la lunghezza, e sinanche il peso. Ah! sì questo è un riguardar dappresso la triste condizione di chi soggiace ad una somigliante pena, e fare il paragone tra gli agi e le comodità della vita precedente colle ristrettezze, e se vuolsi, colle sofferenze del luogo per se doloroso. Ma, dimanderemo, si è fatto alcun che per aggravare la sorte degli sciagurati Poerio e compagni? No, che l'autore stesso sente la forza dell'obbiezione, e così la esprime: *Si dirà che l'usanza è barbara e non dovrebbe sussistere, e che sussistendo, egli è difficile l'esentarne alcune persone perchè più raffinate. Ma questa non è la spiegazione; anzi egli è per questi due signori che s'introdusse nel bagno di Nisita l'uso d'incatenare insieme carcerati... e che per lo innanzi questi doppi ferri erano sconosciuti* – Quindi un'usanza, ma non nuova, o meglio direbbe l'autore, una legge da molti anni in osservanza in tutti i bagni del reame prescrive in qual modo i condannati a' ferri debbano assoggettarsi a sì dura pena. E questa stessa legge, se fosse stata consultata dall'autore, gli avrebbe fatto schivare l'altra falsa supposizione, che cioè si fosse di recente ed a danno del Poerio introdotto l'uso di congiungere a due a due i condannati a' ferri per trascinare la catena.[37] La quale supposizione è così veridica come se taluno pretendesse che la pena della deportazione nelle colonie fosse stata inventata per martirizzare Smith O'Brien, e gli altri cospiratori del

[36] *Omnibus*. Giornale politico letterario del 5 febbraio 1851, ann. XIX, num. 11.

1848 che l'Inghilterra dovè severamente punire.

Nè più veridica è l'altra pellegrina notizia che per ordine di S. A. R, il conte di Aquila si fosse recato in Nisita il Brigadiere Palumbo ad esaminare i ceppi del Poerio e dei compagni, e renderli più gravi. Quell'onorando Principe non dette, nè potea dare alcuna disposizione sul proposito, lasciando stare che l'animo suo nobilissimo rifugge da ogni pensiero men che benigno, perocchè i *bagni*, questi alberghi de' condannati a' ferri, non dipendono dall'Ammiragliato nè dal Ministero di Marina, ma sono governati unicamente dal Ministero de' lavori pubblici, diretto dall'egregio signor generale Carascosa, il cui lavor militare gareggia colle pregevoli qualità del suo umanissimo cuore. E se vuolsi sapere il netto di questa faccenda, debbe dirsi che il brigadiere Palumbo, nella qualità *d'Ispettore de' rami alieni della Real Marina* recossi nel 12 febbraro di questo anno in Nisita per compiere il suo uffizio, ed osservare in qual modo i condannati testè colà arrivati per la causa della setta *l'Unità Italiana* fossero custoditi. Ei trovò ch'erano riuniti in un locale, separato del rimanerne de' condannati, e che molti di essi, e specialmente quelli di condizione più agiata usavano di materassi ed altri arnesi per comodo della vita, e non si oppose punto a farli loro ritenere. Veggasi come si travolge il fatto più onesto per farne il subbietto di calunniose accuse!

Il Settembrini condannato nel capo, e per grazia del Re, come si è detto, fatto degno della vita, *era riservato*, scrive il sig. Gladstone, *a ben più dura sorte, a doppii ferri a vita sopra una remota ed isolata rupe. Vi è inoltre ogni ragione di credere ch'egli venga assoggettato a fisiche tor-*

---

[37] Art. 9 LL. penali.

« La pena dei ferri sottopone il condannato a fatiche penose a profitto dello Stato. Essa è di due sorte per gli uomini. La prima si espia ne' *bagni*, ove i condannati trascineranno a' piedi una catena *o soli, o uniti a due*, secondo la natura del lavoro cui verranno addetti — La seconda si espia nel *presidio* — Per questa pena è sottoposto il condannato a' lavori interni di un forte con un cerchio di ferro nella gamba destra, secondo i regolamenti. »

ture. Rispettabili persone mi accertarono (prosegue l'autore) *che gli si conficcassero acuti strumenti sotto le ugne delle dita*. I doppii ferri sì spesso ripetuti dallo scrittore non possono affligere un condannato all'ergastolo come Settembrini, il quale comechè a vita debbe star rinchiuso nel forte di un'isola. Quella di S. Stefano nè remota, nè distante dalla terra ferma accoglie lui e gli altri suoi compagni dannati a simigliante pena.[38] Se anco belve e non uomini fossero alla loro custodia, qual ragione mai avrebbero di seviziarli? Egli il Settembrini non si dolse di alcuna crudeltà del tempo del processo, lasciando stare che in Napoli si aborre da' mezzi inumani, e ne sarebbe poscia stato vittima? perchè, o per compiacere a chi, se a lui generosamente si dava la vita? Ma l'autore ne fu accertato da *persone rispettabili*!... ah! tacciano costoro, che essi soli sono gl'infamatori del proprio paese i più implacabili nemici di ogni bene pubblico, quei che di continuo soffiano nel fuoco della discordia per non render possibile alcuna conciliazione!

L'autore delle lettere crede che dopo la sua partenza da Napoli il Poerio fosse *precipitato in più orrende calamità, perchè condotto da Nisita ad Ischia*, e dice essere convinto che *trattandosi di una persona intelligente da esser temuta, si cercò il fine del patibolo con mezzi più crudeli che il patibolo, e senza il clamore che avrebbe questo eccitato*. Ma quali sono queste *orrende calamità* cui accenna l'autore? Vorremmo anche noi saperlo, s'egli ha pubblicato le sue lettere per destare sentimenti di passione nell'universale. Il cangiamento di località ha potuto ed è stato consigliato da motivi che risguardano la disciplina de' luoghi di pena, e da circostanze di più opportuna stanza. Ma non è questa una buona ragione per supporre che *siasi desiderato il fine del patibolo con mezzi più crudeli che il patibolo*. Incommensurabile è la distanza tra la pena dei ferri e quella dell'ultimo supplizio, per quan-

---

[38] Art. 7 LL. penali.
La pena dell'ergastolo consiste nella reclusione del condannato per tutta la vita nel forte di un'isola.

to la vita si discosta dalla morte. Nè questa volle alcuno de' giudici del Poerio, o chiunque altro che suppone l'autore, abbia potuto bramarne la persecuzione; e la più bella prova ne dà lo scrittor medesimo quando dice essere stato suggerito al Poerio *da persone autorevoli che sua madre, di cui era solo sostegno od egli stesso potessero ricorrere al Re per implorare perdono, ma egli costantemente ricusò*. Noi nulla sappiamo di questa particolarità, ma possiamo dire che la è per lo meno una voce che addimostra quanto generale fosse la confidenza nella clemenza del Re. Se il Poerio paga alla società, minata dalle pratiche di una setta criminosa, il tributo di una pena, convien ch'egli ed i suoi amici si sottomettano alla legge del paese in cui nacque, ed ove volle rimanere malgrado i pericoli che vi correva pel suo reo operare, e tuttochè ne fosse stato avvertito. L'iliade de' suoi dolori non scaturisce mica dal suo amore per la costituzione, come crede l'autore delle lettere, perchè di siffatto pensiero niuno è stato punito, e sono parlanti testimoni coloro che, benchè amici di tal sistema, rimangono tranquilli in loro casa, e parecchi sono anche in uficio, ma perchè fu sospinto a ricorrere alle favorite sue arti antiche onde addimostrarsi per Napoli capo di un partito, qual fu Mazzini per l'Italia tutta.

Vogliamo però racconsolare il signor Gladstone, innanzi di chiudere il presente articolo. S'egli ha con incredibile facilità raccolte e divulgate tante dolorose notizie, vere o false che sieno, poco a lui importa, per contrario vogliamo dargliene delle piacevoli. Dopo la sua partenza, la condizione del Poerio e degli altri suoi compagni è di molto divenuta più comportabile, non perchè il Governo (si badi bene) avesse dato ordini onde derogarsi a' regolamenti concernenti i luoghi di pena, ma perchè la pietà in questa buona pasta della gente napolitana col tempo sa tutto mitigare. Noi siamo stati informati non già dalle *persone rispettabili* consultate dal sig. Gladstone, ma da taluno che al bisogno può giustificare i suoi detti anche con una corrispondenza uficiale, che nè tutt'i condannati nè sempre vestono gli abiti della pena, che Poerio e Pironti hanno avuto l'agio di passare all'ospedale per prendervi i bagni, ed il primo vi è tornato non come infermo, ma perchè desiderava di rimaner quivi più comodamente; che in talune ore del giorno depongono le catene, ed in altre vanno a respirare l'aere salubre di quell'isola; che il Nisco è sovente visitato dalla moglie, dalle sue figliolette, e da un suo germano, e tutti questi tuoi parenti in un bel dì vollero con lui starsene e desinare insieme e già s'intende che Nisco non avea ai fianchi l'inseparabile compagno di pena, nè trascinava alcuna catena al piede.

Ma per coprire sempre più di fosche tinte il quadro de' luoghi di pena, l'autore delle lettere ricorre ad un fatto non recente, e lo narra in modo così difforme dal vero, che non gli si può aggiustare alcuna fede. Ei dice che *tempo fa esasperati dal modo con che si trattavano i reclusi nella prigione di Stato d'Ischia, si rivoltarono, e si sforzarono d'impadronirsi di esso. Il modo come si sedò la sollevazione fu il seguente: I soldati cui era affidata la guardia di essa gittarono colla mano delle granate tra i prigioni, e ne uccisero 175, e fra questi 17 invalidi ch'erano nell'infermeria, e non aveano preso parte alla rivolta.* Ecco in poche parole molte false o esagerate notizie. Il fatto non avvenne nella prigione d'Ischia, come scrive il signor Gladstone, ma nel *bagno* di Procida. Non era quella una *prigione di Stato*, ma un luogo di pena per sciagurati condannati a' ferri, e tra essi non ve n'era alcuno per reato politico, chè l'affare risale al mese di giugno del 1848, tempo in cui ferveano ancora le agitazioni demagogiche, e non si era intrapreso alcun processo contro la sicurezza dello Stato. Non fu una mera ribellione di que' condannati che obbligò la forza che li custodiva ad impugnare le armi, ma l'impeto e le violenze da loro commesse per evadere sino a prosciogliersi dai ceppi, abbattere un muro ed i cancelli, di tal che un altro solo facea schermo alla loro fuga. Essi lungi dal quietare in vedere l'attitudine della milizia, si slanciarono furiosamente contro della stessa, e ne avrebbero fatto scempio se quella non avesse fatto fuoco per contenerli. È a deplorarsi che vi furono delle vittime, ma non mica tra quelli ch'erano nell'infermeria. L'autore stesso riconosce *che una rivolta in prigione è cosa orribile ed esige energia*; e però senz'alcun frutto è evidente ch'egli abbia dissepolto un vieto fatto, avvenuto in tutto altro modo da quello per lui narrato, e comandato dalla vera e legittima necessità della repressione de' ribellatisi servi di pena.

VII.

La seconda lettera del sig. Gladstone è una conferma della prima, tranne qualche altro errore di più.

L'onorevole sig. Gladstone, non pago della prima lettera al conte Aberdeen, ne ha pubblicato un'altra nel corso della quale si esprime così: *non intendo di aggiungere fatti a quelli che sono contenuti nella mia prima lettera, quantunque non siano essi che una parte, e neppure i più considerabili.*

E più innanzi: *il mio scopo presente è sostenere la probabilità generale delle mie asserzioni col riferirmi a fatti fuori di quistione occorse a Napoli come in altre parti d'Italia* – Ma quali sono questi fatti indubitati? uditeli! Ei narra il caso di un poliziotto di Milano detto Bolza, e dice che al tempo della rivoluzione del 1848 furono scoperte le note private del Governo sul carattere di lui e di altri agenti di polizia, nelle quali il Bolza è ritratto come individuo *rozzo, falso, tutt'altro che rispettabile*, capace di ogni cosa per denaro, tuttavia molto intendente degli affari e pieno di abilità. Aggiunge che, venuto a morte il Bolza, impose col testamento a' suoi figli di non chiedere alcun impiego nella polizia esecutiva; tanto egli si aveva opinione poco favorevole del suo mestiere! Che vuole l'autore da ciò conchiudere?

Sarà una sventura che nei bassi uffici della polizia esecutiva non si abbiano sempre uomini virtuosi, e questa è piaga forse comune a molti Stati che per la indole e pe' costumi degli abitanti non possono porsi a riscontro delle abitudini e delle tradizioni inglesi, ove il *Constabile* (uffiziale di polizia) secondo egli scrive, *è oggetto di rispetto generale*. Ma in Napoli come in altri paesi, se n'eccettui i subalterni esecutori di polizia, gli altri ufiziali godono presso il Governo ed i loro concittadini di un grado di considerazione, che sempre più si eleva a misura dei loro talenti e delle loro virtù. Leggasi a conferma di questo vero il regolamento del 1° dicembre 1839, col quale si provvede agli esperimenti che debbono subire coloro che vogliono iniziarsi nel dicastero di polizia. Debbono essi dar pruova di loro perizia nelle materie penali e nelle istruzioni ed ordinanze di polizia, addimostrare di aver serbato una condotta irreprensibile, ed anche di aver mezzi di decente sostentamento. Giustificati cotali requisiti, sono ammessi nel primo scalino dell'ordine gerarchico, e nominati ispettori aggiunti di polizia. Successivamente a misura che si mostrano degni dei posto loro affidato, fanno i loro ascensi.

L'autore tocca poscia di alcune ordinanze e regolamenti emanati dalla Corte di Roma, e dal Ducato di Modena in epoca anteriore al 1848, senz'aver altro che dire sulla polizia, ritorna sul prediletto argomento della *posizione politica del presente Governo di Napoli*. Ricordava egli però aver dal bel principio protestato di voler evitare una discussione su tale tema; ma *ora dice esser necessario toccarne alcuni punti, perchè nessun Governo potrebbe arrivare a tal estremo di terrore, crudeltà e viltà quale fu suo doloroso dovere descrivere, a meno che non fosse già pervertito da una mala coscienza*. Noi opponemmo a queste parole il cenno degli orrori, che funestarono la capitale, e le province alcun tempo dopo pubblicata la costituzione del 1848, e dicemmo che non ci avremmo spese altre parole, dappoichè l'autore riconosceva che la era una materia nella quale niuno straniero avea dritto d'immischiarsi. Ma s'egli vi torna sopra, è perchè sente troppo pena del *terrore* e della *crudeltà* che afferma colà regnare, e vorrebbe scoprire le cause di sì inesplicabile fenomeno, poichè egli stesso non può negare alla gente napoletana costumi semplici, cuore espansivo, e molta religione, e bisognerebbe che quelli preposti al Governo dal più alto posto sino all'imo fossero di tutt'altra pasta. E riconosce pure che il *Monarca ha fama di essere molto regolare e stretto nelle pratiche religiose*; ed in ciò egli dice assai meno del vero.

Or queste stesse cose rendono inverosimili le accuse di crudeli persecuzioni e di feroci pene presso chiunque ha fior di senno, poichè la pietà e la ferocia non furono giammai viste albergare sotto lo stesso tetto, nè la religione cattolica in alcun tempo ai sacrifici delle vittime umane. Ma il filantropico scrittore delle lettere, creda a noi, potrà rimettere del suo dolore, e racconsolarsi ove rifletta che le idee di *terrore* e di *crudeltà* sono parto d'inferme fantasie, e gli furono suggerite da quegli sciagurati che gemendo sotto il peso delle proprie colpe, non sanno che disfogare nell'odio contro quelli che credono loro persecutori, e non furono che giudici benigni. Or se impure sono le fonti cui quelle idee sono attinte come nell'esordire dicemmo, torbidi per necessità debbono essere i rigagnoli.

Ma l'autore delle lettere a sempre più rifermare le sue asserzioni, e già s'intende chi gliene correva l'obbligo *ricorre ad un'altra fonte di prove*, com'egli dice: *che spiegano nella forma più penosa e rivoltante la continua compiuta perfetta organizzazione del sistema* da lui descritto. Da cotal fonte di pruove però non altro attingesi che la pubblicazione di un'operetta d'ignoto autore col titolo *Catechismo filosofico per uso delle scuole inferiori*, impresso dal tipografo Raffaele Miranda nel 1850, e col motto *ridete ne quis vos decipiat per philosophiam*. Lo scrittore reputa censurabile in molti luoghi un tale opuscolo, e per tutta dimostrazione ne riassume e riporta parecchi brani, trovandovi, secondo lui, *false, vili ed immorali dottrine, talvolta ridicole, ma più spesso orribili...* nè ha ribrezzo nell'affermare che in cotal libro si contiene *una compiuta filosofia dello spergiuro ridotto a sistema ad uso dei Monarchi*. Noi ci dilungheremmo dallo scopo stesso del lavoro del sig. Gladstone se volessimo imprendere a discutere il merito delle dottrine esposte nel male interpretato Catechismo. Nè il sig. Gladstone, nè noi siamo giudici competenti di cosiffatto libro: troppo è la materia religiosa che si dovrebbe andare svolgendo per poterlo sottilmente disaminare, nè vorremmo trasportare sopra altro campo una quistione che lo scrittore presentava ristretta alle forme più o meno regolari secondo le quali erano stati giudicati pochi sciagurati, ed al modo come essi stavano espiando la pena loro inflitta. D'altra parte s'egli si fonda sopra questo libro unicamente per appoggiare la proposizione ch'esso è *consentaneo ai fatti della storia Napoletana degli ultimi tre anni e mezzo*, rimarrà preso egli stesso di stupore e di giustissimo sdegno quando sentirà che questo libro non è un'opera degli ultimi tre anni e mezzo, cui allude, ma è un vecchio opuscolo, che piacque alla pietà di un ecclesiastico pubblicare negli anni innanzi al memorando 1848, e che l'erede di lui nel 1850 ha creduto fare ristampare per suo utile privato, e senza che il Governo ne abbia conosciuto nulla, meno autorizzata la diffusione. L'antica edizione, che abbiamo consultata, vide la luce nel 1837, e si compone di pagine 70 oltre l'indice, in fogli cinque di stampa in ottavo. Essa corrisponde perfettamente all'edizione del 1850, la quale è stata anche pubblicata innanzi che si fosse emanata la legge sulla censura preventiva della stampa, per cui nè la pubblica istruzione nè l'autorità di polizia ha potuto approvarne e neppure permettere la impressione. Il titolo *ad uso delle scuole inferiori* è tutto arbitrario, di tal che nell'altra edizione del 1850, che porta in fronte le iniziali C. M. L. non è affatto adoperato.

Da siffatti schiarimenti l'egregio scrittore torrà nuovo argomento onde persuadersi come sia stato tratto in errore dall'altrui malignità, e dal deliberato proponimento (questo sì ch'é sistema) di tutto travolgere, se fosse possibile, a disdecoro del Governo Napoletano.

CONCLUSIONE

Non rimane che seguire lo scrittore delle lettere nella conchiusione ch'ei pone in fine della prima di esse, dove la somma degli errori e delle calunniose accuse è tutta racchiusa: e noi il faremo volentieri, dappoichè molte cose della seconda lettera sono state innanzi toccate. Egli ringrazia Lord Aberdeen di avergli permesso d'indirizzargliela, senza di che si *sarebbe trovato senz alcuna speranza di potersi efficacemente adoperare per correggere gli atti del Governo Napolitano. E protesta di aver intrapresa questa faticosa e penosa opera colla speranza di contribuire a scemare una quantità di dolori umani così grandi e così acuti, per non dir più, come qualunque possa contemplare il cielo.* Lodevole e santo pensiero di cui ogni uomo onesto gli deve saper grado! ma la giustizia ha pure le sue ragioni, in guisa che mal pretenderebbe taluno di predicare umanità calpestando gli altrui dritti, e massime se sieno quelli della società minacciata nel suo riposo. Se non che l'analisi per noi sinora fatta sulle lettere di lui può fare accorti i più schiavi quanto egli sia andato lungi dal vero:

1° coll'elevarsi in certa maniera ad ingiusto censore di un Governo, tuttochè riconosca non averne il dritto, e senz'arrecare altra pruova che le bugiarde e calunniose voci de' nemici di ogni ordine sociale;

2° col deplorare la condizione degl'imputati politici, ed esagerarne a dismisura il numero, mentre per testimonianza di altri illustri viaggiatori, e per documenti irrefragabili è noto come quelli sieno umanamente trattati, e come nel giugno di questo anno non oltrepassavano i 2024, senza diffalcarne i molti che di poi hanno ottenuto la loro libertà;

3° col supporre ingiuste le condanne di taluni tra' più notabili cospiratori, attingendone i falsi elementi dalla loro bocca o dalle loro difese a stampa, senza voler consultare le valide pruove raccolte a loro carico, anche divulgate per le stampe, e la stessa pubblica opinione, la quale è concorde nel dire che la sentenza fu inspirata dall'umanità anzichè dal rigore;

4° coll'immaginare crudeltà e ferocia nell'esecuzione di siffatte condanne mentre per la clemenza dei Re, niuna condanna di morte è stata eseguita, e quelle allo ergastolo o a' ferri si fanno espiare con tanta mitezza da parte de' preposti a' bagni ch'è piuttosto da dirsi eccessiva.

Laonde tutti gli esagerati dolori ed i sognati abusi sono unicamente nella mente feconda dello scrittore delle lettere, e se volete, nella simpatia ch'egli prova verso coloro che raggiunti dalla legge, e convinti in solenne giudizio di pratiche sediziose e di attenuti all'ordine pubblico, gemono sotto il peso delle pene cui volontariamente si sono esposti. Una scuola di massime infernali, egli è vero, tenta andar spargendo anche in Italia potersi impunemente turbare il riposo de' popoli, scrollare le fondamenta dei Governi, contrastare loro il diritto di raggiugnere quelli che ne insidiano la stabilità, e non doverci essere inquisitori, non testimoni, non giudici che possano trovare rei questi cupi sovvertitori delle comunanze civili. Ma il senno della immensa maggioranza di coloro che rigettane e condannano sì falsi ed iniqui principii, e propugnano in tutti gli Stati di Europa la causa dell'ordine e del riposo sociale, che ormai è causa universale saprà dar giusta sentenza tra gli errori e le false accuse a larga mano sparse nelle lettere del sig. Gladstone col mantello di vedute filantropiche, ed i fatti e i documenti da noi messi in luce con la semplicità di chi sente aver ragione.

Napoli, 25 agosto 1851.

(N. 1.) STATO NUMERICO

Degl' imputati politici presenti in giudizio, in carcere, o con modo di custodia esteriore presso le Gran Corti speciali de' Dominii continentali del regno delle due Sicilie.

PROVINCE	IN CARCERE	CON MODO DI CUSTODIA ESTERIORE	OSSERVAZIONI
Napoli............	223	28	Le controscritte cifre, desunte dagli ultimi stati rimessi al R. Ministero di Grazia e Giustizia, hanno già subito una diminuzione; perciocché varie cause, dopo lo invio degli stati medesimi, sono state esaurite, e la Sovrana Indulgenza del 19 scorso maggio a favore di una determinata classe d'imputati politici relativi a 212 cause, ne ha ridotti molti in libertà. Non pochi giudizii vanno poi ad espletarsi nel volgere del corrente mese di giugno, e nei p incipii dell'entrante luglio. Napoli, 18 giugno 1851. *L' Uffiziale Capo del 3 Ripartimento del Ministero di Grazia e Giustizia* Firmato — CAV. GIOV. PASQUALONI
Terra di Lavoro....	80	6	
Principato Citra.....	381	12	
Principato Ultra.....	4	»	
Molise.............	43	»	
Basilicata...........	156	11	
Abruzzo Citra.......	6	»	
Abruzzo Ultra 2.....	94	»	
Abruzzo Ultra 1.....	1	»	
Calabria Citra.......	293	7	
Calabria Ultra 2.....	54	»	
Calabria Ultra 1.....	344	»	
Capitanata..........	112	15	
Terra di Bari.......	20	»	
Terra d'Otranto.....	8	»	
TOTALE.....	1819	79	

NOTA

Alla indicata cifra di detenuti politici presso le G. C. speciali ascendente a 1819
Se si aggiunga quella dei detenuti per conto della Polizia, giusta lo stato n. 2 che segue 205

Si ha la somma di detenuti politici in 2024

Dal qual numero debbonsi poi diffalcare que' che sono stati ammessi alle Sovrane Indulgenze del 30 aprile e 19 maggio 1851 giusta lo stato n. 3, non che coloro che sono stati giudicati dalle G. C. Speciali dal mese di giugno, epoca della compilazione del premesso stato, sino al cader di agosto di questo medesimo anno 1851.

In questa pagina e nelle seguenti riportiamo una riproduzione fotografica delle tabelle riassuntive pubblicate nella *Rassegna degli errori e delle fallacie etc.* (NdC)

(N. 2.) STATO NUMERICO

Degl'individui che trovansi in carcere a disposizione della Polizia per reati politici nelle diverse province de' Dominii continentali del Regno delle due Sicilie.

#	Provincia	N.
1	Napoli . . . . N.	77
2	Pozzuoli e Castellammare. »	2
3	Caserta . . . . »	2
4	Salerno . . . . »	19
5	Avellino . . . . »	17
6	Potenza . . . . »	6
7	Foggia . . . . »	9
8	Bari . . . . »	4
9	Lecce . . . . »	10
10	Cosenza . . . . »	6
11	Catanzaro . . . . »	2
12	Reggio . . . . »	10
13	Campobasso . . . . »	7
14	Chieti . . . . »	12
15	Aquila . . . . »	19
16	Teramo . . . . »	3
	TOTALE . . . . . . N.	205

L'arresto dei controscritti detenuti è stato sempre eseguito per gravi ed imperiose considerazioni d'ordine e di sicurezza pubblica, non a capriccio e senza forme legali, ma in virtù di mandati emanati dalle autorità rivestite della Polizia ordinaria, le quali per espressa disposizione di legge hanno la facoltà di arrestare per vedute di alta polizia, e possono anche compilare processi, quando trattasi di reati di Stato, giusta le istruzioni del 22 gennaio 1847 (a) solennemente rifermate con altre posteriori disposizioni legislative.

(a) « ART. 10. — Oltre le facoltà espresse
« nei due articoli precedenti, la Polizia ordi-
« naria nei fatti di alta polizia, indicati nell'ar-
« ticolo 3, è rivestita ancora delle attribu-
« zioni di Polizia giudiziaria. In questa qua-
» lità può procedere all' arresto delle persone
« prevenute de' suddetti misfatti, anche fuori
« il caso della flagranza e quasi, può ritenere
« gli arrestati a sua disposizione oltre le 24
« ore, e può compilare essa medesima le istru-
« zioni su tali reati. Ciò però non impedisce
« agli altri agenti della Polizia giudiziaria di oc-
« cuparsi anch'essi allo scovrimento de' reati
« medesimi, e perseguitarne gli autori. »

N. B. Secondo che pervengono le dimandate informazioni sul conto de' detenuti compresi negli elenchi, se ne dispone l'abilitazione di giorno in giorno, come si è costantemente praticato.

*L' Uffiziale Capo di Ripartimento
del Ministero dell' Interno ramo di Polizia*
Firmato — GIUSEPPE BARTOLOMUCCI

(N. 3.) STATO NUMERICO

Degl'imputati di reati politici ne' Reali Dominii continentali presentiai giudizio, ed ammessi al beneficio delle Sovrane Indulgenze del 30 aprile e 19 maggio 1851.

PROVINCE	CONDANNATI cui è rimast condonata a la pena	GIUDICABILI pei quali si è abolita l'azione penale	TOTALE	OSSERVAZIONI
Napoli.............	14	22	36	
Terra di Lavoro.......	6	11	17	
Principato Citra.......	6	29	35	
Principato Ultra.......	9	16	25	
Molise.............	6	22	23	
Basilicata...........	4	13	17	
Calabria Citra........	1	»	1	
Calabria Ultra 2.......	3	6	9	
Calabria Ultra 1.......	7	6	13	
Abruzzo Citra.........	2	8	10	
Abruzzo Ultra 2.......	5	27	32	
Abruzzo Ultra 1.......	3	1	4	
Capitanata...........	5	47	52	
Terra di Bari.........	4	10	14	
Terra d'Otranto.......	4	11	15	Napoli, 24 luglio 1851
TOTALE.......	79	229	308	*L' Uffiziale Capo del 3 Ripartimento del R. Ministero di Stato di Grazia e Giustizia* Fir.—CAV. GIOV. PASQUALONI.

(N. 4.) QUADRO

Delle condanne capitali in materia politica dopo l'infausto anno 1848, commutate da S. M. il Re delle due Sicilie per grazia spontanea in altre pene, ne' suoi dominii continentali.

NOMI E COGNOMI DEGL' IMPUTATI	NATURA DEL REATO	GRAN CORTI SPECIALI che HAN GIUDICATO	EPOCA DE' DECRETI di graziosa COMMUTAZIONE DI PENA
1. Gennaro Placco 2. Giovanni Pollaro	Convinti di attentato contro la sicurezza interna dello Stato, consumando atti di esecuzione per distruggere il Governo ed eccitare i sudditi ad armarsi contro l'autorità Reale.	Condannati alla pena di morte dalla G. Corte Speciale di Cosenza.	Con R. Decreto del 22 febbr. 1850 la pena fu loro commutata in quella dello ergastolo.
3. Tobia Gentile	Convinto d'aggregazione a milizia estera e nemica, portando le armi contro il proprio Sovrano e lo Stato.	Condannato alla pena di morte dalla G. Corte Speciale di Aquila.	Con R. Decreto del 24 settembre 1850 la pena gli fu commutata in quella di anni 18 di ferri.
4. Filippo Agresti 5. Luigi Settembrini 6. Salvatore Faucitano	Convinti di associazione illecita, organizzata in corpo con vincolo di segreto costituente setta, l'*Unità italiana*, di cui il primo anche come capo. Convinti altresì l'Agresti ed il Settembrini di cospirazione contro la sicurezza interna dello Stato ad oggetto di distruggere e cambiare il Governo, ed il Faucitano di eccitamento alla guerra civile ed a portar la strage tra gli abitanti della capitale.	Condannati alla pena di morte dalla G. Corte Speciale di Napoli.	Con R. Decreto del 3 febbr. 1851 la pena venne loro commutata in quella dell'ergastolo.
7. P. Girolamo da Carnale, nel secolo Domenico Lombardo	Convinto di cospirazione ed attentato contro la sicurezza interna dello Stato, ad oggetto di distruggere e cambiare il Governo, eccitando i sudditi ad armarsi contro l'autorità Reale con discorsi in luoghi pubblici diretti a provocare direttamente gli abitanti del Regno a commettere i suddetti reati.	Condannato alla pena di morte dalla G. Corte Speciale di Reggio.	Con R. Decreto del 7 marzo 1751 la pena gli fu commutata in quella dell'ergastolo.

(segue)

8. Girolamo Zorbi	Convinto di attentato avente per oggetto di distruggere e cambiare il Governo, e di eccitare i sudditi e gli abitanti del Regno ad armarsi contro l'autorità Reale.	Condannato alla pena di morte dalla G. Corte Speciale di Reggio.	Con R. Decreto del 14 magg. 1851 la pena gli fu commutata in quella di anni 24 di ferri.
9. Giovan Francesco Griffo	Convinto di attentati contro la sicurezza interna dello Stato per oggetto di distruggere e cambiare il Governo, con aver fatto parte di banda armata organizzata per lo stesso fine, esercitando comando e resistendo alle Reali milizie.	Condannato alla pena di morte dalla G. Corte Speciale di Catanzaro.	Con R. Decreto del 2 giugno 1851 la pena gli fu commutata in quella di anni 24 di ferri.
10. Nicola Palermo	Convinto di cospirazione ed attentato per distruggere e cambiare il Governo.	Condannato alla pena di morte dalla G. Corte Speciale di Reggio.	Con R. Decreto del 7 giugno 1851 la pena gli fu commutata in quella di anni 24 di ferri.

GLADSTONE RISPONDE
AL GOVERNO NAPOLETANO

Concludiamo la nostra raccolta con un intervento di Gladstone, da alcuni considerato come la "terza lettera" sul Regno di Napoli. Si tratta di una lunga replica alla *Rassegna* pubblicata dal governo napoletano, dal titolo "An examination of the official reply of the Napolitan Government by the Right Hon. W.E. Gladstone M.P. for the University of Oxford". La traduzione è quella ottocentesca di Giuseppe Massari.

Allorchè nel mese di luglio scorso io scriveva al conte di Aberdeen intorno ai processi di Stato fatti dal governo di Napoli, non mi aspettavo a dover ritornare su questo argomento, poiché non credevo dovesse scendere nell'arena un avversario responsabile. La mia situazione ora è cangiata, dacchè il governo napolitano medesimo[1] è entrato nell'arringo con una pubblicazione fatta sotto la sua immediata autorità: ed io attualmente ho stimato essere mio dovere verso quel governo parimenti che verso il pubblico di mettere a riscontro punto per punto quella replica colla mia accusa, e di prendere esatta contezza del risultamento. E mi è grato in sul principio di confessare che comunque voglia giudicarsi la prudenza del partito a cui il governo napolitano si è appigliato, di farsi cioè a perorar direttamente la propria causa, il suo procedere è stato almeno umano e schietto, e fa sorgere la fondata speranza che esso non rifuggirà dall'accettare le

---

[1] *Rassegna degli errori e delle fallacie pubblicate dal signor Gladstone in due sue lettere indirette al conte Aberdeen.* – Napoli stamp. Del Fibreno 1851. – Una traduzione francese annunziata come comunicata da competente autorità comparve nel giornale dei *Débats* del 27,28 e 30 settembre scorso.

conseguenze logiche, legittime ed ovvie del procedere che esso ha deliberatamente pensato dover adottare. Può in verità sembrar strano che quella risposta pubblicata in Napoli, dove naturalmente l'accusa non potè essere stampata, e fatta tradurre in francese, ed inserire in un ragguardevole giornale parigino, non sia stata, per quanto mi è dato sapere, affatto pubblicata in Inghilterra, dove l'accusa fu originariamente presentata e riscosse la universale attenzione. Nè io posso ascriver ciò ad altra cagione, se non alla seguente: essere un fatto cioè che in Inghilterra non esiste che una sola opinione, per così dire, in tutt'i ceti sul doloroso argomento. Io suppongo che ben si comprese che se la confutazione sarebbe stata accolta con premura, una risposta la quale non solamente non è affatto una confutazione, ma nemmeno il tentativo di confutare le mie asserzioni, sarebbe stata parola senza costrutto in uno di quei paesi dove è tradizione invariabile di ragionare colla massima libertà di tutti gli atti dei governanti, e dove questa libertà e questa consuetudine di discussione illimitata sono stimate come uno dei principali e più necessari propugnacoli della lealtà, dell'ordine, e della libertà.

Io ho chiamata la pubblicazione di cui discorro, che non è confutazione nè tentativo di confutazione, *risposta*, e debbo francamente confessare che la prima lagnanza che muovo contro di essa è appunto il suo titolo. Essa difatti è intitolata *rassegna degli errori e fallacie ecc.*, mentre se l'oggetto di ogni frontespizio è quello di dare esatta idea del contenuto di un libro, essa sarebbe dovuta intitolarsi *tacita ammissione dell'accuratezza di nove decimi delle asserzioni contenute nelle due lettere al conte Aberdeen*. A quelli che non si addentreranno nella questione basterà il sentir dire essersi risposto agli errori e alle fallacie, o come furono chiamate da alcuni, menzogne e calunnie delle mie lettere; ma io dico senza timore di sbagliarmi che l'apologia del governo napolitano serba assoluto silenzio intorno a nove decimi delle mie principali asserzioni: nè credo di fare un presupposto stravagante se, riflettendo che questa risposta venne pubblicata tre o quattro mesi dopo che la parte interessata ebbe cognizione delle accuse, reputo questo silenzio come equivalente all'accettazione dei fatti.

Prima di addentrarmi nei particolari mi sia lecito di fare alcune osservazioni sopra ciò che subito dopo il titolo ferisce i miei occhi nell'opuscolo di cui discorro, sul motto significantissimo e scelto a proposito: *errare nescire decipit et malum et turpe ducimus*. Io ammetto ad un tempo e la generica verità e la particolare applicazione di questo motto. A malgrado del cortese e benevolo linguaggio tenuto in quell'opuscolo, il suo autore (se uno o più d'uno non mi fermerò a indagare) comprese che egli non avrebbe potuto farsi ragione, qualora almeno immagini di avermi confutato, senza dichiarare che essere male informato, sbagliare, essere ingannato sono nientemeno che delitto e vergogna in chi intraprese di accusare sopra punti così gravi e con linguaggio così poco misurato il procedere di un governo. Io posso accertare che nessuno è più fortemente compreso di quel che io mi sia della verità di quella sentenza, e quindi faccio eco a quella predisposizione. Io sottoscrivo a quella dottrina tanto cordialmente, quando profondamente dissento da altre dottrine decantate in quell'opuscolo. Giunto al ventesimo anno della mia pubblica vita colla mia parte ben definita in un tempo ed in un paese, dove è vita e movimento, io non posso allegare a scusa od a difesa della mia temerità il pretesto di esser novizio: nè posso cedere ad altri la più piccola parte di responsabilità per quanto concerne quella piccola pubblicazione nell'epoca e nelle condizioni in cui venne fatta: l'appello che feci al mondo nel mese di luglio passato, quantunque sia collegato al nome del conte di Aberdeen, fu mio atto individuale, e mio atto soltanto. Ben sapevo che per quanto concerne la generica verità delle mie accuse io impegnava la mia riputazione, la quale quantunque poca cosa in se medesima, per me è molto. Io sono il primo non solo ad ammettere, ma a dire con asseveranza che aver raccolto accuse di quella fatta da vaghi rumori, averle fatte mie con leggerezza e con fretta, essersi dilungato di un pollice dalla stretta imparzialità per speranza di popolarità e di applausi, aver nociuto alla causa dell'ordine e della stabilità esagerando difetti incidentali a tutt'i governi, oppure aver fatte le parti di cosmopolita per l'aggiustamento delle faccende di un paese straniero, e cercato con questi mezzi il favore delle persone dalle cui opinioni politiche io sono alieno; questa in verità sarebbe stata condotta colpevole e vergognosa, colpevole e vergognosa al segno di meritare una riprovazione di un grado soltanto meno forte di quella che io ho invocata sopra i fatti che è mio scopo coprire d'infamia e di vergogna.

Del resto tutte queste accuse di leggerezza, d'ignoranza, di accordo coi repubblicani e coi malfattori non sono degne di discussione. La vera quistione si riduce a sapere se le mie allegazioni sian vere o sian false: se sono false io non sono uomo da lamentarmi di qualsivoglia severo rimprovero che mi si movesse contro: ma se sono vere io son certo che il governo napoletano non ricaverà alcun benefizio insinuando dubbi intorno alle mie opinioni,[2] ovvero affacciando triviali ed irrilevanti obbiezioni intorno alla mia condotta personale.

Non posso però dispensarmi dal far motto di una faccenda personale poichè si tratta di cortesia e di delicatezza di sentire. È stato detto con asseveranza che mentre a Napoli io avrei potuto essere accolto con benevoglienza ed ascoltato con attenzione, non solo dai ministri, ma dal re medesimo, invece di profittare di questa opportunità io ebbi cura (cito la versione francese) di non veder nessuno dei ministri, nessuna persona ragguardevole e di non manifestare nemmeno il consueto desiderio di essere presentato al sovrano. Ora è assolutamente erroneo supporre che io evitassi i ministri, o ricercassi di preferen-

---

[2] Rassegna, pag. 5 (pag. 343 della presente edizione, NdC).

za il consorzio di persone appartenenti ad altri partiti politici. Il principe di Castelcicala, allora ministro napolitano a Londra, mi aveva gentilmente fornito di una lettera d'introduzione presso il capo del ministero, lettera la quale io consegnai nei modi d'uso il giorno dopo quello del mio arrivo a Napoli, ed in tal guisa feci quanto era in mia facoltà per darne contezza. Mi rivolsi pure al ministro inglese sir W. Temple perchè avesse la cortesia di procurarmi la opportunità di porgere alla prima occasione i miei umili omaggi al sovrano. Nessuna occasione di tal genere si presentò per lo spazio di parecchie settimane dopo il mio arrivo in Napoli: in quel frattempo io mi era andato a poco a poco persuadendo della esistenza di quella condizione di cose che poscia mi sono studiato di descrivere; e quantunque non avessi preso in proposito alcuna risoluzione positiva, sperimentai vivamente la necessità di far sì che in qualche maniera il partito politico, al cui sistema di politica estera io mi era associato, fosse efficacemente dimostrato essere senza alcuna relazione con quella condizione di cose. Io debbo confessare che tutto quanto vedevo succedere intorno a me, e di cui più o meno sapevo i particolari, mi aveva compreso di ribrezzo fino all'ultimo segno, ed anche oggi non posso ripensarvi senza sperimentarne lo stesso non diminuito orrore. In breve perciò mi convinsi che io non avrei potuto comparire ingenuamente a Corte e tacere su quell'argomento, e in secondo luogo che la malattia era grave e andava curata con espedienti, amichevoli sì e considerati, ma di peso e di autorità superiori a quelli che avrebber potuto emergere dalle mie rimostranze esclusivamente. E però quanto il tempo del regale ricevimento avvicinava io chiesi a sir W. Temple il permesso di ritirare la domanda che gli avevo fatto; dacchè mi sembra risulti chiaro, che siano pur stati o no esatti i miei giudizi, non fui di certo mosso da alcun senso d'irriverenza verso l'autorità costituita nè verso la persona reale.

Io non ebbi mai sensi di tal fatta nè verso la persona del re né verso il suo trono. Era ed è tuttavia mio ardente desiderio che quel trono possa poggiare sulla verità e sulla giustizia; e la mia profonda convinzione della indole rivoluzionaria del sistema contro il quale scrissi fu fortissima ragione che mi mosse a tentare di farne la narrazione.

Procederò ora a fare quelle risposte che il governo di Napoli e il pubblico hanno diritto di domandarmi. Io dirò positivamente quante e quali fra le allegazioni contenute nelle due mie lettere a lord Aberdeen io reputo mio dovere di qualificare, come e quante di esse siano seriamente contradette. Si crederà facilmente che il tempo decorso dall'epoca della mia pubblicazione in poi non è stato sterile di nuove informazioni per me: ma io sono così convinto e della sufficienza dei fatti già narrati, e della conferma di dimostrazione da essi ricevuta, che non affaccierò nuovi capi di accusa, e sarò sobrio di nuovi commenti alle accuse già fatte, tranne nei pochi casi in cui esse sono state rivocate in dubbio. Mi asterrò pure deliberatamente dal tessere la enumerazione delle accuse non contradette, poichè la pubblica opinione n'è già informata, ed io non desidero di offuscare la serenità del pubblico giudizio: debbo soltanto però formalmente richiamare l'attenzione e chiedere assenso alla seguente proposizione, ciò che non è stato contradetto essere stato ammesso, poichè l'apologista esplicitamente dichiara nella sua introduzione ed altrove che egli nell'esaminare compiutamente la questione, verrà « restituendo i fatti esagerati alle loro vere proporzioni, additerà quelli interamente falsi, scoprirà i calunniosi » [3] e farà di tutte le calunnie « ampia ed esatta giustizia. » [4]

Siccome io non intendo accrescere gratuitamente il lamentevole catalogo dei fatti, così mi asterrò pure dal ripetere senza necessità il mio veemente linguaggio. Scoprire infamie come quella del presiden-

---

[3] Rassegna, pag. 5 (pag. 344 della presente edizione, NdC).
[4] Rassegna, pag. 8 (pag. 345 della presente edizione, NdC).

te Navarro e del ministro Peccheneda è impresa la quale come quella del carnefice, qualcheduno deve compiere collo scopo di rendere benefizio alla società, ed io l'ho compiuta: ma nessuno deve, senza esservi costretto, tornare ad addentrarsi nei ributtanti particolari di tale opera; in queste pagine perciò io non inserirò se non quelle parole che mi sembreranno assolutamente richieste dallo svolgimento e dallo scopo della mia argomentazione, e metterò da banda il severo linguaggio delle mie lettere, esperimento soltanto il desiderio che avrei avuto di potermene pentire o di poterlo ritrattare.

Senza occuparmi adunque dei fatti contro i quali non vi è stato tentativo di contraddizione, parlerò in primo luogo di quelli che essendo contraddetti e pure dimostrato essere erronei, ovvero di quelli che nel loro complesso io veggo motivo di ritirare: in secondo luogo di quei fatti che son contraddetti senza che io trovi alcune ragione di doverli ritirare: in terzo luogo di quei fatti di cui si fa cenno coll'intenzione più o meno apparente di far credere che essi sono stati contraddetti, laddove in verità non v'è contraddizione di sorte. Darò parimenti notizia sommaria di una quarta e singolare categoria di fatti, di quelli cioè che sono stati contraddetti da' zelanti difensori del governo napolitano, e le cui contraddizioni, invece di essere adottate dall'avvocato ufficiale di quel governo, son passate da lui in compiuto e significantissimo silenzio.

Per quanto concerne i fatti della prima categoria dirò: 1° Io non ho saputo nulla che venga a conferma dell'asserzione da me data, come probabile ma non come certa, che il Settembrini sia stato torturato,[5] e credo perciò mio dovere di ritirare quell'asserzione quantunque il governo napolitano non opponga ad essa veruna esplicita denegazione – 2° Io ho commesso uno sbaglio nel dire che Settembrini fu con-

---

[5] Vedi lettera prima a lord Aberdeen.
[6] Idem.

dannato ai ferri in vita:[6] la condanna a' ferri è diversa da quella all'ergastolo, che fu la pena in cui gli venne commutata la sentenza – 3° Io ho detto che sei giudici furono destituiti da Reggio per aver assoluti alcuni imputati politici.[7] È uno sbaglio: avrei dovuto dire che tre di essi giudici furono destituiti e tre altri cangiati di residenza, il qual cangiamento è un modo di castigo non infrequente nè inefficace – 4° Io ho detto che diciassette ammalati furono massacrati nella rivolta delle carceri di Procida. Credo che ciò sia un errore – 5° Ho detto che certi prigionieri assoluti nel processo dell'*Unità Italiana* continuavano a stare in carcere l'ultima volta che io intesi parlar di loro: lo che portava a credere una cosa non esatta, vale a dire che essi continuassero ad essere detenuti per lungo tempo anche dopo la loro assoluzione. La *Rassegna* afferma, ed io nol contraddico, che i prigionieri assoluti furono lasciati in libertà a capo di soli due giorni. Ecco tutte le ritrattazioni che ho da fare.

Mi sono state fatte molte critiche perchè spesso adoperai le espressioni *io credo, ho udito, mi fu detto*, e simili, invece di asserire direttamente: e da ciò si è strangamente inferito aver io raccolto vaghe voci e rumori, e su questi aver poggiate le mie accuse contro un Governo. Io mi studiai con laboriosa cura di giudicare, e con quelle frasi, ed altrimenti porgere ai miei lettori mezzi di giudicare anch'essi in certo grado la evidenza diversa di ciascheduna delle mie allegazioni. Il risultamento ora attesta che sono riuscito nell'intento più di quel che speravo. Le parole che mi si appunta di aver adoperate leggermente sopra presunzioni anzichè sopra positiva cognizione, erano parole di riserva relative ad un individuo di alta condizione; non una delle mie accuse poggiava sopra vaghe voci: ognuna di esse era fornita o di evidenza dimostrativa o di evidenza ragionevole e probabile, ed ora ognuno può scorgere in queste pagine quanto lieve ed insignificante sia la fra-

---

[7] Idem.

zione degli errori contenuti nelle mie lettere.

Nel fare le accennate ritrattazioni io debbo premunire il lettore dal supporre che quelle erronee allegazioni contro il governo napoletano siano quel che vi ha di peggio fra le tante mie non contraddette ed ammesse affermazioni, ed abbiano in tal guisa rafforzata la tinta del quadro, ovvero che nell'emendare alcuni particolari io sia disposto ad abbandonare la sostanza di ciascuna delle accuse.

Quantunque Settembrini non sia stato torturato, non deve perciò credersi che la tortura sia un mezzo il cui uso ripugni alla polizia napoletana quando le pare convenga servirsene, oppure che la mia accusa sia stata fatta a questo proposito.[8] Ora anzi io affermo che le torture corporali sono senza autorità di giudici praticate nelle prigioni da quella polizia. Dire che questo fatto sia assolutamente illegale non porge sventuratamente la menoma ragione per far credere che esso non sia. Nell'ammettere poi che il Settembrini non sia stato condannato ai ferri, non intendo punto mitigare l'idea generica che ho dato della sua crudele e barbara punizione. Egli è chiuso con otto altri prigionieri a Santo Stefano in una stanza larga sedici palmi quadrati, da cui i detenuti non possono mai uscire. Uno di quei prigionieri per nome Cajazzo fu condannato per omicidio quarantanove anni or sono, e si vanta di avere in diverse epoche uccise trentacinque persone.

Alcune di queste gesta egli ha commesse in prigione a danno de' suoi compagni, e mi è stato accertato che durante lo spazio di un solo anno il numero degli omicidi consumati in quell'ergastolo ha oltrepassata la cinquantina. Mi è ora mestieri domandare quale genere di protezioni è in questa guisa data alla vita di Settembrini?

Riguardo poi alle destituzioni di magistrati io non voglio stancare il lettore con la narrazione dei ragguagli, dei mezzi vergognosi adope-

---

[8] Vedi per esempio la protesta del popolo delle Due Sicilie.

rati per avvilire nelle persone dei giudici l'alta dignità della professione legale. Un recente esempio del resto è stato dato poche settimane or sono a proposito del processo politico, detto dei pugnalatori, non è guari finito a Napoli. Il governo chiedeva la pena di morte, ma le sentenze del tribunale pronunciarono invece la pena dello sfratto dal regno. La capitale meravigliava a tanta audacia dei giudici e ben si opponeva: difatti poco dopo due di essi furono destituiti: e che cosa sia per succedere ulteriormente sarà mostrato dal tempo. Ma ciò non fu tutto: il governo ha ora nominato una commissione di revisione ad oggetto di correggere la mite sentenza! In occasione poi di un altro recente processo un impiegato del potere esecutivo fu ammesso a stare assieme coi giudici, allorchè essi eran convenuti in camera di consiglio per deliberare intorno alla sentenza.[9] Mi è stato fatto appunto di aver parlato con poca riverenza dei magistrati napoletani,[10] e per fermo di molti di essi fu mio intendimento di parlare in tal guisa. I miei censori però dovrebbero ricordare che io non ardisco lodare, giacchè, per quanto insignificanti siano le mie lodi, esse sarebbero in Napoli un peso che poche persone, tranne quelle collocate in più alta condizione, potrebbero sopportare senza pericolo. Io avrei ben potuto accennare a persone e ad ordini di persone degne di essere commendate con tutto il fervore d'idee e di linguaggio che il cuore può suggerire; ma la severa prudenza mi ha distolto dall'offerire ad esse questo dono fatale.

Nè duro fatica a comprendere la cagione dell'errore in cui caddi discorrendo del massacro commesso a Procida dai gendarmi, e ricompensato dal governo. Egli è vero che gli ammalati non furono truci-

---

[9] Dirò una parola rispetto allo stipendio dei magistrati. Già accennai qual fosse il più elevato: ma ora posso dare una migliore idea della proporzion generale di quegli stipendi affermando che in Napoli vi è uno spedale dove la spesa annua divisa per il numero degli ammalati dà un quoziente la cui cifra è maggiore di quella dello stipendio di un magistrato.

[10] Vedi Rassegna, pag. 56 (pag. 362 della presente edizione, NdC).

dati in quella deplorevole occasione; ma egli è vero altresì che i prigionieri, i quali erano andati a ricoverarsi sotto i letti, ne furono a viva forza strappati, e quando l'ordine era già ristabilito, vennero a sangue freddo fucilati dai gendarmi: e ciò succedeva il giorno stesso del tumulto. Ai 26 poi ed ai 28 di giugno, allorchè il tumulto era soffocato nel sangue, l'opera di eccidio fu rinnovata, ed io credo d'essere stato al di qua anzichè al di là del vero nella estimazione del numero totale dei morti. Ed è pur certo che non un ufficiale, come io dissi, ma due ebbero promozioni ed onori per quell'abominevole enormezza. Nè mai dissi che le infelici vittime fossero prigionieri politici. Non posso abbandonare questo argomento senza notare con sorpresa che il governo napoletano muove in questa occorrenza contro di me il rimprovero di far rivivere un *vieto fatto*.[11] Il massacro succedette nel giugno 1848, e nel momento in cui l'apologista dettava contro di me questa singolar critica si faceva il processo ad alcune persone, e se ne tenevano in prigione senza processo delle centinaia, col motivo o col pretesto di azioni da costoro commesse nel maggio di quel medesimo anno! Vi è dunque un limite contro la pietà, ma la vendetta non deve mai morire!

Venendo ora a discorrere della detenzione di persone assolute dai tribunali, dirò essere principio ammesso da tutte le legislazioni e da tutti i tribunali che fino a quando un uomo non si trova reo deve essere trattato come innocente, e che perciò *a fortiori* deve essere trattato da innocente quando è trovato innocente. A Napoli invece è principio prima che gli uomini debbono essere trattati da colpevoli finchè non sono dichiarati innocenti, ed in secondo luogo che essi debbono essere trattati da colpevoli quando sono stati trovati non colpevoli. Una sentenza favorevole all'imputato di rado equivale a dichiarazione positiva d'innocenza.

---

[11] Rassegna, pag. 56 (pag. 380 della presente edizione, NdC).

La domanda non è: *il tale è innocente?* ma bensì *il tale è reo?* D'ordinario la mancanza di prova del delitto implica di rado quella dell'innocenza, ed a Napoli la risposta più favorevole che possa sperarsi da un tribunale è non esservi prove sufficienti del delitto, un'assoluzione cioè equivoca, dubbiosa, mal sicura. Le prove che mancavano difatti possono prodursi più tardi, e perciò l'esser processato oggi non è ragione che impedisca di essere processato un'altra volta: il motivo del processo è ragione di tutto ciò. Un giudizio favorevole interpretato nel senso più benigno non fa altro se non ricollocare l'individuo processato nella posizione in cui si trovava prima del processo, di persona cioè sospetta alla polizia, e da essa stimata capace di commettere delitti politici, o di conoscere ed aver relazioni con chi è capace di commetterne; ragioni più che bastevoli per tenerla in prigione per motivo di prudenza e con lo scopo di ulteriori investigazioni.

E chi potrebbe lagnarsi di un potere discrezionale, così ragionevole, affidato alla polizia; segnatamente, si rifletta che, come ci dice la *Rassegna*, i componenti di essa godono, tranne quelli degli ordini inferiori, una stima che varia a seconda dei loro meriti! [12]

A convalidazione di quanto affermo allegherò un doloroso esempio, aggiungendo che potrei allegarne altri molti ancora più flagranti. Nel mese di novembre scorso (e non ho finora udito parlar di cambiamenti) stavano nelle prigioni di S. Francesco a Napoli diciassette preti, fra cui parecchi rivestiti di dignità ecclesiastiche o professori. Io non intendo dire che vi fossero soltanto diciassette preti incarcerati: ma parlo bensì di quei diciassette. Cinque di essi erano processati, gli altri dodici stavano nelle mani della polizia senza processo, ed uno o due di essi soltanto, a quanto io credo, erano stati accusati: uno di quei dodici preti nè processati, nè accusati, era un ammalato cronico della età di una ottantina di anni. Tre fra' detti dodici preti rimaneva-

---

[12] Rassegna, pag. 58 (pag. 381 della presente edizione, NdC).

no in prigione da otto mesi, uno da trenta, un altro da trentun mesi. Fra i cinque processati poi uno era stato incarcerato per imputazioni da cui era stato assoluto, ma stava espiando una sentenza emanata in virtù di un decreto promulgato cinque mesi dopo il suo arresto. Il secondo era stato processato e dichiarato colpevole, aveva compiutamente espiata la pena, e tuttavia era tenuto in carcere dalla polizia. Gli altri tre erano stati accusati, processati ed assoluti dalla Gran Corte criminale, ma dopo l'assoluzione erano tenuti per sempre cattivi, il primo non so per quanto tempo, il secondo per otto mesi, ed il terzo per quindici. Ciò sembrerà strano, ma in Napoli nessuna meraviglia di questo genere è sola. Un tal Raffaele Valerio fu implicato nella causa del 5 settembre, quantunque nel primo interrogatorio avesse allegato di trovarsi in prigione due mesi prima di quell'epoca, del momento cioè in cui fu commessa la colpa appostagli. Di questa dichiarazione non si fece alcun caso, e soltanto quando si fece il processo, ma non prima, fu esaminata e trovata vera. L'accusato fu assoluto, ma intanto egli era rimasto trentatrè mesi di più in carcere.

Ecco ora alcuni pochi particolari intorno alla condizione dei preti di cui favellavo. Essi sono incarcerati a mal grado di un rescritto emanato nel periodo reazionario, in data di giugno 1850, il quale proibisce l'arresto preventivo quando si tratta di preti. Essi son chiusi in una prigione ad uso di ospedale, a vantaggio naturalmente della loro salute: per vestiario e vitto ricevono la liberal somma di sei grani al giorno, la qual somma hanno durata gran fatica a conservare. Come preti sono esenti dalle bastonate che la polizia infligge agli altri prigionieri di professione liberale, ma son condannati a vivere in un sito dove per mesi e per anni son tenuti, a cagione di piccoli delitti, rinchiusi dei fanciulli senza cura nè disciplina, e perduti nella pratica di vizi orribili a nominarsi.

Io debbo ora esaminare quei punti nei quali il governo napoletano ha contraddetto la sostanza delle mie accuse, e sui quali non solamente non posso fare alcuna ritrattazione, ma debbo invece accrescere le mie affermazioni. Le contraddizioni intorno ai fatti son le seguenti: 1° Io ho affermato che quando partii da Napoli stava per farsi un processo in cui il numero degli accusati era dai quattro ai cinquecento: mi si risponde che l'atto di accusa pubblicato l'11 giugno 1851 non parla se non di trentasette accusati. Ed io rinnovo la mia affermazione, aggiungendo che tutte le persone imputate a causa degli avvenimenti del 15 maggio 1848 avevano ricevuta amnistia, solennemente pubblicata il 24 dello stesso mese, e che di poi quest'amnistia fu dichiarata nulla da Navarro e dai suoi colleghi. Egli è vero che il numero degli accusati sottoposti al giudizio della Gran Corte criminale di Napoli è di quarantasei e non di trentasette come dice la *Rassegna*; ma egli è pur vero che contemporaneamente sono state istituite due procedure per gli avvenimenti del 15 maggio, una presso la Gran Corte criminale di Salerno, l'altra presso quella di Terra di Lavoro, e che nella prima di dette procedure il numero degl'imputati è di cinquantaquattro, e nella seconda è di quarantasei. La cifra di trentasette trovasi adunque ad un tratto innalzata a cento quarantasei: ciò non ostante essa è molto al di sotto di quella per me allegata: che cosa dunque è avvenuto del resto? Cento persone, come abbiam veduto, sono state implicate in processure che si fanno in altre provincie, ed io posseggo le requisitorie e gli atti di accusa per la causa di cui si discorre, da cui risulta che il numero degli accusati è di trecento ventisei. In tal guisa si ottiene la cifra totale di quattrocento ventisei, la quale mi sembra pienamente confermare la mia asserzione, che il numero cioè degli accusati fosse fra i quattro e i cinque cento. Ma anche la cifra indicata non è definitiva, poichè nelle citate requisitorie sono giudiziosamente aggiunte al novero degl'imputati le seguenti parole: *insiem con altri non ancora abbastanza conosciuti*. [13] Egli è

---

[13] Vedi *Requisitorie*, pag. 15.

bensì vero, e ciò non intacca in alcuna guisa la veracità della mia affermazione, che i processi di quei trecento ventisei imputati non son fatti tutti in una volta. A benefizio di tre imputati soltanto si cessò con unanime dichiarazione da ogni processo, e ciò per una ragione che non ammette dubbi: quei tre imputati erano morti.

Passo ora a dire in quali condizioni si trovassero nello scorso mese di giugno i trecentoventisei imputati di cui è menzione. I documenti della processura ammontano a duecento ventisette volumi, e fu certamente stimato necessario di ridurre il numero degli imputati che dovessero essere implicati nella stessa processura. Il procurator generale perciò invitava la corte a procedere al giudizio di quarantasei imputati presenti e di cinquanta contumaci: a spiccare mandati di arresto (i quali, giova rammentarlo, sogliono ordinariamente venir *dopo* l'incarcerazione) contro tre persone; a procedere ad ulteriore esame riguardo a due altre categorie d'imputati, una di ventinove e l'altra di cinquantasette; a sospendere la procedura per due altre categorie, una di cinquantanove, l'altra di settantacinque; a rinviare due accusati dinanzi ai giudici locali; a chiudere il processo a carico di tre imputati morti, ed a dichiarare non esservi contro due imputati nessuna materia a procedimento. Queste domande furono accolte dai giudici con qualche variazione di poco rilievo, e con una più significante relativa ai due imputati viventi, per il quali il P.M. chiedeva come per i tre morti si cessasse da ogni procedura. Il linguaggio del procuratore era esplicito: egli dichiarava non esservi alcun'ombra di colpabilità a carico di detti imputati, di cui il primo avea nome Leopoldo Tarantino, ed esistere invece eccellenti ragguagli intorno alla condotta politica di lui. L'altro dei due imputati cui si accenna, si chiamava Giacomo Tofani, che era stato arrestato soltanto perchè portava lo stesso nome di una persona ricercata dalla polizia. A Napoli se vi è sospetto contro una persona, e che due siano le persona che portino lo stesso nome sospetto, e non si sappia quale delle due sia realmente quella che si ricerca, s'incarcerano entrambe: e così avvenne che Giacomo Tofani fu arrestato per isbaglio. Su queste ragioni passabilmente sufficienti si appoggiava il procurator generale per chiedere che si cessasse da ogni procedura verso i due individui testè nominati. Chi potrebbe ora credere che su questo punto fuvvi fra i magistrato diversità di parere? La domanda del procurator generale fu a dir vero accolta; ma nell'accoglierla i giudici dichiaravano che le prove concernenti quei due individui eran vaghe e pendevano piuttosto dal lato dell'innocenza che da quello della reità.[14] Che finezza di odorato, che fedeltà d'istinto, che ardore di condanna! Il P.M. Dichiara che in un caso si tratta di semplice sbaglio, e che nell'altro non vi è una sola prova a carico, ed i magistrati trovano a maggioranza che in complesso preponderano le probabilità d'innocenza!

Diceva poc'anzi ed ora ripeto che ulteriori indagini ben lungi dall'attenuare accrescono i torti di questo modo di procedere. Io dissi con poca cautela nella prima delle mie lettere, che il Governo aveva messo da canto, cioè abbandonata l'accusa fondata sulla falsa lettera, di cui è menzione nel processo di Poerio. M'ingannai: quell'accusa è tuttavia in vita. Nella stessa causa del 15 maggio si trovano i nomi di Poerio e di Dragonetti; ed in una espressa deliberazione dei giudici è detto che questa parte della procedura, vale a dire quella poggiata sulla lettera falsa, è riservata ad indagini ulteriori.[15] Frattanto durante questo spazio di tempo il Dragonetti rimane in carcere senza che gli si faccia processo.

Finalmente queste le cifre e questi essendo i fatti aggiungerò che il governo ha composta la prima Camera della Gran Corte criminale di Napoli di una maggioranza di giudici, su' quali egli può confidare per

---

[14] Vedi *Requisitorie*, pag. 168.
[15] Vedi *Requisitorie*, pag. 75.

quanto concerne atti di rigore. A capo di essa sta, giusta il solito, la fronte senza vergogna del Navarro. Radice, su cui non si poteva più fidare, perchè in un precedente processo aveva votato per l'assoluzione, fu traslocato alla seconda Camera. Fu surrogato da Niccola Morelli, in cui si ripone piena fiducia, ed il quale insiem con Canofari, Cicero e Vitale, che tutti seggono accanto al Navarro, saprà rendere a tempo debito piena giustizia alla causa dell'ordine nel senso in cui là s'intende quella parola. In caso di vacanza, è pronto in qualità di supplente un Mandarini, testè nominato cavaliere, e che si suppone sia uno dei compilatori della Rassegna. Io ho dunque assoldato i punti concernenti la causa del 15 maggio, ed in verità non ho forse diritto di domandare qual fatuità mosse l'apologista napolitano ad avventurarsi su questo terreno?

2° Io affermai, e ciò è importante, che l'accusa di Jervolino era la sola base reale su cui poggiavano il processo e la condanna di Poerio. La Rassegna[16] contraddice quest'asserzione, e porge un'animata difesa a pro di Jervolino, il quale, non ne dubito, è degno rappresentante della classe a cui appartiene, classe che occupa un posto elevato nell'interno meccanismo del governo napolitano, classe la cui indole fu tratteggiata una volta e per sempre dal Manzoni con queste roventi parole – *diventando infami rimanevano oscuri*.[17]

La Rassegna osserva parimenti, con un difetto di coscienza degno del caso di cui si parla, che quando anche una parte della deposizione di Jervolino fosse stata distrutta dalle sue proprie contraddizioni, non ne consegue perciò che il resto non possa esser vero. Il concetto di giustizia pubblica e di moralità implicato in una osservazione di questa fatta val più di molte pagine di argomenti o d'invettive per far comprendere agli stranieri il vero spirito e la vera indole del sistema

---

[16] Vedi *Requisitorie*, pag. 168.

[17] Colonna infame.

politico di Napoli.

Torno ad affermare adunque che Poerio fu condannato in virtù della sola deposizione del testimonio prezzolato Jervolino, ed ora aggiungo che ciò fu fatto nonostante che si avesse la prova che Jervolino era stato pagato, ed a malgrado che le leggi di Napoli prescrivano non potersi accogliere la deposizione di testimonio prezzolato. La mia asserzione relativa ad una certa deposizione di Romeo e Margherita era poggiata sopra un ragionamento che dimostrava come essa non potesse reggere. Fuvvi pure un'altra deposizione la quale a me non parve degna di menzione; essa consisteva nel dire che un tale per nome Cantone avesse fatto uso del nome di Poerio per raccomandare se medesimo, senza che vi fosse alcuna prova o presunzione d'aver egli la debita autorizzazione per servirsi di quel nome. E credo realmente che nessun giudice abbia potuto dar peso ad una testimonianza di tal genere, la quale potè solo essere adoperata come appicco ad ulteriori indagini.

3° Dissi che la sorte di Poerio e dei suoi compagni era stata aggravata dopo la mia partenza da Napoli, allorchè vennero traslocati ad Ischia. La risposta officiale parla di varie recenti mitigazioni di qualche importanza. Io so da altre fonti che Poerio passò l'autunno nell'ospedale, e che ivi, quantunque trascinasse sempre la propria catena, non era incatenato con altri. Gli fu poscia tolta la catena doppia, invece della quale fu incatenato ad un anello collocato nel centro del pavimento, che credo si chiami puntale. Io mi rallegro di qual si voglia miglioramento intorno a questo argomento: anche la parziale liberazione dalla doppia catena è scampo da un orrore, che rispetto ad un gentiluomo non può essere esagerato.

Mi duole però dover dire che la mia asserzione era rigorosamente conforme al vero: per quanto la condizione di Poerio e dei suoi compagni di sventura fosse cattiva a Nisita, essa fu di molto, e temo deliberatamente, aggravata dal loro traslocamento ad Ischia. Mi si è negato[18] che i bagni di Nisita siano sotto gli ordini di S. A. R. il conte di Aquila, di cui dissi che in qualità di ammiraglio aveva il governo dell'isola. Ma non mi si è negato che S. A. R. mandò in data epoca l'ordine di adoperare in quella prigione le doppie catene di ferro. Io peccai d'inesattezza soltanto nel dire che il principe avesse in qualità di ammiraglio il carico del governo dell'isola mentre egli precisamente in qualità di ammiraglio sopraintendeva ai *forzati* ed a tutt'*i rami alieni* della *real marina*. Si ammette[19] che Palumbo abbia visitata la prigione in qualità di ufficiale subordinato al fratello del re. In tal guisa le mie asserzioni sono compiutamente esatte. Ma si dice forse che egli non privasse alcuni prigionieri di agiata condizione dei materassi che essi si erano a proprie spese procacciati? Ecco ora un altro fatto relativo a questo argomento. Nisco fu trasportato a Nisita mentre era ammalato, e fu messo in un letto e costretto a far uso di lenzuoli che eran serviti ad un infermo morto poco prima per consunzione. Nel giungere ad Ischia i prigionieri furono collocati in sudicie caverne e così aperte che una sentinella ha facoltà di vedere e di ascoltare tutto quanto in esso succede. E con la sentinella stava un compagno provveduto di que' miti preservativi dell'ordine: un mucchio di granate a mano. Quantunque i prigionieri non fossero mai stati fuor di custodia, vennero assoggettati ad una visita nelle persone, assai più minuta che decente: si tolse ad essi danaro, biancherie ed utensili: i materassi permessi non giunsero, e per tre mesi dovettero dormire sulle pietre. Non avevano nè sedie, nè tavole, nè bicchieri, e la mancanza di questi ultimi si faceva duramente sentire, poiché la razione di acqua di cattiva qualità a ciascheduno assegnata era di tre libbre napolitane, trentasei once. Un chirurgo della marineria fu collocato in disponibilità, che equivale a qualche cosa

---

[18] Vedi Rassegna pag. 5 (pag. 376 della presente edizione, NdC).

[19] Idem pag. 31 (pag. 376 della presente edizione, NdC).

d'intermedio a ciò che son presso di noi la sospensione e la destituzione, per aver certificata la cattiva salute d'un prigioniero. A noi può sembrare cosa meno dura di quanto è in realtà che nel caldo mese di giugno i condannati politici, e credo essi esclusivamente, fossero obbligati a portare i grossi e pesanti abiti di lana e di cuoio. Una donna di rilassati costumi, il cui nome mi astengo di menzionare, stava a capo della casa del comandante, insultava i prigionieri e le donne delle loro famiglie quando queste venivano a vederli, e fu cagione che un sergente fosse severamente castigato per non avere obbligata la moglie di uno di quei prigionieri a separarsi da un figlio lattante, allorchè entrava a vedere suo marito. Tralasciando altri particolari conchiuderò col dire che quei gentiluomini eran costretti ad assistere alle bastonate date in punizione ai più abbietti fra i forzati, rifiuto del rifiuto del genere umano. Questi sono ragguagli che ho ricevuti per mezzo di canali che impongono la più piena fiducia. Non crederò che le alte autorità di Napoli siano informate di tutto ciò, e voglio sperare che riguardo a questi fatti esse sieno molto più allo scuro che non i più spensierati raccoglitori di vaghi rumori fra i viaggiatori che visitano Napoli; rammenterò però loro l'opportuno motto della Rassegna: *Errare, nescire, decipi et malum et turpe ducimus.*

Quali debbano essere le conseguenze di un trattamento di questa fatta sulla salute dei prigionieri torna assai penoso a giudicare: e se non avessi pensato che niente deve sembrare strano in questo sconsolante complesso di fatti che oltrepassa ogni finzione, io avrei accolto con incredulità un'ultima nuova, che Pironti cioè, quantunque afflitto da morbo paralitico, non ebbe il permesso di andare all'ospedale, e che il general Palumbo diede ordini orali perchè nell'ospedale non potessero entrare i condannati politici se non tre la volta! nè io ometterò di rivolgere l'attenzione del lettore alle statistiche dei risultamenti. Nel mese di settembre scorso, su diciassette persone condannate ai ferri nel precedente febbraio, tre erano ammalate a Ischia, una a Piedigrotta, tre a Pescara, e tre, Margherita, Vallo e Vellucci, morte. In tal guisa è certo che si può fare a meno della forca!

Dopo aver risposto alle contraddizioni che mi sono state fatte, io debbo ora discorrere di alcuni punti nei quali la contraddizione alle mie asserzioni sembra in apparenza esser fondata, ed io sono naturalmente trovato reo di esagerazione o di calunnia, mentre è con molta cura evitata ogni contraddizione reale che potesse gettar luce sui fatti ed esser presa in considerazione. La Rassegna contiene una lunga dichiarazione[20] della procedura prescritta o indicata dalle leggi per quanto riflette il modo di trattare gl'imputati, e con ciò si pretende rispondere alle accuse da me fatte su quel proposito. Ma l'autore ha dimenticato di osservare che il principal capo di accusa da me mosso contro il governo è appunto la estrema illegalità. Io sono obbligato a confermar quell'accusa, ed aggiungo non esservi in quel paese nessuna banda di briganti che violi le leggi con la stessa audacia o nelle medesime proporzioni di quel che faccio il governo per mano dei suoi agenti, nè la legge di Napoli è quella che la Rassegna dice di essere: la legge di Napoli è la Costituzione del 1848, e questa legge è sistematicamente, continuamente ed in tutt'i punti violata dal governo. Le stesse leggi oltre ciò del governo assoluto del regno, a cominciar dalle più antiche e finire alle più recenti, sono parimente violate nella maniera più flagrante. In alcuni punti probabilmente esse non sono violate, quando cioè non vi è bisogno di violarle, e quando sono già dure e crudeli, come credo si avveri nel caso dei delitti di Stato; e difatti, qual necessità vi sarebbe di violare una legge la quale come la Rassegna ci dice[21] dà la facoltà alla polizia in tutt'i casi di delitto di Stato di arrestare e tener prigionieri *senza alcun limite di tempo?* Io

---

[20] Pag. 14 e 25 (Pagg. 351 ssg. della presente edizione, NdC).

[21] Pag. 18 (pag. 358 della presente edizione, NdC).

Gladstone risponde al Governo Napoletano

abuserei della pazienza del lettore qualora volessi nuovamente sottoporre a discussione tutto quanto si riferisce all'arresto, alle processure ed al giudizio di coloro che sono stati tanto infelici da diventare oggetto dei sospetti, del malvolere, della cupidigia o della vendetta della polizia. L'assunto di cui parlo è stato svolto in tutt'i sensi in un opuscolo del quale io non ho avuto notizia se non dopo la sua pubblicazione. Esso ha per titolo: *Esposizione ragguagliata dell'apologia del governo di Napoli*,[22] ed è dettato con accuratezza e cognizion di causa pari alla singolare abilità di cui lo scrittore fa prova. Le quali avvertenze ho stimato mio debito di fare per timore che l'interesse destato dal titolo dell'opuscolo potesse venir diminuito dall'anonimo che cela il nome dell'autore.

Io affermai come testimonio oculare che i prigionieri della Vicaria son fatti salire dalle carceri per essere visitati dai medici, mentre invece i medici dovrebbero recarsi a visitare i prigionieri: è forse risposta a quest'accusa dire che i medici di Napoli sono persone rispettabili, e adempiono tutt'i loro doveri onoratamente? Poichè mi si risponde in tal guisa io andrò più oltre, e dirò che i medici di Napoli esercitano la loro professione, riguardo ai prigionieri di Stato, sotto l'influsso della paura e tremanti, e che essi sono frequentemente costretti, per tema di dispiacere al governo e di perdere il loro pane se fanno una relazione che ad esso non piaccia, a considerare i desiderii e lo scopo della polizia, piuttostochè la salute dei prigionieri nell'enunciare le loro opinioni di professione.

Io dissi che Pironti, due mesi prima della sentenza, insieme con due compagni, fu per due mesi tenuto chiuso in una cella della Vicaria, larga due metri quadrati, e rischiarata soltanto da un cancello situato in alto, di là dal quale i carcerati non potevan vedere nulla. Mi si

---

[22] Stampato a Londra da Longmans 1852.

risponde[23] che Pironti scrisse la sua difesa in quella caverna, e che l'attuale re ha fatto chiudere tute le carceri sotterranee oscure. Ma io non dissi che il carcere di Pironti fosse oscuro nè sotterraneo, ed alle mie allegazioni nette e categoriche invece di opporre risposte analoghe si risponde con parole senza costrutto. Io debbo anzi qui notare un singolar modo di procedere: in questo ed in altri casi le accuse da me fatte sono grossolanamente mal tradotte[24] affine di poter porgere qualche appicco a confutazione, e la risposta è perciò data al significato di esse attribuito nella traduzione. Quantunque questa pretesa risposta non mi contraddica affatto, io dal canto mio mi faccio a contraddir la risposta. Io non so quali raffinamenti possano entrare nella esatta definizione di un criminale, ma dico che le carceri oscure sotterranee non sono state chiuse: in una di esse stava Porcari senza che gli si facesse processo nel mese di febbraio, e ci è tuttavia. A questo proposito si vuol dare a credere che mi si faccia una risposta dicendo che col nome di maschio si denota una passeggiata nella parte più alta del castello d'Ischia, e ivi sono celle destinate a raccogliere i prigionieri che hanno infrante le regole del bagno.

Ma che cosa ha da far ciò con quanto io dissi? Io dissi che Porcari era tenuto senza processo in una oscura carcere collocata ventiquattro palmi sotto il livello del mare, ed avrei dovuto dire sotto il livello del suolo. Questa mia asserzione non è negata, ed ora io aggiungerò che il Porcari compisce in quella orribile condizione il terzo anno di carcere. Tranne che del sito in cui egli è sepolto, niente altro si può sapere di lui: poichè la prudenza più volgare vieta parlar di lui con la sola persona che ha facoltà di visitarlo in quell'abisso, con sua moglie; e noi dobbiamo ricordarci che se egli avesse potuto fuggire, probabilmente sua moglie sarebbe stata messa al suo posto, essendo costume

---

[23] Rassegna, pag. 28 e 29 (pagg. 360-361 della presente edizione, NdC).

[24] Idem, pag. 25, 49 et alibi.

degli eletti difensori dell'ordine e della pace pubblica a Napoli di arrestare e tenere indefinitivamente in carcere quelli che a lor piace fra i parenti di una persona sospetta di cose politiche che essi suppongono esser nascosta. E che non è possibile che essi possano sapere in tal guisa dove la persona sospetta sia andata? Nè io parlo a caso. Circa un anno fa un napolitano, per nome Morice, fuggì dal suo paese nel mese di giugno passato; tutta la sua famiglia, *composta esclusivamente di donne*, fu soggetta ad una di quelle visite notturne di polizia per me descritte. La polizia arrestò una delle due sorelle del Morice ed una vecchia serva: più tardi poi catturò un parente, che era il sostegno ed il consiglio della famiglia, e lasciò umanamente alla seconda sorella la facoltà di godere della libertà come meglio le piaceva. La mitezza fu spinta al segno che la vecchia serva, che non era accusata di nulla, fu rilasciata dopo due mesi di carcere. Il parente e la sorella imprigionata stavano ancora espiando nel mese di novembre scorso il delitto della loro parentela. Quelle donne furono trattate in guisa dai gendarmi, che uno di essi fu per ordine di un soldato forestiero, nel cui animo non era morto ogni senso di dignità, condannato al gastigo delle bastonate. Io ho pure saputo che durante lo spazio di due mesi quella sorella arrestata fu tenuta chiusa nella medesima stanza con due prostitute.

Altri esempi potrei addurre di gente incarcerata in criminali, sotto il qual nome io comprendo che l'apologista vuol denotare le celle che stanno sotterra e sono o intieramente o quasi del tutto deficienti di luce: ma non è mestieri, poichè la di lui asserzione su questo particolare, quantunque gli dia occasione di dettare una mezza pagina di elogio e di adulazione,[25] pare prudentemente restringersi a questa sola proposizione, non esservi cioè nelle carceri della Vicaria alcuna cella non illuminata sotto il livello del suolo; la qual cosa significa poco, ed

---

[25] Rassegna pag. 28 (pag. 359 della presente edizione, NdC).

era appena degna di esser detta.

Io passo ora a discorrere della più importante di siffatte quistioni, quella cioè che concerne il numero dei detenuti politici nel regno delle Due Sicilie: la quale è servita di gran punto di riunione ai difensori del governo napolitano, ed è stata la principale sorgente delle invettive scagliate contro di me. Ecco i fatti:

Le mie asserzioni su questo punto si riducevano alle seguenti: 1° Essere universal credenza che il numero dei prigionieri per delitti politici nel regno delle Due Sicilie era dai quindici o venti ai trentamila; 2° Essere mio parere che la cifra di ventimila non è compunto irragionevole; 3° Non esservi su questo punto alcuna certezza, perchè tutti i mezzi di procacciarsi informazioni accurate son tolti; e 4° infine la mia affermazione essere stata contraddetta da un'asserzione che da ventimila riduceva il numero dei prigionieri a quasi due mila. Abbia, io soggiungeva, il governo napolitano il pieno benefizio di questa contraddizione, ma ciò dicendo io sospendeva su di essa il mio proprio giudizio.

Nel rileggere gli squarci testè indicati delle mie lettere io vi trovo, strano a dire! un solo errore, ed è quello di ammetter troppo a favore del governo napolitano. Allorchè io dettava quella parole avevo avuto sott'occhi un dispaccio proveniente da Napoli, il quale accennava a talune statistiche di prigionieri che contraddicevano le mie asserzioni; non aveva però veduto quelle statistiche, e quindi non sospettando che esse non fossero quali eran dette essere, io accolsi il fatto, e con troppa facilità e prontezza annunziai che il governo napolitano col sussidio di statistiche officiali riduceva dai venti ai duemila il numero dei prigionieri politici.

Non sì tosto però quelle statistiche mi caddero sotto gli occhi non potei astenermi dall'osservare che, quantunque esse venissero con molta cura presentate come una contraddizione alla mia allegazione, esse non erano, anche senza fare la menoma accusa alla loro *bona fides*, nessuna confutazione, e lasciavano la questione esattamente nei medesimi termini in cui la trovavano, ma soggetta però alla regola generale che ciò che non è contraddetto in una risposta officiale è realmente confessato. Io dico senza fare la menoma accusa alla loro *bona fides*, e però io non solleverò alcuna quistione intorno al cavalier Pasqualoni ed al signor Bartolomucci, da cui quelle statistiche sono attestate, quantunque debba dichiarare che per quanto concerne il secondo di detti funzionari ciò è stato fatto pubblicamente da altri.[26] Debbo anche osservare che fra noi trattandosi di materia in controversia, ogni statistica incapace di verificazione sarebbe accolta come carte di poco rilievo. Siffatte statistiche sopra dati assai larghi e generici non possono riscuoter credito presso la nazione se non quando la nazione può sottoporle ad esame, e possiede alcuni mezzi per indagare se esse sono esatte, per rettificarle se nol sono, per punire se son frutto di corruzione. Le condizioni essenziali di credibilità per documenti di tal genere sono la responsabilità dei funzionari pubblici e la libera stampa che scopre la frode o l'errore: delle quali due cose non esiste in Napoli l'ombra più lieve. Ed anche per quanto riflette la pretta buona fede, sulla buona fede *di chi* si deve riposare? non su quella del Bartolomucci e del Pasqualoni che seggono tranquillamente a Napoli nelle loro stanze officiali; ma su quella di qualcuno a Bari, a Reggio, a Teramo, a Cosenza ed altrove, di qualcuno che, a meno di essere una felice eccezione alle regole generali in quelle latitudini, è pronto ad infrangere ad ogni momento per una piastra ogni regola a norma di cui ha debito di agire, di qualcuno che invia la sua statistica, suppongasi da Bari, mentre il pubblico non sa che egli la sta facendo se non quando è pubblicata, e quando coloro che tentassero di suscitare dubbi sarebbero prontamente collocati nella categoria dei nemici dell'ordine, ed aggiunti al novero di quello che sono sventura-

---

[26] Vedi Massari: Il signor Gladstone ed il governo napoletano – Torino, 1851, pag. 173.

to argomento della statistica.

Io sottoporrò ad analisi i punti principali di quelle statistiche, e dimostrerò che non mi dilungo di un capello dal vero nel dichiarare che essi lasciano la quistione precisamente negli stessi termini in cui si trovava, alla stessa guisa come se A. dicesse che a Waterloo vi fossero trenta mila Inglesi, e B. replicasse: no, perchè io dimostrerò con le statistiche del reggimento delle guardie a cavallo che gli *Scots Greys* non giungevano agli ottocento.

Il mio calcolo si riferisce al numero dei *prigionieri politici nel regno delle Due Sicilie*. In risposta si presentano *uno stato numerico degli imputati politici presenti in giudizio in carcere o con modo di custodia esteriore presso le grandi corti speciali dei domini continentali del regno delle Due Sicilie*; – ed *uno stato nominativo degl'individui che trovansi in carcere a disposizione della polizia per reati politici nelle diverse province dei domini continentali del regno delle Due Sicilie*. Dai quali stati risulta il totale di duemila e ventiquattro in prigione, e di settantanove fuori di prigione con mandato. Sarà ora dimostrato che quasi ogni parola delle riferite intitolazioni è una diminuzione separata, chiara ed importante; ed una limitazione del numero dei prigionieri, eliminandone grandi categorie l'una dopo l'altra, di maniera che, in fine le cifre definitive hanno tanto a fare col mio calcolo quanto il numero degli Scots Grey col numero totale degl'Inglesi a Waterloo.

Innanzi tutto, il primo di detti due prospetti è lo stato numerico degl'*imputati* mentre gran parte della mia accusa versa precisamente intorno al punto seguente, che si procede cioè ad arresti, non come rara eccezione, ma come cosa ordinaria ed in gran numero senza che vi sia alcuna imputazione a carico delle persone arrestate. Si procede insomma agli arresti *per ordine superiore*, secondo la meravigliosa frase all'uopo adoperata, essenziale scopo del sistema essendo, come già dissi nelle mie lettere, quello di *creare* un'accusa e non di scoprire un delitto.

In secondo luogo, quel medesimo stato numerico non è la statistica di tutt'i prigionieri imputati, ma bensì quella dei prigionieri che essendo già imputati si trovan sottoposti ad un processo giudiziario. Qui giace un gran mistero d'iniquità, e qualunque siasi il difetto di cognizione della legislazione napolitana, di cui l'apologista mi fa appunto, io son lieto di possederne tanto quanto basta a scoprire siffatto mistero.

Si sappia adunque che allorquando v'è un giudizio propriamente detto, vale a dire un processo dinanzi ai tribunali, che incomincia con la requisitoria o con l'atto di accusa, avvi prima l'istruzione o processo preparatorio che può durare e dura difatti un lungo tempo, fra il periodo in cui il prigioniero a ragione di un'accusa sollevata contro di lui diventò imputato, ed il tempo in cui il suo processo comincia dinanzi al tribunale con la requisitoria o con l'atto di accusa. Durante questo spazio di tempo, che è indefinito, la faccenda sta tutta nelle mani della polizia, qualche volta in condizioni di aumento, altre volte allo stato di sospensione, ed altre volte in fine (e dico ciò deliberatamente, e con la mente rivolta a casi di tal genere che sono succeduti) allo stato di assoluta noncuranza ed oblivione.

In terzo luogo siffatto stato numerico non racchiude la statistica dei prigionieri politici imputati e sottoposti a processo, ma soltanto quella dei prigionieri sottoposti al giudizio delle Corti Speciali, ed io feci nelle mie lettere, in termini generici, un cenno al significato di quella forma eccezionale di giudizio criminale.[27] Ora vi sono numerose categorie di prigionieri politici che non vengon tradotti dinanzi a quei tribunali speciali: quali son per esempio i soldati o i borghesi accusati di complicità con soldati che son sottoposti con leggi particolari al giudizio dei consigli di guerra o corti militari. I delitti commessi per via della stampa inoltre appartengono alla giurisdizione

---

[27] Vedi per maggiori e più precisi ragguagli l'*esposizione* citata, pag. 22.

ordinaria delle corti criminali a norma delle leggi del 1821, del 1848 e del 1849. Esistono finalmente ampie categorie di delitti passibili soltanto di pene correzionali e non criminali, come sono a cagion d'esempio le riunioni sospette, le parole sospette, le scritture sospette e generalmente ogni procedere sospetto, delitti tutti intorno a cui spetta sentenziare ai giudici locali, detti giudici circondariali. Degl'imputati relativi a queste categorie di delitti lo stato numerico non fa cenno di sorta.

Del fin qui detto risulta che debba farsi una vistosa addizione alla cifra dello stato numerico, poichè ne' soli domini continentali del re di Napoli non vi sono meno di 530 prigioni, ciascheduna in relazione con i tribunali locali, ed il numero di quelle fra esse in cui non sono i prigionieri politici è piccolo. Per quanto concerne la legale autorità in conferma di questi dati io me ne riferisco all'opera del signor Massari, intitolata *Il signor Gladstone ed il Governo napolitano. – Torino 1851, pagine 168 a 172 e pagine 177*. L'autore è stato aiutato dal cav. Mancini, esule giureconsulto napoletano, che dal Governo piemontese fu nominato professore di diritto internazionale.

Oltre le omissioni fin qui annoverate, due altre ve ne sono assai grossolane e palpabili nel medesimo stato numerico, il quale non accenna in alcuna guisa alle persone *già* processate e sentenziate, vale a dire a tutta la categoria dei condannati politici; non alle persone assolute, ma tenute tuttavia in prigione: non alle persone che dopo la condanna espiarono la pena e ciò non ostante non sono messe in libertà. Quale è ora il numero dei condannati politici? Io non posseggo i mezzi di rispondere a questa interrogazione per quanto concerne tutto il regno; ma so che alcuni mesi sono nella provincia di Teramo, popolata da duecento tremila abitanti v'erano 247 condannati politici; di modo che se Teramo rappresenta approssimativamente in ciò il resto del paese, il numero di quei condannati in tutto il regno sarebbe dai nove ai diecimila. Osserverò per ultimo che quello stato numerico non dà alcuna notizia nè dei prigionieri, nè dei condannati dell'isola di Sicilia, quantunque io avessi espressamente parlato di prigionieri del *regno delle Due Sicilie*, ed abbia quindi fatta la distinzione fra l'isola ed il regno di Napoli propriamente detto, ossia i domini di terraferma, a cui si riferivano le susseguenti mie narrazioni.

Dirò poche parole del secondo degli anzidetti stati. Esso non porta data! è intitolato *stato nominativo*, ed intanto non cita un sol nome! esso si limita alla statistica delle persone tenute in carcere a disposizione della polizia per *reati politici*: ma *reati* è una parola tecnica ed implica che i prigionieri sian già stati sottoposti a processo. Dagli scrittori poc'anzi citati si è parlato e con molta accuratezza, del caso di persone le quali essendo state imprigionate accusate e processate, ed avendo avuto la rara buona fortuna di essere assolute, sono ciò non di meno tenute in carcere a disposizione della polizia: caso che non è fantastico come già ho avuto occasione di dimostrare. In questa guisa il vuoto che io faceva poc'anzi notare può essere riempito. Nè ciò è tutto: il primo degli anzidetti *stati* porge le cifre del numero dei prigionieri sottoposti a processo in ogni provincia, ed aggiunge (vedi pure pag. 24 della rassegna) che *da queste cifre sono dedotte le persone comprese nelle grazie sovrane del 30 aprile e 19 maggio 1851 secondo il prospetto n. 3*. Ora il prospetto n.3 c'informa che nelle province di Principato ultra, di Abruzzo citra e di Terra d'Otranto prese insieme, trentacinque persone cessarono in seguito a delle grazie di essere sottoposte a processo: laddove lo *stato numerico* c'informa che nelle tre summentovate province il numero totale delle persone sottoposte a processo, vale a dire, il numero da cui dev'esser fatta la sottrazione dei trentacinque graziati, ascendeva a diciotto!

Io penso avere adesso pienamente mantenuta la mia promessa, avendo dimostrato che le due statistiche di cui è menzione, allegate come confutazione al calcolo da me fatto del numero dei prigionieri politici, non sono nessuna confutazione, poichè esse mediante l'uso di termini tecnici e con altri mezzi, artifiziosamente e frodolentemente alterano i veri termini della questione e lasciano le mie affermazioni intatte.

Le mie affermazioni lasciate in tal guisa intatte ricevono in realtà la conferma più efficace che era possibile conseguire. Il mio linguaggio era chiaro: e si riferiva alla somma totale dei prigionieri politici. Essendosi determinato il governo napolitano a rispondermi officialmente, ed adoperati parecchi mesi per preparar la risposta, perchè trascurò di annoverare nelle sue statistiche i prigionieri non ancora imputati, i prigionieri imputati ma non ancor sottoposti a processo dinanzi ai tribunali, i prigionieri ingiudicabili dalle Gran Corti speciali, i prigionieri assoluti e tuttavia tenuti in carcere, ed i prigionieri di tutte queste specie detenuti nell'isola di Sicilia? Laonde mi par quasi superfluo allegare testimonianze di conferma al mio calcolo, che non ebbi la pretenzione di presentare come altra cosa se non come calcolo approssimativo. Essendo stato per così lungo tempo sottoposto alla pubblicità esso è stato esaminato elaboratamente e perciò praticamente corroborato da coloro, i quali, ove quel calcolo non fosse stato vero, avevano i più forti motivi ed i mezzi migliori per ribatterlo con una reale e non pretesa confutazione. Dopo la pubblicazione della *rassegna* un giornale di Londra, il *Daily News*, ha stampato un prospetto classificato delle persone che sono state messe in carcere nel regno delle Due Sicilie dopo gli avvenimenti del 1848: e da questo prospetto, che mi sembra fatto colla massima buona fede e con molta copia di dati positivi, risulta un numero complessivo alquanto maggiore di quello per me asserito. Io dissi che da alcuni il numero dei prigionieri politici si valutava ascendere a trentamila, ma anche questa cifra è lungi dall'essere la più elevata di quelle che io ho vedute in opere pubblicate da uomini ragguardevoli. Ciò non ostante io prescelgo d'avvalermi principalmente della testimonianza efficacissima che porge a parer mio la mancanza assoluta di qualsivoglia serio tentativo di confutazione, e farò menzione di un sol fatto relativo ad una classe e ad una località speciale, ma pieno di significazione, ed a cui si può assolutamente prestar fede. Io ho avuto mezzo di esaminare un elenco scritto evidentemente a memoria e quindi incompleto, dei nomi, delle particolari indicazioni e delle residenze di 286 *preti detenuti per ragioni politiche della prigione di S. Francesco a Napoli dal 1848 al 1851*. Non ho mestieri di dichiarare quali conseguenze si potrebbero ragionevolmente inferire da questo fatto riguardo alla valutazione delle cifre totali dei prigionieri politici di tutti i ceti, rinchiusi in tutte le diverse prigioni del regno delle due Sicilie.

Accennerò ora ad alcune degenerazioni fatte alle mie affermazioni e pubblicate, prima che la risposta officiale venisse a luce, da alcuni avvocati del governo napolitano, lo zelo dei quali va alla pari con la cognizione che mostrano avere dei fatti e con la prudenza. Io non credo necessario di dissertare intorno alla validità di quelle loro allegazioni, che il difensore officiale non stimò conveniente accettare: ma mi par giusto che esse siano notate al pubblico come guarentigia e come utile porzione di questa esposizione sommaria che io vo facendo delle condizioni nelle quali l'accusa è stata lasciata dopo il grave processo a cui è stata sottoposta.

Io dissi aver udito che soventi volte oltre l'incarcerazione si procede alla confisca od al sequestro. Il signor Carlo Macfarlane recisamente dichiara in risposta, che: *non un frammento di proprietà di qual si voglia genere è stato toccato*. La risposta officiale invece non impugna affatto la mia affermazione.

Lo stesso Macfarlane e con esso il signor Gondon, diretto del giornale l'*Univers*, hanno pubblicato una romanzesca narrazione della vita di Poerio, delle relazioni da lui strette a Parigi con Mazzini, delle sue contribuzioni alla *Giovine Italia* e cose simili. Poerio non conobbe mai Mazzini, non fu mai a Parigi, non scrisse mai un rigo nella *Giovine Italia*. La difesa ufficiale non accoglie direttamente nemmeno una sillaba di tutta quella diatriba: ma mi duole dover aggiungere che essa è citata in una nota come testimonianza di un *altro inglese*.

Il signor Macfarlane dice pure che nessun prigioniero politico sia stato tenuto più di ventiquattr'ore in carcere senza essere interrogato. La risposta ufficiale non solamente non fa eco a quest'asserzione, ma al contrario,[28] allega a propria difesa il seguente fatto, che in caso cioè di delitto politico la polizia può tenere in carcere a sua disposizione gl'imputati per più delle ventiquattr'ore assegnate dalla legge come termine entro il quale di debbe procedere all'interrogatorio.

Lo stesso piuttosto officioso scrittore dice che i prigionieri politici son tenuti al tutto separati dai delinquenti ordinari. Potrei all'uopo ribattere quest'asserzione allegando in contrario la mia testimonianza oculare: ma mi basta osservare che anche su questo punto la risposta ufficiale è silenziosa.

Il sig. Gondon direttore dell'*Univers* è stato forse il più avventato campione della politica napolitana, e lo zelo gli ha oscurato l'intendimento al segno da non poter determinare con accuratezza l'equivalente di un ducato napolitano in moneta francese.[29] Il signor Gondon mi dice, che i giudici napolitani sono inamovibili;[30] ma questo è grossolano errore, in cui naturalmente la risposta ufficiale non incorre.

Il signor Gondon pretende che nell'accennare all'eccidio[31] commesso nella prigione di Procida io esagerai al decuplo il numero delle vittime. La risposta ufficiale all'incontro non accusa la mia narrazione della menoma esagerazione.[32]

---

[28] Vedi Rassegna, pag. 18 (pag. 352 della presente edizione, NdC).

[29] *La terreur dans le royaume de Naples*, pag. 37 (pag. 246 della presente edizione, NdC).

[30] Idem pag. 37 e 173 (pag. 246 e 334 della presente edizione, NdC).

[31] Idem pag. 42 (pag. 248 della presente edizione, NdC).

[32] Rassegna pag. 55 (pag. 379 della presente edizione, NdC).

Il signor Gondon mi appunta di accusare il governo di aver cura d'incatenare i prigionieri coi loro denunzianti, e dice che Poerio fu incatenato con un gentiluomo della sua stessa professione.[33] La quale ultima cosa, che è vera, io aveva affermato prima del signor Gondon. Nè io dissi mai essere pratica generale quella d'incatenare i prigionieri coi loro denunzianti, feci bensì menzione di un caso particolare, di quello di Margherita, e questo il governo nol niega.

Conchiuderò questa singolare annoverazione accennando alla versione che con lo stesso scopo i signori Gondon e Macfarlane hanno dato del caso occorso al deputato Carlucci ed al di lui assassino prete Peluso. Io dissi che Carducci fu assassinato da un prete per nome Peluso ben conosciuto nelle vie di Napoli, che non fu mai molestato per quel fatto e che si diceva ricevesse dal governo una pensione.

L'apologista ufficiale tace con molto giudizio di questo fatto: gli apologisti volontari invece lo hanno contraddetto colla massima audacia. Di quel fatto però fu menzione nelle tornate del Parlamento napolitano, la cui vita fu tanto breve, ed io tolgo i seguenti particolari da una pubblicazione di un ben noto componente di quel Parlamento, aggiungendo che siffatti particolari sono in parecchi punti corroborati da altri ragguagli che ho tra le mani. Carducci fu nel 1848 scelto dalla sua provincia, che è quella di Salerno, a deputato, e fu nominato colonnello della guardia nazionale. Egli fu trattato dal re con ogni maniera di confidenza e bontà. Temendo per la sua personal sicurezza dopo il 15 maggio andrò a ricoverarsi a bordo di un vascello della flotta francese e quindi, imbarcatosi a Malta con nove compagni, si recò in Calabria, di dove si avviò alla volta di Napoli ad oggetto di adoperarsi perchè la costituzione fosse conservata. Egli ed i suoi compagni erano al tutto inermi. Il cattivo tempo li costrinse a prender terra ad Acqua-Fredda, località della provincia di

---

[33] *La terreur etc.* pag. 48 e 174 (pag. 253 della presente edizione, NdC).

Basilicata, limitrofa a quella di Salerno. Non è assolutamente vero che alcuna taglia sia stata messa sulla testa di Carducci, nè che sia stato emanato alcun bando contro di lui. Il prete Peluso che abitava vicino Acqua-Fredda accolse ed ospitò Carducci. Questi ed i suoi compagni aspettavano che facesse buon tempo per imbarcarsi di bel nuovo, allorchè videro il loro ospite avvicinarsi con una mano di gente armata. Una scarica d'archibugiate ferì tre persone fra cui il Carducci: il resto della comitiva fu disperso, i feriti fatti prigionieri. Carducci fu portato via dal Peluso, ed il suo corpo fu trovato alcuni giorni dopo insepolto e con la gola recisa. Citerò ora le parole di d'Arlincourt, il quale è più che un ammiratore un adoratore del governo napolitano: *La tête du fameux insurgé fut mise dans un pot de sel, et ironiquement envoyée à ses coreligionaires de Naples.*[34]

La magistratura, che non era stata ancora come oggi corrotta dalla intimidazione, si mise all'opera. Il giudice di circondario Pinto, che incominciò l'istruzione, fu destituito ed in sua vece fu mandato Cammarota, il quale avendo proceduto fedelmente all'adempimento del suo dovere fu parimenti richiamato; ma a motivo dell'importanza di quella causa il procurator generale aveva aggiunto un terzo giudice, il De Clemente, e questi energicamente perseverò nel fare le opportune indagini, e fu onorevolmente e virilmente sorretto dal procurator generale Scura, il quale fu destituito ed attualmente è in esiglio. Più fortunato in apparenza, il De Clemente fu promosso alla carica di giudice regio a Potenza, ma a capo di un mese venne anch'egli destituito. Una petizione fu presentata alla Camera de' deputati, e questa la rinviò ad unanimità al ministero aggiungendovi calda raccomandazione perchè si procedesse ad indagini giudiziarie. Dietro una seconda mozione la stessa raccomandazione fu dalla Camera rinnovata all'unanimità, ed entrambe le volte assentirono alla

---

[34] L'Italie Rouge, pag. 255.

Gladstone risponde al Governo Napoletano 425

deliberazione i deputati del partito ministeriale. E qui conchiudo i cenni intorno al deputato Carducci assassinato, ed al prete Peluso suo assassino, e con ciò pongo pure termine a quanto dissi intorno agli arditi ma futili sforzi fatti dagli scrittori poc'anzi nominati, ad oggetto di procacciare credito ad invenzioni, le quali per un sentimento di prudenza e di decenza, o per un certo rispetto per la verità, o per entrambe queste due ragioni ad un tempo, lo stesso governo napolitano erasi astenuto dal produrre alla faccia del mondo.

Passo dopo di ciò a discorrere del *catechismo filosofico*, che mi si appunta di avere male interpretato, e che l'apologista dice esser opera di un pio ecclesiastico, senza pronunciare una sillaba di riprovazione contro le dottrine ivi insegnate; ed essere stato pubblicato nel 1837, e ristampato nel 1850, come cosa privata, senza autorizzazione del governo, e prima che la legge di censura preventiva intorno alla stampa fosse in vigore. Io non conoscevo la data della primitiva pubblicazione di quel miserabile libro, nè mai ebbi intenzione di far nascere il pensiero che il sapessi, e però non dubito dell'allegazione suddetta, che fu pubblicato cioè o prima o dopo l'anno 1837. Tutto ciò del resto non cangia punto lo stato delle cose, poichè null'altro fa se non riportarci con la memoria e periodi più antichi della istoria napolitana, a cui le dottrine del catechismo sono se non al tutto quasi applicabili tanto quanto al periodo del 1848. L'apologista oltre ciò non nega che l'attuale diffusione di quel libro dimostri l'approvazione data dal governo alle massime in esso commendate. Nè, quantunque dica che il governò non autorizzò la diffusione della ristampa del 1850, nega che quel libro sia adoperato nelle scuole pubbliche dipendenti dall'autorità del governo. Dopo la pubblicazione delle mie lettere io sono stato assicurato da tale in cui posso aver piena fiducia e che conosce personalmente il sindaco di una città del regno, aver questo sindaco ricevuto dal governo l'ordine ufficiale di mettere quel catechismo nelle mani di tutt'i maestri di scuola.

E qui mi sembra opportuno dare alcuni schiarimenti intorno alle osservazioni che feci nella seconda lettera riguardo al contegno del chiericato. Sono stato su questo particolare accusato di avere indebitamente attenuata la responsabilità della chiesa di Roma a spese delle autorità civili: al che, io rispondo di non aver detto nulla della responsabilità della chiesa di Roma, sia per quanto riflette le dottrine del catechismo, sia per quanto tocca le pratiche del governo. Sarebbe stato a questo proposito importantissimo argomento di studio indagare spassionatamente l'indole della relazione che corre fra l'insegnamento morale della chiesa di Roma, o di qual si voglia altra chiesa, e la pratica applicazione di esso nei paesi in cui l'imperio di quella chiesa è pieno ed indiviso: ma io avrei meritati gli appunti d'impertinenza e di sconvenienza qualora avessi inserita la menoma considerazione di tal genere in una narrazione che io stimai dover mantenere sopra basi comuni a tutti coloro che riconoscono gli obblighi della religione rivelata ed anzi anche della religione naturale. Io intesi soltanto ad impedire, soprattutto in Inghilterra durante l'anno 1851, qualsivoglia giudizio esagerato intorno alla parte presa in quelle faccende dal chiericato come corporazione. Sotto questo aspetto io non credo di aver fatto altro verso il clero se non rendergli la pretta giustizia, e mi affido che il lettore rammenterà quanto sia grande il numero dei personaggi di quel ceto privilegiato che hanno ingrossato le cifre dei detenuti: ed anzi resi piuttosto men che giustizia dicendo di esser convinto per informazioni ricevute che una porzione del clero si avvalesse del confessionale per fini politici, poichè i fatti speciali di questo genere, dei quali ebbi contezza in modo non dubbio, non furono più di due.

Ecco in complesso il mio rendiconto: io son certo che esso dimostrerà come nell'ottenere quella generica attestazione alla mia personale veracità e credibilità, ch'è la sola cosa implicata nel permesso da me chiesto a lord Aberdeen d'indirizzargli le mie lettere, io non feci abusivamente appello a quel sentimento di umanità universale presso tutta la cristianità, il quale mi ha corrisposto con energia maggiore di quella che avrei preveduto. Io credo che per quanto mi tocca personalmente avrei potuto astenermi da qualsivoglia nuova pubblicazione, e riposar tranquillo sulla sentenza già pronunciata dalla pubblica opinione, e divulgata dalla stampa di tutta Europa. Il dardo ha profondamente colpito nel segno e non può esserne disvelto; ma io nell'entrare una seconda volta in campo solamente intendo porgere la esposizione complessiva dei fatti nel modo più vicino alla sua esattezza, ma conchiudere in pari tempo questa faccenda alla stessa guisa come la incomincia, presentandola cioè per cosa del tutto estranea alla politica, che val meglio tener lontana da ogni discussione parlamentare, che non ha attinenza di sorta con qualche idea particolare, ad oggetto speciale o interesse dell'Inghilterra, ma bensì come cosa che appartiene alla grande sfera dell'umanità, e merita l'attenzione di ogni uomo che si sente interessato al benessere della sua razza in tutto quanto concerne questo benessere, le condizioni elementari della felicità individuale e domestica, la conservazione permanente dell'ordine pubblico, la stabilità dei troni, e la risoluzione di quel gran problema che incessantemente ed in tutte le sue innumerevoli forme deve esercitare le riflessioni di ogni statista, in qual guisa cioè porre in armonia le vecchie condizioni della società colle nuove, e come temperare l'opera crescente del tempo ed i cangiamenti su quanto sussiste dell'edifizio antico e venerabile della civiltà tradizionale d'Europa.

Ad ogni modo io spero che questa faccenda non sia finita: se fosse finita, ciò sarebbe un'altra grave aggiunta da farsi nell'elenco delle offese arrecate dai governi alla libertà ed alla giustizia, offese le quali lo spirito di rivoluzione che corre attraverso il mondo combina od esagera, ed alla sua volta rivolge contro i governi: offese le quali, facendo anche astrazione dallo spirito della rivoluzione, l'umanità ferita e sanguinante non può non ricordare in questi esempi così evidenti.

Ma io credo che le stesse parole dettate dall'apologista napoletano ci porgano l'*auspicium melioris aevi*. Può entrar mai, egli dice, in mente umana che un governo qualunque, e sia anche il meno curante della sua dignità, potesse venir determinato a mutar sistema gridandoglisi da taluno la croce addosso, e concitandosigli con accuse bugiarde l'odio e l'abominio dell'umana generazione?[35] Io rispondo: no, ciò non entrò nella mia mente, ma a questa interrogazione io replicherò con un'altra: può egli entrare in mente umana che sulla reclamazione di un solo individuo il governo di Napoli abbia perorato la propria causa dinanzi al tribunale della pubblica opinione, ed abbia ammessa, come ora ha fatto, la giurisdizione di quel tribunale? Quel governo che, ben lungi dall'essere insignificante come si giudica dal numero e dalle qualità del popolo che gli è soggetto, e ben lungi dall'esser debole per forza materiale, è ciò non di meno disceso dalla sua altezza per collocarsi sul terreno di ugual controversia al cospetto del mondo e sotto il suo giudizio. Ora io dico che porger risposta alle allegazioni di un accusatore privato è procedere non meno notevole e significante di quello che variasse o modificasse un complesso di provvedimenti in seguito a quelle allegazioni. Il formale tentativo pubblicamente fatto di dimostrar false quelle allegazioni implica per inesorabile forza di logica, ammettere che qualora esse fosser vere meriterebbero riscuotere attenzione e dovrebbero produrre pratici risultamenti.

Il tentativo di chiarir false quelle allegazioni con ragionamenti indirizzati al pubblico europeo, è tacitamente ammettere la competenza di quel pubblico a giudicare se il tentativo sortì effetto o fallì, se la primitiva accusa sia stata distrutta, ovvero sussista. Ove adunque fosse parere universale che il tentativo di confutazione fallì e che l'accusa sussiste, io, poggiandomi sul fatto di quella risposta, dico che il

---

[35] Vedi Rassegna, pag. 7 (pagg. 344-345 della presente edizione, NdC).

governo napoletano è costretto dall'onore parimenti che dalla logica coerenza a riconoscere detto parere ed a dirigere il suo sistema avenire di politica e di amministrazione nel senso cui quel parere accenna. Per quanto poi spetta la quistione di fatto, sapere cioè qual sia realmente l'opinione universale su questo punto, io credo che nè lo stesso governo napoletano, nè i suoi avvocati potranno stare in dubbio qualora siano avvezzi a consultar la pubblica opinione in quei barometri, in cui essa liberamente si manifesta. Non è a dire però che in siffatto caso si debba omaggio a un individuo. Il plauso di una grande adunanza di uomini è suono maestoso ed imponente: la voce della persona incaricata di dare il segnale per quell'applauso è al tutto insignificante: l'uffizio che io adempii non fu più elevato di quelli che compie questa persona. Io non ho fatto se non indicare e delineare i fatti: l'opinione pubblica, e non quella di un sol paese, ha giudicato. Ad essa porgeva il governo napoletano omaggio di riverenza quando si risolveva a pubblicare una risposta ufficiale, e ad essa io lo spero e non curo saper come, porgerà ulteriore omaggio di riverenza promovendo le riforme della sua amministrazione e di tutto l'andamento avvenire delle sue faccende.

Allorchè dettai la mia prima scrittura, mi studiai di evitare ogni allusione diretta alla politica. Io muoveva dal principio che serbando un tal contegno tutti i governi, tutte le autorità, tutt'i partiti politici, e segnatamente tutti coloro che bramavano adoperarsi a pro dell'ordine pubblico e del principio monarchico, si sarebbero separati dal sistema per me descritto, avrebbero ripudiata ogni connessione con esso ad avrebber detto: questo sistema non è nostro. Debbo confessare essere succeduto altrimenti da quanto io prevedeva. In parte a cagione di gelosie religiose, in parte a motivo della strana e singolare natura dei fatti narrati, in parte da ultimo in virtù di quell'istinto, il quale in date condizioni di cose sembra suggerire agli uomini che in un periodo come quello in cui viviamo, non si può fare elezione fra altri termini se non fra coloro che tengono il potere da un canto, e dall'altro quelli che si adoperano a sovvertirlo; per tutte queste cagioni io dico, non in Inghilterra, ma altrove si sono mostrate maggiori o minori disposizioni ad accogliere la narrazione come un peccato contro un simbolo politico, ovvero come indizio di simpatia verso un altro, o di desiderio di compiacere ad esso, e di averne i favori senza parteggiarne la responsabilità, Ciò m'impone il dovere di dire che, siccome io non posso reclamare alcun titolo di credito presso i repubblicani per le testimonianze da me fatte, così non posso nemmeno accettare qualsivoglia rimprovero di aver offeso i principi detti conservatori, ovvero di aver adoperato in guisa da scemar forza a qualche campione di siffatti principi.

Il principio di conservazione e quello di progresso sono entrambi buoni in se medesimi. Essi son sempre esistiti e debbon sempre esistere in ogni società europea in opposizione determinata, ma in vitale armonia e concorrenza, e per ciascheduno di questi principi è cosa assai essenziale che le iniquità commesse in nome di uno di essi siano private di tal patrocinio, e ciò è segnatamente necessario, allorchè l'iniquità torreggiando usurpa il nome e l'autorità di quel cielo a cui tocca il suo capo, e porta la doppia maschera dell'ordine e della religione. Nè credo esser mai succeduto di adempiere un dovere così schiettamente conservatore come quando ho tentato di separare dalla causa sacra del governo in generale un sistema, che a me pareva coprisse il nome e l'idea di governo di vergogna e di abominio, e da cosa necessaria e salutare lo mutasse in una crudele maledizione verso il genere umano. Io ho ancora la debolezza di credere che se tutte queste cose son vere, se la giustizia è prostituita, se la libertà individuale e la pace domestica sono distrutte, se la legge è ignominiosamente messa da canto quando non può essere adoperata come istrumento di oppressione, e se il governo che è il tipo ed il ministro della Divinità, assume le qualità derivanti da opposta origine; se tutto ciò è, io dico, prescindendo anche dagl'interessi della verità e della libertà, non sarebbe per certo propizio agl'interessi dell'ordine e della conservazione dare a quegli atti od a colore che li fanno il pratico ed effettivo incoraggiamento di una silenziosa connivenza. Il sistema politico, delle cui stranezze ho favellato, è un sistema che, quando sono riusciti vani i concilianti e pacati tentativi di rimedio, deve essere a ragione della sua indole distruttiva tradotto innanzi al pubblico giudizio, e ciò debb'essere fatto prima che i suoi aggravi abbiano prodotto qualche violenta esplosione. Avvi per fermo una filosofia a norma della quale tutte queste cose sono semplicità, fanciullaggine, follia, una filosofia la quale insegna ovvero procede come se fosse insegnato, che si deve lasciar passar tutto *adversis oculis* piuttosto che dare incoraggiamento alla rivoluzione: gli oracoli di questa filosofia dimenticano esservi parecchi modi d'incoraggiare la rivoluzione, come parecchie ve ne sono d'incoraggiare la reazione. La rivoluzione al pari della reazione qualche volta si promuove col secondare gli sforzi dei suoi amici, qualche altra volta col lasciare libero corso agli eccessi ed alla frenesia dei suoi nemici. Questa almeno è la dottrina che io ho imparata al pari di tutti i miei concittadini di qualsivoglia partito, e presso di noi non chi parteggia per queste dottrine, ma chi le oppugnasse, sarebbe tacciato di semplicità, di fanciullaggine o di follia. Io concedo che le cose di tal genere tolgono le loro forme in tempi e condizioni particolari dalla volontà umana: sono tali quali vogliamo che siano. Se alcuni amici del principio dell'ordine sono di avviso che queste rivelazioni non dovrebbero esser fatte perchè tolgon forza all'autorità in un'epoca nella quale l'autorità non ha forza da perdere, e perchè pongono esca alla cupidigia o alla rabbia dei nemici dell'ordine costituito, io non sono alieno dal negare che realmente questi lamentevoli risultamenti sono prodotti nell'estensione e nella sfera entro cui quelle dottrine sono propugnate e praticate. Io non posso negare che se il principio conservatore ci addimandava di vituperare ogni delitto che si dicesse essere stato commesso in sua difesa, esso principio sarebbe stato danneggiato dalla rivelazione: ma in questo caso sarebbe già gran tempo che il principio conservatore sarebbe stato danneggiato. Io ammetto e deploro il mal fatto, ma di esso rintraccio la cagione non nelle rivelazioni, ma nell'accoglienza ad esse fatta da alcuni, e su costoro perciò deve ricadere la responsabilità del male.

Essendosi adunque dato da alcune persone un significato politico alla mia pubblicazione, m'incombe l'obbligo di esporre con brevi parole il giudizio che io reco della posizione politica del trono delle Due Sicilie riguardo alle province di terraferma.

La mia opinione intorno agli obblighi del sovrano relativamente alla costituzione del 1848 ed al modo con cui questi obblighi vennero adempiti, può essere chiaramente raccolta dalla seconda delle mie lettere in ispecie: giustizia però vuole che io riconosco, che anche prescindendo dai grandi imbarazzi suscitati dalla quistione siciliana, il re di Napoli ebbe ad incontrare reali e serie difficoltà nel procedere all'ordinamento degli istituti rappresentativi. Il principio drammatico o, a dirla più duramente, il principio teatrale è salito nel maneggio delle faccende politiche in Italia ad un grado maggiore di quello che può andare a garbo del nostro temperamento più freddo: le esagerazioni sono accettate in fretta ed in gran quantità: la vivacità della immaginazione ed il sentimento prendono il passo sulle facoltà più pratiche, e sulla formazione di fisse abitudini mentali: si vuol che la spira della nazionalità tocchi il cielo, prima che la pietra fondamentale delle libertà locali sia gettata.

Considerando la istoria delle innovazioni napoletane nell'anno 1848 e quella della reazione che ad esse tenne dietro, io non dubito di dire che, quantunque tutt'Europa forse non abbia un popolo più mite, più capace di attaccamento e più agevole a sorvegliare, il re avrebbe avuto ad incontrare parecchie difficoltà nel mettere in opera la macchina del governo costituzionale. Fra i deputati mandati al parlamento era una sezione, quantunque scarsa, di schietti repubblicani.

L'agitazione per un cangiamento nella composizione della camera dei Pari, od anche per la totale abolizione, prima che un'assemblea rappresentativa si fosse radunata, e l'agitazione per la estensione della franchigia elettorale, prima che questa fosse stata una sola volta adoperata, eran fatti i quali attestavano la necessità di una volontà risoluta e di uomini che guidassero il paese con forte mano. Ma senza alcun dubbio può ammettersi che eravi qualche scusa per quella irrequietezza e per quegli errori ponendo mente alla causa principale. Il 1848 non fu il primo anno in cui a Napoli fu udita la parola costituzione: ed io ciò dico non con l'intendimento di desumere dal passato ragioni d'incriminazioni, ma bensì per rammentare i fatti agli uomini di riflessiva indulgenza. Allorchè un popolo ha veduto in segnalate occasioni promesse solenni ritrattate, solenni sanzioni messe da banda con una ragione qualsivoglia di necessità di Stato, chi può stupire, chi può biasimarlo se esso nutre un vago sospetto di male, se è agitato dal desiderio di nuove ed estese guarentigie? ed in qual guisa questa infermità potrebb'essere curata? In un modo solamente! con la ferma cioè e perseverante buona fede, ed assicurando col fatto che le cose succedute non saranno per succedere di bel nuovo. Ed è poco accorgimento allegare le difficoltà che s'incontrano nel mettere all'opera la macchina costituzionale, come ragioni atte a giustificare la violazione delle promesse, quando siffatte difficoltà sono per l'appunto originate dal difetto di fiducia prodotto da anteriori violazioni di promesse. Il solo mezzo di curare la mancanza di fiducia è dimostrare che qualora la fiducia venisse accordata, essa non sarebbe mal collocata, nè sarebbe delusa: poichè la fiducia è nella sua essenza spontanea ed indipendente da qualsivoglia forza brutale: ad oggetto di poterla godere è d'uopo ricercarla e guadagnarla.

Gli atti del Parlamento napoletano considerati nel loro complesso provano chiaramente che, sia esso stato o pur no savio in ogni singola sua determinazione, fu leale nelle sue intenzioni verso la monarchia. Forse la posterità porgerà nei tempi avvenire risposta men favorevole allorchè si domanderà se quel Parlamento si avventurò quanto era d'uopo e tenne un contegno abbastanza fermo nel difendere le franchigie solennemente stabilite. Ma non tocca certamente agli amici della reazione di rivolgere contro quel Parlamento l'accusa di deficienza di virile ardire: verso il trono le mani di quel Parlamento si scorge siano state pure, le sue intenzioni franche e sincere. Quando io dico esservi stato in seno a quel Parlamento una certa porzione di materiale intrattabile, io non fo altro se non dire una cosa la quale si avvera necessariamente in ogni assemblea rappresentativa del mondo. Suppongasi, ammesso che per timidità e per errore, quel Parlamento sia trascorso ad usurpazioni e siasi occupato oltre quanto i dettati della prudenza raccomandavano molto di provvedimenti organici e poco di provvedimenti amministrativi: io dico che a questi inconvenienti si sarebbe opportunamente rimediato con la sincerità ed il retto procedere disarmando in tal guisa la impetuosità di esso Parlamento e porgendo alla sua lealtà una bella occasione di mostrarsi. Al postutto eravi sempre il paese: e per fermo non era repubblicano quel popolo docile e buono, così pronto alla fiducia e all'amore, che domanda tanto poco e che crede molto. Perchè non fu riposta in esso veruna fiducia? perchè non fu schiettamente combattuta la battaglia costituzionale? perchè non si fecero procedere le regolari faccende dello Stato nelle forme prescritte dalla costituzione, nemmen fino alla chiusura di una sessione? perchè il Parlamento non fu rispettato, e fu sprezzato riguardo alla sua primaria e più essenziale funzione che è quella della imposizione delle tasse? perchè furono respinti i suoi indirizzi? Per un motivo assai basso (uno anzi troppo basso): le camere e gli elettori non furono messi ad esperimento prima di essere messi da canto.

E come si può pretendere che potessero procedere agevolmente allorchè il governo non sottopose mai ad essi un sistema di politica su cui metterli alla prova mediante l'accettazione od il rifiuto, e mediante la natura delle sostituzioni che sarebbero state proposte, e non permise ad essi di mostrarsi quali realmente erano o quali intendevano di essere, ed adoperò fin dal principio come se intendesse rompere il regio giuramento e suscitare, ovvero, non potendo suscitare, creare l'opportunità di distruggere la libertà del paese? Qualora il re fosse stato consigliato nel 1848 ad incontrare le difficoltà con la franchezza, con l'unità e con la fermezza del proposito, le stesse sconfitte, se per caso ne avesse toccate, sarebbero state la guarentigia più certa del suo trionfo definitivo, ed il suo trono sarebbe poggiato non sulle dure e rigide fondamenta di una forza militare, che è estremamente eccedente a paragone della popolazione e dei mezzi del paese, ma bensì su quella confidenza, su quella affezione intelligente che ora noi veggiamo concorrere con ogni probabilità di prospero successo a risolvere il problema costituzionale in Piemonte, non ostante le crudeli gravezze patite per la recente guerra. Il Parlamento di Napoli, dicesi, fu sciolto a motivo della sua faziosa opposizione all'amministrazione; ed io desidererei sapere qual costituzione o Parlamento sulla terra potrebbero durare più di un mese, se un motivo di tal genere bastasse a farle distruggere impunemente!

Egli è doloroso di ritrovare tanto nella risposta ufficiale del governo napolitano, quanto nelle scritture dei suoi apologisti volontari, la riproduzione di quelle calunnie od ingiurie che entrano a far parte delle controversie politiche di tutt'i partiti, allorchè i loro campioni scrivono soltanto per interesse di parte, senza mai sollevare lo sguardo agli eterni principii di umanità e di verità. Il popolo non si lamenta, dunque esso è contento e felice testimonio dell'ammirabile condotta del governo: se si lamenta, son pochi furfanti nemici dell'ordine sociale, apostati della religione. Il catechismo ci diceva che tutt'i liberali son condannati al regno delle tenebre: nelle scritture di cui ora accenniamo si ravvisa lo stesso sistema di denunzia complessiva.

Chiunque però ha cognizione personale degli Italiani, ed ha gettato uno sguardo sulla loro letteratura politica deve sapere che costoro i quali sono in tal guisa e con incurabile stoltezza messi tutti in un fascio come liberali e denunziati come increduli, sono un aggregato d'individui in cui si osserva ogni varietà di opinione, alcuni di essi essendo romani cattolici tanto ardenti quanto può esserlo un cardinale, e nella sfera delle opinioni politiche racchiudendosi ogni sistema immaginabile, da coloro che si limitano a disapprovare la crudeltà e la dissennatezza della reazione fino a coloro che parteggiano per un repubblicanismo confinante con la frenesia. Non vi è la menoma scusa per chi confonde in tal guisa persone ed opinioni tanto essenzialmente diverse, poichè coloro che in Napoli ed altrove son vituperati con la stessa denominazione, non vanno realmente d'accordo fra di essi, ma all'incontro anche sotto il peso della disfatta disputano ardentemente intorno alle materie in controversia, ed in tal guisa somministrano almeno una prova che se son mal provveduti di sapienza civile, non difettano però nè di franchezza nè di onestà di proposito.

Egli è vero che dallo studio della istoria si rileva, come le non savie concessioni siano fonte di molti mali; ma egli è pur vero che fonte di mali maggiori è la non savia resistenza la quale anzi è troppo frequentemente la sorgente primaria dei mali che poscia derivano dal sistema opposto di politica, poichè la resistenza non savia appunto è d'ordinario la cagione che ingrossa il torrente ed accumula le acque al segno che quando giunge il giorno dello scoppio sono assolutamente ingovernabili. Un po' di tempo può esser guadagnato con giganteschi lavori di repressione, durante il quale non si senta il menomo mormorio, ed in siffatto breve periodo di tempo, gli statisti vestiti della passeggiera loro autorità posson procacciarsi credito presso il mondo per il perentorio esercizio del potere, e per aver schiacciata, come si suol dire a Napoli, l'idra della rivoluzione; ma ogni ora di quel tempo non è comprata ma tolta a prestito, e tolta a prestito con un interesse di cui negli annali della medesima usura non si trova riscontro: e l'idra della rivoluzione non è realmente schiacciata dal tentativo od anche dalla momentanea riuscita di schiacciare sotto il nome di rivoluzione un aggregato misto ed eterogeneo d'influenze, di sentimenti e di opinioni fra cui non corre assolutamente altro vincolo tranne la comune ripugnanza verso i rigori e la corruzione esistente. Contemplando le cose sotto l'aspetto puramente politico ciò equivale a fare un arruolamento a prò dell'armata nemica. Egli è indubitato che quando un governo tratta tutt'i suoi nemici come colpevoli di progetti di sovversione, esso in virtù delle leggi della nostra debole natura, a niente altro riesce se non a confondere le due cose in una, ed alla fine vede adempirsi le sue miserabili predizioni con la sua ancor più miserabile rovina. Ma vi è pure un altro modo di procedere, il quale consiste nel porre a disamina gli elementi di cui la forza apparentemente ostile al governo è composta, e giudicarne con accuratezza la differenza, nel contrapporre, od almeno nel dare indizio della onesta intenzione di contrapporre alle obbiezioni moderate e giuste, la miglior risposta che ad esse possa farsi, la distruzione di ciò che ad esse dà origine, nell'aver qualche indulgenza anche per gli scrupoli della gente debole, nel prendere la natura umana per il suo verso migliore, invece d'esacerbarne continuamente le piaghe e le miserie, nel rammentarsi che la violenza medesima ha i suoi momenti di remissione, i suoi *mollia fandi tempora*, le sue opportunità di cessare onorevolmente, e nel ritirare in tal guisa dalle opposte file gran parte delle lor forze numeriche e della loro energia, ed una parte ancor maggiore di virtù, di verità e di tutti quegli elementi che formano la vitalità permanente. Può osservarsi che in questo modo non si abbandonano altri mezzi, ma devesi riflettere che a questa guisa la somma dei mali vien diminuita a segno che diventa migliore e più savio divisamento tollerarli con pazienza anzichè irritare il sistema con opere violente. Se poi sventuratamente si dovesse alla fine incorrere nel pericolo ed il delitto antisociale dovesse essere colpito dal castigo che merita, almeno le cause e le ragioni saranno evidenti e si avrà meglio a dire che non la sozza impostura di dire di aver l'intenzione di schiacciare l'idra della rivoluzione, oppure di vantarsi di averla schiacciata. Nè ciò è mera pompa di umanità, ma bensì regola pratica di governo, insegnata dal senso comune e corroborata dalla esperienza universale.

Havvi oltre a ciò un'altra riflessione di maggior momento. Io temo che in Italia vada gradatamente diventando articolo di fede che alcuni governi riguardano come mezzi naturali e normali di difesa la dimenticanza e la violazione dei loro impegni più solenni. Non mi addentrerò ad esaminare quali siano le fondamenta più antiche di siffatta credenza: mi basti dire che sventuratamente essa riceve maggior forza dai recenti avvenimenti. Nella *Rassegna* a cagion d'esempio io veggo che si parla *dell'infausta Costituzione del 1848 e dell'ardente concorde spontaneo unanime voto del popolo in mille guise espresso e mille volte ripetuto, onde quella abolita si facesse ritorno alla pura monarchia*.[36] Ora io dico che un linguaggio di tal genere adoperato col beneplacito dell'autorità, non sortisce altro effetto tranne quello di scalzar dalle fondamenta l'autorità e la monarchia, schiantando la loro pietra angolare, che è il principio della reciproca fiducia fra l'uomo e l'uomo. Sarebbe impossibile all'audacia umana di andar più oltre di quel che faccia la *Rassegna* in queste asserzioni con le quali condanna se medesima. Essa ci dice che la costituzione fu domandata dai *soli agitatori*: ma il re di Napoli disse al mondo a dì 10 febbraio 1848 che egli concedeva quella Costituzione per accondiscendere *al desiderio unanime dei nostri amatissimi sudditi*. Venne forse egli tolto d'inganno dal conflitto del 15 maggio? no: poichè il 24 maggio

---

[36] Rassegna, pag. 9 (pagg. 345-346 della presente edizione, NdC).

egli dichiarava che la Costituzione dovea essere *l'arca sacrosanta sulla quale devono appoggiarsi le sorti dei nostri amatissimi popoli e della nostra corona,* ed invocava in termini di piena solennità la fiducia del suo popolo. Oggi invece si reputa decenza ed accorgimento politico dire che l'abolizione dello Statuto fu chiesta dal desiderio spontaneo ed unanime del popolo. Desiderio unanime! mentre quella Costituzione aveva creato una vasta corporazione elettorale, fra i cui rappresentanti in entrambe l'elezioni fatte, pochissimi eran quelli che non fossero di cuore e di animo teneri della Costituzione ed avversi alla *monarchia pura!* desiderio spontaneo! mentre io posso affermare che impiegati del governo di Napoli furono invitati e richiesti da esso governo, con minaccia di destituzione ove nol facessero, a firmare le petizioni per l'abolizione dello Statuto, il quale però non si è ancora stimato conveniente di abolire e continua perciò ad essere la legge del paese, violata ogni giorno ed in ogni sua parte!

La storia di un paese può somministrare utili insegnamenti ai governanti di un altro Stato, ed io di cuore desidero che gli annali del regno di Carlo I d'Inghilterra siano letti e meditati nella camera di consiglio di Napoli. Noi veggiamo in quegli annali l'esempio di un trono antico occupato da un monarca fornito di rari pregi personali, religioso, casto, affettuoso, umano, generoso, di gusto raffinato, protettore delle lettere e delle arti, senza la minima pecca di crudeltà, quantunque parteggiasse per la *monarchia pura,* d'indole personale franca e sincera, ma sventuratamente imbevuto della opinione di non essere obbligato a mantenere i patti col suo popolo, quando egli giudicava adoperare in tal guisa per necessità di Stato. La causa di quel re, ai cui nobili lineamenti, con tanta felicità conservati da Vandyke, pochi inglesi possono rivolgere lo sguardo senza sperimentare molta commozione, andò in rovina malgrado della lealtà e dell'entusiasmo, di cui oggi non possiamo farci idea, che lo circondava, non per la forza delle fazioni antimonarchiche o puritane, e nemmeno per la sua predilezione verso l'assolutismo, ma bensì a cagione del suo difetto di sincerità che impedì ai suoi sudditi di animo ben disposto e di sensi temperati a stringersi tutti intorno a lui, finchè col passar del tempo lo Stato fu sbalzato lungo la china della rivoluzione ed ebbero il sopravvento quei fanatici violenti e senza freno che lasciarono sulla fama del nome inglese la macchia del sangue di lui. E perchè non accennerei ad un altro insegnamento conchiuso poche settimane or sono? Il re Ernesto di Annover è andato a raggiungere nella tomba i suoi padri. Allorchè egli partì nel 1837 dall'Inghilterra per recarsi a cingere la sua corona tedesca, egli era aborrito dai liberali di ogni genere, e pochi erano i conservatori (delle cui opinioni egli era difensore risoluto), che osassero confessare quel principe esser loro politico alleato: l'Annover dall'altro canto trascinato, come poscia è venuto in chiaro, dalla opinione inglese, accolse il re Ernesto con timore anzichè con affezione. Passano quattordici anni, e quel re dura incolume sul trono in mezzo alle tempeste di una rivoluzione che scuote o sfascia troni assai più potenti del suo; egli muore circondato dalla universale riverenza, e dalla fiducia ed attaccamento dei suoi sudditi; egli tramanda a suo figlio un governo ben stabilito ed un nome onorato, ed anche in Inghilterra gli stessi organi dei sentimenti e della opinione democratica gettan fiori sulla sua tomba. E perchè? La risposta è breve ma significante: perchè egli disse quel che pensò e fece quel che disse. La sua educazione politica era stata senza alcun dubbio migliore di quel che si credevano gli uomini, ed aveva lasciate in lui profonde vestigia; ma la sua sincerità senza ostentazione fu il suo tesoro: essa fu « il sacco di farina che non si esaurì mai, l'ampolla di olio che non mancò mai. »

Prima di conchiudere questo discorso e con esso questa controversia io debbo sinceramente e caldamente prender nota della moderazione e cortesia di linguaggio adoperata a mio riguardo nella *Rassegna*. L'autore di essa ha egli è vero definito con termini severi il linguaggio da me usato: ma egli non poteva fare che ciò non fosse. Un linguaggio di tanta severità qual'era il mio non poteva servirsi, perchè fosse compreso, di epiteti deboli. A mia difesa dirò col poeta – « Be Kent unmannerly when Lear is mad. » (Sia Kent senza riguardi quando Lear è pazzo). La mia narrazione aveva per iscopo di conformarsi all'argomento di cui trattava: io mi studiai di non rimanere al disotto della impresa, nè mi sentii capace di andare al di là. Qualora avessi tenuto un linguaggio ricco di complimenti e di gentilezze verso gli autori e gli esecutori delle cose di cui io discorrevo, non avrei dati ad essi alcuna consolazione e mi sarei reso colpevole di nauseabonda affettazione, dalla quale mi son tenuto lontano, tanto nelle due prime mie lettere, quanto nell'attuale discorso. In un solo modo io posso, per lo meno in parte, ricambiare la cortesia: ed è facendo osservare che tranne due casi in cui da quanto seppi, l'accusa fu diretta personalmente contro due individui di elevata condizione, io ho denunziato ciò che mi pareva colpevole in genere senza indicazione di nome proprio della tale o tale altra persona: e mi governai in tal guisa perchè non so e non credo siavi alcuno che possa sapere come la responsabilità potrebbe esser divisa. Quando un governo non è obbligato a rendere verun conto dei suoi atti, i suoi servitori reclamano e praticano a danno suoi la immunità che esso reclama e pratica a danno della nazione. Ogni ordine di funzionari, a misura che più si scende nella gerarchia, è padrone di spaziare in una sfera di licenza tutta sua propria, oscuramente nota od anche al tutto ignota ai più lontani superiori. La corruzione di ciascheduno perciò si moltiplica per quella di coloro che gli son sottoposti, ed essa tocca l'apice della laidezza nella classe più numerosa dei pubblici funzionari, di quelli cioè che stanno in contatto immediato e generale col popolo; e giova osservare che questa classe nella polizia è colpita di riprovazione dallo stesso apologista napolitano. Nel ministero di Napoli sono uomini che menan vita molto religiosa, e la cui onoratezza privata e pubblica è ben conosciuta: torna quindi di conforto il credere che essi medesimi siano vittime ed ingannati dal sistema di cui sono in pari tempo gl'istrumenti. È poscia un dovere e torna a soddisfazione di fare il medesimo presupposto intorno al sovrano. Vi sono alcuni atti, egli è vero, di lui e dei suoi predecessori riguardanti la rivocazione di diritti costituzionali prima conceduti con ogni maniera di sanzione solenne: ma io non posso addentrarmi in questo particolare: siffatti atti accennano ad un modo di comportarsi e ad un senso morale diversissimi dai nostri; ond'è che siccome noi sperimentiamo verso di essi grandissima ripugnanza, non possiamo nemmeno essere giudici esatti del grado o genere di difetto, di demerito od altro nell'individuo che si regola in quella guisa. Ma per quanto concerne i crudeli patimenti che illegalmente si fanno soffrire, io credo si mostrerebbe grande ingiustizia verso il sovrano di Napoli qualora non si supponesse che un denso velo nasconde quel mesto spettacolo, tanto agl'occhi della sua mente quanto a quello del suo corpo. Ed in questa credenza io mi confermo ripensando le particolarità accennate nelle mie lettere ed osservando che persone sincere, le quali caldamente hanno manifestati i loro sentimenti intorno a quei fatti, son persuase che quel principe è stato vittima di quell'inganno che è così profondamente connaturato ad ogni sistema irresponsabile, ed amministrato per opera di uomini necessariamente fallibili nei loro giudizi, limitati nelle cognizioni ed accessibili alla tentazione. Dal canto mio non potrei arguir bene della modestia ovvero del buon senso di chiunque immaginasse di poter far parte di un sistema di tal genere senza dividerne gli abusi.

Queste osservazioni però non ci debbono distogliere dalla considerazione dei fatti che io ho stimato dovere svelare quali sono con franco linguaggio senza alcuna sorta di dolcezza effemminata ed affettata, che è il germe degenerato e bastardo di quella mitezza, la quale non può essere mai spinta tropp'oltre quando si tratta di persone, ma non è nemmeno troppo presto abbandonata quando si tratta di atti, e di atti che non hanno nè carne, nè sangue, nè nervi, ma che son fatti a danno di esseri umani, i quali hanno carne, sangue e nervi.

Io debbo pure far breve cenno di un altro argomento ch'è stato introdotto in questa controversia, e che si riferisce a congetture intorno alla politica e allo scopo dell'Inghilterra. Lo stesso apologista ufficiale sembra assumere direttamente la responsabilità delle accuse di rigore eccessivo mosse contro il governo di sir Enrico Ward nelle isole Ionie, e contro quello di lor Torrington del Ceilan, ed in pari tempo egli afferma che nella Camera dei Comuni di Inghilterra fu denunziato come inumano il modo con cui eran trattati alcuni prigionieri politici irlandesi. Dall'altro canto è stato detto che le mie lettere non sono se non una parte di un occulto progetto, prediletto dall'Inghilterra, di ottenere cioè acquisti territoriali nel Mediterraneo a spese del regno delle Due Sicilie.

Per quanto spetta la prima di dette imputazioni, ho già detto altrove che, qualora si fosse trattato di semplice rigore da parte del governo napoletano non avrei rotto il silenzio. Riguardo poi agli esempi citati per via di rappresaglia, il divario che corre fra l'Inghilterra e Napoli non consiste nel dire che misfatti ad abusi non succedono mai in Inghilterra, e succedon sempre a Napoli: nè noi abbiam la pretensione di affermare che il nostro governo interno sia infallibile, e molto meno lo siano i quaranta o cinquanta governatori coloniali sparsi sulla faccia del mondo. Il divario invece è il seguente. Allorchè un pubblico funzionario nei domini britannici è sospetto di fare abuso dell'autorità, chiunque intende a svelare la cattiva condotta può procedere nella sua impresa senza ostacolo e senza timore, senza essere vessato dalla polizia, senza esser trattato come nemico del trono e dell'ordine pubblico, senza essere in grado di trovar mezzi di piena, rigorosa ed imparziale indagine, e di mettere i fatti sotto gli occhi del pubblico, senza che mai gli venga detto d'alcun pubblico funzionario, per alto o basso che sia, e quand'anche fosse per mala ventura inclinato a ciò dire, che cose di queste genere, quand'anche fosser vere non dovrebber essere fatte palesi. In Inghilterra chiunque svela il mal procedere di un funzionario pubblico attirando su di esso l'attenzione pubblica, è considerato da tutti senza la menoma distinzione di partito sia tory, sia whig, sia radicale non come perturbatore, ma come benefattore della società. Sarei tentato di dimostrare con particolari ragguagli quanto sarebbe fuor di luogo ogni ombra di paragone fra i casi citati contro l'Inghilterra e le mie allegazioni contro il governo di Napoli; ma sento però di non dover complicare nè prolungare questa controversia con argomenti relativi ad altre cose. Mi restringerò adunque ad osservare che l'apologista napoletano mette in un fascio casi di genere molto diverso. Di uno di essi io non dirò nulla poichè presto, a quanto pare, se ne discuterà pubblicamente. Un altro esempio milita direttamente contro l'apologista napoletano; poichè il personaggio di cui parlo è stato rimosso dall'uffizio, ed il terzo esempio, per quanto io sappia, è assolutamente frivolo. E per ultimo, alcuni esempi accidentali di rigore, segnatamente nei punti più remoti di uno svariato ed esteso impero, costituiscono una colpabilità diversa molto da quella di cui io feci aggravio al governo di Napoli, ed il riferirsene ad essi, quantunque cosa importante in se medesima, non deve far perdere di vista l'attuale quistione. D'altra parte esistono in Inghilterra i mezzi di narrare i fatti liberamente e di sottoporli alla pubblica attenzione e di procedere francamente: può l'apologista affermare l'esistenza di siffatti mezzi in Napoli?

Chiunque ha contezza delle odierne condizioni della pubblica opinione in Inghilterra può giudicare quanto sia insussistente l'accusa relativa alle mire di conquiste territoriali nelle regioni del Mediterraneo. Oggi in Inghilterra prevale, e con sempre crescente forza, la opinione avversa ad ogni ingrandimento territoriale, opinione che io spero veder progredire e rafforzarsi di anno in anno; poichè molto fummo travagliati, e lo siamo acerbamente anche in questo momento per aver omesso di premunirci efficacemente contro le tendenze ad estendere le frontiere che non possono a meno di non manifestarsi, e di agire qualora non son rattenute, là dove una forza incivilita ed una razza espansiva si trovano a contatto con popolazioni aberigene. La politica dell'Inghilterra non le concede di ricavare un quattrino dalle sue dipendenze coloniali: alcune di esse, segnatamente quelle collocate nel Mediterraneo, sono tenute con uno scopo che non è propriamente coloniale e restano gravemente a carico della nazione, e perciò è molto inverosimile che questa nazione venga compresa dalla passione di aumentare il numero delle colonie. L'opinione però prevalente, di cui testè facevo menzione, è poggiata su motivi ben altrimenti più elevati che non son quelli relativi alla pretta economia, ed è collegata con influenze le quali agiscono presso noi con molta efficacia e potenza. Noi cominciamo ad imparare ed a sentire che il segreto della ricchezza e della potenza non va riposto nelle possessioni territoriali, che la colonizzazione, la quale non fu mai in verun tempo in maggior favore di quanto è oggi, ha altri e più nobili fini; e che il desiderio di far sorgere l'edifizio della grandezza nazionale sulla base di ampie dominazioni è stato fertile sorgente di guerre, di dissidii, di effusione di sangue, e conseguentemente di debolezza di povertà alle nazioni. Noi siamo entrati nella nuova carriera del libero ed illimitato commercio con tutte le nazioni del mondo: all'antica gara per acquisti territoriali noi facciamo ogni opera per surrogare fra le nazioni la gare pacifica e fratellevole, nobile ed onesta, della industria e dell'arte: alle contese che desolavano la faccia del mondo, in cui una parte vinceva e l'altra necessariamente perdeva e che comunemente fruttavano alle due parti, durante il combattimento, malanni che eccedevano il valore del guadagno, l'Inghilterra spera di adoperare a surrogare un altro genere di contesa, in cui i guadagni di uno non son perdita per l'altro, in cui ogni competitore può essere un conquistatore, in cui ogni prospero successo conseguito in un paese implica e dimanda maggiori o minori trionfi correlativi in un altro, e che invece di coprire di desolazione la superficie della terra l'allegrano con le ricchezze e la gloria della natura e dell'arte, e con tutta quella copia di doni largiti dalla bontà del creatore ad uso e vantaggio dell'uomo. Tali, se io ben le conosco, sono le mire e le macchinazioni, le fatiche e le speranze dell'Inghilterra; e confido che nessuna eloquenza, per quanto sia seduttrice, nessun progetto, per quanto sia plausibile, avranno facoltà di farci dipartir da questa via per gettarci nel mondo armati evangelisti della libertà. Io esprimo questa speranza appunto perchè sono profondamente convinto degli immensi mali che l'attuazione di tali idee arrecherebbe alla causa sacra della libertà. E se egli è vero che in epoche già da un pezzo passate, l'Inghilterra ebbe la gran parte d'influenza nell'incitar coll'esempio il mondo a pugne marziali, possa essa mostrare da ora in poi di aver ricavato profitto dalle dure lezioni dell'esperienza, ed essere, se nei consigli della provvidenza è prescelta a quest'uffizio, il porta-stendardo delle nazioni sulle feraci vie della pace, della industria e del commercio.

Conchiudo: gli esecrabili mezzi praticati dai componenti e dagli agenti del governo napoletano debbono esser venuti adesso almeno, se prima erano ignoti, a cognizione dei capi, i quali debbono in pari tempo aver qualche contezza del genere di sentimenti che l'Europa ha accolto quella narrazione. La cosa adunque si riduce alla seguente alternativa: o il governo napoletano vorrà separarsi da quelle sozze iniquità, od altrimenti sorgerà la quistione se giusto e savio sia appoggiare e sorreggere la dottrina di coloro che insegnano i re ed i loro governi essere nemici naturali dell'uomo, tiranni dei corpi, profanatori delle anime. E se non assentiamo a queste massime dobbiam volere che ogni Stato d'Europa, ogni uomo pubblico, senza divario di opinione o di parte politica, ogni componente della gran famiglia cristiana, il cui cuore palpiti per il benessere di essa, dichiarando si separi da un governo di quella fatta, e declini la menoma complicità morale o partecipazione con esso, finchè la immensa montagna di delitti per esso sollevata non venga aguagliata al suolo e ridotta in polvere. Sarà bene ove il cangiamento possa essere operato in virtù della influenza della pubblica opinione: ma dev'essere e sarà operato, e più presto lo sarà con maggiore agevolezza, poichè a misura che il tempo scorre e crescono i patimenti, la necessità del cangiamento diventerà più urgente, minore la opportunità, più acute le difficoltà nella transizione, men certo il profitto.

Ho terminato, e spero di aver pronunciate in questa controversia le mie parole di conchiusione. Ho dettate queste pagine senza possedere alcuna di quelle opportunità di comunicazione personale coi napoletani che potevo avere dodici mesi or sono: le ho dettate con la speranza che rispondendo come era mio debito per via della stampa, anzichè in altra guisa, al governo napoletano, avrei, per quanto stava in facoltà mia, mantenuta la quistione nei suoi veri termini, essere, vale a dire, non di politica, ma di moralità, non importare all'Inghilterra soltanto, ma a tutta la cristianità ed all'intiero genere umano.

Torno ad esprimere la speranza che queste abbiano ad essere le mia parole di conchiusione, poichè spero non sia per diventare dura necessità tener viva questa controversia finchè non raggiunga la sola sua risoluzione possibile, la quale nessuna potenza umana potrà impedire; poichè spero che, mentre è ancor tempo, mentre vi è pace, mentre la dignità può essere ancora salvata mostrando mitezza e dando opera alla benedetta impresa di ristorar la giustizia, il governo di Napoli darà mano a riforme tranquille e senza ostentazione, ma reali ed efficaci. Io spero che non diventerà inevitabile reiterare questi appelli al cuore del genere umano e mettere a luce quei penosi documenti, quelle desolanti descrizioni che potrebbero essere allegate in gran copia, di cui io non ho dato che tenue idea od un abbozzo, e che, ove non fossero di tempo in tempo presentate al mondo, porterebbero via come diluvio ogni tentativo di apologia o di scusa, e farebbero in guisa che le cose conosciute più di recente sarebber travolte nell'oblio ed eclissate da maggiori orrori: perchè la offesa e crucciata umanità, sorgendo forte come gigante inebriato dal bino, non si faccia a dissipare dall'occhio del cielo quelle abominazioni e non isperda con esse tante cose pure ed oneste, antiche e, venerande, salutari al genere umano, coronate dalle glorie del passato ed ancora fruttifere di beni avvenire.

Londra, 29 gennaio 1852

W.E.Gladstone

INDICE

7   Il caso Gladstone - di Marcello Donativi

LETTERE SUL REGNO DI NAPOLI

PARTE PRIMA - LE LETTERE

42   Prima lettera

116   Seconda Lettera

PARTE SECONDA - LA POLEMICA

165   Il dibattito al Parlamento Inglese

169   Il commento della "Gazzetta di Augusta"

170   Il commento del "Morning Chronicle"

175   Una nota de "Il Giornale Ufficiale del Regno delle Due Sicilie"

177   Il commento de "La Civiltà Cattolica"

182   La prefazione di Giuseppe Massari alle Lettere

189 Charles Mac Farlane scrive a Lord Aberdeen

222 Giuseppe Massari commenta la lettera di Mac Farlane

225 Un carteggio Castelcicala - Palmerston

228 La compilazione della "Rassegna Ufficiale"

230 Jules Gondon risponde a Gladstone

338 Prefazione alle "Confutazioni"

342 La risposta ufficiale del Governo Napoletano

390 Gladstone risponde al Governo Napoletano

PILLOLE PER LA MEMORIA

1   Giuseppe Buttà, *Un viaggio da Boccadifalco a Gaeta*
2   Vittorio Alfieri, *Il Misogallo*
3   Enrico Morselli, *L'umanità dell'avvenire*
4   Alberto Mario, *La camicia rossa*
5   Carmine Crocco, *Come divenni brigante*
6   Mastro Titta, *Memorie di un boia*
7   Napoleone Colajanni, *Nel regno della mafia*
8   Giacinto De Sivo, *Storia delle Due Sicilie 1847-1861*, vol. I
9   Giacinto De Sivo, *Storia delle Due Sicilie 1847-1861*, vol. II
10 Giuseppe Buttà, *Edoardo e Rosolina o le conseguenze del 1861*
11 Giuseppe Buttà, *I Borboni di Napoli al cospetto di due secoli*, vol. I
12 Giuseppe Buttà, *I Borboni di Napoli al cospetto di due secoli*, vol. II
13 Giuseppe Buttà, *I Borboni di Napoli al cospetto di due secoli*, vol. III
14 Basilide Del Zio, *Il brigante Crocco e la sua autobiografia*
15 AaVv, *Manhès - un generale contro i briganti*
16 Gaspero Barbera, *Memorie di un editore*
17 Giacinto De Sivo, *Scritti politici*
18 Eduardo Ximenes, *Sul campo di Adua*
19 Adolfo Rossi, *Un Italiano in America*
20 Louise Mack, *Una donna alla Prima Guerra Mondiale*
21 Giovanni Livi, *Napoleone all'isola d'Elba*
22 Paolo Mantegazza, *Antropologia del Parlamento Italiano*
23 Attilio Frescura, *Diario di un imboscato*

SCARICA GRATIS L'EBOOK
DI QUESTA OPERA
IN FORMATO EPUB

www.edizionitrabant.it/ug99t
PASSWORD: **69ptc4gp**

www.ingramcontent.com/pod-product-compliance
Lightning Source LLC
Chambersburg PA
CBHW020742100426
42735CB00037B/168